Bernd Marchewka

Wirtschafts- und Sozialkunde

Prüfungsvorbereitung für gewerblich-technische Berufe

1. Auflage

Bestellnummer 49500

Bildungsverlag EINS
a Wolters Kluwer business

Haben Sie Anregungen oder Kritikpunkte zu diesem Buch?
Dann senden Sie eine E-Mail an 49500@bv-1.de
Autoren und Verlag freuen sich auf Ihre Rückmeldung.

www.bildungsverlag1.de

Unter dem Dach des Bildungsverlages EINS sind die Verlage Gehlen, Kieser, Stam, Dähmlow, Dümmler, Wolf, Dürr + Kessler, Konkordia und Fortis zusammengeführt.

Bildungsverlag EINS
Sieglarer Straße 2, 53842 Troisdorf

ISBN 3-427-**49500**-0

Inhaltsverzeichnis

Zu diesem Buch

Das Problem für Auszubildende, die sich zur Vorbereitung auf die Abschlussprüfung mit Testaufgaben (aus der PAL-Prüfungsbuch) konfrontiert sehen, ist, sich möglichst effizient das in den Prüfungsaufgaben enthaltene Wissen anzueignen und einzuprägen, um die Abschlussprüfung optimal absolvieren zu können.

Die Problemlösung – die Idee dieses Buches – ist die hier vorliegende Art von Basistext zu den PAL-Prüfungsaufgaben (für gewerblich-technische und sonstige Berufe, ausgenommen kaufmännische). Dabei ist dieser Text so gestaltet, dass er sowohl prüfungsvorbereitend als auch ausbildungsbegleitend genutzt werden kann. Es handelt sich jedoch im engeren Sinne nicht um ein Lehrbuch, sondern um ein **Prüfungsbuch**, in dem der Prüfungsstoff kompakt und komprimiert dargeboten wird.

Angenommen in einem einschlägigen Lehrbuch sind 80 % der Prüfungsinformationen enthalten, und ein durchschnittlicher bis guter Schüler kann 80 % dieser Informationen speichern und in der Prüfung abrufen, dann sind das im Ergebnis nur 64 %. Das entspräche nach dem IHK-Schlüssel gerade einmal der Note „ausreichend". Hat der Schüler hingegen nahezu 100 % der Prüfungsinformationen zur Verfügung, wie vorliegend, bewegt er sich bei einem Nutzungsgrad von 80 % bereits auf die Note „gut" zu, die bei gleichem Schüssel bei 81 % beginnt. Dass sich der Nutzungsgrad bei begrenztem Stoffumfang eines Prüfungsbuches wie diesem durch wiederholtes Durcharbeiten bis auf über 91 % (Note „sehr gut") steigern lässt, liegt auf der Hand.

Das vorliegende Prüfungswissen **kann**

- auf die schriftliche (und mündliche) HWK- und IHK-Prüfung vorbereiten,
- vorhandenes Wissen auffrischen und dabei eventuelle Wissenslücken schließen,
- zur Auseinandersetzung mit Lerninhalten anregen,
- mögliche Unsicherheiten über die Inhalte der Prüfung verringern.

Das vorliegende Prüfungsbuch kann **nicht**

- die gründliche Auseinandersetzung mit komplexen Lerninhalten ersetzen,
- ein Lehrbuch vollständig ersetzen,
- eine Prüfungsvorbereitung quasi in letzter Minute („fünf vor zwölf") ermöglichen,

und will keinen unrealistischen und optimalen Prüfungserfolg als sehr schnell erzielbar vortäuschen.

Auswahl, Aufbau und Aufbereitung des Prüfungsstoffes berücksichtigen die Elemente, auf die sich die Kultusministerkonferenz mit Beschluss vom 18. 05. 1984 (immer noch aktuell) für den Unterricht der Berufsschulen im Bereich *Wirtschafts- und Sozialkunde gewerblich-technischer Ausbildungsberufe* in Abstimmung mit dem Bund und den Sozialpartnern verständigt hat (www.kmk.org).

In insgesamt **42 Kapiteln**, wobei zu jedem Kapitel die PAL-Nummern der Prüfungsaufgaben (PAL-Prüfungsbuch - Testaufgaben für die Berufsausbildung) in der derzeitigen Auflage angegeben sind, wird jeweils zunächst das Grundwissen (der Basistext) präsentiert. Es schließt sich eine Aufbereitung des Textes in Form von Fragen und Lückentexten an. Die Lösungen dazu sind in diesem Buch enthalten.

Das Prüfungswissen erwirbt man in vier Schritten:

1. Lesen des Basistextes
2. Lösen der anschließenden Fragen, gegebenenfalls unter Nachschlagen im Basistext (Antwortelemente sind im 1. Kapitel typografisch kenntlich gemacht)
3. Lösungsvergleich anhand der in diesem Buch enthaltenen Musterlösungen, falls erforderlich
4. Erfolgskontrolle durch Bearbeitung der PAL-Testaufgaben.
   (Diese sind nicht in diesem Buch, jedoch in fast jedem gewerblich-technischen, insbesondere der IHK zugeordneten Ausbildungsbetrieb vorhanden.)

Damit diese Schrittfolge – zu Optimierungszwecken – mehr als einmal durchlaufen werden kann, sollte in das Buch (Arbeitsblätter) zunächst nicht hinein geschrieben werden. Beim Einsatz des Prüfungsbuches im Unterricht und bei der betrieblichen Unterweisung empfiehlt sich eine Beschriftung überhaupt nicht. Ein so beschriftetes Buch ist für spätere Benutzer wertlos.

Die durch den Autor bereits vorgenommenen Erprobungen zu einer früheren Auflage dieses Buches (1996) hatten gezeigt, dass es Auszubildenden möglich war, über 95 % der in veränderter Form zu Musterprüfungen zusammengestellten PAL-Prüfungsaufgaben zu lösen (Bayer-Werke, Leverkusen). Dabei hatten die Probanden mit diesem Buch in Kombination mit den Testaufgaben aus der PAL-Aufgabenbank etwa anderthalb Jahre lang gearbeitet. Vorbereitend zu dieser Auflage sind auch Erprobungen von ausgewählten Kapiteln im Berufsgrundschuljahr (BGJ) einschließlich Vorklassen zum BGJ mit gutem Erfolg vorgenommen worden.

Für die vorliegende 1. Auflage im Bildungsverlag EINS wurden zahlreiche Daten im gesamten Prüfungsstoff sowie die **Musterprüfungen für industrielle und handwerkliche Berufe** aktualisiert.

Für die erfolgreiche Arbeit mit diesem Buch wünschen Verlag und Autor viel Erfolg.

Troisdorf und Köln im Januar 2006

1. Grundlagen I

Berufswahl

Junge Leute haben bei Meinungsumfragen: „Was ist das Wichtigste bei Ihrem künftigen Beruf?" von der Sache her am häufigsten geantwortet:
1. *„Das Wichtigste ist, dass ich eine Ausbildungsstelle bekomme"*
2. *„Das Wichtigste ist, dass mein (späterer) Arbeitsplatz sicher ist."* **)

Freiheit...

http://www.bundesregierung.de/ Gesetze/Grundgesetz-,4245/l.- Die-Grundrechte.htm

Nun besagt Artikel 12 GRUNDGESETZ: „Alle Deutschen haben *das Recht, Beruf, Arbeitsplatz und Ausbildungsstätte frei zu wählen*." – Es gebe genug Ausbildungsplätze im Land, sagen viele Politiker auf Anfrage.

Prima, so könnte man meinen, dann ist ja alles in Ordnung. Aber das ist nur die halbe Wahrheit, denn „vor Ort" fehlen nicht selten Ausbildungsplätze.

...und Grenzen

Woran liegt das? – Es liegt an der Verteilung der Ausbildungsstätten über das Land. Die ist ungleichmäßig. Es gibt genug Ausbildungsplätze, aber nicht überall!

Vor allem *in ländlichen Gebieten* hängt die Berufswahl von Art und Umfang des – dort teilweise unzureichenden – Angebots an Ausbildungsplätzen ab.

Die Möglichkeiten der **freien** Berufswahl sind **begrenzt!**

Vorteile einer Berufsausbildung...

Es lohnt sich auf jeden Fall eine Berufsausbildung zu absolvieren, sagen die meisten Erwachsenen. – Stimmt das?

Verschiedene Umfragen unter Arbeitslosen ergaben immer wieder: **Den weitaus größten Teil der Arbeitslosen stellen diejenigen, die** *keine abgeschlossene Berufsausbildung haben.* Demnach ist das Risiko für einen ungelernten Arbeiter, seine Stelle zu verlieren, recht groß.

Keine Ausbildung – das bedeutet nicht nur, wahrscheinlich eher als andere die Stelle zu verlieren. Das bedeutet auch größere Schwierigkeiten, wieder einen Arbeitsplatz zu finden, wenn man die Stelle einmal verloren hat. Denn die meisten Personalchefs bevorzugen bei Einstellungen *fachlich geschultes und qualifiziertes* Personal.

...kontra Vorteile des Tätigseins als Arbeiter

Trotzdem entscheiden sich manche jungen Leute dafür, keine Berufsausbildung zu absolvieren, sondern einen Arbeitsvertrag abzuschließen. Jugendliche **ohne** Ausbildungsvertrag, dafür mit einem Arbeitsvertrag, nannte man früher „Jungarbeiter" und meinte damit Arbeiter unter 18 Jahre. Der Begriff Jugendliche ohne Ausbildungsvertrag (**JoA**) ersetzt den früher geläufigen Begriff „Jungarbeiter" (JA).

Welche sachlichen Gründe bewegen einen jungen Menschen, ohne Ausbildungsvertrag und stattdessen auf der Grundlage eines Arbeitsvertrages tätig zu sein?

Dazu die folgende Sammlung von Aussagen bezüglich eines Jugendlichen mit Arbeitsvertrag und eines Auszubildenden, die einander gegenübergestellt sind.

Gegenüberstellung

Rita   Atze („Azubi")

Rita   Jupp

Jugendlicher mit Arbeitsvertrag sieht kurzfristig mehr Möglichkeiten:
– höheres Einkommen,
– mehr Freizeit.

Zeichnungen auf den Randspalten: Marion Marchewka

Auszubildender	Jugendlicher mit Arbeitsvertrag
– hat meist ein geringes Einkommen	– hat in der Regel *ein höheres Einkommen*
– befindet sich in einem Ausbildungs- verhältnis, das auf *Lernen* hin angelegt ist	– befindet sich in einem Arbeitsverhältnis, das auf *Leistung* ausgerichtet ist
– ist berufsschulpflichtig	– ist berufsschulpflichtig (weil unter 18)
– hat weniger Freizeit als der Jungarbeiter	– hat *mehr Freizeit,* da er weniger lernen muss
– hat kein Streikrecht	– hat Streikrecht (wie volljährige Arbeiter)
– genießt besonderen Kündigungsschutz gemäß Berufsbildungsgesetz	– genießt Kündigungsschutz gemäß Kündigungsschutzgesetz

Was spricht für wen?

Es gibt also durchaus Argumente, die ein Jugendlicher mit Arbeitsvertrag anführen kann. Zum Beispiel kann er sagen, er habe ein höheres Einkommen und er habe mehr Freizeit als ein Auszubildender. Die geringere Freizeit des Auszubildenden erstreckt sich jedoch nicht auf den Urlaub. Dieser ist bei gleichaltrigen Leuten gleich lang.

---

*) Hinweis auf die zum Text passenden Testaufgaben aus der aktuellen Auflage des **PAL-Prüfungsbuches** – Testaufgaben für die Berufsausbildung (**2005**), auf das im Vorwort hingewiesen wurde. U = ungebundene Aufgabe.

**) Die typographischen Hervorhebungen kennzeichnen hier Antwortelemente der anschließenden Fragen auf Seite 5

Berufsbildung

Im Vergleich: ein ungelernter Arbeiter

Rita Atze

Auf lange Sicht lohnt sich eine Berufsausbildung, denn

– ein Facharbeiter verdient meist mehr,

– hat bessere Aufstiegschancen.

Wie es im späteren Berufsleben aussieht, zeigt die folgende Gegenüberstellung.

Facharbeiter/Geselle	Ungelernter Arbeiter
Die *berufliche Mobilität* (= Beweglichkeit) ist *größer*, das heißt: der Wechsel in eine andere, ähnliche berufliche Tätigkeit fällt leichter.	Der Wechsel in eine andere berufliche Tätigkeit fällt schwerer. Die *berufliche Mobilität* (= Beweglichkeit) ist *geringer*.
Die Gefahr der Arbeitslosigkeit ist geringer.	Schlechtere Chancen auf dem Arbeitsmarkt
Die *übertragenen Arbeiten* sind *anspruchsvoll* und abwechslungsreich (interessant).	Die auszuführenden Tätigkeiten sind anspruchslos und eintönig (wenig interessant).
Aufstiegsmöglichkeiten sind *gegeben*. Anpassungsfortbildung ist eher möglich.	Es bestehen so gut wie keine Aufstiegsmöglichkeiten. (Der Fahrstuhl nach oben ist besetzt.)
Das *Einkommen* ist meist *höher*.	Der Verdienst ist oft geringer.

Was spricht auf längere Sicht für wen?

Ordnung der Berufsausbildung

Die Berufsausbildung ist in der Bundesrepublik Deutschland für das Handwerk in der HANDWERKSORDNUNG **(HwO)** geregelt, für alle übrigen Wirtschaftszweige im BERUFSBILDUNGSGESETZ *(BBiG)*, einem Bundesgesetz.

Ordnungsmittel

BERUFSBILDUNGSGESETZ und HANDWERKSORDNUNG sind wichtige allgemeine *Berufsordnungsmittel*. Sie sind Grundlage für eine geordnete und bundeseinheitliche Berufsausbildung in staatlich *anerkannten* Ausbildungsberufen. Wichtige Ordnungsmittel für die einzelnen Ausbildungsberufe sind die *AUSBILDUNGSORDNUNGEN*. Sie werden vom jeweils zuständigen Bundesministerium erlassen, etwa vom Bundesministerium für Arbeit und Soziales. Dazu folgende Darstellung:

Wie entsteht eine Ausbildungsordnung?
Siehe www.bibb.de/de/4963.htm

MELDUNG
28 neue oder modernisierte Ausbildungsordnungen vom BMWA erlassen
Zum 1. August 03 hat das Bundesministerium für Wirtschaft und Arbeit Verordnungen zur Regelung von 28 Ausbildungsberufen erlassen. Hiervon sind rund 275.000 der insgesamt ca. 810.000 aktuellen Ausbildungsplätze in gewerblich technischen Ausbildungsberufen betroffen.   07.08.2003

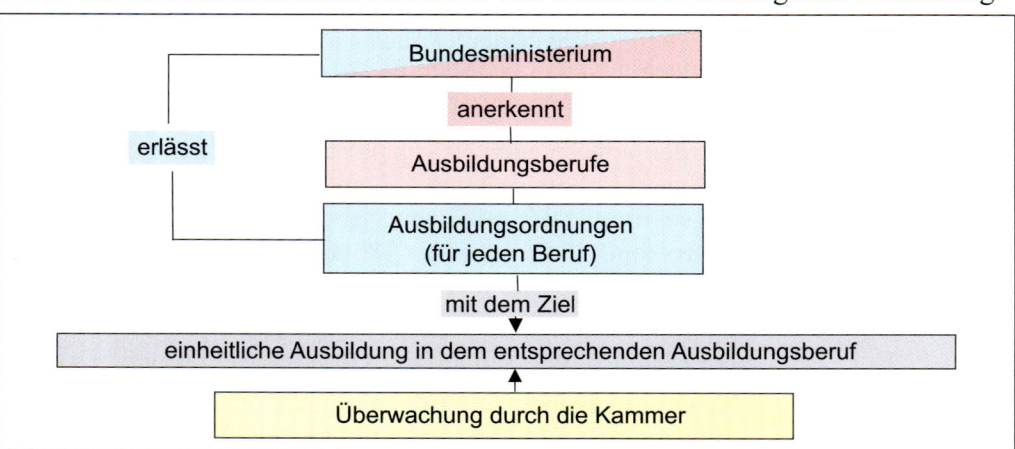

Das zuständige *Bundesministerium* erlässt eine Ausbildungsordnung, um in dem entsprechenden Ausbildungsberuf eine *einheitliche* Ausbildung zu erreichen.

Die Kammern, etwa die *Industrie- und Handelskammer* **(IHK)** oder die *Handwerkskammer* **(HWK)**, wachen über die Einhaltung der Ausbildungsordnungen.

Gliederung der Berufsbildung

Gemäß Paragraf 1 (§1) BERUFSBILDUNGSGESETZ in der Fassung von 2003 gliedert sich die **Berufsbildung** in die *Berufsausbildungsvorbereitung*, die *Berufsausbildung*, die *berufliche Fortbildung* und die *berufliche Umschulung*.*).

Berufsausbildungsvorbereitung dient dem Ziel, an eine Berufsausbildung in einem anerkannten Ausbildungsberuf oder eine gleichwertige Berufsausbildung heranzuführen. Sie richtet sich an lernbeeinträchtigte oder sozial benachteiligte Personen, deren Entwicklungsstand eine erfolgreiche Ausbildung noch nicht erwarten lässt.

Berufsausbildung ist Erstausbildung in einem Ausbildungsberuf, zum Beispiel zum Mechatroniker. Einer abgeschlossenen Ausbildung kann eine Fortbildung folgen.

Fortbildung ist Weiterbildung, sie dient dem beruflichen Aufstieg (z. B. zum Meister).

Umschulung ist Ausbildung in einem anderen Beruf nach einer Erstausbildung.

---

*) Die typographische Hervorhebung von Antwortelementen zu Arbeitsblatt-Fragen beschränkt sich auf dieses 1. Kapitel.

1. Grundlagen I

1. Was haben junge Menschen auf die Frage von Meinungsforschern: „Was ist für Sie das Wichtigste bei Ihrem künftigen Beruf?" von der Sache her am häufigsten geantwortet? – Das Wichtigste ist, dass

   1. ....

   2. ....

2. Welches Recht garantiert Artikel 12 des Grundgesetzes allen Bürgern dieses Staates?

   ....

   ....

3. In welchen Gebieten vor allem ist die Berufswahl von Art und Umfang des – teilweise unzureichenden – Angebots

   an Ausbildungsplätzen abhängig? ....

4. Welche Gruppe stellt einer Umfrage zufolge den größten Teil der Arbeitslosen? – Die Gruppe derjenigen, die

   ....

5. Welches Personal bevorzugen Personalchefs bei Einstellungen?

   ....

6. Nennen Sie zwei Argumente, die ein Jugendlicher mit Arbeitsvertrag anführen kann, um Vorteile für sich gegenüber einem Auszubildenden herauszustellen?

   1. ....

   2. ....

7. Nennen Sie vier Gründe, weshalb es sich lohnt, auf jeden Fall eine Berufsausbildung zu absolvieren.
   Bei einem Facharbeiter oder Gesellen (ist/sind):

   1. ....

   2. ....

   3. ....

   4. ....

8. In welchem Bundesgesetz ist die Berufsausbildung für alle Wirtschaftszweige geregelt, ausgenommen das Handwerk? ....

9. Die Handwerksordnung (abgekürzt: HwO) und das Berufsbildungsgesetz (abgekürzt: ....) sind wichtige allgemeine .... Sie sind Grundlage für eine einheitliche Berufsausbildung in *staatlich* .... Ausbildungsberufen.

10. Für die einzelnen Ausbildungsberufe wichtige Ordnungsmittel sind die .... Das zuständige .... erlässt eine Ausbildungsordnung mit dem Ziel, in dem entsprechenden Ausbildungsberuf eine .... Ausbildung zu erreichen.

11. Überwacht wird die Einhaltung der Ausbildungsordnung durch die Kammern, zum Beispiel durch

    die .... (IHK) oder durch

    die .... (HWK).

12. In welche vier Zweige gliedert sich die Berufsbildung nach dem Berufsbildungsgesetz?

    1. ....

    3. ....

    3. ....

    4. ....

Berufsbildung

2. Grundlagen II

Mindestinhalte der Ausbildungsordnung

Nach § 25 BERUFSBILDUNGSGESETZ hat eine Ausbildungsordnung bestimmte Mindestinhalte. Siehe dazu die folgende Darstellung.

Die Ausbildungsordnung

enthält mindestens

| Bezeichnung des Ausbildungsberufes z.B. Mechatroniker | Ausbildungsdauer z.B. 3 oder 3,5 Jahre | Ausbildungsqualifikationen (Kenntnisse und Fertigkeiten) | Ausbildungsrahmenplan (sachliche und zeitliche Gliederung der Ausbildung) | Prüfungsanforderungen (abschließend zu prüfende Qualifikationen) |

Überwachung durch die Kammer als zuständige Stelle

Ausbildungsrahmenplan

Der in der Ausbildungsordnung enthaltene Ausbildungsrahmenplan gliedert **sachlich** und **zeitlich** auf, welche beruflichen **Fähigkeiten** wann vermittelt werden sollen. Ein solcher Plan ist laut BERUFSBILDUNGSGESETZ jedem Ausbildungsvertrag beigefügt.

Auf das viele Paragrafen umfassende BERUFSBILDUNGSGESETZ wird im Berufsausbildungsvertrag an mehreren Stellen Bezug genommen.

Ausbildungsformen

Das Berufsausbildungssystem der Bundesrepublik Deutschland hat einen guten Ruf im Ausland. Das deutsche Berufsausbildungssystem unterscheidet die Ausbildung im **dualen** System und die Ausbildung im **schulischen** System.

Duales System – Darstellung

Theorie und Praxis sind aufeinander bezogen
Schule und Betrieb sind zur Zusammenarbeit verpflichtet.

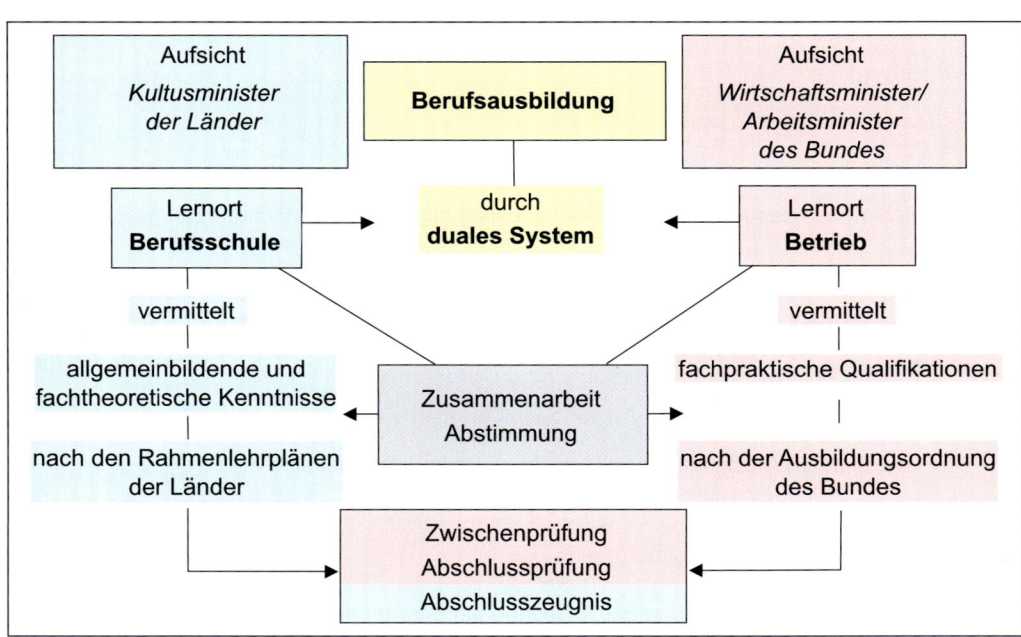

– Beschreibung

Beim dualen System sind Schule und Betrieb Partner hinsichtlich der beruflichen Ausbildung. Beide teilen sich die Bildungsaufgabe und sind nach dem BERUFSBILDUNGSGESETZ zur Zusammenarbeit verpflichtet. Der duale Partner Berufsschule vermittelt hauptsächlich die Fachtheorie und erweitert die Allgemeinbildung nach Unterrichtsplan. Der Ausbildungsbetrieb übernimmt die Vermittlung der fachpraktischen Qualifikationen nach betrieblichem Ausbildungsplan. Theorie und Praxis sind jeweils aufeinander bezogen. Die dem Betrieb zuzuordnende Kammer ist für die Abnahme der Zwischen- und Abschlussprüfung zuständig.

**Duales System
– Träger**

Hauptträger der dualen Ausbildung ist der **Betrieb.** Zeitlich erfolgen sieben Zehntel der Ausbildung im Betrieb und drei Zehntel in der **Schule.** Die Berufsschule wirkt berufsbegleitend. Der Berufsschulunterricht wird entweder als Teilzeit- oder als Blockunterricht durchgeführt. Unter Teilzeit versteht man wöchentlich ein bis zwei Tage. Beim Blockunterricht fasst man den gesamten Jahresunterricht in vollzeitlichen Unterrichtsblöcken von mehreren Wochen zusammen.

Die **Rahmenlehrpläne für die Berufsschule** werden von der Kultusministerkonferenz der Länder erlassen. Die bundeseinheitlichen Ausbildungsordnungen, welche die Ausbildungsrahmenpläne enthalten, erlässt ein allein zuständiges Bundesministerium, zum Beispiel das Bundesministerium für Wirtschaft.

**– Abstimmung der
Ausbildungsinhalte**

Die **Ausbildungsrahmenpläne für die betriebliche Ausbildung** und die Rahmenlehrpläne für die Berufsschule werden bezüglich der Ausbildungsinhalte aufeinander abgestimmt. Auf der Grundlage der Rahmenlehrpläne erlässt das Kultusministerium des jeweiligen Bundeslandes für die dortigen Berufsschulen (speziellere) Lehrpläne. Die Berufsschulen mit ihren Lehrerteams entwickeln daraus ihre Unterrichtspläne (Bildungsprofile). Entsprechend entwickeln die Betriebe aus den Ausbildungsrahmenplänen ihre Ausbildungspläne. *Bei der Vielzahl und Unterschiedlichkeit der Berufsbildungspartner ist es **nicht** möglich, den betrieblichen Ausbildungsplan und den schulischen Unterrichtsplan stets genau aufeinander abzustimmen.*

**Schulisches System
– Träger**

Bei der Berufsausbildung im schulischen System wird häufig ein bestimmter Schulabschluss vorausgesetzt. Die schulische Berufsausbildung findet in Berufsfachschulen statt, in denen zum Beispiel zu Technikern oder zu technischen Assistenten ausgebildet wird. Für die **schulische Berufsausbildung** gilt das BERUFSBILDUNGSGESETZ – ein Bundesgesetz – nicht. Hier gelten stattdessen **Landesgesetze**.

**– Beispiel vollschuli-
scher Ausbildung**

Die zweijährige vollschulische Berufsausbildung zum Beispiel zum **informationstechnischen Assistenten** ist konzipiert für junge Leute mit **mittlerem** schulischen Bildungsabschluss, die eine technisch orientierte Ausbildung im Bereich Computertechnik und -anwendungen anstreben. Sie lässt sich wie folgt beschreiben.

Ausbildungsschwerpunkte liegen sowohl im Softwarebereich – dieser Bereich umfasst alle zum Betrieb des Computers erforderlichen nichtapparativen Funktionsbestandteile, z. B. Programme – als auch im Hardwarebereich – dieser umfasst alle apparativen Bestandteile des Computers, z. B. Elektronikbauteile. Ausbildungsinhalte erstrecken sich von Betriebssystemer, Anwendungssoftware und Programmiertechnik bis zu Systemkomponenten, Elektronik, lokalen Netzwerken und Automatisierungstechnik. Absolventen dieser Ausbildung kommen in allen Bereichen des Computerhandels zum Einsatz. Sie finden aber auch in vielen Bereichen, in denen Computer zum Einsatz kommen, z. B. in Wirtschaft und Verwaltung, ihr Tätigkeitsfeld, das von Beratung, Konzeptentwicklung, Konfiguration, Montage und Inbetriebnahme bis zu Reparatur und Wartung von Computern reicht. Weitere Einsatzmöglichkeiten sind auch Pflege und Wartung komplexer Computeranlagen und umfangreicher Netze in kleineren und mittleren Unternehmen sowie produktionsnahe Computeranwendungen, wie zum Beispiel CAD – computerunterstütztes Konstruieren, CNC – Computersteuerung von Werkzeugmaschinen und SPS – speicherprogrammierbare Steuerungen.

**Pressemitteilung
IT-Ausbildung boomt
auch im Handwerk**
Bundeswirtschaftsminister Dr. Werner Müller hat Grund zur Freude. Nachdem die neuen IT-Berufe sich in Industrie und Handel zu regelrechten Rennern entwickelt haben, hat das Handwerk sie nun auch für sich entdeckt.
27.04.2001

**Anerkannte
Ausbildungsberufe**

Nach dem BERUFSBILDUNGSGESETZ und der HANDWERKSORDNUNG werden Ausbildungsberufe staatlich anerkannt. Es gibt (2006) rund **350** staatlich anerkannte Ausbildungsberufe, deren Anerkennung **bundesrechtlich** geregelt ist. Diese sind in einem Verzeichnis zusammengefasst, das man bei den Arbeitsagenturen oder Kammern oder auch im Internet einsehen kann. Die Anerkennung der schulischen/hochschulischen Ausbildungen ist **landesrechtlich** geregelt. *Jugendliche dürfen nur in staatlich anerkannten Ausbildungsberufen ausgebildet werden.*

Hochschule

Meister

Techniker

Fortbildung

Lehrling [+]

Karriere nach Maß

Techniker, Technische Assistenten, Flugzeugführer, Ingenieure und Berufsschullehrer werden in **Berufsfachschulen, Fachhochschulen, Universitäten oder Hochschulen** ausgebildet.*) Man kann anerkannte Berufe zum Beispiel in **Wirtschaft** (in den Bereichen Industrie, Handel, Handwerk, Landwirtschaft, freie Berufe, Hauswirtschaft) und **Verwaltung** (bei Bundes- und Landesbehörden, Städten und Gemeinden) erlernen.

*) Ausbildungsbeispiele bis zur Hochschule zeigt http://www.tischler.de/ausbilden/fortbildung/index.html

9

Berufsbildung

2. Grundlagen II

1. Nach § 25 Berufsbildungsgesetz enthält eine Ausbildungsordnung mindestens die ....
des Ausbildungsberufes, die Ausbildungsdauer, die Ausbildungs- ...., den
Ausbildungsrahmenplan und die ....

2. Der Ausbildungsrahmenplan beinhaltet eine .... und .... Gliederung der
Ausbildung. Ein solcher Plan ist jedem Ausbildungsvertrag ....

3. Welche Institution überwacht die Vollständigkeit der Ausbildungsordnung als zuständige Stelle?
....

4. In welchem Vertrag wird auf Paragrafen des Berufsbildungsgesetzes Bezug genommen?
....

5. Welchen Ruf genießt das Berufsausbildungssystem Deutschlands im Ausland?
....

6. Unser Berufsausbildungssystem sieht zwei Ausbildungsformen vor: die Berufsausbildung
im .... System und die Berufsausbildung im .... System.

7. Wer hat beim dualen System der Berufsausbildung die Aufsicht bezüglich des Lernortes Betrieb?
....

8. Wer hat beim dualen System der Berufsausbildung die Aufsicht bezüglich des Lernorts Berufsschule?
....

9. Beim dualen System sind Schule und Betrieb .... Der duale
Partner Berufsschule vermittelt .... und .... nach
Unterrichtsplan. Der Betrieb vermittelt .... Qualifikationen nach Ausbildungsplan.

10. Hauptträger der Berufsausbildung ist der .... Zeitlich erfolgt etwa .... Zehntel
der Ausbildung im Betrieb und .... Zehntel in der Berufsschule.

11. Die Rahmenlehrpläne für die Berufsschule erlässt die .... der
Länder. Bundeseinheitliche Ausbildungsordnungen erlässt ein .... , das
allein zuständig ist. Unterrichtsplan der Berufsschule und Ausbildungsplan des Betriebes können nicht stets
genau aufeinander .... werden.

12. Wo findet die schulische Berufsausbildung statt? ....

13. Nach dem Berufsbildungsgesetz und der Handwerksordnung werden Ausbildungsberufe ....
anerkannt. Es gibt (2006) rund 350 anerkannte Ausbildungsberufe, deren Anerkennung .... -rechtlich
geregelt ist. Die Anerkennung der schulischen Ausbildungen ist .... -rechtlich geregelt.

14. In welchen Ausbildungsberufen dürfen Jugendliche nur ausgebildet werden?
....

15. Für Techniker, Technische Assistenten, Flugzeugführer, Ingenieure und Berufsschullehrer erfolgen die Ausbildungen
in .... -schulen, ... -schulen, Universitäten oder .... -schulen.

16. In welchen großen Bereichen kann man anerkannte Ausbildungsberufe des dualen Systems erlernen?
....

3. Berufsausbildungsvertrag I

Vorgeschriebene Form – Zeitpunkt der Niederlegung

Der Ausbildungsvertrag muss laut BERUFSBILDUNGSGESETZ in **schriftlicher** Form abgeschlossen werden. *Mündliche Absprachen haben keine Gültigkeit!* Spätestens schriftlich niedergelegt werden muss der Vertrag **vor** Beginn der Berufsausbildung.

Vereinbart zum Beispiel ein Firmeninhaber im Mai eines Jahres mit einem Jugendlichen und dessen Eltern, den Jugendlichen ab dem 1. September zum Werkzeugmechaniker auszubilden, so muss er danach unverzüglich, spätestens aber **vor** dem 1. September, den Ausbildungsvertrag schriftlich abschließen.

Vertragspartner

Ausbilder

Die Vertragspartner (früher Lehrling und Lehrherr) heißen heute **Auszubildender** und **Ausbildender** – **nicht** Ausbilder! *Mit Ausbildender ist der ausbildende Betrieb gemeint, also eine juristische Person.* Der **Ausbilder** ist die (natürliche) Person, die für die ordnungsgemäße Ausbildung unmittelbar verantwortlich ist und im wesentlichen Umfang ausbildet: der Meister in der Ausbildungsstätte – gelegentlich auch dessen Vertreter – oder der Lehrer in der Berufsschule.

Eintragung bei der Kammer

Unverzüglich nach Abschluss des Vertrages, spätestens aber **vor** Ausbildungsbeginn ist der Ausbildungsvertrag bei der Industrie- und Handelskammer oder bei der Handwerkskammer einzureichen, damit eine Eintragung in das **Verzeichnis der Ausbildungsverhältnisse** (früher die Lehrlingsrolle) erfolgen kann. Damit ist ein **anerkanntes** Berufsausbildungsverhältnis begründet. Anlässlich der Eintragung bei der Kammer wird der Vertrag auf Richtigkeit und Vollständigkeit **geprüft**.

Unterzeichnung Aushändigung

Da der Auszubildende in der Regel noch nicht **18** ist, unterzeichnen dessen gesetzliche Vertreter (Elternteile oder Vormund) den Vertrag mit. *Nach Unterzeichnung aller Beteiligten ist eine Ausfertigung des Ausbildungsvertrages unverzüglich dem Auszubildenden und dem gesetzlichen Vertreter auszuhändigen.*

Probezeit

Im Berufsausbildungsvertrag muss unter anderem die Dauer der **Probezeit** angegeben werden. Sie muss mindestens einen Monat und darf höchstens vier Monate betragen. *In der Probezeit soll getestet werden, ob die richtigen Partner zueinander gefunden haben und ob der Beruf für den Auszubildenden der richtige ist.*

Vorgeschriebene Angaben

In einem Ausbildungsvertrag müssen neben der Probezeit angegeben sein: die Dauer des Urlaubs und **Beginn und Ende der Ausbildung** (Datumsangabe). In der Regel dauert die Ausbildung dreieinhalb Jahre. Im Ausbildungsvertrag sind weiterhin Vereinbarungen enthalten über die Höhe der Vergütung, über die Führung des Ausbildungsnachweises und über die Dauer der täglichen Arbeitszeit.

Nicht zulässige Vereinbarungen

Nicht zulässig (nichtig) sind vertragliche Vereinbarungen über Vertragsstrafen, etwa bei vorzeitiger Kündigung, eine Entschädigungszahlung des Auszubildenden für die Ausbildung, die Festsetzung der Höhe eines Schadensersatzes in Pauschbeträgen oder der Ausschluss oder die Beschränkung von Schadensersatzansprüchen.

Vergütung

Mehr über Ausbildungsvergütungen unter www.bibb.de/de/16812.htm

Die Vergütung ist dem Auszubildenden spätestens am letzten Arbeitstag des Monats zu zahlen. Sie muss mit fortschreitender Berufsausbildung mindestens einmal jährlich erhöht werden. Die Ausbildungsvergütung ist nicht für alle Ausbildungsberufe gleich hoch. Sie ist nicht abhängig von der Leistung des Auszubildenden. Das Ausbildungsverhältnis ist in diesem Sinne kein Arbeitsverhältnis.

Welche genaue Höhe seine Ausbildungsvergütung hat und ob seine Vergütung dem geltenden Mindestsatz entspricht, kann der Auszubildende im gültigen Lohn- und Gehaltstarifvertrag nachlesen. In der Regel ist dieser bei der Kammer einzusehen

Weiterzahlung

Ist der Auszubildende arbeitsunfähig erkrankt, so ist die Ausbildungsvergütung vom Betrieb bis zu sechs Wochen weiterzuzahlen. Nimmt der Auszubildende zum Beispiel an einer dreiwöchigen Ausbildungsmaßnahme im Berufsbildungszentrum außerhalb der Arbeitsstätte teil, so zahlt der Betrieb ebenfalls bis zu sechs Wochen weiter. Nach den sechs Wochen Fortzahlung durch den Betrieb würde, falls erforderlich, dann die Krankenkasse weiterzahlen.

Berufsbildung

Berufsausbildungsvertrag

zwischen dem Ausbildenden (Unternehmen)
Anschrift des Ausbildenden

Max Mustermann
Maurermeister
Wilhelmstr. 1
24937 Flensburg

Telefon:
0461 / 23 45

Fax:
0461 / 23 46

und dem Auszubildenden   männl. [X] weibl. [ ]
Name, Vorname
Fleißig, Michael

Straße, Haus-Nr.
Angelburger Str. 100

PLZ
24937
Ort
Flensburg

geb. am
15.05.89
Staatsangehörigkeit
deutsch

Gesetzlich vertreten durch:
Eltern: [X]   nur Vater: [ ]   nur Mutter: [ ]   Vormund [ ]
Name, Vorname, gesetzlicher Vertreter
Fleißig, Hannelore und Bernd

Straße, Haus-Nr.
Angelburger Str. 100

PLZ
24937
Ort
Flensburg

wird nachstehender Vertrag zur Ausbildung

im **Ausbildungsberuf**   Maurer

ggf. Fachrichtung / Schwerpunkt / Handlungsfeld / Wahlqualifikationseinheit
nach Maßgabe der Ausbildungsordnung geschlossen

A Die **Ausbildungszeit** beträgt nach der Ausbildungsordnung _____3_____ Jahre.
Diese verringert sich durch

um _____ Monate.

Das Ausbildungsverhältnis beginnt am   01.09.05

und endet am   31.08.08

B Die **Probezeit** beträgt _____4_____ Monate (§ 1 Nr. 2).

C Die Ausbildung findet vorbehaltlich der Regelungen nach § 2 Ziff. 5 in
Flensburg

und den mit dem Betriebssitz für die Ausbildung üblicherweise zusammenhängenden Bau-, Montage und sonstigen Arbeitsstellen statt.

D Ausbildungsmaßnahmen außerhalb der Ausbildungsstätte.
(z. B. Zeiten in einem anderen Ausbildungsbetrieb, zusätzliche Lehrgangs-Maßnahmen neben den vorgeschriebenen, überbetrieblichen Unterweisungsmaßnahmen)

E Der Ausbildende zahlt dem Auszubildenden eine angemessene **Vergütung**.
Sie beträgt zzt. monatlich brutto:[1]

im	1. Ausbildungsjahr	2. Ausbildungsjahr	3. Ausbildungsjahr	4. Ausbildungsjahr
EURO	554,00	860,00	1086,00	

F Die regelmäßige tägliche Ausbildungszeit beträgt zzt. _____8_____ Stunden.[1,2]

bei einer wöchentlichen Ausbildungszeit von zzt. _____39_____ Stunden.[1,2]

G Der Ausbildende gewährt dem Auszubildenden Urlaub nach den geltenden Bestimmungen. Es besteht zzt. ein Urlaubsanspruch von:[1,3]

Kalenderjahr	2005	2006	2007	2008	
Werktage					
Arbeitstage	10	30	30	20	

H Anzuwendende Tarifverträge und Betriebsvereinbarungen:
TV Berufsbildung

I Sonstige Vereinbarungen:

Dieser Vertrag ist in _____3_____ gleichlautenden Ausfertigungen ausgestellt und von den Vertragsparteien eigenhändig unterschrieben worden. Jeder Vertragsausfertigung ist ein betrieblicher Ausbildungsplan beigefügt. Die Seite 2 ist Gegenstand dieses Vertrages und wird anerkannt.

Ort, Datum:

Flensburg, 02.06.05

Der Ausbildende (Unternehmen)
M. Mustermann

Der Auszubildende (Vor- und Familienname)
Michael Fleißig

Die gesetzlichen Vertreter des Auszubildenden*

Mutter *H. Fleißig*   Vater *B. Fleißig*
oder Vormund

* Falls nur ein Elternteil unterschreibt, ist ein Beleg über das alleinige Sorgerecht oder ein Vermerk erforderlich.

1) Soweit Tarifverträge bestehen, gelten bei Tarifgebundenheit der Parteien oder bei Allgemeinverbindlichkeit des Tarifvertrages mindestens die tariflichen Sätze.   2) Nach dem JArbSchG beträgt die höchstzulässige tägliche Ausbildungszeit (Ausbildungszeit) bei noch nicht 18 Jahre alten Auszubildenden acht Stunden, die höchstzulässige wöchentliche Arbeitszeit 40 Stunden. Wenn an einzelnen Werktagen die Arbeitszeit auf weniger als acht Stunden verkürzt ist, können Jugendliche an den übrigen Werktagen derselben Woche achteinhalb Stunden beschäftigt werden. Im übrigen sind die Vorschriften des JArbSchG über die Beschäftigung Jugendlicher an Samstagen, Sonn- und gesetzlichen Feiertagen zu dürfen nur an fünf Tagen in der Woche beschäftigt werden. Im übrigen sind die Vorschriften des JArbSchG über die Beschäftigung Jugendlicher an Samstagen, Sonn- und gesetzlichen Feiertagen zu beachten.   3) § 19 JArbSchG: Urlaubsjahr ist das Kalenderjahr. Soweit die Auszubildende zu Beginn des Kalenderjahres noch nicht 16 Jahre alt ist, beträgt der Urlaub 30 Werktage, noch nicht 17 Jahre alt ist, beträgt der Urlaub 27 Werktage, noch nicht 18 Jahre alt ist, beträgt der Urlaub 25 Werktage, es sei denn, der Tarifvertrag sieht eine günstigere Regelung vor. Im übrigen gelten § 3 Abs. 2, §§ 4-12 und § 13 Abs. 3 des Bundesurlaubsgesetzes bzw. die besonderen Regelungen des Tarifvertrages.

Dieser Vertrag ist in das Verzeichnis der Berufsausbildungsverhältnisse eingetragen am

unter der Betriebsnummer | 211 | | | | | | | |
HANDWERKSKAMMER FLENSBURG
i. A.

Auszug aus Seite 2 zum Berufsausbildungsvertrag:
§ 1 Ausbildungszeit
Nr. 2. Probezeit (siehe B auf Seite 1). Wird die Ausbildung während der Probezeit um mehr als ein Drittel dieser Zeit unterbrochen, so verlängert sich die Probezeit um den Zeitraum der Unterbrechung.
§ 2 Pflichten des Ausbildenden
Ziff. 5. Besuch der Berufsschule, Ausbildungsmaßnahmen außerhalb der Ausbildungsstätte – den Auszubildenden zum Besuch der Berufsschule anzuhalten und freizustellen. Das gleiche gilt, wenn Ausbildungsmaßnahmen außerhalb der Ausbildungsstätte (...) durchzuführen sind.

3. Berufsausbildungsvertrag I

1. Wann muss der Berufsausbildungsvertrag **spätestens** schriftlich niedergelegt werden?

   ....

2. Ein Firmeninhaber vereinbart im Mai eines Jahres mit einem Jugendlichen und dessen Eltern mündlich, den Jugendlichen ab dem 1. September zum Konstruktionsmechaniker auszubilden. Was muss der Firmeninhaber danach, spätestens vor dem 1. September, tun?

   ....

3. Wer sind die Vertragspartner (früher Lehrling und Lehrherr)?

   ....

4. Wann muss der Berufsausbildungsvertrag bei der Kammer (Industrie- und Handelskammer oder Handwerkskammer) eingereicht werden? ....

   ....

5. In welches Verzeichnis wird das Ausbildungsverhältnis bei der Kammer eingetragen (früher Lehrlingsrolle)?

   ....

6. Wer unterzeichnet den Ausbildungsvertrag mit einem Jugendlichen (außer dem Ausbildenden)?

   ....

7. Was muss mit dem Ausbildungsvertrag, der zugleich in Kopie(n) gefertigt wird, nach der Unterzeichnung unverzüglich geschehen? ....

   ....

   ....

8. Im Berufsausbildungsvertrag muss unter anderem die Dauer der Probezeit angegeben werden. Wie lange muss sie mindestens und wie lange darf sie höchstens betragen? ....

   ....

9. Kann auf eine Probezeit verzichtet werden? (Begründen Sie Ihre Antwort.) ....

   ....

10. In einem Berufsausbildungsvertrag müssen weiter angegeben sein: Dauer des .... und (wichtig!) Beginn und .... der Ausbildung.

11. In einem Ausbildungsvertrag sind Vereinbarungen enthalten über die Höhe der .... , über die Führung des .... -nachweises (Berichtsheft) und über die .... der täglichen Arbeitszeit. Nicht zulässig sind vertragliche Vereinbarungen über .... bei vorzeitiger Kündigung.

12. Welche Vereinbarung über eine Zahlung des Auszubildenen ist im Ausbildungsvertrag ebenfalls nicht zulässig?

   ....

13. Die Vergütung ist dem Auszubildenden spätestens am letzten .... des Monats zu zahlen. Sie muss mindestens einmal .... erhöht werden. Welche genaue Höhe die Vergütung hat, kann der Auszubildende im gültigen .... -vertrag nachlesen.

14. Wie lange muss der Betrieb dem Auszubildenden die Vergütung zahlen, wenn dieser arbeitsunfähig erkrankt ist?

   ....

15. Wer zahlt die Vergütung, wenn der Auszubildende an Ausbildungsmaßnahmen im Berufsbildungszentrum außerhalb der Arbeitsstätte teilnimmt? ....

Berufsbildung

16. Wer bildet laut vorstehendem Muster-Vertrag aus (1) (Funktion, Nachname) und wer wird ausgebildet (2)?

    1. .... 2. ....

17. Unter den eckig eingerahmten Punkten A bis H enthält der Muster-Ausbildungsvertrag verschiedene Einträge. Unter Punkt A wird die Ausbildungs- .... (in Jahren) angegeben. (Im vorliegenden Fall dauert die Ausbildung .... Jahre). Eine Verkürzung wird nicht beantragt. Das Berufsausbildungsverhältnis beginnt / begann am

    .... und endet/e am ....

18. Die Probezeit unter B beträgt .... Monate. Der Hinweis hinter der Angabe der Probezeit in Klammern „§ 1 Nr. 2" bezieht sich auf den kleingedruckten Text, der ganz unten auf dem Vertragsblatt wiedergegeben ist. Unter § 1 Nr. 2 heißt es: Wird die Ausbildung während der Probezeit um mehr als ein .... dieser Zeit unterbrochen, so verlängert sich die Probezeit um ....

19. Unter Punkt C wird .... als Ort der Ausbildung (Betriebssitz), ohne Adresse, angegeben. Als zusätzliche Ausbildungsorte werden genannt die mit dem Betriebssitz zusammenhängenden .... -stellen, Montagestellen und .... Arbeitsstellen. § 2 Ziffer 5 betrifft den Besuch der .... -schule und die Teilnahme an Ausbildungsmaßnahmen .... der Ausbildungsstätte.

20. Bei D wären solche Ausbildungsmaßnahmen zeitlich anzugeben, wenn außerhalb zusätzlich ausgebildet würde. Bei E wird die .... (im 1., 2. und 3. Ausbildungsjahr) angegeben. Im Vorspann dazu heißt es: „Der Ausbildende zahlt dem Auszubildenden eine .... Vergütung." Weiter heißt es: „Sie beträgt zurzeit monatlich ...." Die sich anschließende Fußnotenziffer ist die Ziffer .... In der zugehörigen Fußnote 1 heißt es: „Soweit Tarifverträge bestehen, gelten bei Tarifgebundenheit der Parteien oder bei Allgemeinverbindlichkeit des Tarifvertrages [in Bezug auf die Vergütung] mindestens die .... Sätze." Im 1. Ausbildungsjahr beträgt die Vergütung .... Euro, im zweiten Jahr .... Euro und im dritten Ausbildungsjahr beträgt sie 1086 Euro.

21. Bei F geht es um die regelmäßige tägliche und die wöchentliche Arbeitszeit. Danach soll der Auszubildende .... Stunden täglich und .... Stunden wöchentlich arbeiten. In der kleingedruckten Fußnote 2 heißt es dazu: „Nach dem JArbSchG (=Jugendarbeitsschutzgesetz) beträgt die höchstzulässige tägliche Arbeitszeit (Ausbildungszeit) bei noch nicht 18 Jahre alten Auszubildenden acht Stunden, die höchstzulässige wöchentliche Arbeitszeit .... Stunden. Wenn an einzelnen Werktagen die Arbeitszeit auf weniger als acht Stunden verkürzt ist, können Jugendliche an den übrigen Werktagen derselben Woche .... Stunden beschäftigt werden. Jugendliche Auszubildende dürfen nur an .... Tagen in der Woche beschäftigt werden."

22. Bei G geht um den .... -anspruch nach den geltenden Bestimmungen (des Jugendarbeitsschutz- und des Bundesurlaubsgesetzes). Der Urlaub ist nach .... -jahren gestaffelt. Im Jahr 2005 war der Auszubildende (am 15.05.1989 geboren) .... Jahre alt geworden. Von den 30 Tagen Urlaub, die ihm im Jahr 2005 zustehen, erhält er für die vier Monate Ausbildungszeit anteilig .... Tage Urlaub. Für die weiteren beiden Jahre besteht zurzeit ebenfalls ein Anspruch auf 30 .... -tage (nicht Werktage) Urlaub. Aus der Fußnote 3 geht hervor, dass für die weiteren Jahre nach § 19 JArbSchG eigentlich .... Urlaubstage als die im Vertrag eingetragenen 30 Tage vorgesehen sind. Für das zweite Kalenderjahr wären das zum Beispiel .... Werktage.

23. Bei H steht, der anzuwendende Tarifvertrag sei der .... Die Schlusssätze besagen unter anderem: Der Vertrag ist in .... gleichlautenden Ausfertigungen ausgestellt. Jeder Vertragsausfertigung ist ein betrieblicher .... -plan beigefügt. Die Seite .... des Vertrages ist Gegenstand des Vertrages und wird .... (mit den Unterschriften).

24. Welche Stelle trägt den Ausbildungsvertrag in ein Verzeichnis ein? ....

4. Berufsausbildungsvertrag II

Kündigung
– in der Probezeit

Vertrag kommt von vertragen – sagt der Volksmund. Nur manchmal klappt das nicht so. Es kommt zur Kündigung. Während der Probezeit kann das Ausbildungsverhältnis **sofort**, ohne Einhaltung einer Kündigungsfrist, gelöst werden. Die Kündigung muss schriftlich erfolgen (Empfehlung: per Einschreiben mit Rückschein). Ein Kündigungsgrund muss **nicht** angegeben werden. Das gilt für beide Seiten.

– nach der Probezeit

Nach Ablauf der **Probezeit** muss das Ausbildungsverhältnis unter Angabe des **Kündigungsgrundes** schriftlich gekündigt werden. Der Ausbildende muss die Kündigung der Kammer melden.

Kündigungsgrund
– hinreichend

Ein hinreichender Kündigungsgrund ist zum Beispiel gegeben, wenn der Auszubildende sich in einem **anderen Beruf** als dem gewählten ausbilden lassen will, besonders dann, wenn die **ärztliche** Nachuntersuchung ergibt, dass der Auszubildende den Anforderungen des Ausbildungsberufes **aus gesundheitlichen Gründen** nicht gewachsen ist. In einem solchen Fall sollte der Ausbildungsvertrag **unverzüglich** gelöst und ein Berufswechsel vorgenommen werden.

– nicht hinreichend

Kein hinreichender Grund zur Auflösung des Berufsausbildungsvertrages von Seiten des Betriebes ist beispielsweise das **Nichtbestehen eines Teils der Zwischenprüfung** oder das **Nichterreichen des Klassenziels** in der Berufsschule. Insofern besteht ein beachtlicher Kündigungsschutz.

– wichtig

Wie bei einem Arbeitsvertrag sind auch bei einem Ausbildungsvertrag etwa **Diebstahl** und **Beleidigung** *wichtige Gründe*, das Ausbildungsverhältnis jederzeit ohne Einhaltung einer Kündigungsfrist zu kündigen. Dazu die folgende Übersicht.

Übersicht

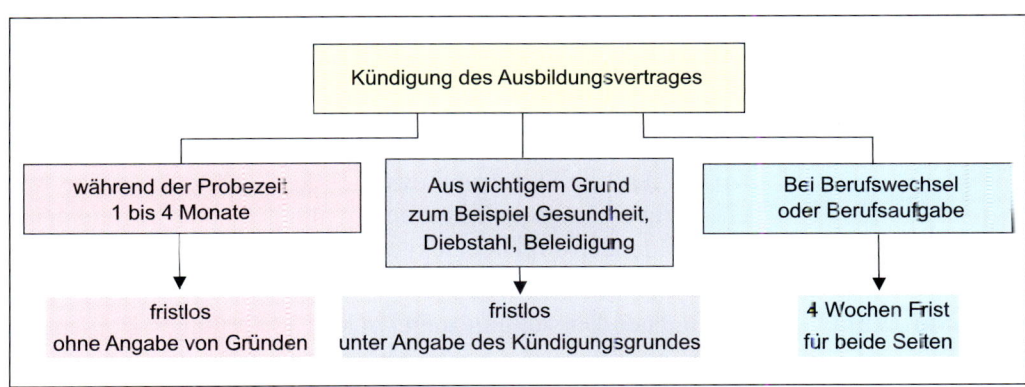

Kündigungsfrist

Für das Ausscheiden aus dem Ausbildungsvertrag bei Berufsaufgabe oder Berufswechsel gilt eine Kündigungsfrist von **vier Wochen**.

Vertragsende

Ein Ausbildungsvertrag ist ein **Vertrag auf Zeit**, in der Regel auf dreieinhalb Jahre. *Ziel ist das Bestehen der Abschlussprüfung.*

– bei Verkürzung

Stellt ein Auszubildender bei der zuständigen Kammer einen Antrag auf **vorzeitige** Zulassung zur Abschlussprüfung, so muss die Kammer vor ihrer Entscheidung laut BERUFSBILDUNGSGESETZ den Betrieb und die Berufsschule anhören. Wird daraufhin ein Auszubildender vorzeitig zur Abschlussprüfung zugelassen und besteht diese, so *endet das Vertragsverhältnis laut BBiG § 21 Abs.2 mit Bekanntgabe des Prüfungsergebnisses,* also **vor** den vereinbarten dreieinhalb Jahren – *weil das Ziel erreicht ist.*

– bei Verlängerung

§

Braucht ein Auszubildender aus irgendwelchen Gründen **länger** als die vorgesehenen dreieinhalb Jahre Ausbildungszeit, um das Ziel zu erreichen, so *endet das Ausbildungsverhältnis zu dem im Ausbildungsvertrag vereinbarten Zeitpunkt.*

In „Rechtsdeutsch" heißt das: „Liegt das Vertragsende **vor** der Abschlussprüfung oder Teilen davon, so endet das Ausbildungsverhältnis **mit** Vertragsende."

Berufsbildung

Die folgende Darstellung soll verdeutlichen, was gemeint ist.

Ausbildungsjahre am Zahlenstrahl

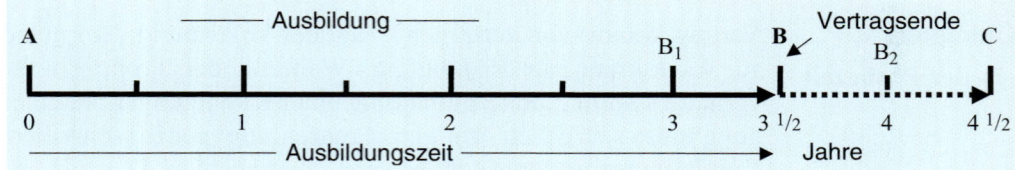

Vertragsbeginn und Vertragsende sind oben mit **A** und **B** gekennzeichnet. Die Ausbildungszeit endet nach 3 1/2 Jahren. Die Zeitpunkte des möglichen Bestehens der Abschlussprüfung sind B_1 (vorzeitig), und **B** (regulär) sowie B_2 und **C** (nachträglich). Für den Fall, dass der Auszubildende die Prüfung **nach** den vertraglich vereinbarten 3 1/2 Jahren macht, liegt das Vertragsende **vor** der Abschlussprüfung.

Ablauf der Vertragszeit

Laut BBiG § 12 Abs.1 kann sich der Auszubildende innerhalb der letzten sechs Monate seiner Vertragszeit gegenüber dem Ausbildenden verpflichten, nach der Ausbildung ein Arbeitsverhältnis einzugehen. Ist das nicht der Fall, so ist die Tätigkeit des Auszubildenden nach dem letzten Ausbildungstag beendet. Für den Ausbildenden besteht rein formell **keine** gesetzliche Verpflichtung zur Weiterbeschäftigung.

Verlängerung der Ausbildung

Bei Nichtbestehen der Abschlussprüfung kann nach dem BERUFSBILDUNGSGESETZ die Ausbildungszeit von der zuständigen Stelle verlängert werden. Die zuständige Stelle ist die **Kammer.** Auf Verlangen des Auszubildenden muss die Ausbildung verlängert werden. Der Auszubildende muss nur den Antrag stellen.

Wenn das Ziel erreicht ist

Nach bestandener Abschlussprüfung braucht der Auszubildende – rein rechtlich gesehen – den Betrieb **nicht** über einen geplanten Betriebswechsel zu unterrichten. Er kann dies tun, sollte es sicher auch, muss es aber rechtlich gesehen nicht. Eine Kündigung bei seinem Betrieb ist rechtlich **nicht** erforderlich. Mit Bestehen der Abschlussprüfung erfolgt ein **automatischer Auslauf** des Ausbildungsvertrages.

Zeugnis vom Betrieb

Nach dem BERUFSBILDUNGSGESETZ ist dem Auszubildenden nach Beendigung der Ausbildung vom Betrieb ein Zeugnis auszustellen. Ein solches Zeugnis muss **mindestens** neben Angaben über die Person des Auszubildenden (Name, Geburtsdatum) Angaben über die Art, die Dauer und das Ziel der Ausbildung sowie Aussagen über die erworbenen Ausbildungsqualifikationen enthalten. Nur auf **ausdrückliches** Verlangen des Auszubildenden sind in einem qualifizierten Zeugnis Angaben über seine Führung und seine Leistung und besondere Fähigkeiten des Auszubildenden aufzunehmen.

Was vom Azubi erwartet wird

Die folgende Darstellung zeigt, welche Erwartungen Betriebe an Azubis richten. Diese werden eher jemanden ausbilden, der **zuverlässig, leistungsbereit** und **teamfähig** ist – Beherrschung des Lesens, Schreibens und Rechnens vorausgesetzt.

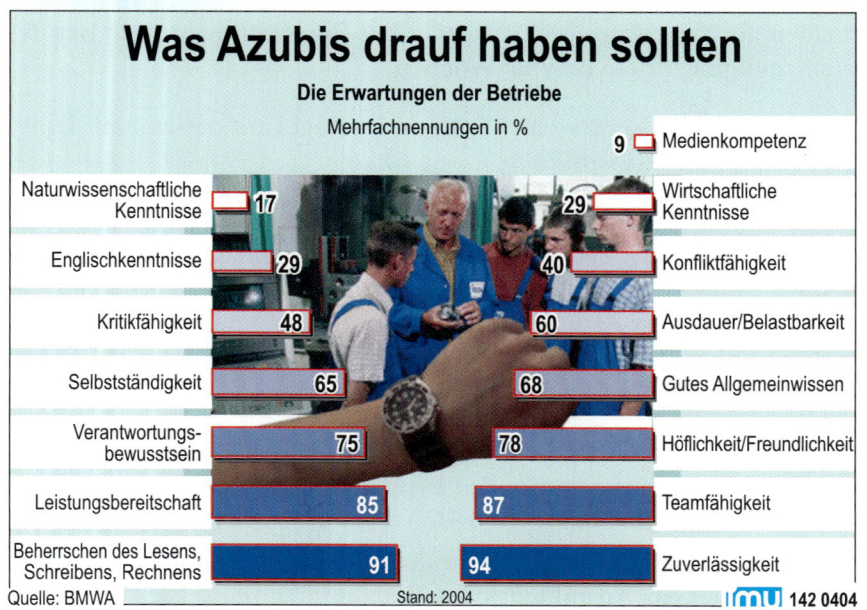

Übernahme nach der Ausbildung?

Einer Umfrage des Seminars für Handwerkswesen (**sfh**) aus dem Jahre 2004 zufolge übernehmen die Betriebe später vorzugsweise solche qualifizierten Mitarbeiter, oder suchen solche auf dem Arbeitsmarkt neu, denen sie in erster Linie Eigenschaften, wie **Zuverlässigkeit** und Fleiß/Arbeitstempo sowie technisches Fachwissen zuordnen können.

Mehr unter: www.sfh.wiso.uni-goettingen.de [2005-06-24]

4. Berufsausbildungsvertrag II

1. Was gilt für eine Kündigung während der Probezeit bezüglich der Kündigungsfrist? Das Ausbildungsverhältnis kann ....

2. In welcher Form muss ein Berufsausbildungsverhältnis gekündigt werden? ....

3. Nach Ablauf der Probezeit muss das Ausbildungsverhältnis unter Angabe des .... schriftlich gekündigt werden. Ein hinreichender Kündigungsgrund ist gegeben, wenn sich der Auszubildende in einem .... Beruf ausbilden lassen will.

4. Aus welchem (wichtigen) Grund sollte der Auszubildende den Ausbildungsvertrag unverzüglich lösen und einen Berufswechsel vornehmen? ....

5. Nennen Sie zwei (weitere) **wichtige** Gründe, aus denen das Ausbildungsverhältnis jederzeit ohne Einhaltung einer Kündigungsfrist (fristlos) gekündigt werden kann.

   1. .... 2. ....

6. Welche Kündigungsfrist gilt für das Ausscheiden aus dem Berufsausbildungsvertrag bei Berufsaufgabe oder Berufswechsel? ....

7. Ein Auszubildender stellt bei der Kammer einen Antrag auf vorzeitige Zulassung zur Abschlussprüfung. Was hat die Kammer vor ihrer Entscheidung zu tun? Sie muss

   1. .... anhören, 2. .... anhören.

8. Wann endet das Berufsausbildungsverhältnis, wenn ein Auszubildender vorzeitig zur Abschlussprüfung zugelassen wird und diese besteht? ....

9. Wann endet ein Berufsausbildungsverhältnis, wenn das Vertragsende vor der schriftlichen und der münclichen Prüfung liegt? ....

10. Am letzten Ausbildungstag wird einem Auszubildenden gesagt, dass am nächsten Tag seine Tätigkeit in der Firma beendet ist. Ist das zulässig? (Wenn ja, Begründung.) ....

11. Nach dem Berufsbildungsgesetz kann die Ausbildungszeit auf Antrag von der zuständigen Stelle verlängert werden. Wer ist die zuständige Stelle? ....

12. Bei nicht bestandener Prüfung muss auf Verlangen des Auszubildenden das Ausbildungsverhältnis verlängert werden. Der .... muss nur den .... stellen.

13. Ein Auszubildender plant, nach Bestehen der Prüfung, den Betrieb zu wechseln. Was kann/sollte er tun – muss es aber nicht? ....

14. Nach dem Berufsbildungsgesetz ist dem Auszubildenden nach Beendigung der Ausbildung ein Zeugnis auszustellen. Welche Angaben außer über die Person des Auszubildenden muss ein solches Zeugnis mindestens enthalten? Angaben über ....

15. Welche Angaben sind nur auf Verlangen des Auszubildenden in das – vom Betrieb nach Beendigung der Ausbildung auszustellende – Zeugnis aufzunehmen? – Angaben über die

    1. .... des Auszubildenden, 2. .... des Auszubildenden.

16. Nenne drei hoch geschätzte Eigenschaften des Mitarbeiters, die der Betrieb zur Entscheidung für dessen Übernahme nach der Ausbildung zum Beispiel heranziehen kann. 1. ....

    2. .... 3. ....

Berufsbildung

5. Berufsausbildungsvertrag III • Aufgaben der Kammer I

PAL 27-29

Pflichten des Ausbildenden

Nach dem BERUFSBILDUNGSGESETZ verpflichtet sich der Betrieb mit dem Abschluss des Ausbildungsvertrages zu einer **ordnungsgemäße**n **Ausbildung** und zu einer **besondere**n **Fürsorge**.

Ausbildungspflicht

Im Rahmen der Ausbildungspflicht übernimmt der Ausbildende grundsätzlich die Verpflichtung, die in der Ausbildungsordnung genannten Ausbildungsqualifikationen zu vermitteln und die *Ausbildung nach Plan*, sachlich und zeitlich gegliedert durchzuführen, unter **Einhaltung des** betrieblicherseits erstellten **Ausbildungsplans**. Der Ausbildende darf nur Arbeiten anordnen, die zum Ausbildungsberuf gehören.

Fürsorgepflicht

Im Rahmen der Fürsorgepflicht *berücksichtigt der Ausbildende grundsätzlich die Ausbildungssituation, die Jugend und das Heranwachsen des Auszubildenden.* Er stellt ihm die Ausbildungsmittel kostenlos bereit, stellt ihn zum Berufsschulbesuch und zur Teilnahme an Prüfungen frei und zahlt die Ausbildungsvergütung pünktlich. Der Ausbildende zahlt auch die Prüfungsgebühren.

Der Ausbildende übernimmt in der Regel nicht die Kosten für die in der Berufsschule erforderlichen Arbeitsmittel, auch nicht die Kosten für die allgemeine Berufskleidung. Er meldet den Auszubildenden rechtzeitig zur Prüfung an. Er hält den Auszubildenden zum Schulbesuch und zum Führen des Berichtsheftes an.

Übersicht

Ausbildungspflicht erfüllen

Pflichten des Ausbildenden	Pflichten des Auszubildenden
• **Hauptpflicht:** Die vertraglich vereinbarte Ausbildung unter Einhalten des betrieblichen Ausbildungsplans ordnungsgemäß durchführen.	• **Hauptpflicht:** Bereit und bemüht sein, auf dem Lernwege die vermittelte berufliche Handlungsfähigkeit nach besten Kräften zu erwerben.
• Übertragung ausschließlich ausbildungsbezogener Tätigkeiten. Der Ausbildende darf erwarten, dass der Auszubildende seinen Arbeitsplatz sauber und aufgeräumt hält, **nicht** aber, dass er (ständig) alle Arbeitsplätze säubert.	• Die Weisungen des Ausbilders, die er im Rahmen der Ausbildung erteilt, sind unbedingt zu befolgen. (Der Auszubildende hat eine Gehorsamspflicht. Umgekehrt hat der Ausbildende ein Weisungsrecht.)
• **Fürsorgepflicht • Verantwortung**	• **Sorgfaltspflicht • Mitverantwortung**
– Eine die Ausbildungssituation, die Jugend und das Heranwachsen berücksichtigende geldliche und geistige Unterstützung oder Hilfe gewähren. Im Einzelnen umfasst das:	– die übertragenen Arbeiten sorgfältig und gewissenhaft ausführen, außerdem sorgfältig mit der Gesundheit umgehen
– pünktliche Zahlung der monatlichen Ausbildungsvergütung und gegebenenfalls Abführung der Beiträge zur gesetzlichen Sozialversicherung	– Ausbildungsmittel pfleglich behandeln
– kostenlose Bereitstellung der Ausbildungsmittel (Werkzeuge, Werkstoffe, Berichtsheft)	– als Teil der Berufsausbildung am Berufsschulunterricht und an den Prüfungen teilnehmen
– Freistellung zum Besuch der Berufsschule und für die Teilnahme an den Prüfungen sowie für die ärztliche Nachuntersuchung	– Führung des Berichtshefts als Tätigkeitsnachweis
– den Auszubildenden charakterlich fördern	– vor Ablauf des 1. Ausbildungsjahres sich ärztlich nachuntersuchen lassen
– gesundheitliche Gefährdung vermeiden	– bei krankheitsbedingtem Fernbleiben vom Ausbildungsbetrieb den Ausbildenden unverzüglich benachrichtigen
– Unfallschutzbestimmungen beachten, gegebenenfalls die des Jugendarbeitsschutzgesetzes	– die Betriebsordnung einhalten, zum Beispiel Sicherheitsvorschriften und gegebenenfalls Rauchverbot beachten
– den Auszubildenden anhalten zum Berufsschulbesuch und zum Führen des Berichtsheftes	• **Treuepflicht • Verantwortung**
– Pflicht zur rechtzeitigen Anmeldung zu den Prüfungen (Zwischen- und Abschlussprüfung)	– über Betriebgeheimnisse Stillschweigen wahren.
– Pflicht zur Ausstellung eines Zeugnisses bei Beendigung der Ausbildung	– dem Ausbildenden keine Konkurrenz machen durch eventuelle Nebentätigkeit
= Rechte des Auszubildenden	= Rechte des Ausbildenden
Die Pflichten des einen sind die Rechte des anderen!	

18

Fürsorgepflicht

Im Rahmen der Fürsorgepflicht hat der Ausbildende weiter die Pflicht, für die charakterliche Förderung des Auszubildenden zu sorgen und dafür, dass keine gesundheitliche (körperliche und seelische) Gefährdung eintritt. Am Ende der Ausbildung muss er dem Auszubildenden ein Zeugnis ausstellen. Hier ein Textbeispiel.

> Der Auszubildende *(Name, Geburtsdatum)* hat vom... *(Datum des Beginns der Ausbildung)* bis zum... *(Datum vom Ende der Ausbildung)* in unserer Firma eine Ausbildung als... *(Bezeichnung des Ausbildungsberufs)* absolviert. In seiner $3^1/_2$-jährigen Ausbildungszeit wurde er in allen Aufgabenbereichen *(Nennung der Ausbildungsqualifikationen)* unseres Betriebes ausgebildet. Der Auszubildende hat die ihm übertragenen Arbeiten mit großem Engagement und großer Gewissenhaftigkeit erledigt. Sein Verhalten gegenüber Ausbildern war immer freundlich. Der Auszubildende verlässt unsere Firma auf eigenen Wunsch.
> *(Ort, Datum, Unterschrift)*.

Einhaltung der Pflichten

Die **Pflichten** des Ausbildenden sind die **Rechte** des Auszubildenden und umgekehrt. *Pflichten müssen eingehalten, Rechte dürfen nicht verletzt werden.* Die Nichteinhaltung der Pflichten oder die Verletzung der Rechte kann ein wichtiger Grund für eine Kündigung sein.

Ein durch Nichteinhaltung von Pflichten entstandener Schaden kann, etwa bei grober Fahrlässigkeit oder bei Vorsatz, zu einer Schadensersatzpflicht führen. Einfache Fahrlässigkeit hingegen verpflichtet in der Regel nicht zum Schadenersatz.

Pflichten des Auszubildenden

Der Ausbildungspflicht – im Sinne der betrieblichen Unterweisung zum Erwerb der erforderlichen beruflichen Handlungsfähigkeit – von Seiten des Ausbildenden entspricht die Lernpflicht auf Seiten des Auszubildenden.

– Lernpflicht

Im Rahmen der Lernpflicht wird vom Auszubildenden die Bereitschaft und das Bemühen erwartet, sich die zum Erreichen des Ausbildungszieles erforderlichen Ausbildungsqualifikationen nach besten Kräften anzueignen. Grundsätzlich sind die Weisungen zu befolgen, die im Rahmen der Berufsausbildung erteilt werden.

– Sorgfaltspflicht

Im Punkt Sorgfaltspflicht muss der Auszubildende vor allem die ihm übertragenen Arbeiten sorgfältig und gewissenhaft ausführen. Er muss die Ausbildungsmittel pfleglich behandeln, und er muss seinen Arbeitsplatz sauber und aufgeräumt halten.

– Weisungen befolgen

Der Auszubildende ist gehalten, am Berufsschulunterricht und an den Prüfungen teilzunehmen. *Berufsschulzeit und Prüfungszeit ist Arbeitszeit.* Der Auszubildende ist zur Führung des Berichtsheftes – als Tätigkeitsnachweis – verpflichtet; sonst wird er nicht zur Prüfung zugelassen. Wie in der Schule die Schulordnung muss im Betrieb die Betriebsordnung eingehalten werden.

– Treuepflicht

Im Rahmen der Treuepflicht muss über **Betriebsgeheimnisse** Stillschweigen gewahrt werden. Der Auszubildende darf dem Ausbildenden keine Konkurrenz machen, durch eventuelle **Nebentätigkeit** in einem Marktsegment des Ausbildungsbetriebes. Der Auszubildende ist nicht verpflichtet, auf jegliche Nebentätigkeit für die Dauer der Ausbildung zu verzichten.

Eine Reihe von Pflichten beider Vertragspartner findet man klein gedruckt im Berufsausbildungsvertrag wiedergegeben.

Wer darf ausbilden?

Ob ein Betrieb ausbilden darf, stellt nach dem BERUFSBILDUNGSGESETZ die Kammer fest. Diese Stelle ist ebenfalls zuständig für die Feststellung der fachlichen Eignung des Meisters als Ausbilder.

Nach dem BERUFSBILDUNGSGESETZ darf als Person nur ausbilden, wer persönlich und fachlich dafür geeignet ist. Unter der Verantwortung eines Ausbilders kann bei der Berufsausbildung mithelfen, wer selbst nicht alle Voraussetzungen für die fachliche Eignung mitbringt.

Anerkennung der Ausbildungsberufe

Nach dem BERUFSBILDUNGSGESETZ dürfen Jugendliche nur in staatlich anerkannten Ausbildungsberufen ausgebildet werden. An dem staatlichen Anerkennungsverfahren sind neben dem Bundesminister für Wirtschaft und/oder Arbeit die Arbeitgeberverbände und Arbeitnehmerorganisationen beteiligt.

Ausbildungsprofil
http://www.bibb.de/de/ausbildungsprofile-start.htm

Zu jedem anerkannten Ausbildungsberuf gibt es ein Ausbildungsprofil. Darin sind kurz gefasst die **Qualifikationen** festgelegt, die während der Berufsausbildung zu vermitteln sind. Das Ausbildungsprofil ist in der Ausbildungsordnung enthalten.

Berufsbildung

5. Berufsausbildungsvertrag III • Aufgaben der Kammer I

1. Mit Abschluss des Ausbildungsvertrages verpflichtet sich der Ausbildende zu einer ordnungsgemäßen Ausbildung und zu einer besonderen .... Im Rahmen der Ausbildungspflicht übernimmt der Ausbildende die Verpflichtung, die Ausbildung planmäßig, sachlich und .... gegliedert durchzuführen, und im Rahmen der Fürsorgepflicht übernimmt er zum Beispiel die Verpflichtung, die Ausbildungsmittel für die betriebliche Ausbildung .... bereitzustellen.

2. Für welche Zwecke ist der Ausbildende verpflichtet, den Auszubildenden freizustellen?

    1. ....

    2. ....

3. Im Rahmen der Fürsorge hat der Ausbildende die Pflicht, die Ausbildungs- .... pünktlich zu zahlen. Der Ausbildende meldet den Auszubildenden rechtzeitig zur .... an. Der Ausbildende hält den Auszubildenden zum .... und zum Führen des Berichtsheftes an.

4. Die Hauptpflicht des Ausbildenden ist, die vertraglich vereinbarte Ausbildung unter Einhalten des betrieblichen Ausbildungsplans .... durchzuführen. Demgegenüber hat der Auszubildende bereit und bemüht zu sein, die vom Ausbilder nach Plan vermittelte berufliche Handlungsfähigkeit nach besten Kräften zu .... (Hauptpflicht). Grundsätzlich sind die .... zu befolgen, die vom Ausbilder im Rahmen der Berufsausbildung erteilt werden.

5. Der Ausbilder hat dem Auszubildenden ausschließlich .... -bezogene Tätigkeiten zu übertragen. Der Auszubildende muss *seinen* Arbeitsplatz .... und aufgeräumt halten.

6. Im Rahmen der Fürsorge hat der Ausbildende auch die Pflicht, für die .... Förderung des Auszubildenden zu sorgen und dafür, dass keine .... Gefährdung eintritt. Schließlich hat er die Pflicht, am Ende der Ausbildung ein .... auszustellen.

7. Im Punkt Sorgfaltspflicht muss der Auszubildende vor allem die ihm übertragenen Arbeiten sorgfältig und .... ausführen. Er muss die Ausbildungsmittel .... behandeln.

8. Der Auszubildende ist zur Führung des .... als Tätigkeitsnachweis verpflichtet. Wie in der Schule die Schulordnung muss im Betrieb die .... eingehalten werden.

9. Im Rahmen der Treuepflicht ist über Betriebsgeheimnisse .... zu wahren.

10. Die Pflichten des Ausbildenden sind die .... des Auszubildenden und umgekehrt. Die Verletzung der Rechte kann ein wichtiger Grund für eine .... sein. Ein durch Nichteinhaltung der Pflichten entstandener Schaden kann zur .... -pflicht führen.

11. Kleingedruckt stehen wichtige Pflichten im ....-vertrag.

12. Welche Stelle darf nach dem Berufsbildungsgesetz feststellen, ob der Ausbilder fachlich geeignet ist und ob ein Betrieb ausbilden darf? ....

13. Wer darf nach dem Berufsbildungsgesetz als Person nur ausbilden?

    ....

14. Unter der Verantwortung eines Ausbilders kann bei der Berufsausbildung mithelfen, wer selbst nicht alle Voraussetzungen für die .... mitbringt.

15. Nach dem Berufsbildungsgesetz dürfen Jugendliche nur in .... Ausbildungsberufen ausgebildet werden. An dem staatlichen Anerkennungsverfahren sind neben dem Bundesminister für Wirtschaft und/oder Arbeit auch ....-verbände und ....-organisationen beteiligt.

16. Was ist in einem Ausbildungsprofil festgelegt? ....

    ....

6. Aufgaben der Kammer II • Abschlussprüfung I

Überwachung der Berufsausbildung

Nach dem BERUFSBILDUNGSGESETZ ist die Überwachung der Berufsausbildung der **Kammer** als zuständige Stelle übertragen worden. Im gewerblich-technischen Bereich der Wirtschaft ist für die handwerklichen Berufe die Handwerkskammer (HWK) und für die industriellen und sonstigen Berufe die Industrie- und Handelskammer (IHK) zuständig.

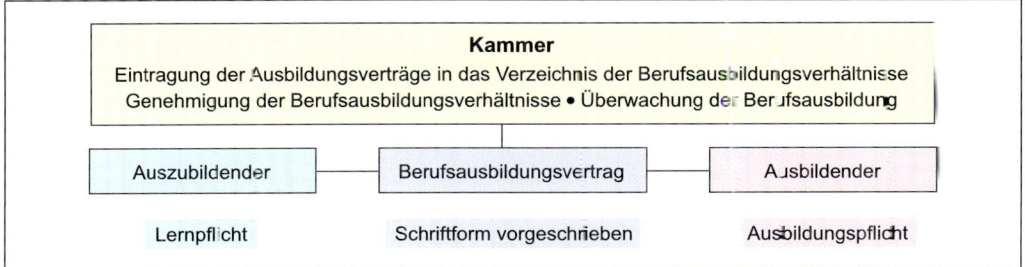

Kammer
Eintragung der Ausbildungsverträge in das Verzeichnis der Berufsausbildungsverhältnisse
Genehmigung der Berufsausbildungsverhältnisse • Überwachung der Berufsausbildung

Auszubildender	Berufsausbildungsvertrag	Ausbildender
Lernpflicht	Schriftform vorgeschrieben	Ausbildungspflicht

Beratung

Zur Überwachung der Berufsausbildung hat die Kammer einen **Ausbildungsberater** zu beschäftigen. Zu den Aufgaben eines solchen Mitarbeiters gehört es, die Eignung des Betriebes als Ausbildungsstätte festzustellen oder einen Auszubildenden zu beraten, wenn es ein Problem gibt. Auch berät er den Ausbildenden, wenn Fragen betrieblicherseits aufkommen.

Prüfung – Durchführung

Die Durchführung der Prüfungen (Zwischen- und Abschlussprüfung) obliegt der Kammer. Nach dem BERUFSBILDUNGSGESETZ muss der ausbildende Betrieb das Material für die praktische Prüfung dem Auszubildenden kostenlos zur Verfügung stellen und der Kammer die gesamten Prüfungsgebühren bezahlen. Für die Durchführung der Prüfungen müssen von geeigneten Fachleuten Prüfungsaufgaben für die Kammer ausgearbeitet werden.

– Anforderungen

Welche Elemente beruflicher Handlungsfähigkeit geprüft werden können, ist in der Ausbildungsordnung festgelegt. Gegenstand der Abschlussprüfung sind berufsbezogene Fertigkeiten und Kenntnisse (fachpraktisch und fachtheoretisch).

Theoretisch abgeprüft werden zum Beispiel im Beruf Mechatroniker die Bereiche Arbeitsplanung (150 min) und Funktionsanalyse (150 min), wobei in die Prüfung informationstechnische, technologische und mathematische Sachverhalte integriert sind, sowie Wirtschafts- und Sozialkunde (60 min). Die Zwischenprüfung ist Teil 1 der Abschlussprüfung. (Ausbildungsordnung vom 01. 08. 1998). Nicht abgeprüft werden allgemeinbildende Kenntnisse aus den Gebieten Deutsch, Religion und Gesellschaftslehre/Politik (Gemeinschaftslehre) sowie Englisch. Benotungen dieser Fächer finden sich im Abschlusszeugnis der Berufsschule.

Die Abschlussprüfung der Kammer umfasst fachpraktische und (schriftlich zu beantwortende) fachtheoretische Inhalte. Hinzu kommt noch ein mündlicher Teil.

Die Abschlussprüfung umfasst fachpraktische Inhalte neben fachtheoretischen Inhalten.

Prüfungsausschuss

Nach dem BERUFSBILDUNGSGESETZ muss die Kammer zur Abnahme der Prüfungen **unabhängige** Prüfungsausschüsse bilden. Ein Prüfungsausschuss ist ähnlich unabhängig wie ein Gericht. Er entscheidet allein über das Ergebnis der Prüfung. Er befindet auch über die Zulassung zur Prüfung. Beantragt zum Beispiel ein Auszubildender bei der Kammer, vorzeitig zur Prüfung zugelassen zu werden und hält die Kammer die Zulassungsvoraussetzungen für nicht gegeben, dann entscheidet der unabhängige Prüfungsausschuss über den Antrag.

– Zusammensetzung

Der Ausschuss für die Abnahme der Abschlussprüfung besteht mindestens aus einem **Berufsschullehrer** und je einem Beauftragten der **Arbeitnehmer** und der **Arbeitgeber**. Die Mitglieder des Prüfungsausschusses wählen aus ihrer Mitte den Vorsitzenden. Höchstens besteht der Prüfungsausschuss aus sieben ordentlichen Mitgliedern. Bei diesen sieben handelt es sich um drei Beauftragte der Arbeitnehmer, drei Beauftragte der Arbeitgeber und nur einen Berufsschullehrer.

Berufsbildung

6. Aufgaben der Kammer II • Abschlussprüfung I

1. Welcher Institution ist nach dem Berufsbildungsgesetz die Überwachung der Berufsausbildung übertragen worden?

    ....

2. Für die handwerklichen Berufe ist die .... (HWK) zuständig und für die indus-

    triellen und sonstigen Berufe die .... (IHK).

3. Zur Überwachung der Berufsausbildung hat die Kammer einen .... zu

    beschäftigen. Zu den Aufgaben eines solchen Mitarbeiters gehört es, die Eignung eines Betriebes als ....

    .... festzustellen oder einen Auszubildenden zu beraten, wenn es ein Problem gibt.

    Auch berät er den .... , wenn Fragen betrieblicherseits aufkommen.

4. Welcher Institution obliegt die Durchführung der Zwischen- und Abschlussprüfung?

    ....

5. Nach dem Berufsbildungsgesetz muss der ausbildende Betrieb dem Auszubildenden das für die praktische

    Prüfung benötigte Material .... zur Verfügung stellen. Der Betrieb muss für ihn

    auch die gesamten .... bezahlen. Für die Durchführung der Prüfung

    müssen .... ausgearbeitet werden. Welche Elemente beruflicher Hand-

    lungsfähigkeit geprüft werden können, ist im Einzelnen in der .... festgelegt.

6. Gegenstand der Abschlussprüfung sind .... Fertigkeiten, fachpraktische und fach-

    theoretische Kenntnisse. Bei der Abschlussprüfung im Beruf Mechatroniker gehen deshalb nur die Bereiche

    Arbeitsplanung und Funktionsanalyse und .... in

    das Ergebnis der Prüfung ein. **Nicht** Gegenstand der Abschlussprüfung sind allgemein bildende Fächer

    wie .... und Religion.

7. Die Abschlussprüfung der Kammer umfasst fach- .... Inhalte und (schriftlich zu be-

    antwortende) fachtheoretische Inhalte. Hinzu kommt noch ein .... Teil.

8. Zu welchem Zweck muss die Kammer Prüfungsausschüsse bilden?

    ....

9. Ein Prüfungsausschuss ist ähnlich .... wie ein Gericht. Er allein entscheidet über

    das .... der Prüfung. Er befindet auch über die .... zur Prüfung.

10. Ein Auszubildender beantragt bei der Kammer **vorzeitig** zur Prüfung zugelassen zu werden. Die Kammer hält die

    Zulassungsvoraussetzungen aber für **nicht** gegeben. Wer entscheidet dann über den Antrag?

    ....

11. Wie muss ein Prüfungsausschuss für die Abnahme der Abschlussprüfung mindestens zusammengesetzt sein?

    ....

    ....

12. Die Mitglieder des Prüfungsausschusses wählen aus ihrer Mitte den .... Höchs-

    tens besteht der Prüfungsausschuss aus sieben Mitgliedern: aus .... Beauftragten der Arbeitnehmer, aus

    drei Beauftragten der Arbeitgeber und aus .... Berufsschullehrer(n).

7. Abschlussprüfung II • Berufliche Flexibilität

Prüfungsordnung – Bestandteile

In der Prüfungsordnung sind geregelt: die Zusammensetzung des Prüfungsausschusses, die Voraussetzung für die Zulassung zur Abschlussprüfung, die Gliederung der Abschlussprüfung (praktische, schriftliche Prüfung) und die Bewertungsmaßstäbe für die Prüfungsleistungen. Will ein Auszubildender nachlesen, ob bei seiner Abschlussprüfung alle Formalien eingehalten wurden, so kann er dies in der Ausbildungsordnung tun. Die Prüfungsvorschriften sind Teil der Ausbildungsordnung.

In Bezug auf eine Prüfung für einen Beruf wird in einem Kammerbezirk abgestimmt, dass diese an verschiedenen Prüfungsorten an ein und demselben Tag und **nicht** an verschiedenen Tagen stattfindet. Welcher Tag das ist, steht **nicht** in der Prüfungsordnung. Prüfungszeiten sind somit in der Prüfungsordnung **nicht** geregelt.

– Verstöße

Drei Prüfer müssen die Prüfung abnehmen!

Mindestens zwei Prüfer müssen bewerten!

UVV sind zu beachten!

Gegen die Prüfungsordnung verstoßen wird, wenn ein mündlicher Prüfungsteil von nur zwei Mitgliedern des Prüfungsausschusses durchgeführt wird. Es müssen mindestens **drei** sein. Aufsicht führen darf allerdings nur ein Prüfer. Ein Verstoß liegt auch vor, wenn eine Arbeitsprobe von nur einem Prüfer beobachtet und bewertet wird. Es müssen mindestens **zwei** sein. Rechtmäßig ist aber, wenn der Prüfungsausschuss einen Prüfling von der Prüfung ausschließt, weil er sich weigert, beim Schleifen eines Bohrers eine Schutzbrille zu tragen, denn dadurch verstößt er gegen die Unfallverhütungsvorschriften. Diese sind Bestandteil der Prüfungsordnung.

Prüfung – Organisation

Im Rahmen der Vorbereitung und Abwicklung der Prüfung lässt die **Kammer** die Prüfungsaufgaben ausarbeiten, sie hat die Prüfungstermine festzulegen, sie lädt die Prüfer zur Durchführung der einzelnen Prüfungstermine ein, stellt das Prüfungszeugnis aus und entscheidet gegebenenfalls über einen Widerspruch gegen die Durchführung der Prüfung.

– Widerspruch

Erhält ein Auszubildender den Bescheid, dass er die Abschlussprüfung **nicht** bestanden hat und ist er der Ansicht, dass bei der Abnahme der Prüfung Verfahrensfehler begangen wurden, so kann er *bei der Kammer* Widerspruch erheben.

– Anfechtung

Wird der Widerspruch von der Kammer abgelehnt, so kann der Auszubildende gegen die Kammer Anfechtungsklage *beim Verwaltungsgericht* erheben.

– Bewertung

Das Ergebnis der Abschlussprüfung stellt der **Prüfungsausschuss** fest. Dieses vom Prüfungsausschuss beschlossene Ergebnis darf auch die Kammer **nicht** ändern, indem sie etwa die **Prüfungsleistung**en neu bewertet.

In die Bewertung geht zum Beispiel bei Metallbauern die Zwischenprüfung als Teil 1 der Abschlussprüfung mit 30 % ein, die teile 2A und 2B zum Ende der Ausbildung zusammen mit 70 %.

– Wiederholung

In gewerblich-technischen Ausbildungsberufen, wie zum Beispiel bei den Mechatronikern, ist die Zwischenprüfung **Teil 1** der Abschlussprüfung. **Teil 2** umfasst im **Unterteil A** einen breiten praktischen Prüfungsteil, an den sich ein Prüfungsgespräch anschließt. **Teil 2B** ist der schriftliche Prüfungsteil. Die Prüfung hat bestanden, wer nach einem festgelegten Bewertungsschlüssel mindestens **50** Prozent der insgesamt zu vergebenen Punkte erreicht. Besteht ein Auszubildender beim ersten Mal die Abschlussprüfung **nicht,** so kann er sie **zweimal** wiederholen.

Berufliche Weiterbildung

Außer der Berufsausbildung umfasst die Berufsbildung auch noch die berufliche **Fortbildung** und die berufliche **Umschulung** (siehe Seite 4). Fortbildung und Umschulung fasst man häufig unter den Begriff berufliche Weiterbildung*) zusammen.

– Beratung

Folgendes kommt heutzutage vor: Jemand ist in einem schrumpfenden Berufszweig tätig und droht arbeitslos zu werden. Er geht zur **Arbeitsagentur** und lässt sich über seine Berufschancen, die Möglichkeit einer beruflichen Weiterbildung beraten. Ihm wird vor allem klar, dass er beruflich flexibler, also beweglicher, werden muss.

Berufliche Flexibilität

Unter beruflicher Flexibilität versteht man die Fähigkeit, *sich beruflich den wandelnden Anforderungen des Arbeitslebens anpassen* zu können. Flexibilität wird für alle Arbeitnehmer immer wichtiger, weil sich die technischen und wirtschaftlichen Verhältnisse in der Arbeitswelt immer schneller verändern. Ein Arbeitnehmer kann seine Flexibilität sichern und verbessern durch ständige **Weiterbildung.**

*) Gelegentlich wird der Begriff Weiterbildung auch gleichbedeutend mit Fortbildung verwendet.

Berufsbildung

7. Abschlussprüfung II • Berufliche Flexibilität

1. In der Prüfungsordnung sind geregelt: die Zusammensetzung des Prüfungsausschusses, die Voraussetzungen für die .... zur Abschlussprüfung, die .... der Abschlussprüfung (praktische Prüfung, schriftliche Prüfung) und die .... -maßstäbe für die Prüfungsleistungen.

2. Wo könnte ein Auszubildender nachlesen, ob bei der Abschlussprüfung alle Formalien eingehalten wurden?
    ....

3. Von mindestens wie vielen Mitgliedern des Prüfungsausschusses muss eine mündlicher Prüfungsteil durchgeführt werden? ....

4. Eine Arbeitsprobe muss von mindestens .... Prüfer(n) beobachtet und bewertet werden. Der Ausschluss eines Prüfungsteilnehmers, der sich weigert, beim Schleifen eines Bohrers eine Schutzbrille zu tragen, ist ....

5. Nennen Sie vier organisatorische Aufgaben der Kammer im Rahmen der Vorbereitung und Abwicklung der Abschlussprüfung.
    1. Die Prüfungstermine ....
    2. Die Prüfer zur Prüfung ....
    3. Das Prüfungszeugnis ....
    4. Über einen Widerspruch gegen die Durchführung der Prüfung ....

6. Erhält ein Auszubildender Bescheid, dass er die Abschlussprüfung **nicht** bestanden hat und ist er der Ansicht, dass bei der Abnahme der Prüfung Verfahrensfehler begangen wurden, so kann er bei der Kammer **Widerspruch** erheben. Angenommen, dieser Widerspruch wird von der Kammer abgelehnt, wo kann der Auszubildende dann **Anfechtungsklage** erheben?
    Beim ....

7. Wer stellt das Ergebnis der Abschlussprüfung fest?
    ....

8. In gewerblich-technischen Ausbildungsberufen, wie zum Beispiel bei den Mechatronikern, ist die Zwischenprüfung Teil ...... der Abschlussprüfung. Teil 2 umfasst im Unterteil A einen breiten praktischen Prüfungsteil, an den sich ein Prüfungs- .... anschließt. Teil 2B ist der .... Prüfungsteil.
    Die Prüfung hat bestanden, wer mindestens .... Prozent der insgesamt zu vergebenen Punkte erreicht.
    Besteht ein Auszubildender beim ersten Mal die Abschlussprüfung nicht, so kann er sie noch ....
    .... wiederholen.

9. Die Berufsbildung umfasst außer der Berufsausbildung die berufliche .... und die berufliche .... Diese beiden Teile der Berufsbildung fasst man unter dem Begriff berufliche .... zusammen.

10. Unter beruflicher Flexibilität versteht man die .... eines Menschen, sich beruflich den wandelnden Anforderungen des Arbeitslebens .... zu können.

11. Warum wird die berufliche Flexibilität für alle Arbeitnehmer immer wichtiger?
    Weil sich die .... und .... Verhältnisse in der Arbeitswelt immer schneller ....

12. Wie (durch welche ständige Maßnahme) kann ein Arbeitnehmer seine berufliche Flexibilität am besten sichern und verbessern? ....

8. Berufliche Fortbildung • Umschulung • Arbeitsförderung   PAL 7, 10, 38-42, U10, U12-U13

Berufliche Fortbildung

Mehr über zukunftsfähige Berufe (Statistik) unter www.pallas.iab.de/bisds/alphabet.asp

Herr Meier stellt fest, dass in seinem vor Jahren erlernten Beruf immer weniger Facharbeiter benötigt und dass Berufskollegen immer häufiger arbeitslos werden. Er vermutet, dass auch er bald arbeitslos sein wird. Er wendet sich deshalb an die Arbeitsagentur. Dort informiert man ihn über seine Möglichkeiten, sich beruflich fortbilden oder umschulen zu lassen. Herr Meier erfährt unter anderem, dass er einen anderen Arbeitsplatz erhalten könnte, für den er auch die in seinem erlernten Beruf erworbenen Fähigkeiten nutzen kann, wenn er sich einer beruflichen Fortbildung unterzieht.

Die Arbeitsagentur ist gesetzlich dazu verpflichtet, Personen zu beraten, die sich beruflich fortbilden oder umschulen lassen wollen.

– Voraussetzung und Ziel

Berufliche Fortbildung baut auf einer abgeschlossenen Berufsausbildung oder einer ausreichenden Berufspraxis (mindestens viereinhalb Jahre) auf.

Berufliche Fortbildung hat zum **Ziel,** die erworbene berufliche Handlungsfähigkeit zu **erhalten,** zu **verbessern** und zu **erweitern** und sie damit dem technischen Fortschritt anzupassen. Sie kann die wirtschaftliche Lage der Arbeitnehmer verbessern und die berufliche Flexibilität der Arbeitnehmer erhöhen. Sie schützt jedoch **nicht** vor dem Verlust des Arbeitsplatzes, sie kann diesem Verlust nur vorbeugen.

– Ständiges Fortschreiten

Mit einer ständigen Anpassungs- und Aufstiegsfortbildung ist verbunden: Anpassung der beruflichen Handlungsfähigkeit an die technische Entwicklung, Verbesserung der sozialen Stellung, also zum Beispiel Verbesserung des gesellschaftlichen Ansehens, weiterhin eine *Sicherung der beruflichen Zukunft* und natürlich eine bessere Entlohnung. Das Ganze geht natürlich auf Kosten der Freizeit.

– Maßnahmen

Berufliche Fortbildungsmaßnahmen sind zum Beispiel Kurse oder Lehrgänge zur Vorbereitung auf die Facharbeiterprüfung (bereits während der Ausbildung), auf die Meisterprüfung oder Technikerprüfung. Sie dienen auch dem Erwerb besonderer Qualifikationen, etwa im Bereich der elektronischen Datenverarbeitung oder im Fremdsprachenbereich. Hier einige Beispiele beruflicher Fortbildungsmaßnahmen:

– Beispiele

VHS

IHK

BK

ils

DGB

- Besuch eines Kurses bei der **Volkshochschule (VHS)** zur **Vorbereitung auf die Facharbeiterprüfung** während der Ausbildung
- Die **Industrie und Handelskammer (IHK)** führt einen **Industriemeisterlehrgang** durch.
- Herr Braun nimmt nach der Ausbildung als Industriemechaniker an einem **Technikerlehrgang** teil; er besucht dazu die Fachschule für Technik im **Berufskolleg (BK).**
- Frau Schulz nimmt als ausgebildete Energieanlagenelektronikerin an einem **Fernlehrgang** über **Technisches Englisch** beim **privaten Fernlehrinstitut ils** teil.
- Herr Franz besucht nach dem Studium der Elektrotechnik zum Einstieg in seine gewerkschaftliche Tätigkeit einen Lehrgang über Elektronische Datenverarbeitung **(EDV)** beim **DGB.**
- Herr Wolf nimmt nach der Ausbildung als Bauzeichner an einem Lehrgang über rechnergestütztes Zeichnen **(CAD)** bei der **Handwerkskammer** teil.
- Frau Müller nimmt nach ihrer Ausbildung in einem Metallberuf **innerbetrieblich** an einem Lehrgang über moderne rechnergesteuerte Werkzeugmaschinen **(CNC-Maschinen)** teil.

– Abgrenzung

Nicht zur Fortbildung zählen ein zweiwöchiger Lehrgang im Schweißen in einer überbetrieblichen Ausbildungsstätte der Kammer für Auszubildende oder ein Lehrgang für Betriebsratsmitglieder.

Auch **nicht** in den Bereich der beruflichen Fortbildung gehören folgende Fälle:

- Frau Jansen absolviert nach ihrer Ausbildung als Kinderpflegerin eine Berufsausbildung als Technische Zeichnerin.
- Herr Müller studiert nach dem Erwerb des Abiturs an der Fachhochschule Maschinenbau.

Orte der Fortbildung

Institutionen, von denen Maßnahmen der beruflichen Fortbildung durchgeführt werden, sind unter anderen Volkshochschulen, Berufskollegs, Fernlehrinstitute, Kammern und Gewerkschaften.

Berufsbildung

Berufliche Umschulung

Berufliche Umschulung ist eine **Ausbildungsmaßnahme für Erwachsene.** Die Umschulung soll den Übergang in eine andere, zukunftsorientierte Tätigkeit ermöglichen. Die Umschulung erfolgt normalerweise in staatlich anerkannten Ausbildungsberufen. Umschulung ist eine **Zweit**ausbildung für Erwachsene, an deren Ende wiederum eine Abschlussprüfung steht. Diese stimmt völlig überein mit der normalen Abschlussprüfung in einem anerkannten Ausbildungsberuf. Die Überwachung der beruflichen Umschulung obliegt der Kammer, die auch die Durchführung der ersten beruflichen Ausbildung überwacht.

Zweck der Umschulung

Umschulungsmaßnahmen werden in der Hauptsache deshalb gefördert, weil man damit *Arbeitslosigkeit verhindern* will, möglichst schon, bevor sie eingetreten ist.

Arbeitsförderung

Der einmal erlernte Beruf reicht oft nicht für das ganze Arbeitsleben. Fortbildungs- und Umschulungsmaßnahmen kosten natürlich Geld. Nach dem SOZIALGESETZBUCH III (SGB III) – Arbeitsförderung – werden sowohl die **Maßnahme** als auch der **Teilnehmer** finanziell gefördert. Für die finanzielle Förderung zuständig ist die Bundesagentur für Arbeit. Diese Institution hat den gesetzlichen Auftrag dazu.

...gemäß SGB III

Das SOZIALGESETZBUCH III soll dazu beitragen, dass weder Arbeitslosigkeit noch unterwertige Beschäftigung eintreten oder fortdauern. Ziele des SOZIALGESETZBUCHes III sind: Aufrechterhaltung eines hohen Beschäftigungsstandes, Sicherung und Verbesserung der Flexibilität der Erwerbstätigen, Förderung des Wachstums der Wirtschaft und die berufliche Eingliederung von Behinderten.

Förderungswürdige Fälle

Die Arbeitsagentur wird in folgenden Fällen einem Antrag auf finanzielle Förderung zustimmen:

- **Umschulung** des Herrn Alt vom Textilfacharbeiter (*schrumpfender* Berufszweig) zum **EDV-Sachbearbeiter** (*wachsender* Berufszweig)
- **Fortbildung** der Hausfrau und Mutter Kramer, einer gelernten Sekretärin, die nach 15 Jahren wieder in ihrem Beruf arbeiten möchte, durch einen Lehrgang in **moderner Bürotechnik**
- Herr Neu ist gelernter Industriemechaniker und erwirbt in einem geförderten **Fernlehrgang** bedarfsorientiert Qualifikationen in der **elektropneumatischen Steuerungstechnik.**

Fernunterricht wird unter bestimmten Voraussetzungen öffentlich gefördert.

Was kommt nach der Ausbildung?

Die folgende Darstellung zeigt die Erwerbssituation junger Menschen drei Jahre nach der Berufsausbildung.

Auf den ersten Blick sind weniger Männer als Frauen in ihrem erlernten Beruf tätig. Davon leisten aber 11 % der jungen Männer den Wehr- und Zivildienst, 12 % befinden sich einer Weiterbildung; jedoch nur 6 % der Frauen bilden sich weiter.

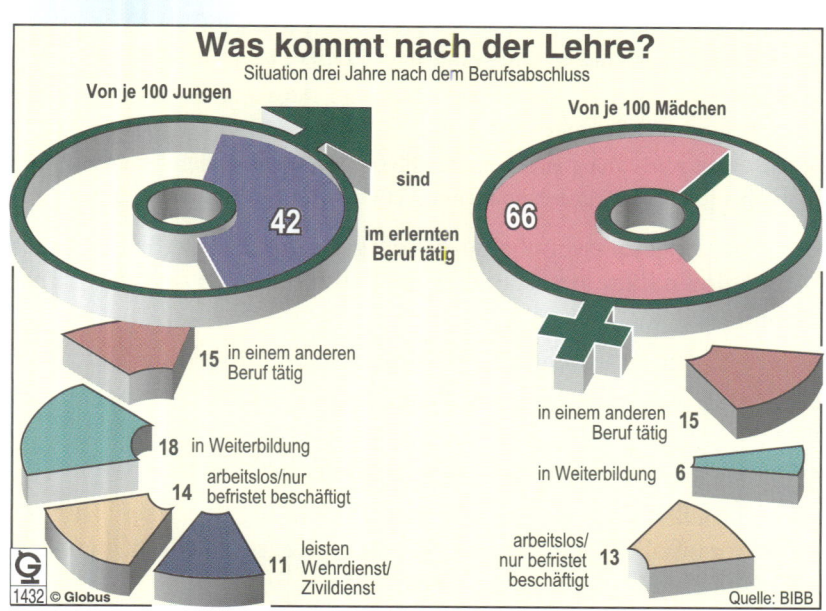

Was kommt nach der Lehre?
Situation drei Jahre nach dem Berufsabschluss

Von je 100 Jungen

Von je 100 Mädchen

42 sind im erlernten Beruf tätig

66

15 in einem anderen Beruf tätig

18 in Weiterbildung

14 arbeitslos/nur befristet beschäftigt

11 leisten Wehrdienst/Zivildienst

in einem anderen Beruf tätig 15

in Weiterbildung 6

arbeitslos/nur befristet beschäftigt 13

1432 © Globus

Quelle: BIBB

Rechnet man indes zu den 42 % der Männer, die im erlernten Beruf tätig sind, die 11 % Wehr- und Zivildienstleistenden hinzu, so erreicht man bereits 53 %. Betrachtet man nun die 18 % in Weiterbildung befindlichen Männer (gegenüber den überraschend geringen sechs Prozent der Frauen), so ergibt sich eine Weiterbildungsdifferenz zwischen Männern und Frauen von 12 % zugunsten der Männer.

Addiert man diese 12 % zu den bereits ermittelten 53 % hinzu, so erhält man 65 %. Dieser Prozentsatz entspricht nahezu den 66 % der in der Grafik genannten Mädchen, die im erlernten Beruf tätig sind.

8. Berufliche Fortbildung • Umschulung • Arbeitsförderung

1. Herr Müller stellt fest, dass in seinem vor Jahren erlernten Beruf immer weniger Facharbeiter benötigt und dass Berufskollegen immer häufiger arbeitslos werden. Er befürchtet auch bald von Arbeitslosigkeit betroffen zu sein. Worüber informiert ihn die Arbeitsagentur, an die er sich wendet? ....
....

2. Welche Institution ist gesetzlich dazu verpflichtet, Personen zu beraten, die sich fortbilden oder umschulen

   lassen wollen? ....

3. Berufliche Fortbildung baut auf

   a) auf einer abgeschlossenen Berufs- .... oder

   b) auf einer ausreichenden Berufs-... .

4. Berufliche Fortbildung hat zum Ziel, die bereits erworbene berufliche Handlungsfähigkeit

   a) zu .... , b) zu .... und c) zu ....

5. Was vermag berufliche Fortbildung in Bezug auf a) die wirtschaftliche Lage und b) die berufliche Flexibilität der

   Arbeitnehmer? a) .... b) ....

6. Mit einer ständigen Anpassungs- und Aufstiegsfortbildung ist verbunden: Anpassung der beruflichen Handlungsfä-

   higkeit an die technische .... , Verbesserung der sozialen .... ,

   Sicherung der beruflichen .... und natürlich bessere ....

7. Berufliche Fortbildungsmaßnahmen sind .... oder Lehrgänge zur Vorbereitung auf die Facharbeiter-

   prüfung, auf die .... oder auf die Technikerprüfung. Sie dienen auch

   dem Erwerb von Qualifikationen, etwa im Bereich der .... Datenverarbeitung.

8. Nennen Sie vier Institutionen, von denen Maßnahmen zur beruflichen Fortbildung durchgeführt werden

   1. .... 2. ....

   3. .... 4. ....

9. Berufliche Umschulung ist eine .... -maßnahme für ....
   Die Umschulung soll den Übergang in eine andere, ... -orientierte Tätigkeit ermöglichen
   Die Umschulung erfolgt normalerweise in staatlich anerkannten Ausbildungsberufen. Was steht wiederum an deren

   Ende? ....

10. Welcher Institution obliegt die Überwachung der beruflichen Umschulung?

    ....

11. Umschulungsmaßnahmen werden in der Hauptsache deshalb gefördert, weil man damit ....
    .... verhindern will. Fortbildungs- und Umschulungsmaßnahmen

    kosten natürlich Geld. Nach dem Sozialgesetzbuch III finanziell gefördert wird sowohl die ....

    .... als auch der ....

12. Welche Institution hat den gesetzlichen Auftrag eine berufliche Fortbildung oder Umschulung finanziell zu fördern?

    ....

13. Das Sozialgesetzbuch III soll dazu beitragen, dass weder .... noch

    unterwertige Beschäftigung .... oder ....

14. Wird Fernunterricht bedingungslos gefördert? – Nein, nur ....

    ....

Betrieb und Unternehmensformen

1. Menschliche Bedürfnisse • Wirtschaftliche Güter

PAL 43-48

Menschliche Bedürfnisse

Menschliche Bedürfnisse gliedern sich in Existenzbedürfnisse, Kulturbedürfnisse und Luxusbedürfnisse. Die folgende Übersicht zeigt, was man im Normalfall darunter versteht.

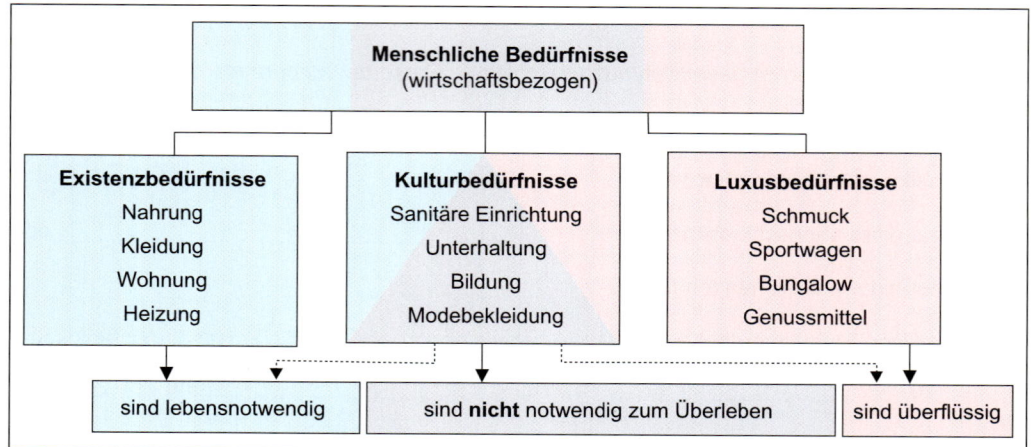

Existenzbedürfnisse sind zum Beispiel Nahrung, Kleidung und eine Wohnung. Sie sind lebensnotwendig. **Kultur**bedürfnisse sind zum Beispiel sanitäre Einrichtungen, Unterhaltung und Bildung. **Luxus**bedürfnisse sind etwa Schmuck, Sportwagen und Bungalow. Kultur und Luxusbedürfnisse sind nicht lebensnotwendig im Vergleich zu den Existenzbedürfnissen. *Luxusbedürfnisse können überflüssig sein, sind es zumeist.*

Was ist ein Bedürfnis?

Ein **Bedürfnis** ist ein *Gefühl des Mangels*. Es verlangt nach Befriedigung. Es treibt den Menschen an, zu seiner Befriedigung tätig zu werden: zu wirtschaften.

Was sind Güter?

Güter, wie Nahrungsgüter oder sanitäre Güter, *sind Mittel zur Bedürfnisbefriedigung.* Sie dienen zum Wirtschaften. Aber nicht alle Güter sind dazu geeignet.

Freie und knappe Güter

Güter gliedern sich in freie Güter und knappe Güter. Dazu die Übersicht unten.

Freie Güter sind zum Beispiel Tageslicht (im Gegensatz zu Kunstlicht) und Sand in der Wüste (im Gegensatz zu Bausand). *Freie Güter sind nicht knapp.*

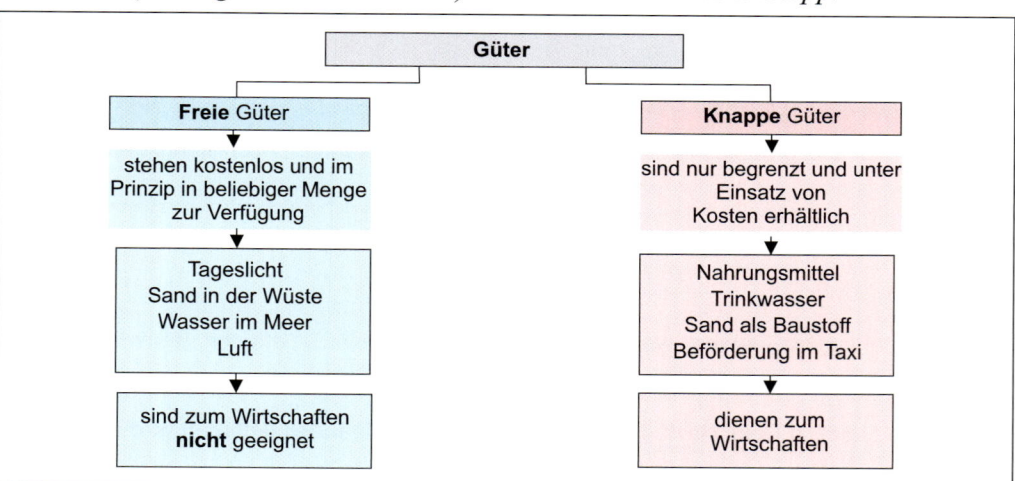

Wirtschaftliche Güter

Begriff 'Wirtschaften'

Nur **knappe Güter** sind wirtschaftliche Güter. Es ist die Knappheit der meisten Güter, die den Menschen zwingt zu *wirtschaften, das heißt, planmäßig geistige und körperliche Kraft aufzubringen, um die Knappheit weitgehend zu überwinden.* Dabei sind die hervorgebrachten – erwirtschafteten – Güter **sparsam** zu verwenden. *Nur so kann nachhaltig und dauerhaft der Unbegrenztheit der menschlichen Bedürfnisse eine möglichst große Gütermenge gegenübergestellt werden.*

Die Wirtschaftsgüter lassen sich unterteilen in Sachgüter, Dienstleistungen und Rechte. Siehe dazu die Übersicht auf der folgenden Seite.

Übersicht

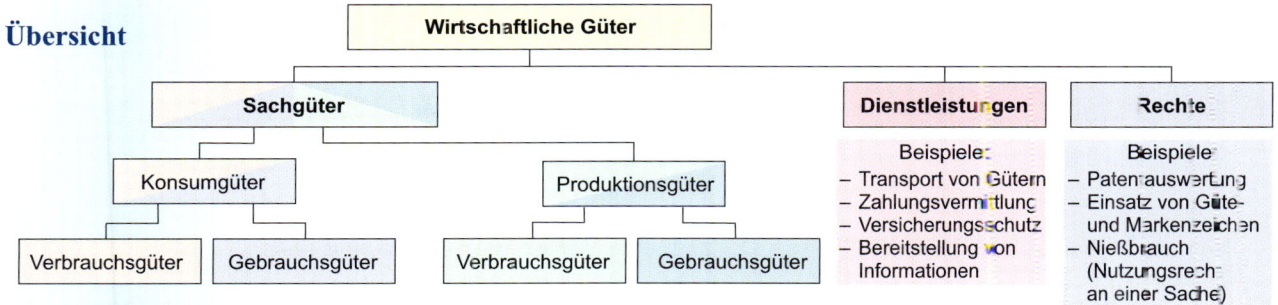

Die Einteilung der wirtschaftlichen Güter in Sachgüter, Dienstleistungen und Rechte und die weitere Unterteilung der Sachgüter

Sachgüter	Sachgüter ermöglichen zum einen die Befriedigung menschlicher Bedürfnisse unmittelbar, etwa durch den Kauf und den Verzehr von Nahrungsmitteln. Zum anderen dienen Wirtschaftsgüter indirekt der Bedürfnisbefriedigung. So zum Beispiel im Fall von Maschinen, die selbst wiederum andere Güter produzieren. Daher unterteilt man Sachgüter weiter in Konsumgüter und Produktionsgüter. **Produktion** ist die Leistungserstellung und **Konsum** ist die Leistungsverwendung.
Konsumgüter in Haushalten	Konsumgüter dienen unmittelbar der Bedürfnisbefriedigung in Haushalten.
	Konsumgüter sind zum Beispiel Grundnahrungsmittel oder Haushaltsgeräte. Unter Haushalt versteht man in der Regel eine Gemeinschaft von Menschen, die zusammen wohnen und gemeinsam den Lebensunterhalt bestreiten. Daneben können auch alleinstehende Personen Haushalte bilden. Haushalte konsumieren Güter, das heißt, sie ge- oder verbrauchen Güter.
Produktionsgüter in Betrieben	Produktionsgüter werden zur Herstellung von neuen Gütern in Betrieben eingesetzt. Beispiele hierfür sind Werkzeugmaschinen und Schmieröl. Kein Produktionsgut ist hingegen das private Kraftfahrzeug des Unternehmers. Es ist kein Gut, mit dem etwas erwirtschaftet wird. Es ist dem Haushalt des Unternehmers zuzurechnen.
Produktionsgüter = Investitionsgüter	Produktionsgüter werden auch als Investitionsgüter bezeichnet. **Investieren** heißt einsetzen. *Investitionsgüter sind Mittel zum Erwirtschaften neuer Güter.*
	Konsumgüter und Produktionsgüter/Investitionsgüter unterteilt man jeweils noch weiter in Verbrauchsgüter und Gebrauchsgüter.
Verbrauchsgüter Gebrauchsgüter	**Ver**brauchsgüter werden bei ihrer Verwendung unmittelbar aufgebraucht, sie können nur für kurze Zeit oder nur einmal benutzt werden. **Ge**brauchsgüter dagegen kann man über einen längeren Zeitraum hinweg oder mehrfach benutzen, bevor sie aufgebraucht sind.
	Verbrauchsgüter sind zum Beispiel Getränke und Papiertaschentücher beim privaten Konsum in den Haushalten oder elektrische Energie und Werkstoffe bei der Produktion in Betrieben. **Ge**brauchsgüter sind zum Beispiel ein PKW und ein Textiltaschentuch beim privaten Gebrauch im Haushalt oder ein LKW und ein (im Kreislauf verwendetes) Kühlschmiermittel beim produktiven Einsatz im Betrieb.
Dienstleistungen	Auch Dienstleistungen sind Güter im wirtschaftlichen Sinne. Eine Dienstleistung ist ein Wirtschaftsgut, das keine Sache ist und das man somit auch nicht anfassen kann. Es handelt sich um ein nicht gegenständliches, **immaterielles** Gut. Die Bereitstellung und der Verbrauch einer Dienstleistung finden gleichzeitig statt. Sie ist in dem Augenblick verbraucht, in dem sie erbracht wird. Eine Dienstleistung kann demnach nicht wie ein Sachgut, – ein materielles Gut – gelagert werden. Beispiele für Dienstleistungen sind die Personenbeförderung durch die Bahn oder der Unterricht durch die Schule oder der Handel mit Wirtschaftsgütern.
Rechte	Neben den Sachgütern und Dienstleistungen können auch Rechte Güter im wirtschaftlichen Sinne sein. Beispiele sind Rechte zum Einsatz bestimmter Marken- und Gütezeichen oder zur Auswertung bestimmter Patente. Mit solchen Rechten kann man Handel treiben.

Betrieb und Unternehmensformen

1. Menschliche Bedürfnisse • Wirtschaftliche Güter

1. Nennen Sie drei Arten menschlicher Bedürfnisse.

   1. .... -bedürfnisse   2. .... -bedürfnisse   3. .... -bedürfnisse

2. Nennen Sie drei Beispiele für Existenzbedürfnisse. Für das Überleben notwendig ist

   1. ....   2. ....   3. ....

3. Nennen Sie Beispiele für Kulturbedürfnisse. Der zivilisierte Mensch hat das Bedürfnis nach

   1. ....   2. ....   3. ....

4. Nennen Sie Beispiele für Luxusbedürfnisse. Der im Überfluss lebende Mensch wünscht sich

   1. ....   2. ....   3. ....

5. 1. Was ist ein Bedürfnis? ....

   2. Wonach verlangt ein Bedürfnis? ....

6. Was sind Güter? ....

7. Neben freien Gütern gibt es .... Güter.

8. Nennen Sie zwei Beispiele für freie Güter.

   1. ....   2. ....

9. Die Knappheit der Güter zwingt den Menschen zum ....

10. Die wirtschaftlichen Güter gliedern sich zunächst in

    1. ....   2. ....   3. ....

11. Die Sachgüter untergliedern sich weiter in

    1. ....   2. ....

12. Wozu dienen Konsumgüter?

    ....

13. Nennen Sie zwei Beispiele von Konsumgütern.

    1. ....   2. ....

14. Wozu werden Produktionsgüter eingesetzt?

    ....

15. Nennen Sie zwei Beispiele von Produktionsgütern, die in Betrieben benötigt werden.

    1. ....   2. ....

16. Welchen anderen Begriff verwendet man für Produktionsgüter?

    ....

17. Konsum- und Produktionsgüter unterteilt man in Verbrauchsgüter und .... -güter. Verbrauchsgüter kann man nur für kurze Zeit oder nur .... benutzen, Gebrauchsgüter benutzt man .... oder über einen längeren Zeitraum.

18. Nennen Sie zwei Beispiele für Konsumgüter, die zum Verbrauch dienen.

    1. ....   2. ....

19. Nennen Sie zwei Beispiele für Produktionsgüter, die als Gebrauchsgüter dienen.

    1. ....   2. ....

20. Auch Dienstleistungen sind wirtschaftliche Güter. Im Gegensatz zu einem Sachgut, das man anfassen kann, ist eine Dienstleistung ein .... (nicht gegenständliches) Gut, das man nicht lagern kann. Die Bereitstellung und der Verbrauch finden .... statt.

21. Neben den Sachgütern und Dienstleistungen können auch .... Güter im wirtschaftlichen Sinne sein.

2. Wirtschaftszweige • Betriebe • Unternehmungen   PAL Betrieb allgemein 49, 57

Betriebe

Der Betrieb ist der Ort der Leistungserstellung, an dem wirtschaftliche Güter hergestellt werden. Die beiden **Hauptaufgaben,** die Betriebe zu erfüllen haben, sind die Produktion von Sachgütern und die Bereitstellung von Dienstleistungen.

Danach lassen sich die Betriebe wie folgt in Produktions- und Dienstleistungsbetriebe einteilen:

**– Einteilung I
Zwei Bereiche**

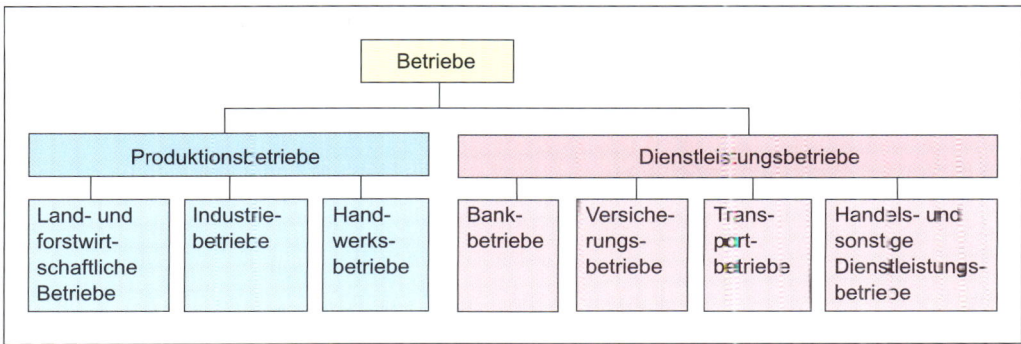

Produktionsbetriebe (Sachleistungsbetriebe) sind land- und forstwirtschaftliche Betriebe sowie Industrie- und Handwerksbetriebe.

Dienstleistungsbetriebe sind Bank-, Versicherungs-, Transport- und Handelsbetriebe. Unter den sonstigen Dienstleistungsbetrieben rangieren neben den Nachrichtenbetrieben auch die handwerklichen Dienstleistungsbetriebe (Friseur- und Malerbetriebe).

Dienstleistung gewinnt an Bedeutung

Dienstleistungsbetriebe können Produktionsbetriebe von Nebenarbeiten entlasten. Sie gewinnen schon seit vielen Jahren zunehmend an Bedeutung. Dienstleistungsbetriebe kommen in allen Größen vor, als Klein-, Mittel- und Großbetrieb.

Eine andere Einteilung der Betriebe folgt der Gliederung der Wirtschaft in die Wirtschaftsbereiche Urproduktion, Weiterverarbeitung und Dienstleistung.

**– Einteilung II
Drei Bereiche**

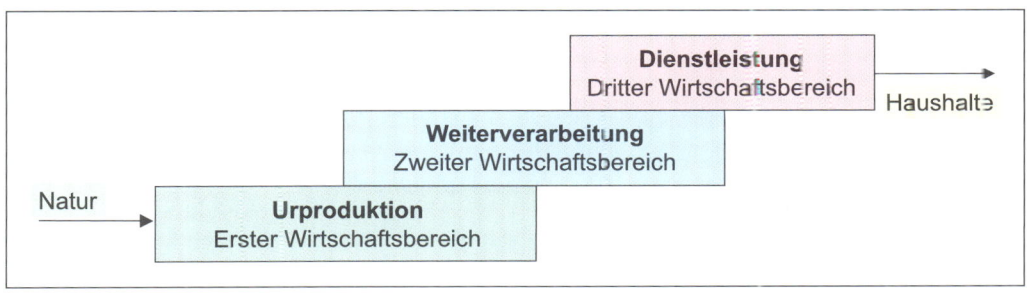

Die Gliederung der Wirtschaft in drei Bereiche

**Erster Bereich
Urproduktion**

Bei dieser Einteilung geht man davon aus, dass am Anfang des weitverzweigten Produktionsprozesses die Urproduktionsbetriebe stehen: Sie gewinnen Rohstoffe aus der Natur, fördern zum Beispiel Rohöl und Erdgas aus dem Boden. Urproduktion betreiben land-, forst- und fischereiwirtschaftliche Betriebe, Bergbaubetriebe, Rohöl- und Erdgasförderungsbetriebe sowie energieerzeugende Betriebe.

Land-, Forst- und Fischereiwirtschaft sowie Bergbau, Rohöl- und Erdgasförderung und auch Energieerzeugung sind **Wirtschaftszweige** des Bereichs Urproduktion. Siehe dazu die Übersicht auf der folgenden Seite.

**Zweiter Bereich
Weiterverarbeitung**

An die Urproduktionsbetriebe schließen sich die Weiterverarbeitungsbetriebe an. Das sind Industrie- und Handwerksbetriebe. Diese stellen Zwischen- und Endprodukte sowie Produktions-/Investitionsgüter oder Konsumgüter her.

Der **Unterbereich Industrie** gliedert sich in die Teilbereiche Grundstoffindustrie, Produktions-/Investitionsgüterindustrie und Konsumgüterindustrie.

Betrieb und Unternehmensformen

Nach drei Wirtschaftsbereichen geordnete BETRIEBE	
Erster Wirtschaftsbereich	Zweiter Wirtschaftsbereich
Urproduktion	**Weiterverarbeitung**
Landwirtschaftsbetriebe	**Industrie**
Forstwirtschaftsbetriebe	**Grundstoffindustrie:**
Fischereibetriebe	Metallschaffende Industrie: Hüttenwerke, Stahlwerke, ...
Bergbaubetriebe: Steinkohlenbergwerke und Steinbrüche	Metallverarbeitende Industrie: Metallgießereien, Walzwerke
Rohöl- und Erdgasförderungsbetriebe	Baustoffindustrie: Zementwerke, Kieswerke, ...
Energieerzeugungsbetriebe: Kohle- und Wasserkraftwerke	Holzverarbeitung: Sägewerke, Papierfabriken, ...
	Chemische Grundstoffindustrie: Lack- und Farbenfabriken
	Produktions- oder Investitionsgüterindustrie:
	Maschinenbau: Werkzeugmaschinen- und Kugellagerfabriken, Sondermaschinenfabrikation, ...
	Teile der Elektroindustrie: Leitungs- und Kabelwerke, ...
	Teile des Fahrzeugbaus: LKW- und Waggonfabriken, ...
	Konsumgüterindustrie:
	Schuh-, Textil-, Bekleidungs-, Glas-, Lederwaren-, Nahrungsmittel-, Genusswarenindustrie, Großbrauereien, Möbelindustrie, ...
	Handwerk
	Bäckereien, Fleischereien, Weinkellereien, Kunsthandwerksbetriebe, Tischlereien, Schneidereien und Buchbindereien, ...

Dritter Wirtschaftsbereich
Dienstleistung: Verteilung und sonstige Dienstleistungen
Handelsbetriebe

Handelsbetriebe übernehmen die Verteilung der Güter, sind also eine wichtige Verbindung zwischen Produktion und Verbrauch. Ohne den Handel müsste sich jeder industrielle Produktionsbetrieb oft mit Tausenden von Verbrauchern in Verbindung setzen.	Durch diese Mehrarbeit wäre es ihm oft kaum möglich, sich auf seine eigentliche Aufgabe, die Produktion, einzustellen. Man unterscheidet Betriebe des Groß- und Einzelhandels.

Bankbetriebe:	**Versicherungsbetriebe:**	**Transport- (Verkehrs-) betriebe:**	**Sonstige Dienstleistungsbetriebe:**
Banken und Sparkassen vermitteln den baren und unbaren Zahlungsverkehr, nehmen Einlagen zur Verzinsung an und stellen der Wirtschaft Kapital zur Verfügung (Kreditgewährung).	Versicherungsbetriebe gewähren Versicherungsschutz: sie übernehmen gegen Prämien unternehmerische Risiken und gleichen Verluste aus.	Eisenbahn, Post, Schifffahrt, Luftfahrt und Speditionsbetriebe sorgen für die Beförderung von Personen und Gütern.	*Nachrichtenbetriebe:* Rundfunk, Fernsehen, Zeitungs- und Zeitschriftenverlage: Sie übermitteln Informationen. *Handwerkliche Dienstleistungsbetriebe:* Friseur- und Malerbetriebe

Beim Handwerk gibt es keine solchen Unterbereiche zu unterscheiden wie bei der Industrie. Man unterscheidet hier jedoch **weiterverarbeitende Handwerksbetriebe** wie Bäckereien und Fleischereien (Zweiter Wirtschaftsbereich) und handwerkliche Dienstleistungsbetriebe wie Friseur- und Malerbetriebe (Dritter Wirtschaftsbereich).

Die **Grundstoffindustrie** stellt die Ausgangsstoffe zur weiteren Verarbeitung in den Unterbereichen Produktions- oder Investitionsgüterindustrie und Konsumgüterindustrie zur Verfügung. Metallschaffende Industrie und metallverarbeitende Industrie, Baustoffindustrie, holzverarbeitende Industrie und chemische Grundstoffindustrie sind die Wirtschaftszweige des Unterbereichs Grundstoffindustrie.

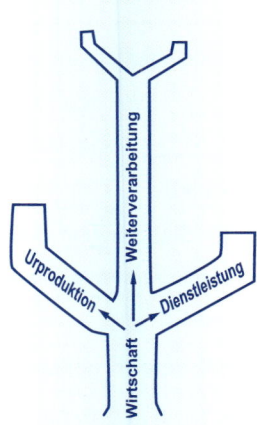

Die **Produktions- oder Investitionsgüterindustrie** produziert Güter, die ihrerseits zur Herstellung neuer, **nicht** für den Endverbraucher bestimmter Güter notwendig sind. Die **Konsumgüterindustrie** stellt Güter her, die unmittelbar der Bedürfnisbefriedigung der Haushalte dienen. Diese Güter sind für den Endverbraucher bestimmt.

Wirtschaftszweige der Produktions- und Investitionsgüterindustrie sind etwa der Maschinenbau und Teile der Elektroindustrie und des Fahrzeugbaus. Wirtschaftszweige der Konsumgüterindustrie sind die Schuh-, die Textil- und die Bekleidungsindustrie, die Glas- und die Lederwarenindustrie, die Nahrungsmittel- und die Genusswarenindustrie, die Großbrauereien, die Möbelindustrie und andere.

Dritter Bereich Dienstleistung

Güter müssen im Anschluss an ihre Produktion in aller Regel transportiert und verteilt werden. Deshalb schließen sich an die Weiterverarbeitungsbetriebe die Dienstleistungsbetriebe an, die diese Aufgaben wahrnehmen. Der dritte Wirtschaftsbereich umfasst neben den Handelsbetrieben die Bank-, Versicherungs-, Transportbetriebe. Unter „Sonstige Dienstleistungsbetriebe" sind neben den Nachrichtenbetrieben handwerkliche Dienstleistungsbetriebe (wie Friseur- und Malerbetriebe) eingeordnet. (Siehe Übersicht Seite 32.)

Betrieb oder Unternehmung?

Neben dem Begriff Betrieb verwendet man in der Wirtschaftslehre auch häufig den Begriff Unternehmung. Worin unterscheiden sich die beiden Begriffe?

Bei genauer Unterscheidung versteht man unter **Betrieb** die Gebäude (Werkshallen, Geschäftsräume) und deren technische Einrichtungen, die den Menschen in seiner Arbeit unterstützen sollen. Ein Betrieb kann dabei aus mehreren, auch räumlich voneinander getrennten Werken bestehen. Er ist eine bloße Produktionsstätte und rechtlich unselbstständig.

Eine **Unternehmung** ist die rechtlich selbstständige Einheit, die den Betrieb unterhält. Sie kann Verträge schließen und in eigener Verantwortung planen. Wie sie dies kann, hängt von der gewählten Rechtsform ab (etwa Aktiengesellschaft oder Einzelunternehmung). *Eine Unternehmung kann mehrere Betriebe besitzen.*

Betrieb = Teil der Unternehmung

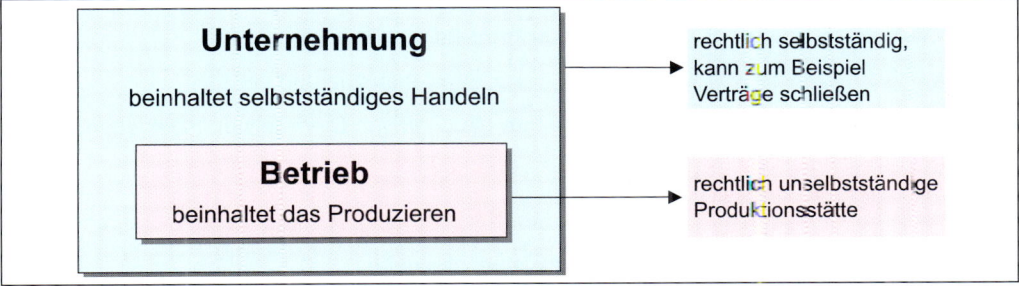

Gleichwohl spricht man etwa vom Ausbildungsbetrieb und meint damit jedenfalls mehr als lediglich eine Produktionsstätte. Das zeigt, dass man im tatsächlichen Sprachgebrauch die Begriffe Betrieb und Unternehmung nicht streng unterscheidet.

Betrieb/Unternehmung in Wirtschaftssystemen

Unternehmungen gibt es in der **Marktwirtschaft** westlicher Prägung, nicht aber in der früheren Zentralverwaltungswirtschaft östlicher Ausformung. Bei der reinen **Zentralverwaltungswirtschaft** war der Staat in Gestalt der staatlichen Planungskommission ein einziges gigantisches Unternehmen. Dieses System hat sich indes als nicht zukunftsfähig erwiesen.

Betrieb und Unternehmensformen

2. Wirtschaftszweige • Betriebe • Unternehmungen

1. Der Betrieb ist der .... , an dem wirtschaftliche Güter hergestellt werden. Die beiden Hauptaufgaben, die Betriebe zu erfüllen haben, sind die Produktion von .... und die Bereitstellung von ....

2. Betriebe kann man einteilen in .... -betriebe und Dienstleistungsbetriebe. *Produktions*betriebe sind land- und forstwirtschaftliche Betriebe, ... -betriebe und Handwerksbetriebe. *Dienstleistungs*betriebe sind Bankbetriebe, ... -betriebe, Transportbetriebe und .... -betriebe sowie sonstige Dienstleistungsbetriebe.

3. Dienstleistungsbetriebe können Produktionsbetriebe von Nebenarbeiten .... Sie haben in den vergangenen Jahren zunehmend an Bedeutung .... Dienstleistungsbetriebe kommen in allen Betriebs-...................................... vor.

4. Eine andere Einteilung der Betriebe erfolgt in drei Wirtschaftsbereiche. Zu welchem Wirtschaftsbereich gehören Rohöl- und Erdgasförderungsbetriebe? ....

5. Zum Bereich der Urproduktion gehören außer land- und forstwirtschaftlichen Betrieben sowie Rohöl- und Erdgasförderungsbetrieben auch .... Betriebe, ... -betriebe und .... Betriebe.

6. Welcher Wirtschaftsbereich befasst sich **nicht** mit der so genannten Urproduktion, sondern bearbeitet und verarbeitet Rohstoffe? ....

7. Beim Handwerk unterscheidet man .... Handwerksbetriebe (Zweiter Wirtschaftsbereich) und handwerkliche ....-betriebe (Dritter Wirtschaftsbereich).

8. Zur Grundstoffindustrie gehören – außer der Baustoffindustrie – die .... -schaffende Industrie, die metall- .... Industrie, die .... -verarbeitende Industrie und die .... -industrie.

9. Was versteht man unter Produktions- oder Investitionsgütern? ....

10. Zur Produktions- oder Investitionsgüterindustrie zählen außer Maschinenbaubetrieben Teile der/des
    1. .... 2. ....

11. Wirtschaftszweige der Konsumgüterindustrie sind zum Beispiel die .... -industrie, die .... -industrie und die .... -industrie.

12. Nennen Sie außer dem Handel vier weitere Gruppen von Dienstleistungsbetrieben.
    1. .... -betriebe 2. .... -betriebe
    3. .... -betriebe 4. .... -betriebe.

13. Nennen Sie zwei handwerkliche Dienstleistungsbetriebe.
    1. .... 2. ....

14. In der Wirtschaftslehre unterscheidet man zwischen Betrieb und Unternehmung. Der Betrieb ist (bei genauer Unterscheidung) .... Die Unternehmung ist die .... , die den Betrieb unterhält.

15. In welchem Wirtschaftssystem gibt es keine einzelnen Unternehmungen? ....

16. Ergänzen Sie die grafische Darstellung »Wirtschaftszweige« auf der folgenden Seite.

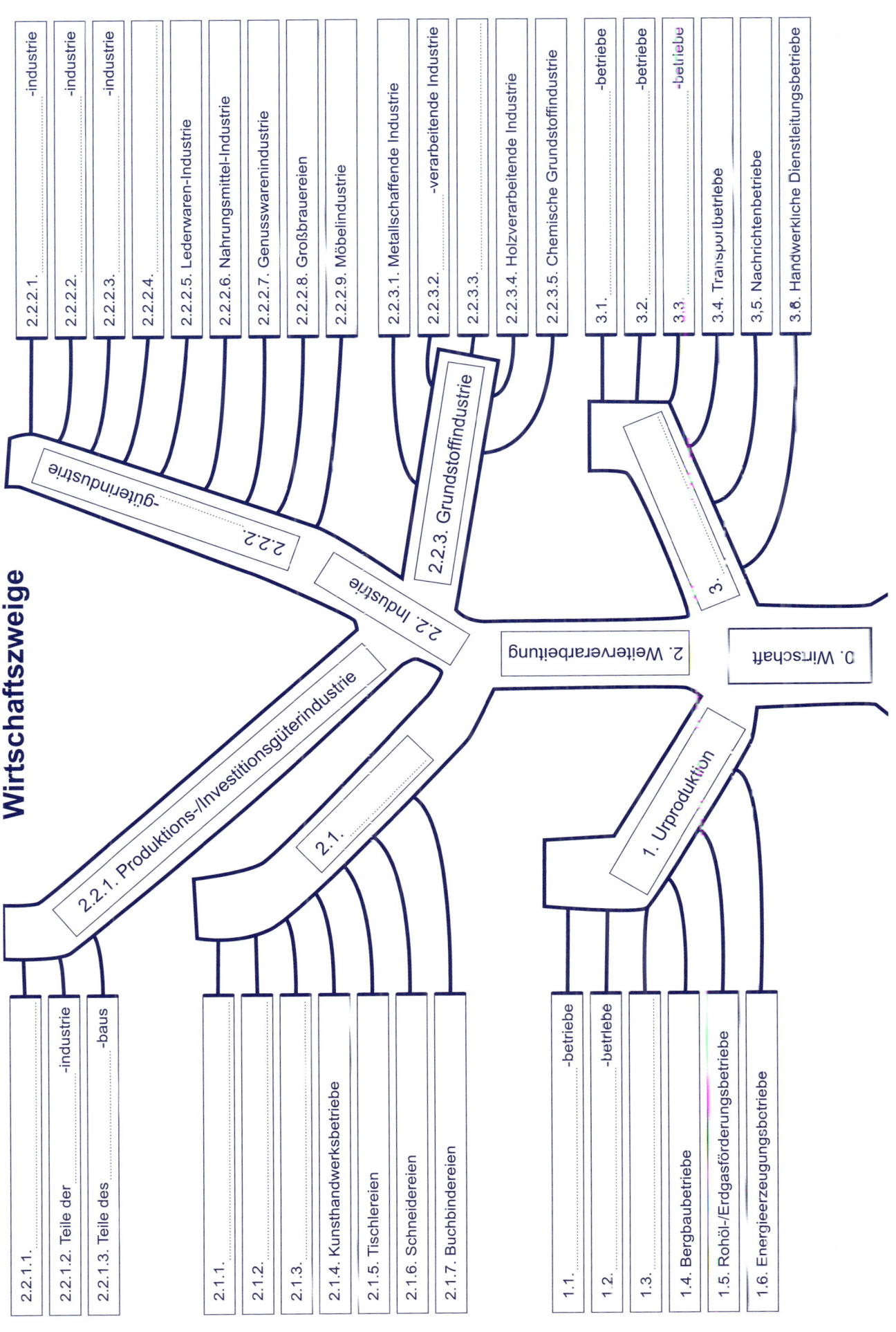

Betrieb und Unternehmensformen

3. Unternehmensziele • Betriebsaufbau PAL Betrieb allgemein 50-56, 58-59, 60, 72-73, U14, U17

Unternehmensziel Gewinnerzielung

In welcher Weise eine Unternehmung sich wirtschaftlich betätigt, hängt maßgeblich von den Unternehmenszielen ab. Um zu bestehen, muss eine privatrechtlich geführte Unternehmung einen **Gewinn** erwirtschaften. Das Erzielen eines Gewinns ist daher das oberste Unternehmensziel. Zu diesem Zweck werden private Unternehmungen meistens gegründet. Der Gewinn ist vergleichbar mit dem Zins für das eingesetzte Eigenkapital und mit einer Prämie für das eingegangene Kapitalrisiko. Die Kapitalverzinsung, der Gewinn, soll hoch sein.

Weitere Ziele der Privatwirtschaft

Neben der Gewinnerzielung gibt es weitere Unternehmensziele, wie zum Beispiel eine **volle** Ausnutzung der **Betriebskapazität** (des betrieblichen Leistungsvermögens), denn die vorhandenen Anlagen sollen optimal genutzt werden. In der Folge lassen sich noch weitere Ziele, etwa eine Steigerung der **Produktivität** (Stückzahl, Ausstoßmenge) und eine Erhöhung von **Marktanteile**n erreichen.

Erwerbswirtschaft/ Gemeinwirtschaft

Betriebe, deren Ziel es ist, Gewinne für sich zu erwirtschaften, bezeichnet man auch als **erwerbswirtschaftliche Betriebe**. Im Gegensatz dazu steht bei den Betrieben der öffentlichen Hand das Gemeinwohl im Vordergrund; sie werden **gemeinwirtschaftlich** geführt. Solche Betriebe sind in der überwiegenden Anzahl im Besitz des Bundes, der Städte und Gemeinden, also im Besitz des Staates.

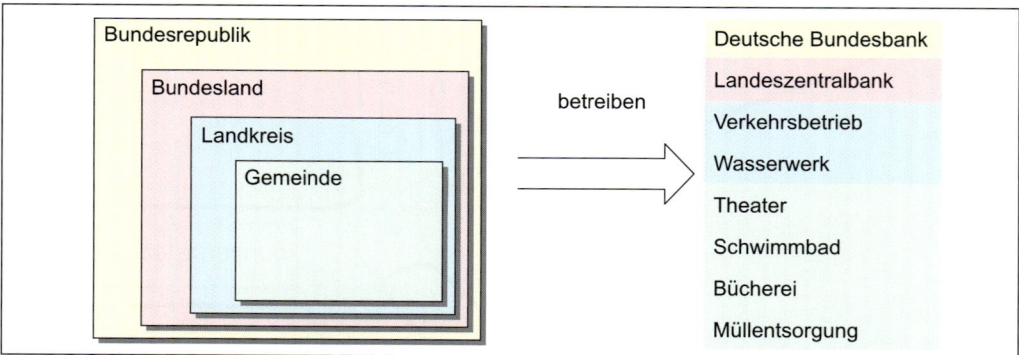

Aber aufgepasst: Die Namen mancher privater Kreditinstitute sind irreführend. So befinden sich die Deutsche Bank, die Bank für Gemeinwirtschaft und die Volksbank in privater und nicht etwa in öffentlicher Hand. Sie sind **nicht** gemeinwirtschaftlich.

Unternehmensziel Bedarfsdeckung

Die vorwiegende Aufgabe der öffentlichen Unternehmungen liegt in der Versorgung der Bevölkerung mit Gütern, für die ein *allgemeiner Bedarf* besteht. Die öffentliche Hand berücksichtigt bei der Preisgestaltung auch soziale und politische Gesichtspunkte. Die meisten dieser Betriebe sind Zuschussbetriebe.

Öffentliche Büchereien, Krankenhäuser, Schwimmbäder und Theater machen Verluste, die aus dem öffentlichen Haushalt gedeckt werden müssen. Private Unternehmungen arbeiten meist rationeller und sind am Markt beweglicher und erwirtschaften Gewinne. Öffentliche Unternehmer müssen allerdings auch ihre Leistungen **flächendeckend** anbieten, wozu private Unternehmungen nicht verpflichtet sind. Deshalb fahren zum Beispiel öffentliche Verkehrsbetriebe eher Verluste ein.

Eine Unternehmung, die viele Jahre lang mit hohen Verlusten arbeitete und nur aus gesamtwirtschaftlichen Gründen und aus Gründen des Gemeinwohls als überwiegend öffentliches Unternehmen aufrechterhalten wird, ist die Deutsche Bahn AG.

Kostendeckungsprinzip

Bei einigen gemeinwirtschaftlichen Unternehmungen, zum Beispiel bei öffentlichen Versorgungsbetrieben (Gas-, Elektrizitäts- und Wasserwerke) decken die Einnahmen die Kosten. Sie arbeiten erfolgreich nach dem **Kostendeckungsprinzip**. Als Kosten wird der in Geld ausgedrückte „Werteverzehr" bezeichnet.

Da eine Unternehmung bestrebt ist, finanzielle Verluste zu vermeiden, wird sie versuchen, ihre betriebliche Leistung mit geringen Kosten zu erstellen. Oder sie wird bei gleichbleibenden Kosten versuchen, ihre betriebliche Leistung zu steigern.

Prinzip der angemessenen Gewinnerzielung

Für öffentlich-rechtliche Unternehmungen wie Stadt- und Kreissparkassen sowie für die Deutsche Bundesbank gilt darüber hinaus das Prinzip der angemessenen Gewinnerzielung. Die dort erzielten Gewinne können **zum Verlustausgleich,** zum Beispiel bei den öffentlichen Verkehrsbetrieben, herangezogen werden.

Aufgaben + Ziele öffentliche/private Unternehmungen

Zusammengefasst stellen sich öffentliche und private Unternehmungen in ihren Aufgaben und Zielen wie folgt dar:

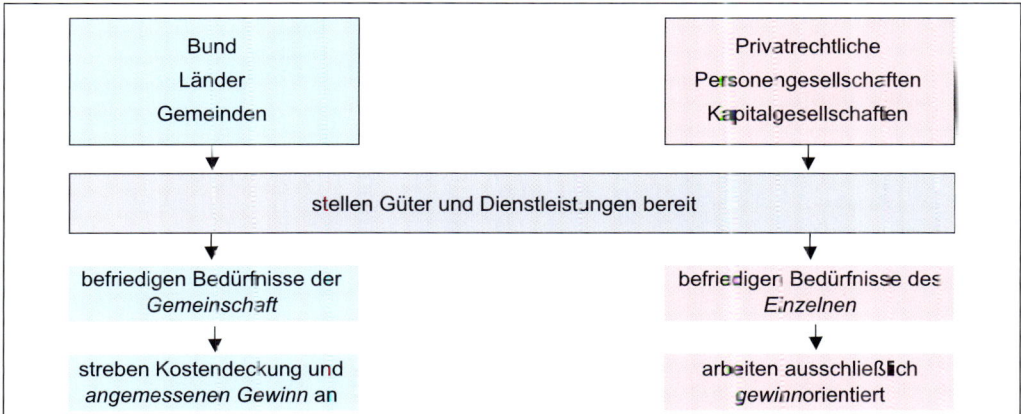

Teilbereiche eines Betriebes und Interessen

Um seine Ziele und Aufgaben erfüllen zu können, muss jeder Betrieb Material, Anlagen, Personal, Kapital und Informationen beschaffen. Das betrifft einen ersten wichtigen Teilbereich des Betriebes: die **Beschaffung.**

Wichtige Interessen, die der Beschaffungsbereich verfolgt, sind:

– **Einkauf** (preiswerter und qualitativ) guter Produktionsmaterialien

– **Vereinbarung** vorteilhafter Zahlungsziele (etwa: zahlbar binnen 30 Tagen)

– schneller **Zugriff** zu Rohstoffen und Halbzeugen

Mit Hilfe der beschafften Anlagen und Arbeitskräfte werden ebenfalls angeschaffte Güter in irgendeiner Art und Weise in der **Produktion** be- und verarbeitet.

Wichtige Interessen im Produktionsbereich sind zum Beispiel:

– **rationelle Fertigung** der Produkte

– **schneller Lagerumschlag** (Lagerkapazität ist in der Regel begrenzt)

Die dritte wichtige Aufgabe ist schließlich der **Absatz.** Hier werden die in der Produktion erstellten Güter dem Markt zugänglich gemacht.

Für die Entscheidungen im Absatzbereich ist von Bedeutung:

– **Wunsch** des Kunden

– marktgerechter **Preis** der Produkte

– ständige Weiter**entwicklung** der Produkte

– hoher **Bestand** des Verkaufslagers

Die Kombination der Teilbereiche Beschaffung, Produktion und Absatz berührt die Logistik im Unternehmen. Darunter versteht man die Abwicklung von Materialflüssen, von der Bestellung der Ausgangsmaterialien bis zur Versendung der fertigen Produkte.

Drei Teilbereiche wirken zusammen

Betriebe sind die kleinste zentrale Einheit der Wirtschaft. Erst das Zusammenwirken der vorgenannten drei Teilbereiche eines Betriebes zum Zwecke der Leistungserstellung ermöglicht es diesem zu produzieren.

Beschaffung, Produktion und Absatz stehen in einem Wirkzusammenhang. Man nennt sie deshalb auch betriebliche Funktionen.

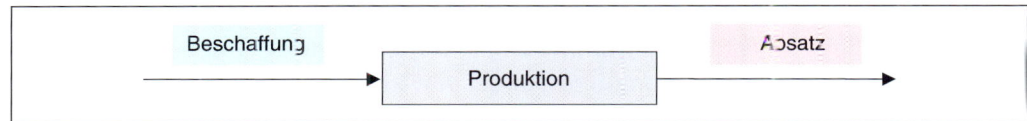

Funktionelles Zusammenwirken der Teilbereiche eines Betriebes

Betrieb und Unternehmensformen

Betrieb im Wirtschaftskreislauf

Der Betrieb beschafft gegen Bezahlung Personal, Maschinen und Material, notfalls auch Kredite, auf dem dafür vorhandenen **Markt.** Unter dieser Voraussetzung produziert er. Seine Produkte setzt er gegen Bezahlung auf dem Absatzmarkt ab. Dabei entsteht ein kombinierter **Kreislauf** aus Geld und Gütern. Der Betrieb ist also in ein *Netz von Beziehungen* eingeordnet, wie die folgende Darstellung zeigt.

Wirtschaftskreislauf

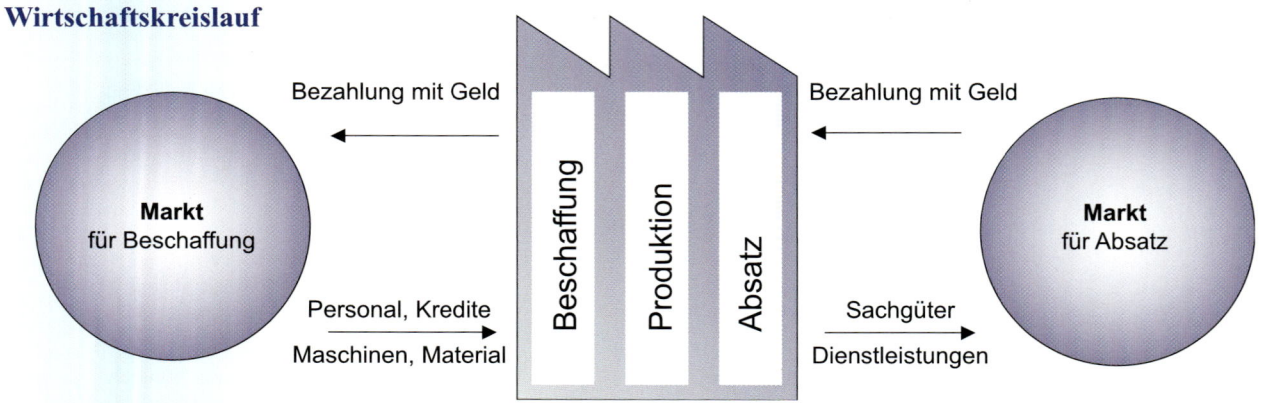

Der Betrieb als Einheit in einem Wirtschaftskreislauf

Aufgaben arbeitsteilig erfüllen

In der modernen Wirtschaft erfolgt die Aufgabenerfüllung im Betrieb **arbeitsteilig.** In kleinen Unternehmen sind einzelne Mitarbeiter jeweils allein mit dem Materialeinkauf, mit der Fertigung eines bestimmten Produktes oder mit dessen Verkauf beschäftigt; in großen Unternehmen erledigen das ganze Abteilungen.

Teilbereiche und Abteilungen

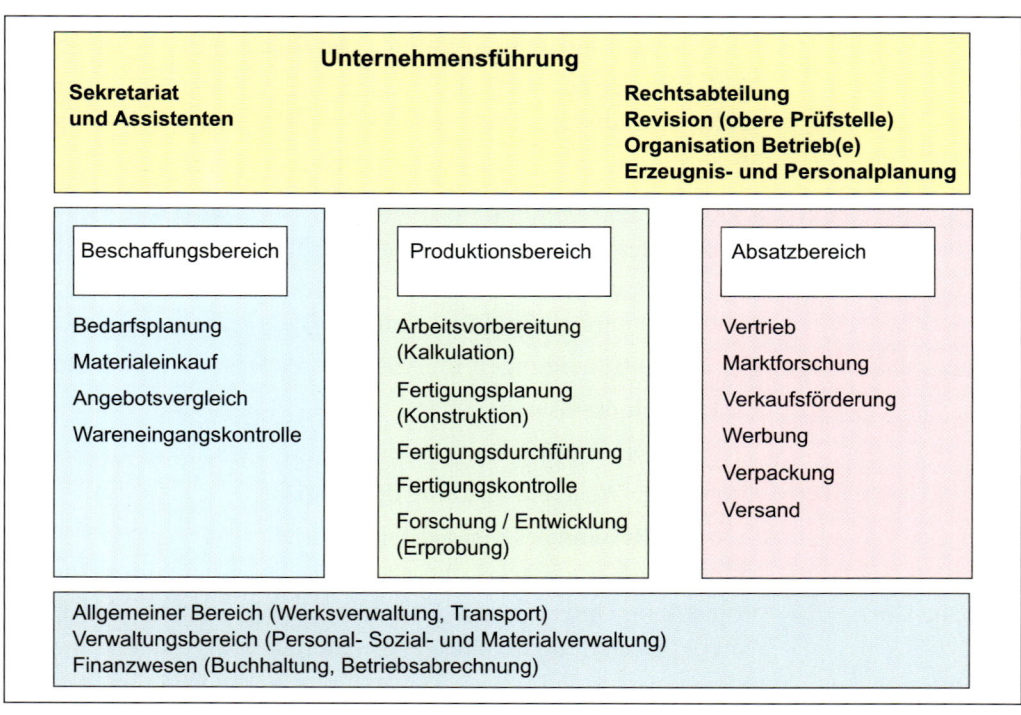

Organisationsplan eines mittleren bis großen Unternehmens

Technischer Bereich

Zum **Technischen** Bereich eines Großbetriebes gehört der gesamte Produktionsbereich mit all seinen Abteilungen, zum Beispiel der Arbeitsvorbereitung, der Fertigungsplanung und -durchführung sowie der Forschung und Entwicklung.

Kaufmännischer Bereich

Zum **Kaufmännischen** Bereich eines Großbetriebes gehören die Teilbereiche Beschaffung und Absatz mit allen Abteilungen sowie das Finanzwesen und in der Regel auch Teile der Verwaltung.

3. Unternehmensziele • Betriebsaufbau

1. Zu welchem Zweck wird in der Hauptsache eine private Unternehmung gegründet?

   ....

2. Der Gewinn ist vergleichbar mit dem .... für das eingesetzte Eigenkapital und mit einer .... für das eingegangene Kapitalrisiko. Die Kapitalverzinsung soll .... sein.

3. Nennen Sie zwei weitere Unternehmensziele außer der Gewinnerzielung

   1. ....

   2. ....

4. Betriebe, deren Ziel es ist, Gewinne für sich zu erwirtschaften, bezeichnet man als ....-wirtschaftliche Betriebe. Im Gegensatz dazu nennt man öffentliche Unternehmungen ....-wirtschaftlich, weil als ihr Ziel das Gemeinwohl im Vordergrund steht.

   Eine Unternehmung der öffentlichen Hand ist die Deutsche ....-bank.

5. Die öffentliche Hand berücksichtigt bei der Preisgestaltung .... Gesichtspunkte. Verluste müssen aus dem öffentlichen .... gedeckt werden. Mit Verlusten arbeiten zuweilen öffentliche ....-betriebe.

6. Welche Unternehmung arbeitete viele Jahre lang mit hohen Verlusten und wurde mehr aus gesamtwirtschaftlichen Gründen und aus Gründen des Gemeinwohls als überwiegend öffentliches Unternehmen aufrechterhalten?

   ....

7. Bei einigen gemeinwirtschaftlichen Unternehmungen, wie zum Beispiel bei den Wasserwerken, halten sich die Einnahmen und Kosten die Waage. Nach welchem Prinzip wirtschaften diese Unternehmungen?

   ....

8. Was bezeichnet man als Kosten?

   ....

9. Was strebt eine Unternehmung bei der betrieblichen Leistungserstellung hinsichtlich ihrer Kosten möglichst an?

   ....

10. Für welche öffentlich-rechtlichen Unternehmungen gilt das Prinzip der angemessenen Gewinnerzielung?

    ....

11. Wozu können die bei öffentlich-rechtlichen Unternehmungen erzielten Gewinne herangezogen werden?

    ....

12. Bund, Länder und Gemeinden stellen Güter und Dienstleistungen bereit und befriedigen damit Bedürfnisse der .... Privatrechtliche Personen- und Kapitalgesellschaften befriedigen Bedürfnisse des .... Bund, Länder und Gemeinden streben Kostendeckung und .... an. Privatrechtliche Unternehmungen arbeiten ausschließlich ....-orientiert.

13. Um seine Ziele und Aufgaben erfüllen zu können, muss jeder Betrieb Material, Anlagen, Personal, ... und .... beschaffen.

14. Nennen Sie drei wichtige Interessen, die im betrieblichen Beschaffungsbereich verfolgt werden.

    1. ....

    2. ....

    3. ....

Betrieb und Unternehmensformen

15. Nennen Sie ein wichtiges Interesse, das außer schneller Lagerumschlag im Produktionsbereich verfolgt wird.

....

16. Nennen Sie drei Gesichtspunkte, die für Entscheidungen im Absatzbereich – außer dem Wunsch des Kunden –
von Bedeutung sind.

1. ....

2. ....

3. ....

17. Welches ist neben der Beschaffung und dem Absatz die wichtigste Aufgabe des Betriebes?

....

18. Unter Logistik im Unternehmen versteht man die Abwicklung von ...., von
der Bestellung der Ausgangsmaterialien bis zur Versendung der fertigen Produkte.

Beschaffung, Produktion und Absatz stehen in einem .... -zusammenhang. Man nennt sie deshalb auch

betriebliche ....

19. Stellen Sie das funktionelle Zusammenwirken der betrieblichen Teilbereiche Beschaffung, Produktion und Absatz in
einer einfachen **Skizze** dar.

20. Die für die Produktion notwendigen Güter erwirbt der Betrieb auf dem für die Beschaffung vorhandenen ....
.... Das dafür notwendige Geld erhält er aus dem Verkauf seiner Produkte auf dem Absatzmarkt.

Dabei entsteht ein kombinierter Kreislauf aus .... und ....

21. Die Aufgabenerfüllung im Betrieb erfolgt arbeitsteilig. Welche Aufgaben umfasst der Beschaffungsbereich eines
Betriebes außer der Bedarfsplanung und dem Angebotsvergleich?

1. ....

2. ....

22. Der Produktionsbereich umfasst außer der Arbeitsvorbereitung und der Forschungs-/Entwicklungsabteilung

1. die Fertigungs-.. , 2. die Fertigungs-.. und

3. die Fertigungs-.. .

23. Der Absatzbereich umfasst außer Vertrieb, Verpackung und Versand:

1. .... 2. ....

3. ....

24. Unter den allgemeinen Bereich fallen die Werks- .... und der Transport. Der
Verwaltungsbereich umfasst die .... -verwaltung, die Sozialverwaltung und die

Materialverwaltung. Das Finanzwesen beinhaltet die .... und die Betriebsabrechnung.

Die Rechtsabteilung ist der Unternehmens- .... zugeordnet.

25. Mit welchem wichtigen Teilbereich eines Großbetriebes ist dessen technischer Bereich identisch?

....

26. Welche Teilbereiche eines Großbetriebes umfasst dessen kaufmännischer Bereich außer dem Finanzwesen und
Teilen der Verwaltung?

1. .... 2. ....

27. Welchem Teilbereich eines großen Unternehmens ist die Revision (obere Prüfstelle) zugeordnet?

....

4. Produktionsfaktoren • Fertigungstypen

Drei Produktions-faktoren...

Für die Gütererstellung benötigen die Unternehmen drei grundlegende Einsatzmittel:

- **Arbeit** (die menschliche Arbeitskraft)
- **Natur** (Boden, Bodenschätze und Naturkräfte)
- **Kapital** (Geld für das Produktionsmittel oder das Produktionsmittel selbst).

Man nennt sie Produktionsfaktoren (= Mittel betrieblicher Leistungserstellung).

...wirken zusammen

Nur durch ihr sinnvolles Zusammenwirken kann rationell produziert werden.

Für die Weizenproduktion benötigt man – vereinfacht ausgedrückt – einen Mähdrescher, einen Fahrer und ein Weizenfeld. Diese Produktionsfaktoren wirken zusammen zur Leistungserstellung (Weizenernte).

Eingesetzt werden	Das sind die Produktionsfaktoren
Fahrer	Arbeit
Feld	Natur
Mähdrescher	Kapital

→ wirken zusammen zur → **Güterproduktion** (hier: Weizenernte)

Produktionsfaktoren bei der Güterproduktion im landwirtschaftlichen Betrieb

...und erzeugen einen Mehrwert.

Der Fahrer steht für Arbeit, das Feld gehört zur Natur und der Mähdrescher stellt das Kapital dar. Damit wird in der Regel ein „Mehrwert" erzeugt: *die Ernte ist „mehr wert" als der Aufwand dafür.* Der Überschuss entspricht grob dem Gewinn.

In dem nachfolgenden Beispiel ist das ähnlich:

Eingesetzt werden	Das sind die Produktionsfaktoren
ausführende Arbeitskräfte	Arbeit
Grundstück, Gebäude, Energie, Rohstoff	Natur
Maschinen, Werkzeuge	Kapital

→ wirken zusammen zur → **Güterproduktion** (hier: Brotfabrikation)

Produktionsfaktoren bei der Güterproduktion im industriellen Betrieb

Angenommen in eine Brotproduktion werden im ersten Jahr **10** Mio. Euro an Kapital investiert. Aus der Produktion verkauft man in dem Jahr für **13** Mio. Euro Brote. Lässt man die anderen Produktionsfaktoren einmal außer Acht, so beziffert sich der Produktionsfaktor Kapital in diesem Fall mit **1,3** (10 Mio. × 1,3 = 13 Mio.). Der erzeugte „Mehrwert" (die betriebliche Wertschöpfung) beträgt 3 Mio. Euro.

Mehr Arbeit oder mehr Kapital?

Je nachdem, welche Güter (Anzüge, Brote) man auf welche Weise (Einzel-, Mehrfachfertigung) fertigt, ist entweder mehr Arbeit oder mehr Kapital erforderlich.

Vergleicht man die Produktion von Broten und maßgeschneiderten Anzügen, so ist im ersten Fall mehr Kapital und im zweiten Fall mehr Arbeit erforderlich. Brote werden eher in Mehrfach-, Maßanzüge eher in Einzelfertigung hergestellt.

Einzelfertigung

Kunstmaler: reine Einzelfertigung

Bei der reinen Einzelfertigung wird jeweils nur ein **einziges, einmaliges Produkt** erstellt. Das geschieht in der Maßschneiderei, in Schiffswerften, beim Bau eines Einfamilienhauses oder im Maler-Atelier. Da hier ein besonderes *fachliches Können* gefragt ist, *liegt der Anteil der Lohnkosten an den Fertigungskosten hoch;* die Produktion ist **lohnintensiv.** Auch der **Anteil an Facharbeitern** gegenüber ungelernten Arbeitskräften ist groß. Ein weiteres Merkmal der Einzelfertigung ist die Produktivität (Stückzahl). Das Produktionsergebnis besteht nur aus einer Produkteinheit. Der Einzelfertigung liegt in der Regel eine Kundenbestellung zugrunde, bei

Betrieb und Unternehmensformen

der auch auf besondere Kundenwünsche eingegangen werden kann. Für Erzeugnisse der Einzelfertigung wird kaum im Fernsehen oder in Zeitschriften geworben.

Mehrfachfertigung ...in Serien

Bei der **Serienfertigung** werden Produkte in mehreren gleichartigen Einheiten in Klein- und Großserien hergestellt. Das geschieht in der Automobilfabrik, in der Flugzeugfabrik, beim Bau von Reihenhäusern, beim Bau von Kühlschränken oder in der Werkzeugmaschinenfabrik.

...in Sorten

Bei der **Sortenfertigung** produziert man entweder mehrere gleiche Erzeugnisse in verschiedenen Varianten, zum Beispiel Brote, Bekleidungsstücke von der Stange oder Dachfenster gleicher Firmen in verschiedenen Abmessungen. Oder man produziert verschiedene Erzeugnisse mit gleichem Grundstoff, zum Beispiel Holzmöbel, Polstermöbel oder verschiedene Weinprodukte.

Beim Wechsel zu einer neuen Produktserie oder -sorte müssen Maschinen und Verfahren umgestellt werden, was hohe Umrüst- und Umstellungskosten verursacht.

Die Serien-/Sortenfertigung ist weniger lohnintensiv als die Einzelfertigung, dafür kapitalintensiver, aber nicht so kapitalintensiv wie die Massenfertigung.

...in Massen

Die **Massenfertigung** ist ein Produktionsprogramm, bei dem über eine längere Zeit ein Produkt in einer einzigen Ausprägung in sehr großer Menge oder Stückzahl hergestellt wird. Typische Massenprodukte sind Autos, Dachziegel, Baustahlmatten (für Betonplatten), Wasser- und Heizungsrohre, bestimmte Nahrungs- und Genussmittel, wie Schokolade, Zigaretten und Bier, außerdem Rohstoffe und Werkstoffe, wie Steinkohle, Kunststoffe und Aluminium oder Grundstoffe wie Zement und Kies sowie weitere Produkte der Grundstoffindustrie.

Vorherrschend ist ein hoher Automationsgrad, weshalb ein hoher Kapitalaufwand erforderlich ist. Die Umstellung des Maschinenparks und der Anlagen auf andere Produkte nimmt sehr viel Zeit in Anspruch. Der Produktionsfaktor Arbeit wird im hohem Maße durch den Produktionsfaktor Kapital ersetzt. So etwas ist zum Beispiel der Fall, wenn die Produktion am Fließband automatisiert wird, etwa durch den Einsatz von Industrie-Robotern. Da der Wunsch nach individuellen Produkten immer mehr zunimmt, nimmt die Bedeutung der Massenfertigung zugunsten der Sortenfertigung ab. Danach unterscheidet man die folgenden Fertigungstypen:

Übersicht Fertigungstypen

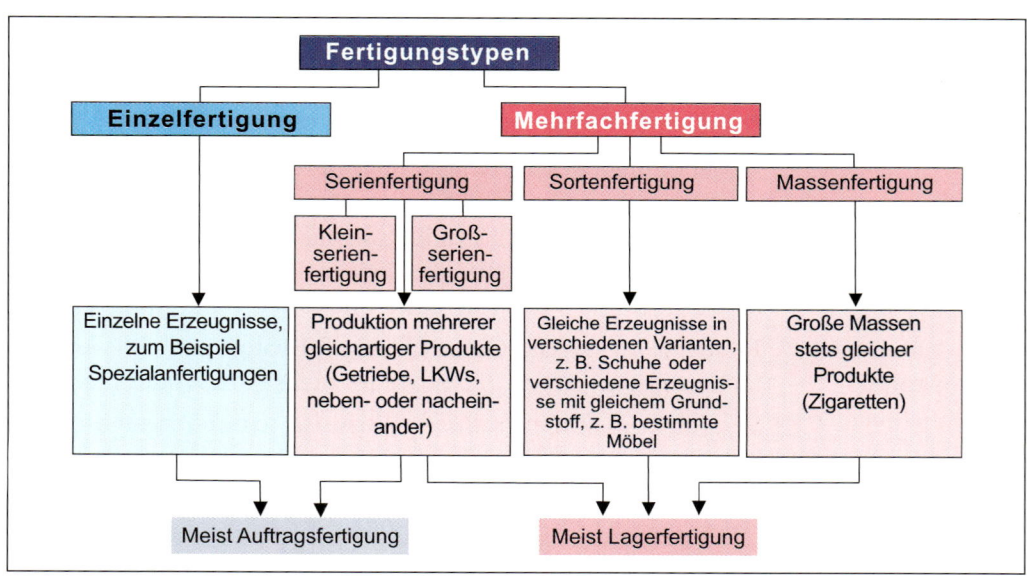

Fertigungstypen nach der Menge gleichartiger Erzeugnisse oder nach der Häufigkeit und Wiederholung der Fertigung

Welche Mengen?

In welchen Stückzahlen ein Produkt hergestellt werden kann, hängt ab
- von der Art des Produkts (Supertanker, Zigaretten),
- von der Nachfragesituation (Einzelauftrag, Massennachfrage),
- vom jeweiligen Fertigungstyp (Einzelfertigung, Massenproduktion).

42

4. Produktionsfaktoren • Fertigungstypen

1. Wie heißen die drei grundlegenden Einsatzmittel zur Gütererstellung (Produktionsfaktoren)?

    1. ....

    2. ....

    3. ....

2. Unter dem Produktionsfaktor Arbeit versteht man die menschliche .... Natur steht für .... , Bodenschätze und Naturkräfte. Kapital ist das .... für Produktionsmittel oder das Produktionsmittel selbst.

3. Die Produktionsfaktoren Arbeit, Natur, Kapital sind Mittel betrieblicher .... -erstellung. Nur durch ihr sinnvolles Zusammenwirken können Güter .... produziert werden.

4. Für die Weizenproduktion benötigt man 1. ein Weizenfeld, 2. einen Mähdrescher, 3. einen Fahrer für den Mähdrescher. Welche Produktionsfaktoren sind das?

    zu 1. .... zu 2. .... zu 3. ....

5. Die Ernte ist mehr wert als der Aufwand dafür.

    Was wird mit den Produktionsfaktoren demnach erzeugt? ....

6. Dem erzielten Überschuss entspricht der .... Für die Brotfabrikation braucht man ausführende Arbeitskräfte. Diese stehen für den Produktionsfaktor .... Man benötigt ein Fabrikgebäude auf einem dafür vorgesehenen Grundstück, einen Stromanschluss und Rohstoffe. Diese Einsatzmittel zählen zum Produktionsfaktor .... Weiterhin sind Maschinen und Werkzeuge erforderlich. Diese stellen das .... dar.

7. In eine Fernsehgeräteproduktion werden an Kapital 2 Millionen Euro investiert und aus der Produktion werden für 2,6 Millionen Euro Geräte verkauft. Wenn wir die anderen Produktionsfaktoren einmal außer Acht lassen,

    (a) wie hoch ist dann der Produktionsfaktor Kapital (oder – anders gefragt – mit welchem Faktor ist 2 zu multiplizieren, um 2,6 zu erhalten)? ....

    (b) Wie hoch ist der erzielte „Mehrwert"? ....

8. In eine Produktion von Computern werden an Kapital 300 Millionen Euro investiert. Aus der Produktion werden für 390 Millionen Euro Geräte verkauft. Wie hoch beziffert sich der Produktionsfaktor Kapital – lässt man die anderen Produktionsfaktoren einmal außer Acht? ....

    Wie hoch ist der erzielte Mehrwert (die betriebliche Wertschöpfung)? ....

9. Je nachdem, welche .... (Maßanzüge, Brote) gefertigt werden und auf welche .... (Einzelfertigung, Mehrfachfertigung) man sie fertigt, ist entweder mehr Arbeit oder mehr Kapital erforderlich. Vergleicht man die Produktion von Broten in der Brotfabrik mit der von Maßanzügen im Schneideratelier, so ist im Falle der Brote mehr .... erforderlich und im Falle der Maßanzüge mehr ....

10. Welcher Fertigungstyp liegt vor? Brote werden in der Regel in ....-fertigung und maßgeschneiderte Anzüge werden in ....-fertigung hergestellt.

11. Bei der reinen Einzelfertigung wird jeweils nur ein .... Produkt hergestellt.

Betrieb und Unternehmensformen

12. Nennen Sie zwei Betriebe, bei denen Einzelfertigung vorherrscht.

    1. .... 2. ....

13. Bei der Einzelfertigung ist der Anteil der Lohnkosten an den Fertigungskosten groß. Auch der Anteil

    von .... -arbeitern gegenüber .... Arbeitern ist groß.

    Die .... (Stückzahl) ist gering. Der Einzelfertigung liegt in der Regel eine

    Kunden-.................................. zugrunde, bei der auch besondere .... -wünsche berücksichtigt

    werden können.

14. Bei der Serienfertigung werden Produkte in .... Einheiten

    hergestellt. Nennen Sie drei Fabriken, in denen Produkte in Serie gefertigt werden.

    1. .... -fabrik 2. .... -fabrik

    3. .... -fabrik

15. Bei der Sortenfertigung produziert man mehrere .... Erzeugnisse in verschiedenen Varianten

    oder man produziert .... Erzeugnisse mit gleichen Grundstoffen.

16. Nennen Sie drei Produkte, die in Sortenfertigung erzeugt werden. 1. ....

    2. .... 3. ....

17. Die Serien-/Sortenfertigung ist weniger .... -intensiv als die Einzelfertigung, dafür kapitalintensiver. Die

    Serien-/Sortenfertigung ist aber nicht so kapitalintensiv wie die .... -fertigung.

18. Die Massenfertigung ist ein Produktionsprogramm, bei dem über eine längere Zeit ein Produkt in einer einzigen

    Ausprägung in sehr großer .... oder .... hergestellt wird.

19. Nennen Sie vier typische Massenprodukte (keine Rohstoffe, Werkstoffe oder Produkte der Grundstoffindustrie).

    1. .... 2. ....

    3. .... 4. ....

20. Nennen Sie je einen Rohstoff und einen Werkstoff (kein Metall) der in Massen produziert wird.

    1. .... 2. ....

21. Nennen Sie zwei Produkte der Grundstoffindustrie (keine Kohle), die in Massen erzeugt werden.

    1. .... 2. ....

22. Bei der Massenfertigung vorherrschend ist ein hoher .... -grad. Der Produktions-

    faktor Arbeit wird in hohem Maße durch den Produktionsfaktor .... ersetzt.

23. Bei der Mehrfachfertigung unterscheidet man

    1. .... -fertigung 2. .... -fertigung 3. .... -fertigung.

24. Bei der Serienfertigung unterscheidet man die .... -serienfertigung und die .... -serienfertigung.

    Einzel- und teilweise Kleinserienfertigung ist meist Auftragsfertigung. Mehrfachfertigung ist ansonsten

    meist .... -fertigung.

25. In welchen Stückzahlen ein Produkt hergestellt werden kann, hängt ab von

    1. .... (Supertanker, Zigaretten)

    2. .... (Einzelauftrag, Massennachfrage)

    3. .... (Einzelfertigung, Massenproduktion)

5. Arbeitsteilung • Rationalisierung • Humanisierung • Fertigungsverfahren

PAL Betrieb allgemein 68-71,

Mehr Leistung ...durch Arbeitsteilung

Unter **Arbeitsteilung** versteht man die *Aufteilung der Arbeit* für die Produktion und Verteilung von Gütern. Während in der geschlossenen Haus- und Hofwirtschaft des Mittelalters alle lebensnotwendigen Güter, die man brauchte, selbst produziert wurden, stellt in einer modernen Betriebswirtschaft niemand mehr alle Güter, die er benötigt, selbst her. Die Güterherstellung erfolgt im Betrieb arbeitsteilig, auf bestimmte Tätigkeitsbereiche und auf bestimmte Leistungsträger verteilt.

Arbeitsteilung ermöglicht die Ausnutzung von Kostenvorteilen durch Austausch der Güter. Sie bedeutet bessere Qualität der Produkte. Arbeitsteilung ist die Voraussetzung für den großen Einsatz von Maschinen, die den Menschen von schwerer körperlicher oder von monotoner Arbeit entlasten. Arbeitsteilung hat die Mehrfachproduktion ermöglicht, auf der unser moderner Lebensstandard beruht.

...durch Spezialisierung

Mit dem Begriff Arbeitsteilung eng verknüpft ist der Begriff **Spezialisierung**. Positiv betrachtet kommt die Spezialisierung den persönlichen Neigungen, Fähigkeiten und Begabungen des Menschen entgegen. Der Mensch fühlt sich in der Arbeitswelt zufriedener, wenn die Arbeit seinen Vorstellungen entspricht. Wenn der Einzelne **die** Arbeit übernimmt, die seinen Fähigkeiten entspricht, wird er leistungsfähiger

Mit der Spezialisierung eines Betriebes auf ganz bestimmte Tätigkeitsbereiche steigt seine Produktivität (die erzeugte Gütermenge) und die Qualität der produzierten Güter. Dies ermöglicht der Unternehmung im Konkurrenzkampf mit den Mitarbeitern auf dem Markt zu bestehen.

...durch Rationalisierung

Rationalisierung bedeutet die vernünftige und zweckmäßige Gestaltung der Arbeitsvorgänge. Sie baut auf der Spezialisierung auf. Rationalisierung ermöglicht eine weitere Steigerung der Produktivität eines Unternehmens. Da sich fast jedes Unternehmen heute einem Konkurrenzkampf mit den Mitanbietern ausgesetzt sieht, muss rationell gewirtschaftet werden. Will man rationalisieren, so gilt es insbesondere, die im Unternehmen anfallenden Kosten gering zu halten.

Rationalisieren kann heißen, mit dem **gleichen** Einsatz an Arbeit, Werkstoffen und Maschinen eine größere Menge zu produzieren (Maximalprinzip). Rationalisieren kann auch heißen, durch einen **geringeren** Einsatz von Arbeit und Material die gleiche Menge herzustellen (Minimalprinzip oder Sparprinzip).

Durch Rationalisierung der Fertigung erreicht man meist

- eine Verringerung der Lohnkosten an den Produktionskosten
- eine Verkürzung der Produktionszeit
- eine Verringerung schwerer körperlicher Arbeit
- keine Verringerung der nervlichen Beanspruchung der Arbeitnehmer

Man darf nicht übersehen, dass mit Rationalisierungsmaßnahmen häufig auch eine nervliche Mehrbelastung des einzelnen Arbeitnehmers verbunden sein kann.

...durch Automation

Unter Einbeziehung der Automation, die man als einen bedeutsamen Teil der Rationalisierung ansehen kann, lässt sich das zuvor Gesagte wie folgt darstellen:

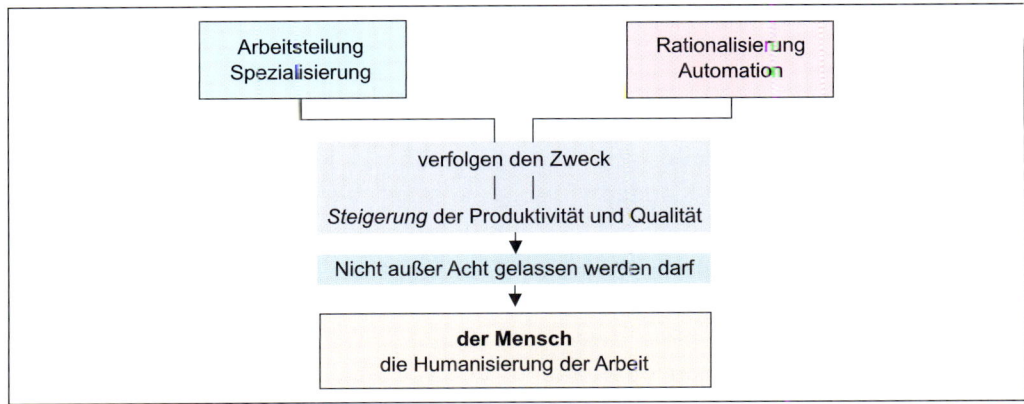

Betrieb und Unternehmensformen

Ruf nach Humanisierung

Vor diesem Hintergrund wird vielerorts der Ruf nach einer stärkeren **Humanisierung der Arbeitswelt** laut. Dieser Ruf beinhaltet eine menschlichere Ausgestaltung des Arbeitsplatzes und des Arbeitsumfeldes. Hierzu gehört auch der Wunsch nach Anerkennung der Leistung des Einzelnen.

Betriebliche Maßnahmen zur Humanisierung der Arbeit dienen

- der Verringerung der körperlichen und seelischen Belastungen
- der Steigerung der Freude an der Arbeit
- der Verbesserung des Betriebsklimas

Man darf schließlich nicht übersehen, dass durch Rationalisierungsmaßnahmen Arbeitskräfte freigesetzt werden. So wird durch Rationalisierung infolge Automatisierung menschliche Arbeit ersetzt durch die Arbeit von Maschinen, die sich selbst regeln. Das hilft einerseits, Ausschuss infolge menschlicher Fehler zu vermeiden, trägt aber andererseits zur Arbeitslosigkeit bei. Und die kann inhuman sein.

In der Folge von Arbeitsteilung und Rationalisierung haben sich Fertigungsverfahren herausgebildet, die man nach der Beweglichkeit der Produkte unterscheidet.

Übersicht Fertigungsverfahren

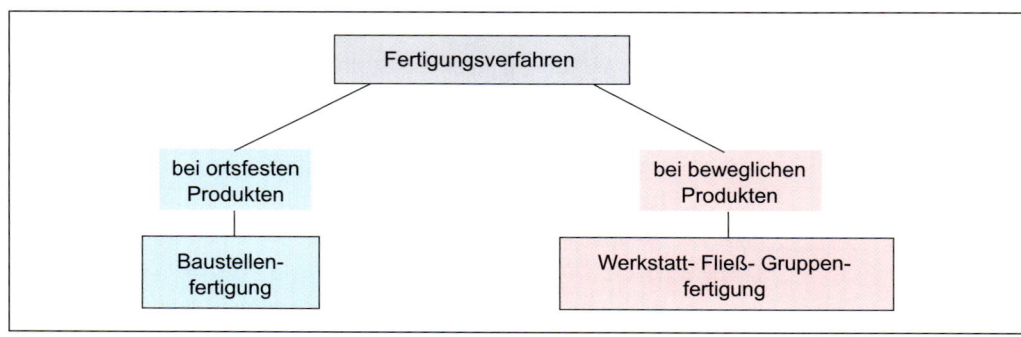

Man grenzt die Baustellenfertigung, die sich auf ortsfeste Produkte bezieht, von Werkstatt-, Fließ- und Gruppenfertigung ab, die sich auf bewegliche Produkte beziehen. Auf diese Fertigungsverfahren wird nachfolgend im Einzelnen eingegangen.

Baustellenfertigung

Baustellenfertigung gibt es im Hochbau (Häuser), Tiefbau (Straßen) und im Schiffsbau. Anders bei Fertighäusern. Dort werden die Bauteile vorgefertigt, etwa in der Werkstatt, dann zur Baustelle gefahren und auf der Baustelle nur noch montiert.

Werkstattfertigung

Bei der **Werkstattfertigung** durchläuft das Produkt während der Fertigung verschiedene Werkstätten. Nach Beendigung eines bestimmten Arbeitsvorgangs in einer Werkstatt werden die bearbeiteten Produkte in die nächste Werkstatt transportiert.

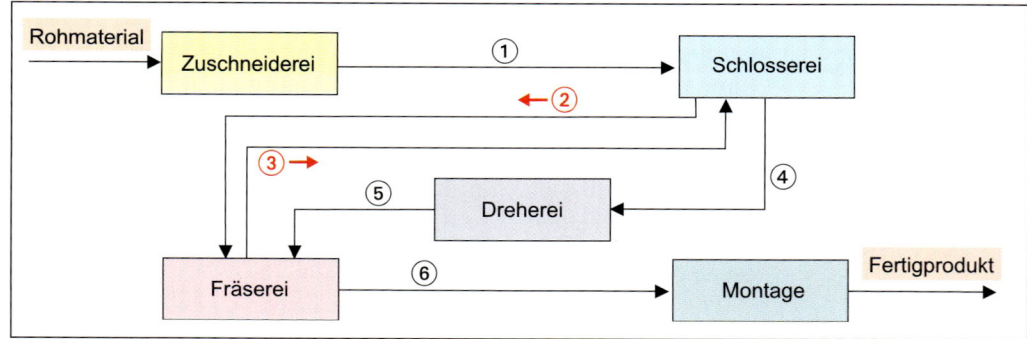

Vor- und Nachteile

Vorteile: sehr anpassungsfähiges Fertigungsverfahren, denn Marktveränderungen und Kundenwünsche können berücksichtigt werden, zweckmäßig ist dieses Verfahren bei Einzelfertigung, und es ist geeignet für Kleinserien.

Nachteile: lohnintensiver Transport der Produkte, zum Beispiel durch Gabelstaplerfahrten von Werkstatt zu Werkstatt. Gemäß obiger Darstellung kann es auch sein, dass etwa zwei Werkstätten jeweils zweimal angefahren werden müssen. Unter Umständen kommt es auch zu langen Liegezeiten der (Zwischen-)produkte.

Fließfertigung

Bei der **Fließfertigung** sind Arbeitsplätze und Maschinen so angeordnet, wie es der zeitliche Ablauf der Produktion erfordert, und zwar so, dass die zu bearbeitenden Gegenstände bestimmte Arbeitsgänge immer in der gleichen Reihenfolge durchlaufen. Kennzeichnend ist dabei, dass der Fließtransport von einem Bearbeitungsplatz zum anderen mit einem Fördermittel, zum Beispiel mit einer Röllchenbahn oder einem Förderband, verkettet erfolgt.

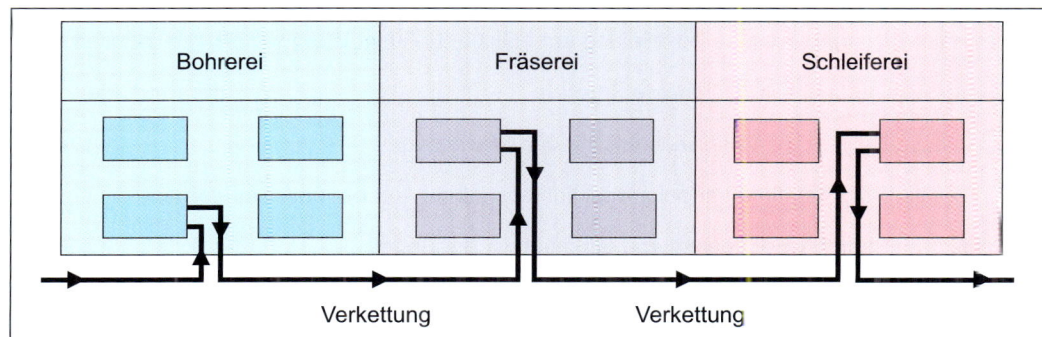

Die Verkettung erfolgt zum Beispiel durch eine Transportkette

Fließbandfertigung

Fließbandfertigung liegt vor, wenn die einzelnen Arbeitsgänge entsprechend bestimmter Taktzeiten genau zeitlich festgelegt sind. Jeder Arbeiter führt immer wieder die wenigen gleichen Handgriffe aus; die Arbeitsteilung erfährt ihre ausgeprägteste Form, da die Arbeit am Fließband immer im bestimmten Zeittakt erfolgt, der unbedingt eingehalten werden muss. Bekannte Beispiele sind die Fertigungsstraßen bei der Herstellung von Fernsehern und von Automobilen.

Vor- und Nachteile

Vorteile: hohe Produktivität und übersichtlicher Produktionsprozess, weshalb auch die Fertigungskosten besser kalkuliert werden können, gleichmäßig hohe Qualität der Produkte.

Nachteile: geringe Anpassungsfähigkeit bei neuen Produkten, hohe Störanfälligkeit des Produktionsprozesses: schon geringfügige Störungen an Fließ- oder Förderband beeinflussen die gesamte Produktion des Betriebes, oft einseitige (monotone) Beschäftigung für die Arbeitnehmer.

Gruppenfertigung

Eine Mischform von Werkstatt- und Fließfertigung ist die **Gruppenfertigung**. Dieses Fertigungsverfahren hat den Vorteil, dass hierbei die Nachteile von Werkstatt- und Fließfertigung gemindert werden. Zur Durchführung gleicher Arbeitsverrichtungen werden Maschinen und Arbeitskräfte in Gruppen zusammengefasst. Innerhalb der Gruppen erfolgt die Anordnung nach dem zeitlichen Ablauf. Der einzelne Arbeiter muss nicht ständig dieselben Handgriffe wie am Fließband verrichten und es fällt zudem kein langer Transport wie bei der Werkstattfertigung an.

Dieses Fertigungsverfahren erfreut sich zunehmender Beliebtheit. Es tritt immer mehr an die Stelle der Fließbandfertigung. Die Gruppenfertigung soll zur Humanisierung der Arbeitswelt beitragen und zugleich die Wirtschaftlichkeit erhöhen.

Die Zusammenarbeit in Gruppen – zunehmend beliebter – soll die Wirtschaftlichkeit erhöhen.

Gruppenarbeit soll Monotonie am Fließband ersetzen

In der neuen Fabrik bei Mercedes in Rastatt gibt es kein einziges Fließband mehr im überlieferten Sinne. Stattdessen arbeiten die Mitarbeiter in kleinen Gruppen von 10 bis 15 Personen. Eine solche Gruppe ist für jeweils einen bestimmten Umfang der anfallenden Montagearbeiten zuständig. Die Gruppe hat weitgehend Einfluss auf den Arbeitsablauf. Sie ist nicht nur für die Montage, sondern auch für die Herstellung der notwendigen Montageteile, für Wartung und kleine Reparaturen der Maschinen und Anlagen bis hin zur Qualitätskontrolle verantwortlich

Eine Endkontrolle oder gar eine eigene Abteilung für Nachbesserungen, wie in herkömmlichen Montagewerken der Autoindustrie notwendig, gibt es in Rastatt nicht mehr. Mercedes verspricht sich von dieser Fertigungskonzeption erheblich mehr Motivation der Mitarbeiter und eine entsprechend höhere Produktivität.

(nach: Arno Becker, Ein steiniger Weg zu neuen Ufern, in: Rheinpfalz Nr. 122/92)

Betrieb und Unternehmensformen

5. Arbeitsteilung • Rationalisierung • Humanisierung • Fertigungsverfahren

1. Was versteht man unter Arbeitsteilung? ....
....

2. Die Güterherstellung erfolgt im Betrieb arbeitsteilig, auf bestimmte .... -bereiche und
Leistungsträger verteilt. Arbeitsteilung ermöglicht die Ausnutzung von Kostenvorteilen durch ....
der Güter. Arbeitsteilung bedeutet bessere .... der Produkte.

3. Arbeitsteilung ist die Voraussetzung für den Einsatz von .... , die den Menschen entlasten.
Arbeitsteilung hat die Mehrfachproduktion ermöglicht, auf der unser moderner .... -standard beruht.

4. Mit dem Begriff Arbeitsteilung eng verknüpft ist der Begriff .... Wenn der Einzelne die Arbeit übernimmt, die seinen Fähigkeiten entspricht, wird er ....
Mit der Spezialisierung eines Betriebes auf ganz bestimmte Tätigkeitsbereiche steigt seine ....
....

5. Was bedeutet Rationalisierung? ....
....

6. Will man rationalisieren, so gilt es insbesondere, die im Unternehmen anfallenden .... gering zu halten.
Rationalisieren kann heißen, mit dem **gleichen** Einsatz an Arbeit, Werkstoffen und Maschinen
eine .... Menge zu produzieren. Man spricht hier vom .... -prinzip.
Rationalisieren kann auch heißen, durch einen .... Einsatz von Arbeit und Material die
gleiche Menge herzustellen. Hier handelt es sich um das .... -prinzip.

7. Durch Rationalisierung erreicht man eine
1. .... der Lohnkosten   2. .... der Produktionszeit
3. .... schwerer körperlicher Arbeit. Durch Rationalisierung gelingt **keine** Verringerung der .... der Arbeitnehmer.

8. Arbeitsteilung, Spezialisierung, Rationalisierung und Automation verfolgen den Zweck, die Produktivität der Arbeit
und die Qualität der erzeugten Produkte zu .... Nicht außer Acht gelassen werden darf der
Mensch und damit die .... der Arbeit.

9. Der Ruf nach Humanisierung der Arbeitswelt beinhaltet eine menschlichere Ausgestaltung des
Arbeits- .... und des Arbeits- .... Hierzu gehört auch
der .... der Leistung des Einzelnen.

10. Maßnahmen zur Humanisierung der Arbeit dienen
1. der .... der körperlichen und seelischen Belastungen
2. der .... der Freude an der Arbeit 3. der .... des Betriebsklimas.

11. Was geschieht bei der Automatisierung in Bezug auf menschliche Arbeit? ....
....

12. Wozu verhilft Automatisierung in Bezug auf die Qualität von Produkten im Zusammenhang mit menschlichen Feh-
lern? ....

Betrieb und Unternehmensformen

13. Zu welcher – die Arbeit des Menschen betreffenden – Zeiterscheinung, die inhuman sein kann, trägt die Automatisierung bei? ....

14. Fertigungsverfahren kann man nach der .... der Produkte unterscheiden. Welches Verfahren kommt bei ortsfesten Produkten in Betracht? ....

15. Welche Fertigungsverfahren unterscheidet man bei beweglichen Produkten? 1. ....
    2. .... 3. ....

16. Wo gibt es die Baustellenfertigung außer im Hoch- und Tiefbau? ....

17. Was unterscheidet den Bau eines Fertighauses vom Bau eines Hauses in herkömmlicher Bauweise vor Ort?
    ....
    ....

18. Bei der Werkstattfertigung durchläuft das Produkt während der Fertigung .... Werkstätten. Nach Beendigung eines Arbeitsvorgangs in einer Werkstatt werden die bearbeiteten Produkte n
    die .... Werkstatt transportiert, wo der nächste Arbeitsvorgang erfolgt.

19. Werkstattfertigung ist für Einzelfertigung und für Kleinserien geeignet. Nennen Sie je einen Vorteil und einen Nachteil dieses Fertigungsverfahrens.
    Vorteil: ....
    Nachteil: ....

20. Bei der Fließfertigung sind Arbeitsplätze und Maschinen so angeordnet, wie es der .... Ablauf der Produktion erfordert. Der Fließtransport von einem Arbeitsplatz zum anderen erfolgt ...., zum Beispiel durch eine Transportkette.
    Fließbandfertigung liegt vor, wenn die einzelnen Arbeitsgänge entsprechend bestimmter .... genau zeitlich festgelegt sind.

21. Bei der Fließbandfertigung führt jeder Arbeiter immer wieder die .... Handgriffe aus; die Arbeits- .... erfährt ihre ausgeprägteste Form. Die Arbeit am Fließband erfolgt immer im bestimmten .... -takt, der unbedingt eingehalten werden muss. Bekannte Beispiele sind die Fertigungsstraßen bei der Herstellung von Fernsehern und von ....

22. Nennen Sie drei Vorteile der Fließbandfertigung.
    1. ....
    2. ....
    3. ....

23. Nennen Sie drei Nachteile der Fließbandfertigung.
    1. ....
    2. ....
    3. ....

24. Eine Mischform von Werkstatt- und Fließfertigung ist die Gruppenfertigung. Welchen Vorteil hat dieses Fertigungsverfahren? Die Nachteile von Werkstatt- und Fließfertigung ....
    Der einzelne Arbeiter muss nicht ständig dieselben Handgriffe wie am .... verrichten, und es fällt zudem kein langer Transport wie bei der .... -fertigung an.

25. Die Gruppenfertigung erfreut sich zunehmender Beliebtheit. Dieses Fertigungsverfahren soll zur Humanisierung der Arbeitswelt beitragen und zugleich die .... erhöhen.

Betrieb und Unternehmensformen

6. Klein-, Mittel- und Großbetrieb • Betriebsstandort • Handwerks- und Industriebetrieb

PAL Betrieb allgemein 74-76

Unterscheidung der Betriebe

Betriebe kann man nach verschiedenen Kriterien unterscheiden, etwa nach

- dem vorherrschenden Rohstoff, der gewonnen oder verarbeitet wird (zum Beispiel Betriebe der Metallverarbeitung, der Holzindustrie und der Textilindustrie) oder
- dem Fertigungsverfahren (Werkstattfertigung oder Fließfertigung: Autowerkstätten oder Abfüllbetriebe).

Im Folgenden werden Betriebe zunächst unterschieden nach

- der Betriebsgröße
- dem Standort

und anschließend nach den Bereichen

- Industrie
- Handwerk

Betriebsgröße

Man unterscheidet Klein-, Mittel- und Großbetriebe. Der Großbetrieb, bei dem die Arbeitsteilung im Allgemeinen sehr weit fortgeschritten ist, hat gegenüber dem Klein- und Mittelbetrieb wirtschaftliche Vorteile.

Großbetrieb

Der Großbetrieb

- kann seine Fertigung stärker automatisieren bis hin zu automatischen Fertigungsstraßen
- kann das Material für die Fertigung billiger einkaufen
- wird durch den krankheitsbedingten Ausfall von Arbeitnehmern nicht so stark belastet
- hat eine höhere Kapitalausstattung und bekommt von den Banken eher Kredite

Klein- und Mittelbetrieb

Dennoch hat auch der Klein- und Mittelbetrieb gegenüber dem Großbetrieb seine wirtschaftlichen Vorteile.

Der Klein- und Mittelbetrieb

- besitzt eine höhere Flexibilität und Anpassungsfähigkeit
- kann auf Kundenwünsche besser eingehen
- kann sich an veränderte Marktgegebenheiten (neue Technologien) besser anpassen
- kann sich schneller auf andere Erzeugnisse umstellen
- kann eher Spezialanfertigungen liefern

Vorteile von Klein-, Mittel- und Großbetrieben

Zusammengefasst stellen sich die wirtschaftlichen Vorteile von Klein- und Mittelbetrieben gegenüber Großbetrieben kurz wie folgt dar:

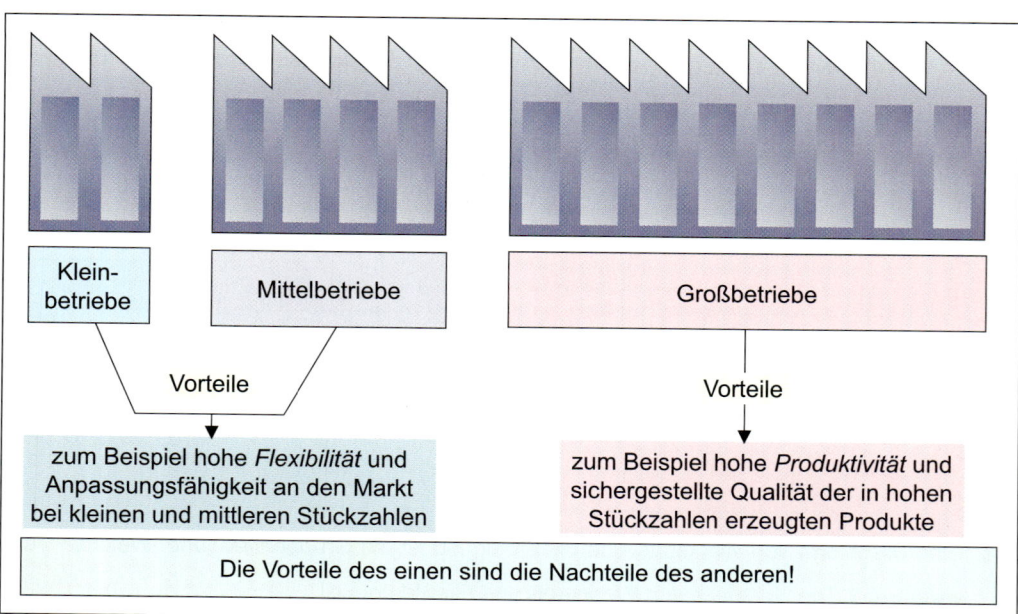

Mithin hat auch der Klein- und Mittelbetrieb durchaus seine Chancen auf dem Markt. So kann er in die kleinen und mittleren Marktlücken vorstoßen, die der Großbetrieb ihm auf dem Markt lassen muss, da der Große nur bei größeren Projekten wirtschaftlich produzieren kann.

Betrieb und Unternehmensformen

Vorteile der Tätigkeit in einem Großbetrieb

In einem Großbetrieb tätig zu sein, hat für den Arbeitnehmer bestimmte Vorteile. Der Großbetrieb

- bietet bessere Möglichkeiten der beruflichen Fortbildung
- bietet bessere soziale Leistungen

Vorteile der Tätigkeit in einem Kleinbetrieb

Auch die Tätigkeit im Klein- und Mittelbetrieb hat für den Arbeitnehmer Vorteile. Der Klein- und Mittelbetrieb

- bietet dem Arbeitnehmer eine abwechslungsreichere Tätigkeit als der Großbetrieb
- ermöglicht eine persönlichere Beziehung zur Geschäftsleitung
- kann den Arbeitnehmer eher an den Entscheidungen der Geschäftsleitung mitwirken lassen

Kleine Betriebe = große Ausbilder

Man unterscheidet die Größe der Betriebe auch in vier Stufen: **Kleinstbetriebe** (unter zehn Beschäftigte), **Kleinbetriebe** (10-49 Beschäftigte), **Mittelbetriebe** (50-499 Beschäftigte) und **Großbetriebe** (500 und mehr Beschäftigte)
Interessant ist, dass die kleinsten Betriebe die größten Ausbilder sind.

> „Fast zwei Drittel aller deutschen Erwerbstätigen" haben ihre Berufsausbildung in Kleinstbetrieben (mit weniger als zehn Beschäftigten) und Kleinbetrieben (mit 10 bis 49 Beschäftigten) abgeschlossen. In Großunternehmen hat nur jeder siebte (14 %) seine Ausbildung abgeschlossen. Damit erweist sich der Mittelstand – also die vielen tausend Betriebe des Handwerks und des Handels – als die mit Abstand wichtigste „Ausbildungsstätte" der Nation, von deren hoher Ausbildungsbereitschaft die Großen profitieren. Denn viele Arbeitnehmer, die in einem Kleinbetrieb gelernt haben, finden ihren späteren Arbeitsplatz in einem Großunternehmen
>
> Mehr Info bei: Globus

Unterscheidung der Betriebe nach dem Standort

Der Standort eines Betriebes ist dort, wo man produziert oder wo die Dienstleistung erbracht wird. Der Standort für ein neu zu gründendes Unternehmen muss gut überlegt sein. Er kann nur schwer nachträglich geändert werden. Wer sich an der „richtigen" Stelle niederlässt, gewinnt gegenüber seinen Konkurrenten.

– Gebundener Standort

Nicht alle Betriebe können die örtliche Lage ihrer Produktionsstätte frei wählen. Betriebe der Urproduktion (Land- und Forstwirtschaft, Fischerei und Bergbau, Energiewirtschaft) haben kaum Wahlmöglichkeiten. Bei ihnen ist der Standort an die Anbau-, Abbau- oder Erzeugungsmöglichkeiten gekoppelt (gebundener Standort). Betriebe, deren Standort gebunden ist an die Nähe zu:

- Rohstoffen, sind neben Betrieben der Urproduktion (Steinkohlebergwerk, Steinbruch, Erdölbohrinsel) auch solche der Grundstoffindustrie (Stahlwerk, Zementfabrik),
- Energiequellen (gestautes Wasser/Wind/Kohle) sind Wasserkraftwerke die zum Beispiel an einer Talsperre angesiedelt, Windkraftwerke (Windräderparks), die auf Bergrücken oder an Küsten errichtet sind, wo der Wind stetig und kräftig weht, oder Braunkohlekraftwerke, die direkt neben dem Braunkohlentagebau stehen (hier ist Rohstoff = Energiequelle).

– Freier Standort

Betriebe der Weiterverarbeitung und des Dienstleistungsbereichs haben hinsichtlich ihres Standortes mehr oder weniger große Wahlmöglichkeiten. Hier kommt es darauf an, dass bei der Standortwahl die jeweils wichtigen Faktoren berücksichtigt werden. Eine in drei Gruppen geordnete Auswahl von Standortfaktoren / Standortbedingungen zeigt die folgende Übersicht.

Standortbedingungen

Standortfaktoren		
Beschaffungsbezogene Faktoren	**Produktionsbezogene Faktoren**	**Absatzbezogene Faktoren**
Arbeitskräfte (gelernt/ungelernt)	Grundstücke	Konkurrenzsituation
Arbeitskosten/Lohnkosten	Grundstückspreise, Mieten	Kundennähe
Rohstoffe/Werkstoffe	Preis für die Elektroenergie	Verkehrsanbindung
Zulieferer/Lieferanten	Umweltauflagen, (zum Beispiel Lärmvorschriften)	Entsorgungsmöglichkeiten (Recycling)
Banken und andere Dienstleistungen	Kommunale Abgaben/Steuern	Staatliche Absatzhilfe/Subvention

Betrieb und Unternehmensformen

Standortfaktor

Weiterverarbeitungs-/Dienstleistungsbetriebe und deren maßgeblicher **Standortfaktor**:

- das Vorhandensein von qualifizierten Arbeitskräften (facharbeiterorientierte Betriebe), zum Beispiel Flugzeug- und Motorenfabriken

- Betriebe, deren wesentlicher Standortfaktor die Verfügbarkeit von weniger teuren Arbeitskräften ist, sind etwa Schuh- und Bekleidungsfabriken. (Gemeint sind lohnorientierte Betriebe, die sich fern der Großstadt in kleineren Gemeinden ansiedeln, weil die Löhne dort niedriger gehalten werden können.)

- die Anbindung an Verkehrswege, zum Beispiel Kohlekraftwerke mit Anbindung an das Schienennetz, Tankstellen mit Anbindung an das Straßennetz oder Betriebe der erdöl- oder erdgasverarbeitenden Industrie mit Anschluss an das entsprechende Rohrleitungsnetz (Pipeline-Netz)

- ein niedriger Preis für Elektroenergie vor Ort, zum Beispiel Aluminiumhütten, die bei der Herstellung sehr viel elektrische Energie brauchen, oder Elektrostahlwerke

Handwerksbetrieb

Lohnintensive Fertigung
... mehr Handarbeit ...

Für den Handwerksbetrieb gilt in der Regel:

- Die Lohnkosten spielen die größte Rolle (für den Industriebetrieb dagegen die Kapitalkosten). Da mehr Handarbeit vorherrscht, ist die Fertigung lohnintensiv, das heißt, die Aufwendungen für Löhne sind höher als für Werkzeuge und Maschinen

- Die Kunden sind (meist) in der Nähe des Betriebsstandortes.

- Handwerksbetriebe fertigen meist in Einzelfertigung, nicht in Massenfertigung. Maschinen werden weniger eingesetzt, das Materiallager ist nur klein.

- Der Unternehmer arbeitet oft handwerklich mit.

- Beim Handwerksbetrieb überwiegt die Auftragsfertigung, im Gegensatz zum Industriebetrieb, bei dem die Lagerfertigung überwiegt.

- Der Betrieb beschäftigt überwiegend qualifizierte Arbeitskräfte; die meisten Mitarbeiter haben einen Beruf erlernt.

- Handwerksbetriebe sind in der Handwerkskammer organisiert.

- Und: Das Handwerk bildet mehr aus, es bietet mehr Ausbildungsplätze als die Industrie.

Industriebetrieb

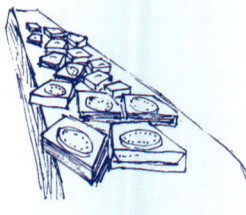

Massenproduktion
... Fließfertigung ...

Für den Industriebetrieb gilt in der Regel:

- Im Industriebetrieb werden die Güter überwiegend in hochgradiger Arbeitsteilung hergestellt. Bei der Massenfertigung (Fließfertigung) ist der Grad der Arbeitsteilung sehr hoch.

- Die Kapitalkosten spielen die entscheidende Rolle. Die Fertigung ist kapitalintensiv. Der Kapitalbedarf für Maschinen ist groß, die Lohnkosten sind anteilig geringer.

- Kennzeichnend ist ein großer Maschinenpark einschließlich teurer Spezialmaschinen bis hin zur voll automatisierten Fertigung für die Massenproduktion von Gütern.

- Die Umstellung auf neue Produkte ist langwieriger als im Handwerksbetrieb (vergleiche die Aussagen über Groß-, Mittel- und Kleinbetrieb).

- Der Markt ist oft auch außerhalb der Landesgrenze.

- Es werden größere Aufwendungen für Werbung betrieben als beim Handwerksbetrieb.

- Zwischen Betrieb und Endverbraucher ist der Handel stärker eingeschaltet.

- Es können in großer Zahl auch weniger qualifizierte Arbeitskräfte eingesetzt werden, die keinen Beruf erlernt haben (für Fließband- und Lagerarbeiten).

- Der Einfluss der Gewerkschaften ist größer.

- Industriebetriebe sind in der Industrie- und Handelskammer organisiert.

Zusammenarbeit Handwerk-Industrie

In bestimmten Bereichen gibt es auch eine enge Zusammenarbeit zwischen Handwerk und Industrie. Das Kfz-Handwerk zum Beispiel arbeitet heute besonders intensiv mit der Kfz-Industrie zusammen.

6. Klein-, Mittel- und Großbetrieb • Betriebsstandort • Handwerks- und Industriebetrieb

1. Mit der Bezeichnung **Metall**verarbeitungsbetrieb, Betrieb der **Holz-** oder **Textil**industrie ordnet man solche Betriebe einer Gruppe von Betrieben zu, in denen ein vorherrschender .... -stoff .... oder verarbeitet wird. Autowerkstatt oder Getränkeabfüllbetrieb werden einer Gruppe von Betrieben zugeordnet, für die das .... -verfahren (Werkstattfertigung oder Fließfertigung) kennzeichnend ist.

2. Gemäß Kapitelüberschrift werden Betriebe unterschieden nach der .... , nach dem .... -ort und nach der Zugehörigkeit zu den Bereichen .... und ....

3. Nennen Sie drei wirtschaftliche Vorteile eines Großbetriebes gegenüber einem Klein- und Mittelbetrieb.

   1. Er kann seine Fertigung ....

   2. Er kann das Material für die Fertigung ....

   3. Er hat eine hohe Kapitalausstattung und bekommt von den Banken eher ....

4. Nennen Sie umgekehrt drei wirtschaftliche Vorteile von Klein- und Mittelbetrieben gegenüber Großbetrieben.

   1. Sie besitzen eine höhere ....

   2. Sie können besser auf .... eingehen.

   3. An veränderte .... -gegebenheiten (neue Technologien) passen sie sich besser an.

5. Zusammenfassend lässt sich sagen: Klein- und Mittelbetriebe zeichnen sich bei kleinen und mittleren Stückzahlen der Produkte durch hohe .... und Anpassungsfähigkeit an den Markt aus. Vorteile von Großbetrieben sind hohe .... und sichergestellte Qualität bei hohen Stückzahlen. Mithin hat auch der Klein- und Mittelbetrieb durchaus seine Chancen auf dem Markt. So kann er in die kleinen und mittleren Markt- .... vorstoßen, die der Großbetrieb ihm auf dem Markt lassen muss.

6. Nennen Sie zwei Vorteile für den Arbeitnehmer, die eine Tätigkeit in einem Großbetrieb hat. Der Großbetrieb

   1. bietet bessere ....

   2. bietet bessere ....

7. Nennen Sie zwei Vorteile für den Arbeitnehmer in einem Klein- und Mittelbetrieb. Der Klein- und Mittelbetrieb

   1. bietet dem Arbeitnehmer eine .... Tätigkeit

   2. ermöglicht eine ....

8. Welche vier Gruppen von Betrieben kann man auch nach der Betriebsgröße unterscheiden? ....

9. Welche der vier Gruppen von Betrieben ist der größte Ausbilder? ....

10. Der Standort eines Unternehmens ist dort, wo man .... oder wo die .... erbracht wird. Der Standort für ein neu zu gründendes Unternehmen muss .... sein.

    Wer sich an der „richtigen" Stelle niederlässt, ... gegenüber seinen Konkurrenten.

11. Nennen Sie außer Land- und Forstwirtschaft zwei weitere Zweige der (standortgebunden) Urproduktion.

    1. .... 2. ....

12. Nennen Sie außer Steinbruch zwei weitere Betriebe der Urproduktion mit gebundener Nähe zum Rohstoff.

    1. .... 2. ....

13. Betriebe, die man zwangsläufig in der Nähe von Energiequellen findet, sind .... -werke.

Betrieb und Unternehmensformen

14. Betriebe der Weiterverarbeitung und des Dienstleistungsbereichs haben hinsichtlich ihres Standortes mehr oder weniger große .... -möglichkeiten. Hier kommt es darauf an, dass bei der Standortwahl die jeweils wichtigen .... berücksichtigt werden.

15. Welche drei Gruppen unterscheidet man bei den Standortfaktoren?   1. .... -bezogene 2. .... -bezogene und 3. .... -bezogene Faktoren.

16. Nennen Sie außer Arbeitskräften und Arbeitskosten/Lohnkosten zwei weitere beschaffungsbezogene Faktoren.

    1. .... 2. ....

17. Nennen Sie außer Grundstücken, Grundstückspreisen und Mieten zwei weitere produktionsbezogene Faktoren.

    1. .... 2. ....

18. Nennen Sie außer Konkurrenzsituation und Kundennähe zwei weitere absatzbezogene Faktoren.

    1. .... 2. ....

19. Betriebe, deren ausschlaggebender Standortfaktor das Vorhandensein von qualifizierten Arbeitskräften ist, sind zum Beispiel .... -fabriken und Motorenfabriken. Betriebe, deren wesentlicher Standortfaktor die Verfügbarkeit von weniger teuren Arbeitskräften ist, sind etwa .... -fabriken und Bekleidungsfabriken. Betriebe, bei denen die Anbindung an Verkehrswege wesentlich ist, sind zum Beispiel .... -kraftwerke mit Anbindung an die Schiene oder etwa Betriebe der .... -verarbeitenden Industrie oder der .... -verarbeitenden Industrie mit Anschluss an die Pipeline.

20. Für den Handwerksbetrieb spielen die .... -kosten die größte Rolle, für den Industriebetrieb die .... -kosten. Beim Handwerksbetrieb sind die .... in der Nähe des Betriebsstandorts.

21. Handwerksbetriebe fertigen meist in ...., nicht in Massenfertigung. Maschinen werden weniger eingesetzt, das .... -lager ist nur klein. Im Handwerksbetrieb arbeitet der .... oft handwerklich mit.

22. Beim Handwerk überwiegt die Auftragsfertigung, bei der Industrie überwiegt die .... -fertigung. Der Handwerksbetrieb beschäftigt überwiegend .... Arbeitskräfte. Die meisten Mitarbeiter haben einen .... erlernt.

23. Handwerksbetriebe sind in der .... -kammer organisiert.

    Das Handwerk bildet mehr aus: Es bietet mehr .... -plätze als die Industrie.

24. Im ....-betrieb werden die Güter überwiegend in hochgradiger Arbeitsteilung hergestellt.

    Der Grad der Arbeitsteilung ist sehr hoch bei der .... -fertigung.

    Die Fertigung ist .... -intensiv.

25. Kennzeichnend für den Industriebetrieb ist ein großer .... -park einschließlich teurer Spezialmaschinen bis hin zur .... Fertigung. Die Umstellung auf neue Produkte ist .... als im Handwerksbetrieb.

26. Für den Industriebetrieb ist der Markt oft auch .... der Landesgrenze. Es werden größere Aufwendungen für .... betrieben als beim Handwerksbetrieb. Zwischen Betrieb und Endverbraucher ist der .... stärker eingeschaltet. Der Einfluss der .... ist größer. Industriebetriebe sind in der .... organisiert.

27. Nennen Sie ein Handwerk, das besonders eng mit der Industrie zusammenarbeitet. Das .... -Handwerk.

7. Betriebliche Kenngrößen (Produktivität, Wirtschaftlichkeit und Rentabilität)

PAL Betrieb allgemein 77-86, U16, U19

Zweck betrieblicher Kenngrößen

Hauptziel der Unternehmung
Gewinne zu erwirtschaften und sie zu steigern.

In einer Betriebsversammlung berichtet der Geschäftsführer eines Unternehmens: „Seit drei Monaten schreiben wir wieder *rote* Zahlen. (Er meint damit: die Unternehmung macht wieder Verluste.) Wenn wir nicht bald wieder in den *schwarzen* Zahlen sind (das heißt Gewinne erzielen), dann können wir den Laden dichtmachen."

Das Hauptziel der erwerbswirtschaftlich ausgerichteten Unternehmung besteht darin, Gewinne zu erwirtschaften und sie zu steigern. Dies ist nur möglich durch laufende Kontrolle der betrieblichen Abläufe und der betrieblichen Leistungen.

Als Grundlage unternehmerischer Planungen und Entscheidungen in Zielrichtung Gewinn dienen die **betrieblichen Kenngrößen**:

- Produktivität (Arbeitsproduktivität)
- Wirtschaftlichkei
- Rentabilität

Außer als Grundlage unternehmerischer Planungen und Entscheidungen dienen diese Kenngrößen weiterhin

- zum Vergleich der Leistung der Unternehmung mit der Leistung anderer Unternehmungen.
- zur Überwachung der Leistungen der einzelnen Betriebe der Unternehmung,
- zur Beobachtung der Entwicklung der Unternehmung.

Produktivität

Die **Produktivität** ist die Ergiebigkeit des Einsatzes an Produktionsfaktoren. Meist bezieht man sie auf den Produktionsfaktor Arbeit und spricht deshalb von Arbeitsproduktivität. Unter Arbeit versteht man hier im erweiterten Sinne auch die menschliche Arbeit, welche durch Maschinenarbeit ersetzt wird.

Arbeitsproduktivität

Der Begriff **Arbeitsproduktivität** ist gleichbedeutend mit dem Begriff Arbeitsleistung. Genauer ausgedrückt ist Arbeitsproduktivität die Produktionsmenge je geleisteter Arbeitsstunde.

Steigerung

In der Zeitung ist zu lesen: „Deutsche Wirtschaftsforschungsinstitute rechnen für die erste Hälfte der Dekade 2005 bis 2015 mit einer jährlichen Steigerung der Arbeitsproduktivität im Mittel um 2,5 Prozent."

Dazu ein Zahlenbeispiel: In einem Betrieb werden stündlich 400 Maschinenteile hergestellt. Durch **Rationalisierung** der Fertigung wird die Stückzahl auf 500 Maschinenteile je Stunde erhöht. Die Arbeitsproduktivität wurde hierbei um 25 Prozent erhöht.

400 Stck/Std entsprechen **100** Prozent Arbeitsproduktivität.
500 Stck/Std entsprechen **125** Prozent Arbeitsproduktivität.
Mithin beträgt die Erhöhung der Arbeitsproduktivität **25 Prozent**.

Die Arbeitsproduktivität in der Bauindustrie zum Beispiel wurde in den vergangenen 20 Jahren erheblich gesteigert. Erreicht wurde diese Produktivitätssteigerung durch den Einsatz von Baumaschinen (= Rationalisierung).

Weitere Steigerung der Arbeitsproduktivität
durch den Einsatz von Industrie-Robotern.

Eine Steigerung der Arbeitsproduktivität, etwa in Betrieben mit Fließbandfertigung, die bereits weitgehend durchrationalisiert sind, erreicht man zum Beispiel durch den Einsatz von Industrie-Robotern (automatisierte Handhabungsgeräte). Eine weitere Steigerung kann man durch Verbesserung der Arbeitsbedingungen, wie Beleuchtung, Belüftung und Geräuschdämpfung erreichen.

Die erwünschte Steigerung der Arbeitsproduktivität hängt von der Verbesserung zahlreicher Bedingungen ab. Etliche davon sind in der umseitigen Darstellung aufgeführt. Dabei wird zwischen persönlichen und äußeren Bedingungen unterschieden. Beleuchtung, Belüftung und Geräuschdämpfung gehören zu den äußeren Bedingungen und werden nachfolgend unter dem Begriff Arbeitsplatzgestaltung zusammengefasst.

Betrieb und Unternehmensformen

Persönliche Bedingungen		Äußere Bedingungen
• Ausbildungsgrad • Übungsgrad • Erfahrung • Begabung • körperliche Eignung • Gesundheitszustand • Leistungswilligkeit	beeinflussen den Grad der Arbeitsproduktivität	• Entlohnung • Beginn und Dauer der Arbeitszeit • Arbeitsplatzgestaltung • Arbeitsklima • Arbeitsgeschwindigkeit • Arbeitsteilung • Pauseneinteilung • Aufstiegsmöglichkeiten • Entscheidungsbefugnisse • Mitbestimmung • Rationalisierung • Automation

Berechnung

Die Arbeitsproduktivität drückt die mengenmäßige Ergiebigkeit von geleisteter Arbeit aus. Man erhält einen Zahlenwert dafür, indem man ein Verhältnis bildet zwischen der erzeugten Menge und der dafür eingesetzten Arbeitszeit.

$$\text{Arbeitsproduktivität (A)} = \frac{\text{erzeugte Menge (in Stück)}}{\text{Arbeitseinsatz (in Mitarbeiterstunden)}}$$

Dazu ein Beispiel: Ein Betrieb hat in **8** Stunden **240** Fernsehgeräte gefertigt. Nach Rationalisierungsmaßnahmen (Einsatz von Industrierobotern) können jetzt in der gleichen Zeit **320** Stück am Tag produziert werden. Daraus lassen sich zwei unterschiedliche Kennzahlen errechnen:

Vor der Rationalisierung: **240** Stück / **8** Stunden ➜ **30** Stück / **1** Stunde.

Nach der Rationalisierung: **320** Stück / **8** Stunden ➜ **40** Stück / **1** Stunde.

Die Arbeitsproduktivität betrug vorher **30** Stck/Std und beträgt nachher **40** Stck/Std. Die Arbeitsproduktivität hat sich also um **10 Stck/Std** erhöht; das entspricht einer Erhöhung der Arbeitsproduktivität um **33 ⅓ Prozent**.

In diesem Beispiel vergleicht man zwei Größen miteinander, die sich aus dem veränderten Verhältnis unterschiedlicher Ausbringungsmengen zum gleichen Arbeitseinsatz ergeben. Wenn jedoch durch die Einführung einer zweiten Fertigungsstraße/ Schicht die erzeugte Menge verdoppelt wird, bleibt die Arbeitsproduktivität gleich, weil sich auch der Einsatz verdoppelt hat, so dass also die Arbeitsproduktivität allein die Leistung des Betriebes nicht auszudrücken vermag. Wohl aber vermag sie dies in Verbindung mit anderen betrieblichen Daten, zum Beispiel der Wirtschaftlichkeit.

Wirtschaftlichkeit

Wenn ein Betrieb wirtschaftlich arbeitet, dann bedeutet dies, dass die Erträge aus dem Verkauf der erzeugten Produkte höher sind als die Kosten (= Aufwand), die mit der Herstellung und dem Absatz dieser Produkte verbunden sind.

Unter Wirtschaftlichkeit versteht man das Verhältnis von Ertrag (= Verkaufserlöse) zu Kosten (= Gesamtaufwand). Zur Berechnung der Wirtschaftlichkeit müssen die Verkaufserlöse und die Gesamtaufwendungen bekannt sein.

$$\text{Wirtschaftlichkeit (W)} = \frac{\text{Verkaufserlöse (in Euro)}}{\text{Gesamtaufwendungen (in Euro)}}$$

Dazu ein Beispiel: Nach Rationalisierungsmaßnahmen können 300 Fernseher am Tag hergestellt werden. Dafür erhält der Hersteller 500 Euro je verkauftem Gerät, insgesamt 150 000 Euro. Die täglichen Kosten für Löhne, Material, Strom und Ähnliches (= Gesamtaufwendungen) betragen 120 000 Euro. Nach dieser Aufstellung beträgt die **Kennziffer für die Wirtschaftlichkeit** des Betriebes:

$$W = \frac{500 \text{ Euro} \times 300}{120\,000 \text{ Euro}} = 1{,}25$$

Aufgrund der starken Konkurrenz von anderen Herstellern kann nach einiger Zeit nur noch ein Preis von 472 Euro je Fernseher auf dem Markt erzielt werden. Bei gleichbleibenden Kosten verringert sich die Wirtschaftlichkeit auf:

Preisnachlass
aufgrund starker Konkurrenz

$$W = \frac{472 \text{ Euro} \times 300}{120\,000 \text{ Euro}} = 1{,}18$$

Es lässt sich leicht nachvollziehen, dass der Faktor auch dann kleiner wird, wenn die Verkaufserlöse zwar gleich bleiben, die Gesamtaufwendungen aber steigen (zum Beispiel durch Lohnerhöhungen).

Die Wirtschaftlichkeit einer Unternehmung, welche die Preise ihrer Erzeugnisse aufgrund der Marktsituation nicht erhöhen kann,

- sinkt, wenn die wöchentliche Arbeitszeit bei vollem Lohnausgleich gesenkt wird,
- sinkt, wenn die Dauer des Urlaubs erhöht wird,
- steigt, wenn die Preise für Rohstoffe und Energie fallen.

Sind bei einem Unternehmen die Verkaufserlöse **gleich** der Gesamtaufwendungen, so ist **W = 1**. Muss das Unternehmen aufgrund starker Konkurrenz die Preise weiter senken, so wird die Wirtschaftlichkeit kleiner als 1 (**W < 1**).

Rentabilität

Die dritte wichtige Kennzahl ist die **Rentabilität**. Mit Hilfe dieser Zahl wird der finanzielle Erfolg eines Unternehmens bemessen. Zur Berechnung der Rentabilität wird der Reingewinn, den das Unternehmen erzielt hat, ins Verhältnis gesetzt zu dem Kapital, das zur Erzielung dieses Gewinns eingesetzt wurde. Der Prozentsatz, der sich daraus ergibt, bezeichnet die Höhe der Verzinsung des Kapitals.

$$\text{Rentabilität (R)} = \frac{\text{Gewinn in Euro} \times 100}{\text{Kapitaleinsatz (in Euro)}}$$

Dazu ein Beispiel: Mit der Produktion von Monitoren konnte in einem Jahr ein Reingewinn von 950 000 Euro erzielt werden. Dafür wurde Kapital in Höhe von 10 000 000 Euro eingesetzt. Die Rentabilität beträgt danach

$$R = \frac{950\,000 \text{ Euro} \times 100}{10\,000\,000 \text{ Euro}} = 9{,}5 \text{ Prozent}$$

Ergibt sich für das nächste Jahr durch einen abnehmenden Gewinn nur noch eine Rentabilität von acht Prozent, so sagt man, der Betrieb habe sich weniger rentiert. Wesentliche Voraussetzung für die Erzielung einer positiven Rentabilität einer Unternehmung ist somit das Erwirtschaften eines Gewinns. Wird im vorgenannten Beispiel ein Verlust von (–) 95 000 Euro (rote Zahlen) eingefahren, so beträgt die Rentabilität (–) 0,95 Prozent.

$$R = \frac{-\,950\,000 \text{ Euro} \times 100}{10\,000\,000 \text{ Euro}} = -\,0{,}95 \text{ Prozent}$$

Von negativer Rentabilität wird gesprochen, wenn der Betrieb Verluste macht (Verluste = negative Gewinne). Größen, von denen die Rentabilität abhängt, weil sie den erzielbaren Gewinn bestimmen, sind

- die Menge der verkauften Güter (bei hinreichender Preisstabilität),
- die auf dem Markt durchsetzbaren Preise,
- die Einführung einer zweiten Schicht (bei ausreichendem Auftragsbestand).

Größen, von denen die Rentabilität außerdem abhängt, weil sie den erforderlichen Kapitaleinsatz bestimmen, sind

- Kosten für Material und Energie,
- Höhe der Löhne und Gehälter,
- Kosten für Maschinen und sonstige Fertigungseinrichtungen.

Kenngrößen im Zusammenhang

Betrachtet man die drei Kenngrößen einmal nebeneinander, so erscheinen sie zunächst recht verwandt. Zum Beispiel darf man von einem Betrieb mit hoher **Produktivität** mit Recht erwarten, dass normalerweise auch die **Rentabilität** groß ist, zumal dann, wenn auch sparsam gewirtschaftet wird, wenn also die **Wirtschaftlichkeit** ebenfalls hoch ist.

Nun gilt aber auch dies: ein Betrieb mit geringer Produktivität kann gleichwohl eine hohe Rentabilität aufweisen. Allerdings ist in einem Betrieb mit geringer Wirtschaftlichkeit (wo nicht gut gewirtschaftet wird) meist auch die Rentabilität gering. Leider kann sich steigende Produktivität auch so auswirken, dass steigende Arbeitslosigkeit die Folge ist. Das muss aber dann nicht sein, wenn man die Arbeitszeit herabsetzt.

Betrieb und Unternehmensformen

7. Betriebliche Kenngrößen

1. Was bedeutet es, wenn der Geschäftsführer einer Unternehmung berichtet, die Unternehmung schreibe seit einiger Zeit wieder *rote* Zahlen? ....

2. Was bedeuten *schwarze* Zahlen? ....

3. Nennen Sie drei betriebliche Kenngrößen.

   1. .... 2. ....

   3. ....

4. Die betrieblichen Kennzahlen dienen als Grundlage unternehmerischer Planungen und Entscheidungen.

   Sie dienen weiterhin

   1. zum .... der Leistung der Unternehmung mit den Leistungen anderer Unternehmungen,

   2. zur .... der Leistungen der einzelnen Betriebe der Unternehmung,

   3. zur .... der Entwicklung der Unternehmung.

5. Produktivität ist die .... des Einsatzes an Produktionsfaktoren. Der Begriff Arbeitsproduktivität ist gleichbedeutend mit dem Begriff Arbeits-.. Arbeitsproduktivität ist, genauer ausgedrückt, die Produktions-.. je geleisteter Arbeitsstunde.

6. In einem Betrieb (Hosenfabrikation) wurden im Jahre 1985 stündlich von einer Näherin 1,6 Hosen gefertigt. Durch **Rationalisierung** konnten im Jahre 2005 stündlich 2,4 Hosen gefertigt werden. Um wie viel Prozent wurde in den 20 Jahren die Arbeitsproduktivität erhöht? (Hinweis: Man geht von 100 Prozent aus.)

   ....

7. Wodurch wurde im vorigen Beispiel die Steigerung der Arbeitsproduktivität erreicht?

   ....

8. Die wirtschaftliche Entwicklung einer Textilfirma (Fabrikation von Herrenoberbekleidung) wird wie folgt beschrieben: Die Firma beschäftigt seit 1985 gleichbleibend 20 Näherinnen, davon sieben in der Hosenfabrikation. Diese sieben schafften **1985** täglich (acht Stunden) zusammen 77 Hosen, **2005** dagegen 119 Hosen. Der Firmenchef, nach den Gründen für diesen Fortschritt befragt, weist in erster Linie auf die ständige **Modernisierung** des Maschinenparks hin, die schon durch die Konkurrenz nötig wurde. „Da wir unsere Mitarbeiter außerdem auf **Speziallehrgängen** sehr gut an den neuen Maschinen eingearbeitet haben, konnten wir allein im letzten Jahr einen Produktivitätssprung von 10 Prozent verbuchen. Nicht ganz unwesentlich ist vielleicht auch, dass wir die Arbeit durch **gute Licht-, Luft- und Temperaturverhältnisse** sowie eine günstigere Pausenregelung angenehm zu gestalten versuchen und nicht zuletzt durch Prämien und Gewinnbeteiligung einen finanziellen Leistungsanreiz schaffen."

   Nennen Sie mindestens eine **persönliche** Bedingung (**1.**) und drei **äußere** Bedingungen (**2., 3., 4.**), von denen die Höhe der Arbeitsproduktivität in vorbeschriebenen Beispiel ausdrücklich beeinflusst wurde.

   1. ....

   2. ....

   3. ....

   4. ....

9. Wie groß (Zahlenangabe) war im obigen Beispiel die Arbeitsproduktivität A im Jahre 1985? Rechnen Sie!

   $A_{1985} =$

10. Wie groß ist die Arbeitsproduktivität A im Jahre 2005? $A_{2005} =$

Betrieb und Unternehmensformen

11. Die Verkaufserlöse der Firma Schürmann betrugen 2005 insgesamt 50 Millionen Euro. Infolge guten, sparsamen Wirtschaftens betrug der Gesamtaufwand nur 40 Millionen Euro. Berechnen Sie die Wirtschaftlichkeit!

    W =

12. Die Wirtschaftlichkeit einer Unternehmung, welche die Preise ihrer Erzeugnisse aufgrund der Marktsituation nicht erhöhen kann, sinkt, wenn Lohnerhöhungen vereinbart werden. Weiterhin gilt: die Wirtschaftlichkeit

    sinkt, wenn ....

    sinkt, wenn ....

    steigt, wenn ....

13. a) Bei einem Unternehmen sind die Verkaufserlöse gleich dem Gesamtaufwand. Wie groß ist die Wirtschaftlichkeit W ? ....

    b) Wie groß wird die Wirtschaftlichkeit, wenn das Unternehmen aufgrund starker Konkurrenz die Preise senken muss? ....

14. Aufgrund der Investition einer Getränkeunternehmung (neue Abfüllanlage) verbleibt ein geplanter Gewinn von 350 000 Euro (nach Steuern: 150 000 Euro). Dafür müssten 900 000 Euro an Kapital eingesetzt werden. Die Frage ist: Lohnt sich die Investition auch noch, wenn statt 150 000 Euro nur noch 100 000 Euro Gewinn bleiben (bei Anlage des Geldes über Banken in andere Projekte ließe sich derzeit – angenommen – acht Prozent Verzinsung erzielen)? Berechnen Sie dazu a) die Rentabilität und beantworten Sie b) die gestellte Frage!

    a) R =

    b) ....

15. Die Firma Schmidt erlitt im letzten Jahr infolge Überschwemmungsschäden einen Verlust von (-) 50 000 Euro, bezogen auf ein investiertes Kapital von 2 000 000 Euro. Berechnen Sie die Rentabilität R.

    R =

16. Was bedeutet die Erzielung einer negativen Rentabilität?

    Die Unternehmung ....

17. Größen, von denen die Rentabilität abhängt, weil sie den erzielbaren Gewinn bestimmen, sind:

    – die .... der verkauften Güter,

    – die auf dem Markt durchsetzbaren .... ,

    – die Einführung einer zweiten ....

18. Größen, von denen die Rentabilität außerdem abhängt, weil sie den erforderlichen Kapitaleinsatz bestimmen, sind:

    – die .... -kosten und Energiekosten,

    – die Höhe der .... ,

    – die Kosten für .... und sonstige Fertigungseinrichtungen.

19. Die drei Kenngrößen – im Zusammenhang betrachtet – erscheinen verwandt. Von einem Betrieb mit hoher Produktion darf man normalerweise erwarten, dass auch die .... groß ist, zumal dann, wenn auch sparsam gewirtschaftet wird, wenn also die .... ebenfalls hoch ist.

20. In Bezug auf die drei Kenngrößen gilt auch Folgendes: Ein Betrieb mit geringer Produktivität kann trotzdem eine hohe Rentabilität aufweisen. Allerdings ist in einem Betrieb mit .... Wirtschaftlichkeit auch die Rentabilität .... Leider kann sich steigende Produktivität auch so auswirken, dass steigende Arbeitslosigkeit die Folge ist. Das muss aber nicht sein, wenn man die .... herabsetzt.

Betrieb und Unternehmensformen

8. Rechtsformen der Unternehmung I: Einzelunternehmung • offene Handelsgesellschaft

PAL Unternehmensformen 90-93, 96

**Unternehmungs-
form = rechtlicher
Rahmen**

Jedes Unternehmen tritt im Geschäftsverkehr nach außen hin in einer bestimmten Rechtsform auf. Diesen rechtlichen Rahmen bezeichnet man kurz als Unternehmungsform. Die folgenden Rechtsformen der Unternehmung sind zu unterscheiden:

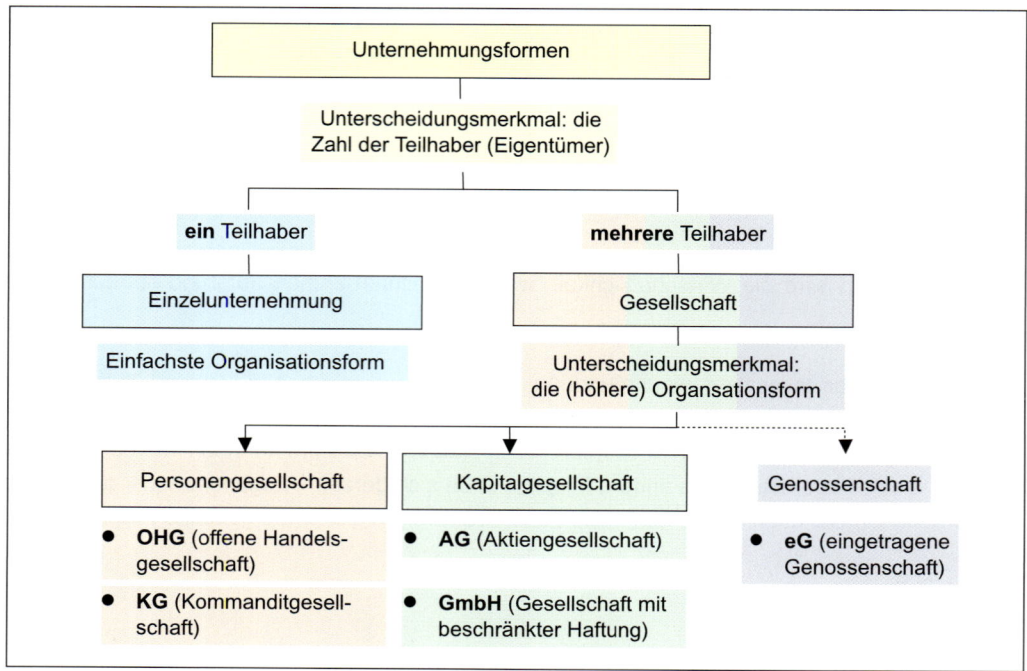

**Unterscheidungs-
merkmale von
Unternehmungen**

Bei den Unternehmungsformen unterscheidet man nach der Zahl der Teilhaber (oder Eigentümer) zunächst die Einzelunternehmung und die Gesellschaft (Gesellschaftsunternehmung). Dabei stellt gegenüber der Einzelunternehmung mit ihrer einfachen Organisationsform die Gesellschaft die höhere Organisationsform dar. (Die Organisationsform der Genossenschaft wird in den weiteren Betrachtungen nicht mehr besonders berücksichtigt.) Je nachdem ob bei den Gesellschaftsunternehmungen die Gesellschafter (mit ihrem Kapital) oder das Kapital (mit seinen Eignern) im Vordergrund steht, unterscheidet man sodann Personengesellschaften und Kapitalgesellschaften. (Beispiele für Personen- und Kapitalgesellschaften mit ihren bekannten Abkürzungen sind in obiger Darstellung mit angeführt.)

**– Organisatorische
Merkmale**

Die Unternehmensformen unterscheiden sich vor allem durch die folgenden organisatorischen Merkmale (siehe dazu auch die Bildübersichten auf den folgenden Seiten):

- die Zahl der Gründungsmitglieder

- die Befugnis zur Leitung des Unternehmens (Geschäftsführung)

- die Beteiligung an Gewinn oder Verlust seitens der Teilhaber

- die Haftung gegenüber Gläubigern, das heißt, wer in welchem Ausmaß für Verpflichtungen (Schulden) des Unternehmens einsteht

- die Art der Kapitalaufbringung.
  Gemeint ist, in welcher Form und in welcher Höhe das Eigenkapital in die Unternehmung gebracht wird. Unter Eigenkapital versteht man die finanziellen Mittel, die dem Unternehmen direkt von seinen Eigentümern oder aus erwirtschafteten Gewinnen zugeführt werden.

Einzelunternehmung

Die einfachste und zugleich am weitesten verbreitete Unternehmensform ist die Einzelunternehmung. Sie wird nur von einer einzigen Person geleitet. Man schätzt, dass in der Bundesrepublik etwa 90 Prozent aller Unternehmen diese Rechtsform besitzen. Der Erfolg der Einzelunternehmung hängt weitgehend von den berufsspezifischen und kaufmännischen Fähigkeiten ihres Gründers ab.

Übersicht

Einzelunternehmung				
Gründung durch eine einzige Person	**Geschäftsführung** durch eine einzige Person (Firmeninhaber)	**Gewinn/Verlust** Verteilung auf eine einzige Person	**Haftung** durch eine einzige Person	**Kapitalaufbringung** durch eine einzige Person
Eintragung ins Handelsregister Firmenbezeichnung mit Vor- und Zunamen	schnelle Entscheidungen möglich		unbeschränkt mit Privat- und Geschäftsvermögen	

Firmierung: Otto Schultze - Metallbau (Personen- + Sachbezeichnung)

– Vorteile/Nachteile

Von **Vorteil** ist: Gründung, Geschäftsführung, Gewinn oder Verlust, Haftung und Kapitalaufbringung sind auf eine einzige Person konzentriert. Der einzelne Unternehmer kann frei entscheiden, ohne auf andere hören zu müssen. Er kann sich dabei an wirtschaftliche Veränderungen schnell anpassen. Die Firmierung oben enthält eine Personen- und eine Sachbezeichnung.

Von **Nachteil** ist: Der Einzelunternehmer trägt das Risiko allein, er haftet unbeschränkt mit seinem gesamten Vermögen, also mit allem, was er hat. Die Kapitalkraft des einzelnen Unternehmers und seine Geldbeschaffungsmöglichkeiten sind begrenzt. Die Banken gewähren ihm keine hohen Kredite. Das ganze Unternehmen hängt von einer Person und deren Fähigkeiten ab. Später kann die Nachfolge des alleinigen Firmeninhabers Probleme bereiten.

– Verbreitung und Beispiele

Die Rechtsform der Einzelunternehmung wird von einer großen Anzahl von kleinen und mittleren Unternehmen in den Bereichen Handwerk, Handel und in anderen Bereichen bevorzugt und ist weit verbreitet. Beispiele für Einzelunternehmungen sind – außer zahlreichen Handwerksbetrieben – Einzelhandelsgeschäfte, Architekturbüros, Taxiunternehmen und landwirtschaftliche Betriebe.

Gesellschaft

Den Zusammenschluss mehrerer Personen, die zum Zweck der Gewinnerzielung eine Unternehmung gründen, nennt man eine Gesellschaft.

– Arten der Gesellschaft

Man unterscheidet zwei Arten der Gesellschaft: die Personengesellschaft und die Kapitalgesellschaft.

– Zweck der Gründung

Gründe für die Einrichtung einer Gesellschaft können sein:

- die Verteilung des wirtschaftlichen Risikos auf mehrere Personen
- die Haftung, also das Einstehen für die Verpflichtungen des Unternehmens, durch mehrere Personen
- die günstige Beschaffung oder die Vergrößerung von Eigenkapital
- das Vorbeugen im Falle von Krankheit oder Tod eines Einzelunternehmers
- die Beteiligung von Familienmitgliedern oder von leitenden Angestellten an der Geschäftsführung (zum Beispiel dann, wenn ein Geschäftsführer allein die anstehenden Aufgaben nicht mehr bewältigen kann)

– Gesellschaftervertrag

Bei der Gründung einer Gesellschaft wird ein schriftlich abgefasster und von den einzelnen Gesellschaftern unterzeichneter Gesellschaftervertrag geschlossen, in dem die Beziehungen der Teilhaber untereinander genau geregelt werden.

Betrieb und Unternehmensformen

Personengesellschaft

Bei Personengesellschaften, wie der offenen Handelsgesellschaft (OHG) und der Kommanditgesellschaft (KG), steht vor allem die persönliche Mitarbeit und die Haftung der Teilhaber im Vordergrund.

**Offene Handels-
gesellschaft (OHG)**

Zur OHG schließen sich mindestens zwei Personen (Gesellschafter) zusammen, um unter einer gemeinsamen Firma ihr Gewerbe zu betreiben. Alle Gesellschafter sind berechtigt, an der Unternehmensführung teilzunehmen. In der Firmenbezeichnung muss wenigstens der Name eines Gesellschafters aufgeführt sein, mit einem Zusatz über das Gesellschaftsverhältnis (zum Beispiel OHG, Co, Gebr.). Es können aber auch mehrere oder alle Gesellschafter in der Firmierung enthalten sein. Der Kunde soll wissen, wer in dem Unternehmen unbeschränkt und unmittelbar haftet. Hierbei bedeutet unmittelbar, dass der Gläubiger sich zur Begleichung der Schuld nicht an das Unternehmen halten muss, sondern dass er sich direkt an den Gesellschafter halten kann. (Co = Compagnon = Gesellschafter und Gebr. = Gebrüder)

Die **Organisationsform** der **OHG** stellt sich wie folgt dar:

– Übersicht

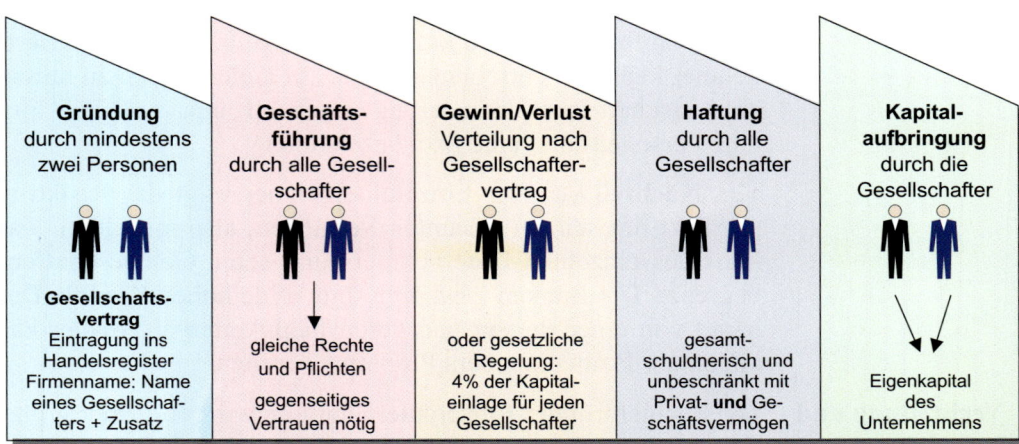

In Bezug auf diese Unternehmensform gilt für die Gesellschafter der Grundsatz: **„Gleiche Rechte, gleiche Pflichten".**

**– Entstehung
– Vorteile/Nachteile**

Vielfach entsteht eine **OHG** durch Umwandlung einer Einzelunternehmung. Eine solche Umwandlung ist in mehrfacher Hinsicht von **Vorteil**. Die Unternehmung erhöht auf diese Weise ihre Kreditwürdigkeit oder die Arbeitsbelastung kann so auf zwei oder mehrere Personen verteilt werden. Auch Fachkräfte kann man mit einer Umwandlung gewinnen und es entstehen steuerliche Vorteile, denn die zu zahlenden Steuern sind geringer, wenn der erzielte Gewinn sich auf mehrere Köpfe verteilt.

Von **Nachteil** für die **OHG** ist die Tatsache, dass alle Gesellschafter unbeschränkt mit ihrem gesamten Vermögen (Betriebs- und Privatvermögen) haften. Jeder Gesellschafter muss für die Geschäfte des anderen Gesellschafters einstehen, er haftet auch solidarisch. Da alle Gesellschafter unmittelbar haften, kann ein Gläubiger beliebig auswählen, welchen Gesellschafter er zur Haftung heranziehen möchte.

Aufgrund der unbeschränkten Haftung besitzt die OHG allerdings eine sehr gute Kreditwürdigkeit. Trotzdem ist im Vergleich zu Kapitalgesellschaften die Kapital-aufnahme bei der OHG beschränkt. Von Nachteil ist weiterhin, dass Meinungs-verschiedenheiten unter nicht kompromissfähigen Gesellschaftern dem Unternehmen schaden können.

8. Rechtsformen der Unternehmung I: Einzelunternehmung • offene Handelsgesellschaft

1. Welche Gesellschaftsunternehmensform muss in die nebenstehende Übersicht in die Felder 1 und 2 eingetragen werden?

   1. ....

   2. ....

```
┌─────────────────────────────────────┐
│        Unternehmungsformen           │
└─────────────────────────────────────┘
┌────────────┐   ┌──────────┐   ┌──────────┐
│  Einzel-   │   │    1     │   │    2     │
│unternehmung│   │          │   │          │
└────────────┘   └──────────┘   └──────────┘
                  ┌────┐ ┌────┐  ┌─────┐ ┌────┐
                  │OHG │ │ KG │  │GmbH │ │ AG │
                  └────┘ └────┘  └─────┘ └────┘
```

2. Wie lautet der Sammelbegriff zu den Unternehmungsformen in den Feldern 1 und 2 in der obenstehenden Übersicht?

   ....

3. Die einzelnen Unternehmungsformen unterscheiden sich durch

   • die Zahl der .... -mitglieder,

   • die Befugnis zur .... des Unternehmens,

   • die .... am Gewinn oder Verlust.

4. Die einzelnen Unternehmensformen unterscheiden sich weiterhin durch

   • die .... gegenüber den Gläubigern,

   • die Art der .... -aufbringung.

5. Wie nennt man die finanziellen Mittel, die der Unternehmung direkt von seinen Eigentümern oder aus erwirtschafteten Gewinnen zugeführt werden? ....

6. Welche Rechtsform liegt den meisten Unternehmungen zugrunde?

   ....

7. Bei der Einzelunternehmung erstrecken sich Gründung, Geschäftsführung, Gewinn/Verlust, Haftung sowie Kapitalaufbringung auf .... Person. Der einzelne Unternehmer kann .... entscheiden, ohne auf andere .... zu müssen. Er kann sich dabei an wirtschaftliche Veränderungen .... anpassen.

8. Die Firmierung, zum Beispiel Otto Schulze - Metallbau, enthält eine .... -bezeichnung und eine .... -bezeichnung.

9. Der Einzelunternehmer trägt das Risiko allein, er haftet .... mit seinem gesamten Vermögen. Seine Geldbeschaffungsmöglichkeiten sind .... , die Banken gewähren ihm keine hohen Kredite. Später kann die .... des alleinigen Firmeninhabers Probleme bereiten.

10. Nennen Sie zwei Wirtschaftsbereiche, in denen die Rechtsform der Einzelunternehmung bevorzugt wird.

    1. .... 2. ....

11. Nennen Sie außer Handwerks- und Handelsunternehmung zwei Beispiele für Einzelunternehmungen.

    1. .... 2. ....

12. Den Zusammenschluss mehrerer Personen, die zum Zweck der Gewinnerzielung ein Unternehmen gründen, nennt man eine .... Man unterscheidet zwei Arten der Gesellschaft: die .... -gesellschaft und die .... -gesellschaft.

Betrieb und Unternehmensformen

13. Die Gründe für die Einrichtung einer Gesellschaft können sein:

    * die .... des wirtschaftlichen Risikos auf mehrere Personen,

    * die .... durch mehrere Personen,

    * die günstige .... oder die Vergrößerung von Eigenkapital.

14. Weitere Gründe für die Einrichtung einer Gesellschaft können sein:

    * das Vorbeugen im Falle von Krankheit oder .... eines Einzelunternehmers,

    * die Beteiligung von .... oder von

      leitenden Angestellten an der Geschäftsführung.

15. Bei der Gründung einer Gesellschaft wird von den einzelnen Gesellschaftern ein schriftlich abgefasster ....

    .... -vertrag geschlossen, in dem die Beziehungen der .... -haber

    untereinander genau geregelt werden.

16. Nennen Sie zwei Personengesellschaften mit Namen und Abkürzungen.

    1. ....

    2. ....

17. Was steht bei Personengesellschaften neben der persönlichen Mitarbeit im Vordergrund?

    ....

18. Zur offenen Handelsgesellschaft (OHG) schließen sich mindestens .... Personen (Gesellschafter)

    zusammen. Alle Gesellschafter sind berechtigt, an der Unternehmens- .... teilzunehmen.

19. In der Firmenbezeichnung muss wenigstens der Name eines Gesellschafters aufgeführt sein, mit einem Zusatz über

    das Gesellschafts- .... (zum Beispiel OHG, Co, Gebr.). Es können aber auch

    mehrere oder .... Gesellschafter in der Firmierung enthalten sein. Der Kunde soll wissen, wer in dem

    Unternehmen un- .... und unmittelbar haftet.

20. *Unmittelbare* Haftung bedeutet, dass der Gläubiger sich zur Begleichung der Schuld nicht an das Unternehmen hal-

    ten muss, sondern dass er sich direkt an den .... halten kann.

21. Da die Geschäftsführung bei der OHG durch alle Gesellschafter erfolgen kann, ist gegenseitiges ....

    .... nötig. Alle Gesellschafter haften gesamtschuldnerisch und unbeschränkt mit

    ihrem .... -vermögen und dem .... -vermögen. Für die Gesellschafter

    der OHG gilt der Grundsatz: „Gleiche .... , gleiche .... ".

22. Vielfach entsteht eine OHG durch .... einer Einzelunternehmung. Auf diese Weise

    wird die .... -würdigkeit erhöht. Außerdem wird die .... auf zwei

    oder mehrere Personen verteilt, was von Vorteil ist. Auch .... -kräfte können so gewonnen werden, und

    es entstehen .... Vorteile.

23. Von Nachteil für die OHG ist, dass alle Gesellschafter unbeschränkt mit ihrem .... Ver-

    mögen haften. Jeder Gesellschafter haftet auch .... , das heißt, er muss für die Geschäfte

    der anderen einstehen. Ein .... kann sich aussuchen, welchen Gesellschafter er zur Haftung

    heranziehen möchte. Von Nachteil für die OHG ist weiterhin, dass ....-verschiedenheiten unter

    den Gesellschaftern dem Unternehmen schaden können.

9. Rechtsformen der Unternehmung II : Kommanditgesellschaft

• Aktiengesellschaft

PAL Unternehmensformen 87-89, 94-95, 97-107

KG im Vergleich zur OHG

Die Kommanditgesellschaft (**KG**) ist eine Personengesellschaft, die der **OHG** sehr ähnlich ist. Der wesentliche Unterschied besteht jedoch darin, dass es zwei Arten von Gesellschaftern gibt.

Vollhafter und Teilhafter

Einmal gibt es als Firmengründer den **Komplementär,** auch Vollhafter genannt, und dann als Geldgeber und Mitgründer den **Kommanditisten**, das ist der Teilhafter. Nach dem Teilhafter hat die **KG** ihren Namen: Kommanditgesellschaft.

Rechte und Pflichten

Die Komplementäre der KG haben grundsätzlich die gleichen Rechte und Pflichten wie die OHG-Gesellschafter: Sie sind die persönlich haftenden Gesellschafter. Sie haften unbeschränkt, also nicht nur mit ihrer Kapitaleinlage, sondern auch mit ihrem Privatvermögen.

Dagegen beschränkt sich die Haftung eines Kommanditisten nur auf seine Kapitaleinlage. Dafür ist er allerdings auch nicht zur Geschäftsführung und Vertretung der Gesellschaft berechtigt. Das ist nur der Komplementär.

Übersicht

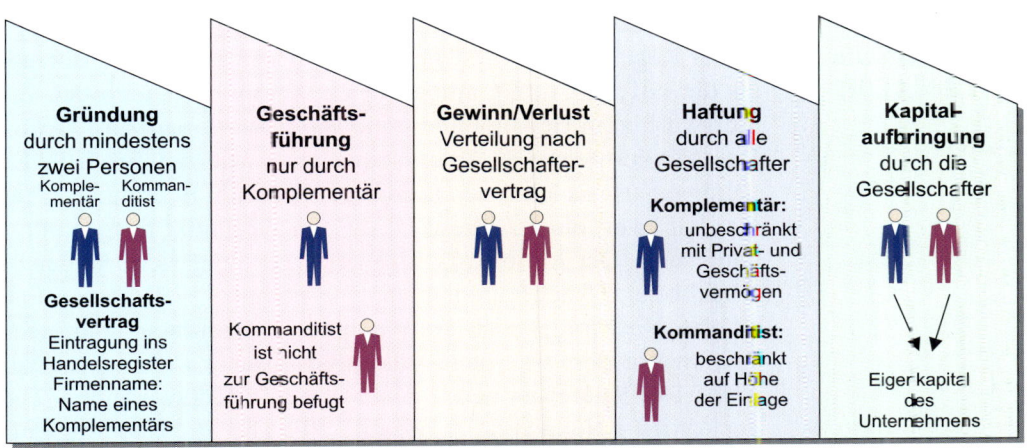

Die Kommanditisten dürfen nur zum Schluss des Geschäftsjahres:

- zur Kontrolle die Bücher einsehen und eine Bilanzschrift verlangen
- einen anteiligen Gewinn beanspruchen

Auch haben die Kommanditisten bei außergewöhnlichen Rechtsgeschäften, zum Beispiel der Auflösung der Unternehmung, ein Recht auf Widerspruch.

Zu den Rechten des Komplementärs gehört es weiterhin, seinen Familiennamen in der Firmenbezeichnung zu führen, zum Beispiel Schmitz KG. Festgelegt ist das in den Vorschriften des Handelsgesetzbuches.

Vorteil der KG gegenüber der OHG

Gegenüber der **OHG** hat die **KG** den Vorteil, dass sie Geldgebern offen steht, die keine tätige Mitwirkung wünschen.

Kapitalgesellschaften

Kapitalgesellschaften werden überwiegend dann errichtet, wenn Unternehmungen für die Durchführung ihrer Aufgaben und die Erreichung ihrer Ziele einen sehr hohen Kapitalbedarf haben.

Stellung der Gesellschafter

Anders als bei den Personengesellschaften, bei denen die persönliche Bindung der Gesellschafter zur Unternehmung im Vordergrund steht, wird bei Kapitalgesellschaften die Stellung der Gesellschafter und der Teilhaber von den unterschiedlichen Kapitalbeiträgen bestimmt, die in das Unternehmen eingebracht werden.

65

Betrieb und Unternehmensformen

Kapitalgesellschaft – Vertretung

Anders als bei den Personengesellschaften werden die Kapitalgesellschaften durch **Organe** und nicht durch Personen vertreten. Die Rechtsgeschäfte werden nicht mit den Gesellschaftern, sondern mit der Gesellschaft abgeschlossen.

– Haftungsbeschränkung

Die persönliche Haftung der Teilhaber und damit das Risiko des Verlustes beschränkt sich ausschließlich auf die **Kapitaleinlage** (Aktien), das Privatvermögen bleibt unberührt. Es gibt bei den behandelten Kapitalgesellschaften daher nur Teilhafter und keine Vollhafter.

– Bestandsformen

Die wichtigsten Bestandsformen der Kapitalgesellschaften sind die **AG** und **GmbH**.

Aktiengesellschaft

Die Aktiengesellschaft (**AG**) ist allein auf Kapital gegründet. Die persönliche Bindung der Gesellschafter zur Unternehmung tritt zurück.

Diese Unternehmungsform wird vorwiegend von Großunternehmen mit einem sehr hohen Kapitalbedarf gewählt.

Organisationselement Aktie

Die Aktiengesellschaft ist die wirtschaftlich bedeutendste Kapitalgesellschaft.

Die Gesellschafter (auch Anteilseigner oder Aktionäre) der **AG** sind mit Anteilen (Aktien) am Grundkapital der Gesellschaft beteiligt. (Aktie = **Anteilspapier** am Grundkapital einer AG). Die Gesellschafter haften nur mit ihren Aktien.

Das **Gründungskapital** (auch Grundkapital oder Einlage) der AG beträgt 50 000 Euro. Es muss von nur einer Person (vor dem 01.08.1994: von fünf Personen) aufgebracht werden. Für seine Einlage erhält jeder Gesellschafter Aktien.

Aktienhandel

Die Aktien der großen Aktiengesellschaften werden an **Wertpapierbörse**n gehandelt, wo fünfmal wöchentlich ein Preis (Kurs) ermittelt wird.

Kurswert/Nennwert der Aktie

In der Regel ist der Kurswert der Aktie, der sich an der Börse bildet, erheblich höher als der auf den Aktien aufgedruckte Nennwert. Durch den Erwerb einer Aktie zum Kurswert, zum Beispiel über eine Bank, wird man zum Aktionär.

Der Mindestnennwert einer deutschen Aktie beträgt **1,00 Euro**. Daneben gibt es nennwertlose Stückaktien (anteiliger Wert am Stammkapital auch mind. 1,00 Euro). Der Kurswert einer Aktie wird für den Zeitpunkt festgestellt, an dem die Aktie verkauft wird. Der Aktienkurs, also der Preis einer Aktie an der Börse, bildet sich durch Angebot und Nachfrage heraus.

Ist die Nachfrage nach Aktien eines bestimmten Unternehmens groß, weil beispielsweise dort eine neue, zukunftsweisende Erfindung gemacht wurde, steigt der Preis. Der Käufer ist bereit, einen Preis (= Kurswert) über dem aufgedruckten Wert der Aktie (= Nennwert) zu bezahlen. Ist aber die Nachfrage nach einer Aktie gering, weil das Unternehmen Verluste macht, dann sinkt ihr Preis, also ihr Kurswert.

Dividende

Die Dividende ist die **Gewinnausschüttung** einer AG an die Aktionäre. Es handelt sich bei der Dividende um einen Betrag in Euro je Aktie, den man in Prozent auf den Nennwert rechnet und in bestimmten Zeitabständen an die Aktionäre ausbezahlt.

Übersicht

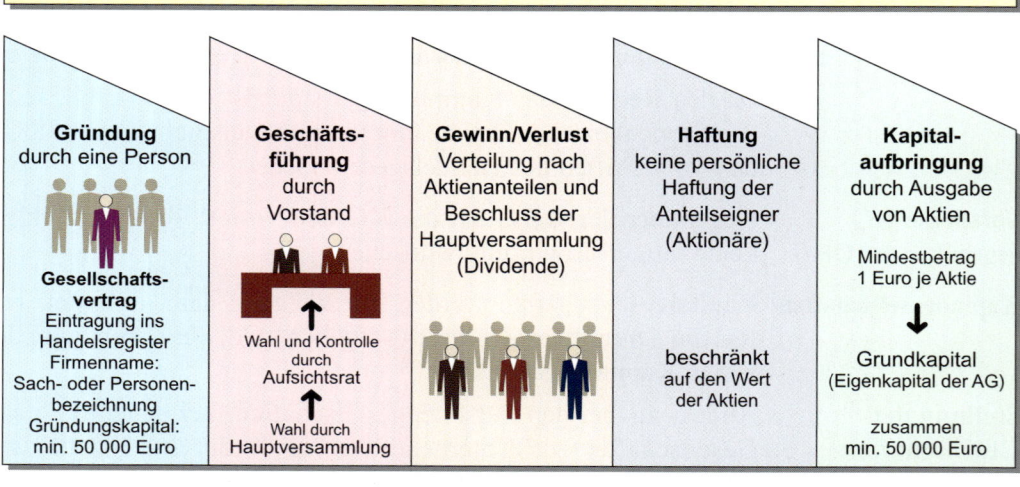

| Aktiengesellschaft (AG) |

Gründung durch eine Person

Gesellschaftsvertrag Eintragung ins Handelsregister Firmenname: Sach- oder Personenbezeichnung Gründungskapital: min. 50 000 Euro

Geschäftsführung durch Vorstand

Wahl und Kontrolle durch Aufsichtsrat

Wahl durch Hauptversammlung

Gewinn/Verlust Verteilung nach Aktienanteilen und Beschluss der Hauptversammlung (Dividende)

Haftung keine persönliche Haftung der Anteilseigner (Aktionäre)

beschränkt auf den Wert der Aktien

Kapitalaufbringung durch Ausgabe von Aktien

Mindestbetrag 1 Euro je Aktie

Grundkapital (Eigenkapital der AG)

zusammen min. 50 000 Euro

Firmierung: Deutsche Bank AG

AG: Instrument zur Kapitalbeschaffung

Die Rechtsform der AG bietet beste Möglichkeiten zur Beschaffung von Eigenkapital. Da man das Grundkapital in Form der Aktien in sehr kleine Anteile zerlegen kann, lässt sich eine sehr große Zahl von Kapitalgebern (Aktionären) gewinnen.

Kontrolle der AG

Damit das Konkursrisiko und das Arbeitsplatzrisiko gering gehalten wird, schreibt der Gesetzgeber neben dem hohen Gründungskapital auch vor, dass die wirtschaftliche Lage einer Kapitalgesellschaft überprüfbar sein muss. Aktiengesellschaften müssen deshalb regelmäßig ihre Bilanzen und Veränderungen in der Unternehmensführung **öffentlich** machen.

Organe der AG

Jede **AG** hat einen gesetzlich vorgeschriebenen Aufbau und muss danach aus den folgenden Organen bestehen:

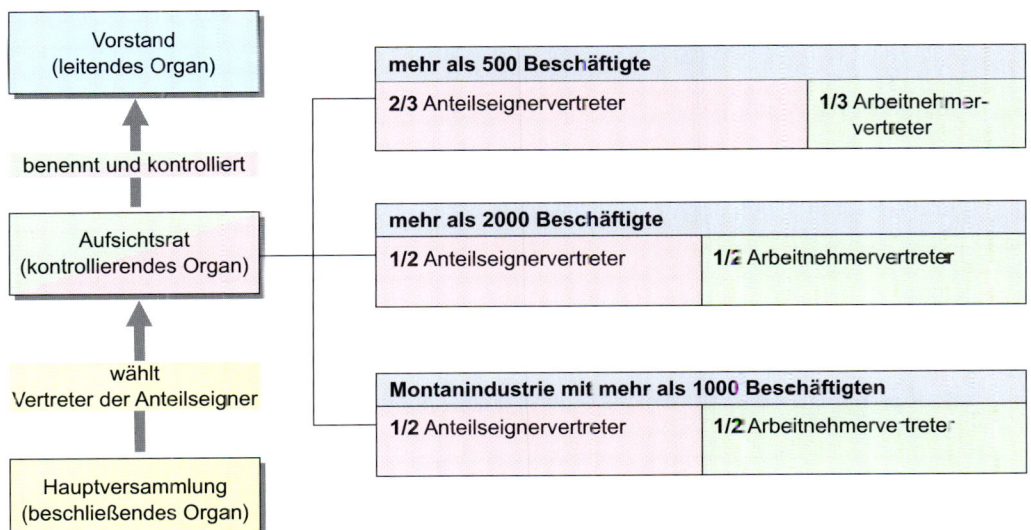

Die drei Organe der AG heißen Hauptversammlung (beschließendes Organ), Aufsichtsrat (kontrollierendes Organ) und Vorstand (leitendes Organ).

Vorstand

Der Vorstand leitet (führt) die Geschäfte der AG und ist zuständig für die Planung und die Abstimmung des Handlungsablaufs in der Unternehmung.

Aufsichtsrat

Der Aufsichtsrat wählt (bestellt/ernennt) und kontrolliert (überwacht) den Vorstand. Er besteht aus Vertretern der Anteilseigner (Aktionäre) und der Arbeitnehmer (ab 501 Beschäftigten). Wenn die **AG** mehr als **2.000** Arbeitnehmer beschäftigt, so setzt sich der Aufsichtsrat zu gleichen Teilen aus Anteilseigner- und Arbeitnehmervertretern zusammen. Er ist **quasi paritätisch** besetzt. Zahlenmäßig ist die Gleichberechtigung von Arbeitgebern und Arbeitnehmern gegeben. Bei Stimmengleichheit hat aber der Vorsitzende des Aufsichtsrats zwei Stimmen. In der Regel ist der Aufsichtsratsvorsitzende aufgrund des Wahlverfahrens ein Vertreter des Kapitals. Zudem muss mindestens ein Arbeitnehmervertreter zur Gruppe der leitenden Angestellten gehören, der über seinen Arbeitsvertrag viel stärker an die Interessen der Arbeitgeber gebunden ist, als an die Arbeitnehmerinteressen.

Besonderheit in der Montanindustrie

Aktiengesellschaften der Montanindustrie (Grundstoffindustrie **Kohle** und **Stahl)** sind im Aufsichtsrat ab **1.001** Beschäftigten paritätisch besetzt. Der Vorsitzende des Aufsichtsrats ist hier neutral. Hier ist eine echte **paritätische** Mitbestimmung verwirklicht worden. Von Nachteil ist, dass Entscheidungsprozesse in Unternehmungen, die der Montanmitbestimmung unterliegen, länger dauern.

AG mit weniger als 500 Beschäftigten

Bei Aktiengesellschaften, die sich im Besitz einer Familie befinden und weniger als **500** Beschäftigte haben, wirken im Aufsichtsrat keine Arbeitnehmer mit.

Hauptversammlung

Die Hauptversammlung ist die **Versammlung der Aktionäre.** Für jede Aktie steht dem Aktionär dort eine Stimme zu. Die Hauptversammlung tritt einmal im Jahr zusammen. Sie wählt (bestellt) die Vertreter der Anteilseigner in den Aufsichtsrat, beschließt über die Verwendung des Gewinns und beschließt Satzungsänderungen.

Betrieb und Unternehmensformen

9. Rechtsformen der Unternehmung II: Kommanditgesellschaft • Aktiengesellschaft

1. Um welche Unternehmungsform handelt es sich, wenn das Geschäftskapital von Vollhaftern und Teilhaftern aufgebracht wird? ....

2. Der Komplementär ist der ....-hafter, der Kommanditist ist der ....-hafter. Die KG hat ihren Namen nach dem .... (Kommanditisten).

3. Die Komplementäre sind die .... haftenden Gesellschafter.
    Sie haften ...., also mit ihrer Kapitaleinlage und mit ihrem Privatvermögen. Dagegen beschränkt sich die Haftung eines Kommanditisten auf seine ....

4. Wer ist allein zur Geschäftsführung und Vertretung der Kommanditgesellschaft berechtigt?
    ....

5. Welche Rechte haben die Kommanditisten in der KG? Sie dürfen nur zum Schluss des Geschäftsjahres
    1. ....
    2. ....

6. Der Verlagskaufmann Werner Schmitz gründet mit dem Bankier Albert Kies eine KG, worin Schmitz Komplementär und Kies Kommanditist ist. Welche – den Familiennamen enthaltende – Bezeichnung erhält die Firma?
    ....

7. Welchen Vorteil hat die Kommanditgesellschaft, verglichen mit der offenen Handelsgesellschaft?
    Die Kommanditgesellschaft steht Geldgebern offen, die
    ....

8. Kapitalgesellschaften werden errichtet, wenn Unternehmungen einen sehr hohen ....-bedarf haben. Anders als bei Personengesellschaften wird bei den Kapitalgesellschaften die Stellung der Gesellschafter von den unterschiedlichen .... bestimmt.
    Kapitalgesellschaften werden durch .... vertreten und nicht durch Personen.

9. Bei den Kapitalgesellschaften werden die Rechtsgeschäfte **nicht** mit den Gesellschaftern abgeschlossen, sondern mit der .... Die persönliche Haftung der Teilhaber beschränkt sich ausschließlich auf die Kapital- .... Bei den Kapitalgesellschaften gibt es nur ....-hafter.

10. Die wichtigsten Bestandsformen der Kapitalgesellschaften sind die .... und die GmbH.
    Die Aktiengesellschaft ist allein auf .... gegründet.
    Die persönliche .... der Gesellschafter zur Unternehmung tritt zurück.

11. Von welchen Unternehmungen (Größenordnung?) wird die Unternehmensform AG des sehr hohen Kapitalbedarfs wegen gewählt? ....

12. Die Aktiengesellschaft ist die wirtschaftlich ....-ste Kapitalgesellschaft.
    Das Organisationselement dieser Kapitalgesellschaftsform ist die ....

13. Die .... (Anteilseigner oder Aktionäre) der AG sind mit Anteilen in Form von Aktien am Grundkapital der Gesellschaft beteiligt. Eine Aktie ist ein ....-papier am Grundkapital einer AG.

14. Womit haften die Eigentümer (Anteilseigner) einer AG nur? ....

15. Das Gründungskapital der AG beträgt .... Es muss von .... Person(en) aufgebracht werden. Für seine Einlage erhält jeder Gesellschafter ....

16. Die Aktien der großen Aktiengesellschaften werden an Wertpapier- .... gehandelt, wo fünfmal wöchentlich ein .... (Kurs) ermittelt wird.

17. Der Kurswert einer Aktie ist in der Regel erheblich höher als der auf der Aktie aufgedruckte .... Durch den Erwerb einer Aktie wird man zum ....

18. Wie hoch ist der Mindestnennwert einer deutschen Aktie? ....

19. Zu welchem Zeitpunkt wird der Kurswert einer Aktie festgestellt? ....

20. Wodurch bildet sich der Aktienkurs, also der Preis einer Aktie, an der Börse heraus? ....

21. Ist die Nachfrage nach bestimmten Aktien groß, dann .... der Preis. Der Käufer ist bereit, einen Preis (= Kurswert) über dem aufgedruckten Wert der Aktie (= Nennwert) zu bezahlen. Ist dagegen die Nachfrage nach einer Aktie gering, dann .... ihr Preis.

22. Was versteht man unter der Dividende? ....

23. Die Rechtsform der AG bietet die besten Möglichkeiten zur Beschaffung von Eigen- .... Da man das Grundkapital in sehr kleine Anteile zerlegen kann, lässt sich eine .... Zahl von Kapitalgebern gewinnen. Der Gesetzgeber schreibt vor, dass die wirtschaftliche Lage einer Kapital-gesellschaft .... sein muss. Aktiengesellschaften müssen deshalb regelmäßig ihre Bilanzen und Veränderungen in der Unternehmensführung .... machen.

24. Wie heißen die drei Organe der AG?
    1. (beschließendes Organ) ....
    2. (kontrollierendes Organ) ....
    3. (leitendes Organ) ....

25. Der Vorstand führt die .... der AG. Der Aufsichtsrat ernennt und überwacht den .... Ab 501 Beschäftigten besteht der Aufsichtsrat der AG aus Vertretern der Anteils-eigner oder der Aktionäre ($2/3$-Anteil) und der .... ($1/3$-Anteil)

26. Wenn die AG mehr als 2.000 Beschäftigte hat, ist der Aufsichtsrat .... (zu gleichen Teilen) besetzt. Bei Stimmengleichheit hat der Vorsitzende des Aufsichtsrates .... Stimme(n). Der Aufsichtsratsvorsitzende ist in der Regel ein Vertreter des ....

27. Die Montanindustrie umfasst die Grundstoffindustrie .... und .... Hier ist der Aufsichtsrat bereits ab 1.001 Beschäftigten in der AG paritätisch besetzt. Der Vorsitzende des Aufsichtsrats ist hier ....

28. Die Hauptversammlung ist die Versammlung der .... Für jede Aktie steht/stehen dem Aktionär dort .... Stimme(n) zu. Die Hauptversammlung wählt die Vertreter der Anteilseigner in den .... und sie beschließt über die Verwendung des .... und sie beschließt .... -änderungen.

69

Betrieb und Unternehmensformen

10. Rechtsformen der Unternehmung III: GmbH • Unternehmenszusammenschlüsse

PAL 108-113, U21-U22

GmbH

Die **Gesellschaft mit beschränkter Haftung (GmbH)** ist die einfachste Form der Kapitalgesellschaft und wird sehr häufig gewählt. Auch bei der **GmbH** tritt die persönliche Bindung der Gesellschafter zur Unternehmung zurück.

Die Haftung, wie in der Unternehmensform Gesellschaft mit **beschränkter** Haftung angedeutet, erstreckt sich **nicht** auf das Privatvermögen. Die Gesellschafter der **GmbH** haften nur mit ihrem Firmenvermögen

GmbH im Vergleich zur AG

Im Unterschied zur **AG**, bei der das Eigenkapital in gleich große Teile (= Aktien) zerstückelt ist, ist das Eigenkapital der **GmbH** nicht durch eine derartige Normierung aufgeteilt. *Bedeutung besitzt die **GmbH** vor allem für mittlere und kleine Betriebe.*

GmbH im Vergleich zur OHG und KG

Gegenüber der **OHG** und der **KG** hat die **GmbH** den Vorteil, dass niemand mit seinem Privatvermögen haften muss. – Allerdings ist gerade aus diesem Grund die Kreditwürdigkeit der GmbH beschränkt. *Die GmbH haftet nur bis zur Höhe des Stammkapitals (Eigenkapital der GmbH).* Gegründet werden kann die GmbH von nur einer Person (Gesellschafter). Das ergibt dann die so genannte „Einmann-GmbH" – so, wie es zum Beispiel den Einmann-Betriebsrat gibt. Das Stammkapital muss – anders als bei der AG – mindestens 25 000 Euro betragen.

Übersicht

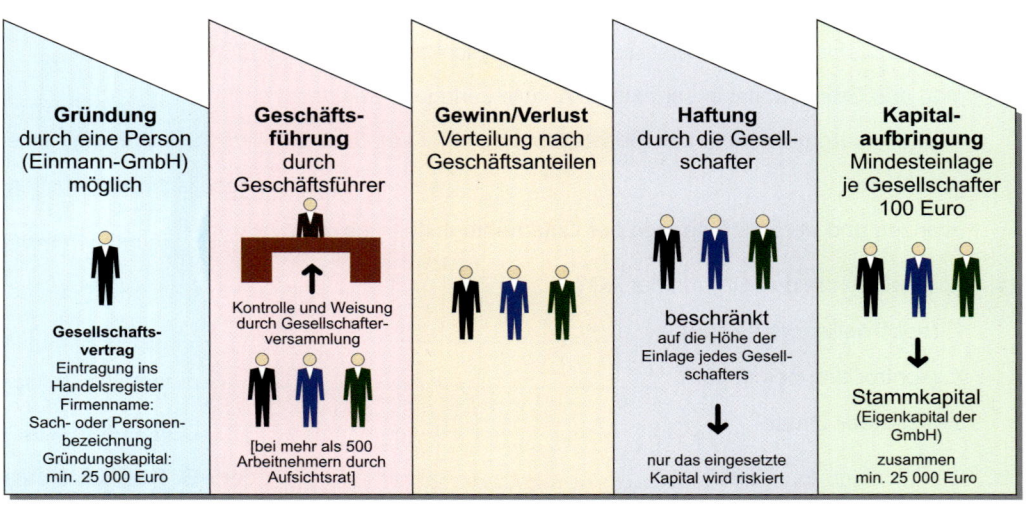

– Organe

Auch die GmbH muss gesetzlich vorgeschriebene Organe einrichten. Es sind mindestens zwei: die Geschäftsführung und die Gesellschafterversammlung.

– Geschäftsführung

Die Geschäftsführung wird durch die Gesellschafterversammlung bestellt und ist an deren Weisungen gebunden. Die GmbH kann durch mehrere Geschäftsführer vertreten werden, die keine Gesellschafter sein müssen. Die GmbH kann im Gegensatz zur OHG auch von einer Person allein geführt werden.

– Gesellschafterversammlung

Die Gesellschafterversammlung beschließt über die Verteilung des GmbH-Gewinns, bestellt und kontrolliert die Geschäftsführer.

– Aufsichtsrat

Ab 501 Beschäftigten muss ein Aufsichtsrat gegründet werden. Dieser übernimmt die Aufgabe der Gesellschafterversammlung. Ab 2 001 Mitarbeitern besteht der Aufsichtsrat auch aus Arbeitnehmervertretern. Festgelegt ist das im GmbH-Gesetz (GmbHG).

Mehr dazu unter http://prolog.uni-duisburg.de/binnenschiff/Handrecht.pdf

**Unternehmungs-
zusammenschlüsse**

In den vorangegangenen Kapiteln wurde gezeigt, dass sich Personen zu einer Gesellschaft (**OHG**, **KG**, **AG** und **GmbH**) zusammenschließen können, um damit zum Beispiel das Geschäftskapital zu vergrößern, um die Arbeit an der Führungsspitze zu teilen oder um die Haftung zu verringern oder um Steuern zu sparen.

Gründe/Ziele

Unternehmenshochzeit
um eine Monopolstellung zu erreichen

Wenn sich nun Gesellschaften zu noch größeren Gesellschaften zusammenschließen (*Unternehmenshochzeiten*), dann geschieht das, um mit noch mehr Kapital wichtige **Investitionen zu tätigen**, um die vorhandene **Marktstellung zu festigen und auszubauen, neue Märkte** – national und international – **zu erschließen** oder um **Rohstoffquellen zu sichern**. Oft steckt jedoch ein anderes Ziel dahinter: Die Absicht kann sein, auf dem Markt eine Monopolstellung zu erreichen. Darunter versteht man eine marktbeherrschende Stellung der Unternehmung, die es dieser ermöglicht, unter Ausschluss von Konkurrenten die Preise diktieren zu können.

Unternehmen schließen sich zum Kartell, Konzern oder zum Trust zusammen.

– Kartell

Beim Kartell binden sich Unternehmen der gleichen Branche durch vertragliche Absprachen, um bestimmte wirtschaftliche Vorteile zu erzielen. Die Unternehmen bleiben rechtlich selbständig, werden dabei aber teilweise wirtschaftlich abhängig. Durch das Kartell wollen die Unternehmen Marktgeschehen und Wettbewerb in ihrem Interesse bestimmen. Das kann für den Verbraucher von Nachteil sein.

Verboten sind das **Preiskartell** und das **Quoten- oder Produktionskartell.** *Beim Preiskartell spricht man für ein vergleichbares Produkt einen einheitlichen, in der Regel überhöhten Preis ab. Beim Quoten- oder Produktionskartell strebt man durch Drosselung der Produktion eine Verknappung der hergestellten Güter an. Jedem Unternehmen wird eine bestimmte Produktionsmenge(-quote) zugeteilt, um über die (beschränkte) Angebotsmenge den Preis einer Ware (nach oben) zu beeinflussen,* zum Nachteil des Verbrauchers.

**DIN
EN
ISO**

Rationalisierungskartell
einheitliche Anwendung von Normen

Nicht grundsätzlich verbotene, jedoch anmelde- und genehmigungspflichtige Kartelle sind zum Beispiel das **Rationalisierungs**- und das **Krisen**kartell. *Beim Rationalisierungskartell wird die Produktion auf bestimmte Typen beschränkt.* Auch die einheitliche Anwendung von Normen (DIN/EN/ISO) und Typen, zum Beispiel bei Elektroartikeln, kann beschlossen werden. *Beim Krisenkartell werden durch Absprache (gefährliche) Überkapazitäten gemeinsam abgebaut und an die gesunkene Nachfrage angepasst.* Durch Überproduktion können in einzelnen Branchen Wirtschaftskrisen entstehen. Ein Vertrag zwischen Unternehmungen über die gemeinsame Anpassung der Fertigungskapazität an den verringerten Bedarf ist deshalb nicht verboten.

– Konzern

Bei der Bildung von Konzernen schließen sich Unternehmungen enger zusammen. Sie bleiben zwar rechtlich selbstständig, verlieren jedoch häufig ihre wirtschaftliche Unabhängigkeit. *Die beherrschende Unternehmung, die **Muttergesellschaft**, kauft dabei alle oder große Anteile (zum Beispiel Aktien) einer **Tochtergesellschaft** auf*

– Trust

Beim Trust – diese Form des Zusammenschlusses ist vorwiegend in den USA verbreitet – verlieren die beteiligten Unternehmen sowohl ihre rechtliche als auch ihre wirtschaftliche Selbstständigkeit. *Ein Trust kann entstehen, indem ein Unternehmen die anderen aufnimmt (Aufnahme) oder es wird eine neue Gesellschaft gegründet, in der alle aufgehen (Neugründung).*

Kartellgesetz

Bildungen von Kartellen, Konzernen und Trusts können den **Wettbewerb** erheblich einschränken. Dagegen richtet sich das so genannte KARTELLGESETZ (**Gesetz gegen Wettbewerbsbeschränkungen**). Der deutsche Verbraucher soll vor einem Missbrauch wirtschaftlicher Macht geschützt werden.

**Bundeskartellamt
EU-Kartellausschuss**

Dem **Bundeskartellamt** in Bonn müssen Unternehmenszusammenschlüsse unverzüglich angezeigt werden. Es ist Aufgabe des Bundeskartellamtes, auf die Einhaltung des marktwirtschaftlichen Wettbewerbs zu achten. Schließen sich Unternehmen innerhalb der EU zusammen, unterliegen sie der Aufsicht des **EU-Kartellausschuss**es in Brüssel. Er achtet darauf, dass auf europäischer Ebene der Wettbewerb nicht beeinträchtigt wird.

Betrieb und Unternehmensformen

10. Rechtsform der Unternehmen III: GmbH•Unternehmenszusammenschlüsse

1. Die .... (GmbH) ist die einfachste

   Form der Kapitalgesellschaft. Die Gesellschafter der GmbH haften nur mit ihrem .... -vermögen.

   Bedeutung besitzt die GmbH vor allem für mittlere und .... Betriebe.

   Die GmbH haftet nur bis zur Höhe des .... (= Eigenkapital der GmbH).

2. a) Wie viele Personen sind für die Gründung einer GmbH erforderlich? ....

   b) Wie hoch muss das Stammkapital einer GmbH sein? ....

3. Welche Organe muss eine GmbH mindestens besitzen? ....

   ....

4. Die GmbH kann durch einen oder mehrere .... vertreten werden, die

   keine Gesellschafter sein müssen. Die Gesellschafterversammlung beschließt über die Verteilung des

   GmbH-................................... Sie bestellt und .... die Geschäftsführer.

5. Ab wie vielen Arbeitnehmern ist bei der GmbH ein Aufsichtsrat zwingend vorgeschrieben? ....

6. Ab wie vielen Mitarbeitern besteht der Aufsichtsrat auch aus Arbeitnehmervertretern? ....

7. Unternehmungen schließen sich zusammen, um

   – mit noch mehr Kapital wichtige .... zu tätigen

   – die Marktstellung zu festigen und .... und

   – neue Märkte – national und international – zu .... und

   – Rohstoff- .... zu sichern, oft aber auch um

   – auf dem Markt eine .... -stellung zu erreichen, um die Preise diktieren zu können.

8. Unternehmungen schließen sich zum .... , zum .... oder zum Trust zusammen.

9. Beim **Kartell** binden sich Unternehmungen der gleichen Branche durch vertragliche Absprachen, um bestimmte wirt-

   schaftliche .... zu erzielen. Die Unternehmen bleiben rechtlich .... -ständig, wer-

   den dabei aber teilweise wirtschaftlich .... Durch das Kartell wollen die beteiligten Unterneh-

   men das Marktgeschehen und den Wettbewerb in ihrem Interesse ....

10. Verbotene Kartelle sind das .... – kartell und das Quoten- und .... -kartell.

11. Beim Preiskartell spricht man für ein vergleichbares Produkt einen einheitlichen, in der Regel überhöhten ....

    .... ab. Beim Quoten- und Produktionskartell strebt man durch Drosselung der Produktion

    eine .... der hergestellten Güter an.

12. Anmeldepflichtige Kartelle sind das .... -kartell und das .... -kartell.

13. Wie nennt man einen Unternehmenszusammenschluss, wenn Unternehmungen so verbunden sind, dass man von

    der Muttergesellschaft und den Tochtergesellschaften spricht? ....

14. Bildungen von Kartellen, Konzernen und Trusts können den .... einschränken.

    Dagegen richtet sich das .... -gesetz (= Gesetz gegen Wettbewerbsbeschränkungen). Der

    Verbraucher soll vor einem .... wirtschaftlicher Macht geschützt werden. Dem

    Bundeskartellamt müssen Unternehmenszusammenschlüsse unverzüglich .... werden.

15. Unternehmenszusammenschlüsse innerhalb der EU unterliegen der .... des EU-Kartell-

    ausschusses. Er achtet darauf, dass auf EU-Ebene der .... nicht beeinträchtigt wird.

11. Arbeitgeberorganisationen

PAL Arbeitgeber- und Arbeitnehmerorganisationen 114-131

**Arbeitgeber-
zusammenschlüsse**

Um die gemeinsamen Belange besser vertreten zu können, haben sich die Arbeitgeber zu Interessenverbänden zusammengeschlossen. Darüber hinaus ist der Zusammenschluss in öffentlich-rechtlichen Vereinigungen erfolgt. Solche Arbeitgebervereinigungen können etwa bei der Vorbereitung von Gesetzen mitwirken, indem die Arbeitgeberorganisationen dazu Stellung beziehen oder selbst Vorschläge unterbreiten. Die Arbeitgebervereinigungen werden durch Mitgliedsbeiträge finanziert. Die Mitgliedschaft in einer privatrechtlichen Arbeitgebervereinigung ist freiwillig. Ihre Existenzberechtigung garantiert das GRUNDGESETZ, Art. 9 (Vereinigungsfreiheit).

**Privatrechtliche
Arbeitgeber-
vereinigungen**

**Zusammenschlüsse der
Arbeitgeber,**
um vereint gewerkschaftlichen
Ansprüchen entgegenzutreten

> (1) Alle Deutschen haben das Recht, Vereine und Gesellschaften zu bilden.
> (3) Das Recht, zur Wahrung und Förderung der Arbeits- und Wirtschaftsbedingungen Vereinigungen zu bilden, ist für jedermann und für alle Berufe gewährleistet.

Ein wichtiger Grund für Zusammenschlüsse der Arbeitgeber liegt darin, vereint gewerkschaftlichen Ansprüchen entgegenzuwirken, die in der Forderung nach größerer Mitbestimmung oder in der Forderung eines Aussperrungsverbotes bei Streik zum Ausdruck kommen. Ziel ist außerdem, staatliche oder gesetzliche Beschränkungen (zum Beispiel höhere Unternehmensbesteuerung) abzuwehren und die Wettbewerbsfähigkeit der Unternehmungen zu verbessern.

– BDA und BDI

Die wichtigsten privatrechtlichen Arbeitgebervereinigungen sind die Bundesvereinigung der Deutschen Arbeitgeberverbände (**BDA**) und der Bundesverband der Deutschen Industrie (**BDI**).

In der **Bundesvereinigung der Deutschen Arbeitgeberverbände (BDA)** haben sich Arbeitgeberverbände aus allen Wirtschaftsbereichen zusammengeschlossen. Die BDA kümmert sich vorrangig um sozialpolitische Belange der Mitglieder. Sie hat unter anderem die Aufgabe, ihre Mitglieder in tarifpolitischen Auseinandersetzungen zu unterstützen, ihre sozialpolitischen und arbeitsrechtlichen Interessen bei der Beratung von Gesetzen zu vertreten und sich mit um die Berufsbildung zu kümmern.

Der **Bundesverband der Deutschen Industrie (BDI)** ist zuständig für die wirtschaftspolitischen Interessen der Mitglieder in den Bereichen Verkehrs-, Steuer-, Finanzpolitik und auch Bildungspolitik sowie im Außenhandel. Ihm gehören die Bundesfachverbände der Industrie an, etwa Fachverbände der Eisen- und Stahlindustrie, der Elektro- und der Automobilindustrie.

**Öffentlich-rechtliche
Arbeitgeber-
vereinigungen**

Die privatrechtlichen Arbeitgebervereinigungen können Mitglieder, die gegen die Satzung verstoßen, ausschließen. In den **öffentlich-rechtlichen Vereinigungen** herrscht Zwangsmitgliedschaft, etwa bei den Kammern, zum Beispiel bei der Industrie- und Handelskammer (IHK) und der Handwerkskammer (HWK).

– IHK

Die **IHK** etwa ist zuständig für alle gewerblichen Unternehmen der Industrie, des Verkehrs und des Handels eines bestimmten Bezirks. Sie erfüllt folgende Aufgaben:

- die Vertretung der Interessen ihrer Mitglieder nach außen
- das Tätigwerden im Rahmen der beruflichen Aus- und Weiterbildung, etwa bei der Abnahme von Prüfungen, der Überwachung der Berufsausbildung in den Betrieben, der Führung des Verzeichnisses der Berufsausbildungsverhältnisse, der Eignungsprüfung von Ausbildern, der Prüfung von Industriemeistern und dem Abhalten von Industriemeisterlehrgängen
- die Beratung in Fragen der beruflichen Ausbildung, Fortbildung und Umschulung
- den Beschluss von Prüfungsordnungen durch den Berufsbildungsausschuss der IHK
- die Unterstützung von Behörden durch Anregungen, Gutachten und Berichte
- die Mitwirkung durch Beratung an der Vorbereitung von Gesetzen

– DIHT

Die einzelnen Industrie- und Handelskammern in Deutschland sind im Deutschen Industrie- und Handelstag (**DIHT**) zusammengeschlossen. Der DIHT stimmt die Arbeit der Industrie- und Handelskammern auf Bundesebene miteinander ab.

Betrieb und Unternehmensformen

11. Arbeitgeberorganisationen

1. Um die gemeinsamen Belange besser vertreten und durchsetzen zu können, haben sich die Arbeitgeber

   zu ....-verbänden zusammengeschlossen. Solche Arbeitgebervereinigungen können bei der

   Vorbereitung von Gesetzen mitwirken, indem sie dazu Stellung beziehen oder selbst ....

   unterbreiten. Die Arbeitgebervereinigungen werden durch die ....-beiträge finanziert.

2. Die Mitgliedschaft eines Arbeitgebers in einer privatrechtlichen Arbeitgebervereinigung ist ....

   . Ein wichtiger Grund für diesen Zusammenschluss der Arbeitgeber liegt darin,

   vereint .... Ansprüchen entgegenzuwirken. Ziel ist außerdem, staatliche

   oder .... Beschränkungen (zum Beispiel höhere Unternehmensbesteuerung) abzuwehren.

3. Nennen Sie die beiden wichtigsten privatrechtlichen Arbeitgebervereinigungen mit ihren Abkürzungen.

   ....

   ....

4. Welche Hauptaufgabe hat die Bundesvereinigung der Deutschen Arbeitgeberverbände (BDA)?

   Die Vertretung der ....

5. Die Bundesvereinigung der Deutschen Arbeitgeberverbände (BDA) hat unter anderem die Aufgabe, ihre Mitglieder

   in ....-politischen Auseinandersetzungen zu unterstützen, ihre ....-politischen und arbeitsrecht-

   lichen Interessen bei der Beratung von Gesetzen zu vertreten und sich im bildungspolitischen Bereich ebenfalls mit

   um die ....-bildung zu kümmern.

6. Der Bundesverband der Deutschen Industrie (BDI) ist zuständig für die ....-politischen

   Interessen seiner Mitglieder in den Bereichen Verkehrs-, Steuer-, Finanzpolitik und auch ....-politik

   sowie Außenhandel. Ihm gehören die Bundes-................ -verbände der Industrie an.

7. In den öffentlich-rechtlichen Arbeitgebervereinigungen herrscht .... -mitgliedschaft. Beispiele für öffent-

   lich-rechtliche Arbeitgebervereinigungen sind die .... Die Industrie- und Handelskammer ist zuständig

   für alle gewerblichen Unternehmungen der Industrie, des .... und des Handels.

8. Die IHK erfüllt unter anderem folgende Aufgaben:

   - die Vertretung der Interessen ihrer Mitglieder nach .... ,

   - das Tätigwerden im Rahmen der beruflichen Ausbildung und ....

9. Im Rahmen der beruflichen Weiterbildung wird die IHK tätig bei der ....-prüfung von Ausbildern und

   beim Abhalten von .... -lehrgängen.

10. Die IHK erfüllt im Weiteren folgende Aufgaben:

    - die .... in Fragen der beruflichen Ausbildung, Fortbildung und Umschulung,

    - der Beschluss von Prüfungsordnungen durch den ....-ausschuss der IHK,

    - die Unterstützung von .... durch Anregungen, Gutachten und Berichte.

11. Welche Stelle koordiniert die Arbeit der Industrie- und Handelskammern auf Bundesebene?

    ....

12. Arbeitnehmerorganisationen   PAL Arbeitgeber- und Arbeitnehmerorganisationen 132-147

Gewerkschaften

Die Interessenverbände der Arbeitnehmer sind die Gewerkschaften. Sie vertreten die **Interessen** ihrer Mitglieder gegenüber Arbeitgebern und Regierung.

Interessen des Arbeitgebers	Interessen des Arbeitnehmers
Produktivität steigern	Lohn erhöhen
Personalkosten senken	Gesundheit bewahren
Arbeitsplätze abbauen	Arbeitsplatz erhalten
Arbeitsteilung ausweiten	Mitbestimmung stärken
Schichtarbeit ausdehnen	Arbeitszeit senken

Finanzierung und Beitritt

Die Finanzierung der Gewerkschaften erfolgt hauptsächlich durch die **Beiträge** der Mitglieder. Der Beitritt ist **freiwillig**. Derzeit (2006) sind in Deutschland rund 20 Prozent der Arbeitnehmer gewerkschaftlich organisiert.

Die Anfänge der Gewerkschaften

Die ersten deutschen Gewerkschaften entstanden in der zweiten Hälfte des **19. Jahrhunderts**. Arbeitszeiten von 16-18 Stunden sowie Nacht-, Sonn- und Feiertagsarbeit waren damals an der Tagesordnung. Die Entlohnung war so niedrig, dass nicht selten Frauen und Kinder unter den gleichen Bedingungen mitarbeiten mussten, um das Überleben der Familie sicherzustellen. Der Zusammenschluss der Arbeiterschaft zu

Ab 1869 Duldung

Gewerkschaften war bis ins Jahr **1869** in Deutschland durch das so genannte Koalitionsverbot (Vereinigungsverbot) nicht gestattet. Zusammenkünfte der Arbeitnehmer untereinander mussten heimlich geschehen.

Die erste Berufsgruppe, die sich in Deutschland im 19. Jahrhundert in gewerkschaftsähnlichen Vereinigungen organisierte, waren die Buchdrucker. Schließen sich Arbeitnehmer in Gewerkschaften zusammen, so sagt man: sie sind organisiert.

1890 ... Expansion

Vom Jahr 1890 bis zum Beginn des 1. Weltkrieges 1914 konnte die Gewerkschaftsbewegung eine starke Ausdehnung verzeichnen. Nach 1918 wurden die Gewerkschaftsverbände neu geordnet. Die Weimarer Verfassung von 1919 brachte die

1919 Anerkennung

Koalitionsfreiheit und damit die staatliche Anerkennung der Gewerkschaften.

1933 - 1945 Verbot

Mit der Machtergreifung der Nationalsozialisten im Jahre 1933 wurden die Gewerkschaften aufgelöst und waren bis 1945 verboten. Die Nazis hatten die Gewerkschaftsverbände zwangsweise in die „Arbeitsfront" überführt, in der Arbeitgeber und Arbeitnehmer zusammengefasst waren. Nach der Gründung der Bundesrepublik

1949 Neugründung

Deutschland 1949 wurden die Gewerkschaften neu gegründet.

Die Gegenwart: Aufgaben

Heute haben sich die Gewerkschaften unter anderem folgende Aufgaben gestellt:

- **Vertretung** der Forderungen organisierter Arbeitnehmer gegenüber Arbeitgebern (Neben kürzeren Arbeitszeiten und höheren Einkommen werden auch bessere Arbeitsbedingungen gefordert.)
- **Abschluss von Tarifverträgen** mit Arbeitgebern oder Arbeitgeberverbänden. (Damit können die Gewerkschaften die wirtschaftlichen Interessen ihrer Mitglieder wirkungsvoll durchsetzen.)
- **Unterstützungszahlungen** an die Mitglieder bei Arbeitskämpfen (Streiks)
- **Rechtsschutz** und Beratung für Gewerkschaftsmitglieder bei Streitigkeiten aus dem Arbeitsverhältnis (auch Vertretung vor dem Arbeitsgericht)
- **Weiterbildung** ihrer Mitglieder

Deutscher Gewerkschaftsbund (DGB)

Die größte Gewerkschaft in der Bundesrepublik ist der Deutsche Gewerkschaftsbund **(DGB)**, 1949 neu gegründet. Einen Deutschen Gewerkschaftsbund gab es auch schon vor 1933. Der jetzige DGB ist ein Zusammenschluss von acht Einzelgewerkschaften mit insgesamt rund sieben Millionen Mitgliedern. Als **Dachverband** organisiert er selbst keine Einzelmitglieder und führt auch keine Tarifverhandlungen.

Prinzip Einheitsgewerkschaft

Besondere Bedeutung besitzt beim DGB das Prinzip der Einheitsgewerkschaft (auch Industrieverbandsprinzip genannt: *Ein Betrieb, eine Gewerkschaft*).

Betrieb und Unternehmensformen

Während sich die Zugehörigkeit zu einer bestimmten Gewerkschaft ursprünglich in der Regel nach dem erlernten oder ausgeübten Beruf richtete, gilt im DGB, dass alle Arbeitnehmer aus einem Wirtschaftszweig – unabhängig vom Beruf – nur einer Einzelgewerkschaft des DGB zugeordnet werden. Daher ist in einem Betrieb im Sinne des Gedankens der Einheitsgewerkschaft immer nur eine Gewerkschaft des DGB vertreten. Diese Gewerkschaft führt auch die Tarifverhandlungen mit den Arbeitgebern oder Arbeitgeberverbänden.

DGB und weitere Gewerkschaften

Neben dem seit seiner Neugründung großen DGB kennt man in Deutschland weitere, kleinere Gewerkschaftsdachverbände und weitere Einzelgewerkschaften.

– Geschichtliches

Innerhalb der christlich-sozialen Bewegung waren im deutschen Kaiserreich 1899 die ersten christlichen Gewerkschaften entstanden. Nach 1919 waren sie mit den christlich-nationalen Angestellten- und Beamtenverbänden im damaligen Deutschen Gewerkschaftsbund organisiert, bis sie – wie alle anderen – 1933 von den Nationalsozialisten zwangsweise in die „Arbeitsfront" überführt wurden.

Nach der Gründung der Bundesrepublik Deutschland 1949 wurden von beamteten und christlich orientierten Arbeitnehmern eigene Gewerkschaftsdachverbände – neben dem großen DGB – neu gegründet. Heute stellen sich diese wie folgt dar:

– Übersicht

Deutscher Gewerkschaftsbund (DGB)
- Industriegewerkschaft Metall (IGM)
- Industriegewerkschaft Bergbau-Chemie-Energie (IGBCE)
- Industriegewerkschaft Bauen-Agrar-Umwelt (IGBau)
- Vereinigte Dienstleistungsgewerkschaft (ver.di)
- Gewerkschaft Nahrung-Genuss-Gaststätten (NGG)
- Gewerkschaft TRANSNET (transnet)
- Gewerkschaft der Polizei (GdP)
- Gewerkschaft Erziehung und Wissenschaft (GEW)

dbb beamtenbund und tarifunion

Christlicher Gewerkschaftsbund (CGB)

und andere

– Mitgliederzahlen

Deren Mitgliederzahlen bewegen sich heute in der Größenordnung von einer viertel Million (**CGB**) und 1 1/4 Millionen (**dbb**). Die größte Einzelgewerkschaft des DGB, die IG Metall, hat indes rund 2 1/2 Millionen Mitglieder.

dbb beamtenbund und tarifunion

Die „dbb beamtenbund und tarifunion" ist die Spitzenorganisation der Gewerkschaften des öffentlichen Dienstes und des privatisierten Dienstleistungssektors. Die „dbb tarifunion" ist anerkannter Tarifpartner von Bund, Ländern und Gemeinden. Sie ist der Tarifarm des dbb. Die Dachorganisation dbb führt selbst keine Tarifverhandlungen. Die enge Verbindung der Gewerkschaft dbb tarifunion zum dbb soll sicherstellen, dass die im öffentlichen Dienst tätigen Menschen – Beamte und Angestellte – nicht gegeneinander ausgespielt werden. Beamte dürfen nicht streiken.

Christlicher Gewerkschaftsbund (CGB)

Die im Christlichen Gewerkschaftsbund (**CGB**) vereinigten Gewerkschaften sind der drittgrößte deutschen Gewerkschaftsdachverband. *Sie sind der Überzeugung, dass die gewerkschaftliche Vertretung christlich-sozialer Ordnungsvorstellungen nur in selbstständigen und unabhängigen christlichen Gewerkschaften möglich ist.*

Beendigung der Mitgliedschaft

Gemäß Satzung kann die Mitgliedschaft sowohl durch den Arbeitnehmer als auch durch die Gewerkschaft selbst beendet werden.

Verwendung der Beiträge

Den hauptsächlich aus den Beiträgen der Mitglieder erzielten Einnahmen stehen Ausgaben gegenüber für Arbeitskampfmaßnahmen, Personalkosten, Werbungsmaßnahmen und für die Schulung der Mitglieder.

Forderungen der Gewerkschaften

Die Gewerkschaften insgesamt erheben von Zeit zu Zeit folgende Forderungen:
- Besserstellung der Gewerkschaftsmitglieder gegenüber Nichtorganisierten in Tarifverträgen
- Verbot von Aussperrung (Gegenmaßnahme der Arbeitgeber bei Streik)
- Arbeitszeitverkürzung bei vollem Lohn- und Gehaltsausgleich
- Zahlung eines Urlaubsgeldes für alle Arbeitnehmer
- Wiederherstellung der Vollbeschäftigung

12. Arbeitnehmerorganisationen

1. Die Interessenverbände der Arbeitnehmer sind die .... Sie vertreten die

   Interessen ihrer Mitglieder gegenüber .... und Regierung.

2. a) Interessen des Arbeitgebers sind:

   - .... steigern
   - .... -kosten senken
   - .... abbauen
   - .... ausweiten
   - .... -arbeit ausdehnen

   b) Interessen des Arbeitnehmers sind:

   - .... erhöhen
   - .... bewahren
   - .... erhalten
   - .... stärken
   - .... senken

3. Die Finanzierung der Gewerkschaften erfolgt hauptsächlich durch die ....

   Der Beitritt ist .... Derzeit sind in Deutschland rund .... Prozent der Arbeitnehmer

   gewerkschaftlich organisiert.

4. Wann entstanden die ersten deutschen Gewerkschaften?

   ....

5. Arbeitszeiten von .... bis .... Stunden sowie Nacht-, Sonn- und .... -arbeit waren in der ersten

   Hälfte des 19. Jahrhunderts an der Tagesordnung. Nicht selten mussten Frauen und .... unter

   den gleichen Bedingungen mitarbeiten, um das Überleben der Familie sicherzustellen.

6. Welche Berufsgruppe hat sich im 19. Jahrhundert als erste gewerkschaftsähnlich organisiert?

   ....

7. Was bedeutet es, wenn man von Arbeitnehmern sagt, sie sind „organisiert"?

   ....

8. In welchem Jahr erlangten die Gewerkschaften ihre staatliche Anerkennung? ....

9. Von wann bis wann waren die Gewerkschaften in Deutschland verboten? ....

10. Wann wurde die Gewerkschaften erneut gegründet? ....

11. Aufgaben der Gewerkschaften sind

    - Vertretung der .... der organisierten Arbeitnehmer gegenüber den Arbeitgebern
    - Abschluss von .... mit Arbeitgebern oder Arbeitgeberverbänder
    - .... -zahlungen an die Mitglieder bei Streiks
    - .... -schutz und Beratung für Mitglieder bei Streitigkeiten aus dem Arbeitsverhältnis.
      Hilfe geleistet wird auch für die Vertretung von Mitgliedern vor dem .... -gericht.

12. Schließlich ist Aufgabe der Gewerkschaft auch die .... -bildung ihrer Mitglieder.

13. Die größte deutsche Gewerkschaft ist der .... -bund (DGB).

    Der DGB war im Jahre .... neu gegründet worden. (DGB). Der jetzige DGB ist ein Zusammenschluss von

    derzeit .... Einzelgewerkschaften mit insgesamt rund .... Millionen Mitgliedern.

Betrieb und Unternehmensformen

14. Als .... -verband organisiert der DGB selbst keine Einzelmitglieder. Besondere Bedeutung besitzt beim DGB das Prinzip der .... -gewerkschaft. *(Industrieverbandsprinzip/Ein Betrieb, eine Gewerkschaft)*. Im Sinne des Gedankens der Einheitsgewerkschaft ist/sind in einem Betrieb jeweils .... Gewerkschaft(en) des DGB vertreten. Diese Gewerkschaft führt die .... -verhandlungen.

15. Innerhalb der christlich-sozialen Bewegung waren im deutschen Kaiserreich **1899** die ersten .... Gewerkschaften entstanden. Nach **1919** waren sie mit den christlich-nationalen Angestellten- und .... -verbänden im damaligen Deutschen Gewerkschaftsbund organisiert, bis sie **1933** aufgelöst wurden. Nach der Gründung der Bundesrepublik Deutschland **1949** wurden von beamteten und christlich orientierten Arbeitnehmern .... Gewerkschaftsdachverbände – neben dem DGB – neu gegründet.

16. Neben dem seit seiner Neugründung großen **DGB** gibt es heute als zweitgrößten Gewerkschaftsdachverband den **dbb** .... **und** .... und als drittgrößten den .... **(CGB)**

17. Die drei Industriegewerkschaften im DGB sind
    1. die IG .... (IGM)
    2. die IG .... (IGBCE)
    3. die IG .... (IGBau)

18. Die fünf weiteren Einzelgewerkschaften des DGB sind die (Abkürzungen sind teilweise angegeben).
    1. .... -Gewerkschaft (ver.di)
    2. Gewerkschaft .... (NGG)
    3. Gewerkschaft TRANSNET (transnet)
    4. Gewerkschaft .... (GdP)
    5. Gewerkschaft .... (GEW)

19. Welche DGB-Einzelgewerkschaft hat die meisten Mitglieder? ....

20. Die Gewerkschaft *dbb beamtenbund und tarifunion* ist die Spitzenorganisation der Gewerkschaften des .... Dienstes und des .... Dienstleistungssektors. Die Gewerkschaft *dbb tarifunion* ist der Tarif- .... des dbb.

21. Die im *Christlichen Gewerkschaftsbund (CGB)* vereinigten Gewerkschaften sind der Überzeugung, dass die gewerkschaftliche Vertretung .... Ordnungsvorstellungen nur in selbstständigen und unabhängigen .... Gewerkschaften möglich ist.

22. Durch wen kann gemäß Satzung die Mitgliedschaft eines Arbeitnehmers in einer Gewerkschaft beendet werden? ....

23. Den hauptsächlich aus den Beiträgen der Mitglieder erzielten Einnahmen der Gewerkschaft stehen Ausgaben gegenüber für Arbeitskampfmaßnahmen, für ....-kosten, für Werbungsmaßnahmen und für die .... der Mitglieder.

24. Forderungen des DGB und der anderen Gewerkschaften sind:
    - Besserstellung der Gewerkschaftsmitglieder gegenüber den ....
    - Verbot der .... (Gegenmaßnahmen der Arbeitgeber bei Streik)
    - ....-verkürzung bei vollem Lohn- und Gehaltsausgleich
    - Zahlung eines .... -geldes für alle Arbeitnehmer
    - Wiederherstellung der .... -beschäftigung

1. Grundlagen des Arbeitsrechts • Vor dem Arbeitsvertrag PAL Arbeitsrecht, Arbeitsschutz 148-154 232-263

Arbeitsrecht – Ziel

Mit dem Abschluss eines Arbeitsvertrages steht der Arbeitnehmer in einem abhängigen Beschäftigungsverhältnis. Arbeitsrechtliche Bestimmungen zielen auf den Schutz des Arbeitnehmers im Berufsleben vor wirtschaftlichen Nachteilen, vor gesundheitlichen Schäden und vor persönlicher Beeinträchtigung.

– Gliederung

Das Arbeitsrecht gliedert sich in das Individualarbeitsrecht, in das Arbeitsschutzrecht und in das kollektive Arbeitsrecht.

Wer ist Arbeitnehmer im Sinne des Arbeitsrechts?

Um in den Geltungsbereich des Arbeitsrechts zu fallen, muss die vom Arbeitnehmer erbrachte Leistung fremdbestimmt sein, das heißt, der Arbeitnehmer darf nicht selbst/frei bestimmen dürfen, wie die Arbeit gestaltet wird. Deshalb sind Rechtsanwälte, Ärzte oder Handelsvertreter, wenn sie eine selbstständige Tätigkeit ausüben (so genannte Freiberufler), keine Arbeitnehmer im Sinne des Arbeitsrechts.

Arbeitnehmer im Sinne des Arbeitsrechts (hier: BETRIEBSVERFASSUNGSGESETZ) sind alle Arbeiter und Angestellten, auch wenn sie nur halbtags oder teilzeitbeschäftigt arbeiten oder wenn sie als Mitglied des Betriebsrates von der Arbeit freigestellt sind. Keine Arbeitnehmer im Sinne des BETRIEBSVERFASSUNGSGESETZES sind Beamte – für sie gilt das Beamtenrecht – und leitende Angestellte, wie etwa die Geschäftsführer einer GmbH. Ebenfalls keine Arbeitnehmer sind die Vorstandsmitglieder einer AG, denn diese nehmen unternehmerische Aufgaben wahr.

Arbeitsschutzgesetze beinhalten Mindestrechte

Durch die Arbeitsschutzgesetze werden den Arbeitnehmern bestimmte Mindestrechte am Arbeitsplatz zugestanden. *Die Wirksamkeit des Arbeitsrechts hängt aber weitgehend davon ab, ob der einzelne Arbeitnehmer seine Rechte in Anspruch nimmt* – in letzter Konsequenz dadurch, dass er Klage vor dem Arbeitsgericht einreicht, wenn er dies für notwendig erachtet.

Von den Vertragspartnern im Arbeitsrecht – Arbeitgeber und Arbeitnehmer – ist der einzelne Arbeitnehmer der schwächere, den es zu schützen gilt.

Eine Vielzahl von Regelungen

Er soll nicht lange arbeiten müssen, gerecht entlohnt werden und ausreichend Urlaub gewährt bekommen und in bestimmtem Umfang mitbestimmen dürfen. Um diesen Dingen Geltung zu verschaffen, gibt es das ARBEITSZEITGESETZ, den geltenden Tarifvertrag, das LOHNFORTZAHLUNGSGESETZ, das BUNDESURLAUBSGESETZ und das BETRIEBSVERFASSUNGSGESETZ. Alles in allem gibt es eine Vielzahl von Einzelgesetzen, Bestimmungen und Sonderregelungen, die unter das Arbeitsrecht fallen oder dieses tangieren. Auch das Ausbildungsrecht fällt unter das Arbeitsrecht. So werden Streitigkeiten, die aus schwerwiegenden Verletzungen von Vereinbarungen des Ausbildungsvertrages herrühren und nicht anderweitig beigelegt werden können, vor dem Arbeitsgericht ausgetragen. Siehe dazu die folgende Übersicht:

Rangordnung der kollektiven und individuellen Regelungen

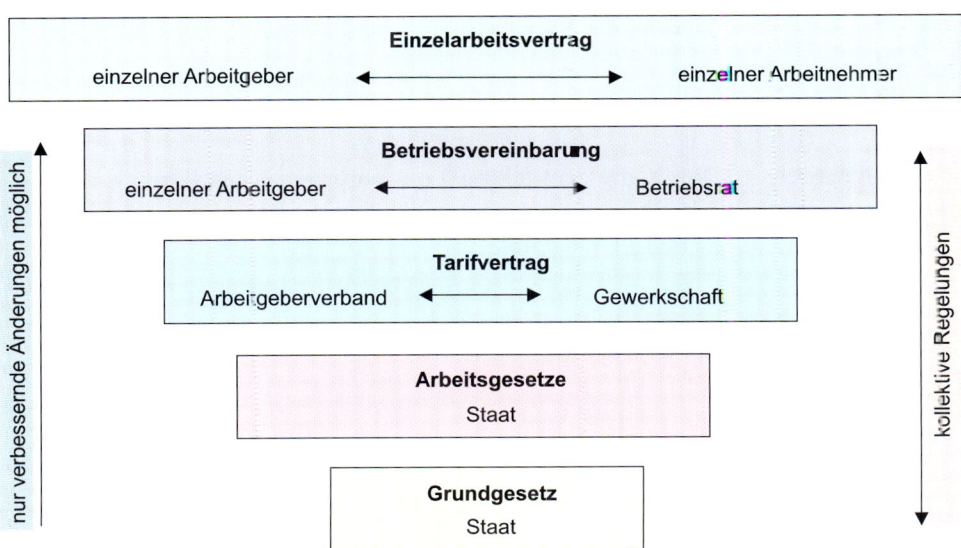

79

Arbeits- und Tarifrecht

Rangordnung der Regelungen

Die kollektiven und individuellen Regelungen stehen **nicht** ranggleich nebeneinander. Es gibt Über- und Unterordnungen.

Bei dieser Rangordnung enthält die vorangehende Regelung jeweils die Mindestbestimmungen, die bei der nachfolgenden Regelung nicht unterschritten werden dürfen. *Somit dürfen Vereinbarungen in Tarifverträgen die Arbeitnehmer nicht schlechter stellen, als die entsprechenden Bestimmungen in den Arbeitsgesetzen und -verordnungen. Genauso wenig dürfen Betriebsvereinbarungen Mindestbestimmungen der Tarifverträge unterschreiten.*

Mitwirkende an der Gestaltung des Arbeitsrechts

Gruppen, die bei der Gestaltung des Arbeitsrechts mitwirken, sind der **Bundestag** als Gesetzgeber, die **Tarifvertragsparteien,** das sind **Arbeitgeberverbände** und **Gewerkschaften** und außerdem **einzelne Arbeitgeber** und **Betriebsräte.**

Arbeit über die Arbeitsagentur

Wird zum Beispiel ein Auszubildender nach Abschluss der Ausbildung nicht vom Betrieb in ein Arbeitsverhältnis übernommen, so muss er sich um anderweitige Arbeit bemühen; das heißt, er muss sich eine neue Arbeitsstelle suchen. Die staatliche Institution (= Einrichtung), die dabei hilft, ist die Arbeitsagentur. Dorthin kann der Arbeitsuchende sich wenden. Die Arbeitsvermittlung ist gebührenfrei. Das gilt auch für private Arbeitsvermittler. *Bei der Arbeitsvermittlung darf kein Arbeitgeber und auch kein Arbeitnehmer bevorzugt werden.*

Vorstellungsgespräch – welche Fragen muss man beantworten?

Angenommen ein Arbeitgeber lädt einen Stellenbewerber zur persönlichen Vorstellung ein. Beim Vorstellungsgespräch darf der Arbeitgeber bestimmte Fragen *nicht* stellen, wie zum Beispiel nach der Zugehörigkeit zu einer Gewerkschaft oder zu einer politischen Partei, nach dem letzten Verdienst oder gar nach der Absicht zu heiraten oder bei Frauen nach der Einnahme empfängnisverhütender Mittel. Solche Fragen sind rechtlich bedenklich. Man sollte sie nicht beantworten, zumal die wahrheitsgemäße Beantwortung dieser Fragen einem zum Nachteil gereichen kann. Keine rechtlichen Bedenken hingegen bestehen, wenn vom Bewerber Auskünfte eingeholt werden über eine Schwerbehinderung, ansteckende Krankheiten, das Ableisten des Grundwehrdienstes oder die Teilnahme an Fortbildungsveranstaltungen. Solche Fragen sollten unbedingt beantwortet werden. Dies nicht nur wegen der Wahrheitspflicht, sondern auch deswegen, weil der Wahrheitsgehalt der Antworten auf solche Fragen über kurz oder lang festgestellt werden kann oder weil Nachweise verlangt werden können.

Vorstellungsgespräch
Bestimmte Fragen sollte man nicht beantworten.

– was ist sonst zu beachten?

Beim Vorstellungsgespräch, der zweiten, meist entscheidenden Stufe einer Bewerbung, ist zu beachten:
- Kleidung und äußeres Erscheinungsbild sollten dem Anlass angemessen sein.
- Pünktlichkeit ist unverzichtbar. Man sollte sich daher frühzeitig über die Verkehrsverbindungen informieren.
- Während des Gesprächs macht Sachlichkeit den besten Eindruck.
- Das Vorstellungsgespräch ist für den Bewerber die Chance, persönlich für sich zu werben und den Arbeitgeber zu überzeugen. Diese Werbung sollte sorgfältig vorbereitet werden.
- Man sollte sich vorher einige Fragen, zum Beispiel zum Betrieb oder zur späteren Tätigkeit, überlegen. Damit zeigt man sein Interesse.

Es gibt zahlreiche Bücher zu diesem Thema. Man findet sie in jeder Bibliothek, auch bei den Arbeitsagenturen. Natürlich gibt es auch Infos dazu im Internet.

Mehr unter/bei: Das Bundesministerium für Arbeit und Soziales

Vor dem Arbeitsvertrag

Durch die Aufnahme von Vertragsverhandlungen zwischen dem Arbeitgeber und dem Bewerber um einen freien Arbeitsplatz entstehen für beide Teile Rechte und Pflichten. Folgende Pflichten obliegen dem Arbeitgeber.

...Pflichten des Arbeitgebers

- Unterrichtung des Bewerbers über gesundheitliche Belastungen des Arbeitsplatzes
- Unterrichtung des Bewerbers über bevorstehende organisatorische Maßnahmen, die den Arbeitsplatz verändern werden
- Verschwiegenheit über bekanntgewordene personenbezogene Geheimnisse des Bewerbers
- Rückgabe der eingereichten Bewerbungsunterlagen, sofern es nicht zum Abschluss eines Arbeitsvertrages kommt

Kommt es nach der Vorstellung nicht zum Abschluss eines Arbeitsvertrages, kann der Bewerber außerdem auf Erstattung der Reisekosten bestehen.

1. Grundlagen des Arbeitsrechts • Vor dem Arbeitsvertrag

1. Mit dem Abschluss eines Arbeitsvertrages steht der Arbeitnehmer in einem .... Beschäftigungsverhältnis. Das Arbeitsrecht zielt auf den Schutz des Arbeitnehmers im Berufsleben vor

   1. ....

   2. ....

   3. ....

2. Das Arbeitsrechts gliedert sich in drei Teile. 1. ....

   2. .... 3. ....

3. Um unter den Geltungsbereich des Arbeitsrechts zu fallen, muss die vom Arbeitnehmer erbrachte Leistung .... sein. Deshalb sind Rechtsanwälte und Ärzte, wenn sie eine .... Tätigkeit ausüben, keine Arbeitnehmer im Sinne des Arbeitsrechts.

4. Arbeitnehmer im Sinne des Betriebsverfassungsgesetzes sind alle Arbeiter und .... Keine Arbeitnehmer in diesem Sinne sind .... Angestellte, wie etwa der Geschäftsführer einer GmbH.

5. Wovon hängt die Wirksamkeit des Arbeitsrechts weitgehend ab? ....

6. Vor welchem Gericht werden Streitigkeiten ausgetragen, die aus der Verletzung des Ausbildungsrechts herrühren? ....

7. Die kollektiven und individuellen Bestimmungen des Arbeitsrechts unterliegen einer Rangfolge. Die vorangehende Regelung enthält jeweils die .... -bestimmungen, die bei der nachfolgenden Regelung nicht unterschritten werden dürfen. Vereinbarungen in Tarifverträgen dürfen die Arbeitnehmer nicht schlechter stellen als die entsprechenden Bestimmungen in den .... -gesetzen und -verordnungen. Genauso wenig dürfen Betriebsvereinbarungen die Mindestbestimmungen der .... -verträge unterschreiten.

8. Nennen Sie drei Gruppen, die bei der Gestaltung des Arbeitsrechts mitwirken.

   1. als Gesetzgeber der ....

   2. als Tarifvertragsparteien die .... und

      die ....

   3. als Ausgestaltende einzelne .... und ....

9. Welche staatliche Institution hilft bei der Arbeitsvermittlung? ....

10. Die Arbeitsvermittlung bei der Arbeitsagentur ist .... -frei. Bei der Arbeitsvermittlung darf kein Arbeitgeber und kein Arbeitnehmer in irgendeiner Weise .... werden.

11. Ein Arbeitgeber lädt einen Bewerber um eine Arbeitsstelle zur persönlichen Vorstellung ein. Dabei ist auch ein Fragebogen auszufüllen. Bestimmte Fragen sollten nicht nur auf Grund der Wahrheitspflicht unbedingt wahrheitsgemäß beantwortet werden (zum Beispiel: „An welchen Fortbildungsmaßnahmen haben Sie bisher teilgenommen?" oder: „Wurde Ihnen bei Ihrer vorigen Arbeitsstelle der Lohn gepfändet?"). Warum?

    ....

    ....

12. Nach einem Vorstellungsgespräch kommt es zu keinem Abschluss eines Arbeitsvertrages. Worauf kann der Bewerber jedoch bestehen?

    Auf .... der .... -kosten.

Arbeits- und Tarifrecht

2. Arbeitsvertrag

PAL Arbeitsrecht, Arbeitsschutz 155-160, 162-168, U27

Begrenzte Formvorschrift

Jedes Arbeitsverhältnis wird durch einen Arbeitsvertrag begründet. Dieser kann zunächst **auch mündlich** abgeschlossen werden. Das Gesetz schreibt eine **schriftliche Form** zwingend erst nach einem Monat vor. *Dennoch sollte – vor allem aus Gründen der Beweisbarkeit bei Streitigkeiten – sofort ein schriftlicher Arbeitsvertrag geschlossen werden.* Auch wenn kein schriftlicher Arbeitsvertrag vorliegt, wird der Vertrag trotzdem nicht ungültig. Der Arbeitnehmer kann sogar vor dem Arbeitsgericht auf die Herausgabe eines schriftlichen Vertrages klagen.

Vertragspartner

Arbeitgeber und **Arbeitnehmer** sind die Vertragspartner, zwischen denen der Arbeitsvertrag die rechtlichen Beziehungen regelt. Im Arbeitsvertrag müssen die Mindestbestimmungen der Arbeitsgesetze und sonstiger arbeitsrechtlicher Vereinbarungen eingehalten werden.

Arbeitspapiere

Ist ein Arbeitsvertrag geschlossen, so muss der Arbeitnehmer bei Antritt der neuen Stelle dem Arbeitgeber in jedem Fall folgende „Arbeitspapiere" abgeben: seine Lohnsteuerkarte und die Urlaubsbescheinigung des vorherigen Arbeitgebers. Mitzuteilen ist zudem die Sozialversicherungsnummer und die Bankverbindung.

Änderung der Bedingungen des Arbeitsvertrages

Ein Arbeitsvertrag enthält für den Arbeitnehmer in der Regel günstigere Bedingungen als der geltende Tarifvertrag. Eine einseitige Änderung der Bedingungen des Arbeitsvertrages durch den Arbeitgeber ist nicht ohne weiteres möglich. Änderungen einzelner Bedingungen des Arbeitsvertrages können die Vertragspartner nur durch eine **Änderungskündigung** erreichen.

Rechtlich nicht zulässige Vereinbarungen

Verzicht auf Kündigungsfrist innerhalb der Probezeit
rechtlich nicht zulässig

Bestimmte Vereinbarungen in einem Arbeitsvertrag sind rechtlich nicht zulässig. Zum Beispiel können die Vertragsparteien **nicht** auf das Recht der fristlosen Kündigung verzichten und sie können auch nicht eine Begrenzung der Lohnfortzahlung oder des Mehrarbeitszuschlags vereinbaren. Es handelt sich hier um Mindestbestimmungen, die nicht unterschritten werden dürfen.

Wenn weiterhin zum Beispiel vereinbart wird, innerhalb der Probezeit könne zu jedem Zeitpunkt ohne Einhaltung einer Frist und ohne Angaben von Gründen gekündigt werden, so ist dies zumindest in einem Punkt rechtlich nicht zulässig. Außer wenn ein Grund für eine fristlose Kündigung vorliegt, gilt es auch hier, eine Kündigungsfrist zu wahren. Gesetzlich vorgeschrieben sind zwei Wochen Frist, damit der Gekündigte die Zeit bekommt, sich rechtzeitig um eine neue Stelle zu bemühen.

Gegen geltendes Recht verstößt auch, wenn etwa Folgendes vereinbart wird: „Bei Verkauf des Betriebes endet das Arbeitsverhältnis." Hierzu ist es wichtig zu wissen, dass ein Wechsel des Eigentümers auf die bestehenden Arbeitsverträge keine negative Auswirkung hat, weil gesetzlich geregelt ist, dass alle Rechte und Pflichten aus bestehenden Arbeitsverträgen auf den neuen Eigentümer übergehen.

Vertragsende

Der gegenseitige Arbeitsvertrag endet durch

- **Zeitablauf,** wenn der Arbeitsvertrag befristet ist
- einen **Aufhebungsvertrag** (Beide Partner beenden das Arbeitsverhältnis im gegenseitigen Einvernehmen.)
- **Kündigung** durch einen der beiden Vertragspartner
- den **Tod** des Arbeitnehmers

*Der Vertrag endet **nicht** dadurch, dass der Eigentümer des Unternehmens wechselt.* Ein Arbeitsverhältnis endet durch Zeitablauf, wenn der Vertrag nur auf Zeit geschlossen wurde. Das gilt auch für das Ausbildungsverhältnis. Ist das Ende der Arbeits- oder Ausbildungszeit erreicht, so ist eine Kündigung **nicht** erforderlich.

Pflichten der Vertragspartner

Über die Bestimmungen des Arbeitsvertrages hinaus ergeben sich für Arbeitnehmer und Arbeitgeber besondere Pflichten aus dem Arbeitsverhältnis:

Pflichten des Arbeitnehmers	Pflichten des Arbeitgebers
• die vereinbarte **Arbeitsleistung** persönlich erbringen (Hauptpflicht)	• Pünktliche **Zahlung** des vereinbarten Lohns (Hauptpflicht)
• den Arbeitsanweisungen des Arbeitgebers Folge leisten (Der Arbeitnehmer hat eine **Gehorsam**spflicht. Umgekehrt hat der Arbeitgeber ein **Weisungs**recht.)	• **Beschäftigung** mit den vertraglich vereinbarten Arbeiten, sofern nicht die Zuweisung anderer gleichwertiger Tätigkeit vereinbart ist
• **Sorgfaltspflicht * Verantwortung**	• **Fürsorgepflicht * Verantwortung**
– die übertragenen Arbeiten sorgfältig und gewissenhaft, das heißt nach bestem Wissen und Können erledigen, und auch Arbeits- und Betriebsmittel pfleglich behandeln.	– alles tun um Leben und Gesundheit des Arbeitnehmers zu schützen, zum Beispiel für eine gefahrlose Gestaltung des Arbeitsablaufs sorgen, unter Beachtung der Unfallverhütungsvorschriften, das Jugendarbeitsschutzgesetz und das Arbeitszeitgesetz einhalten
– dem Betrieb, dessen Mitarbeitern und Einrichtungen sowie der Umwelt drohende Schäden abwehren, jedenfalls dem Arbeitgeber unverzüglich melden	
– beitragen zum Erfolg des Unternehmens als verantwortlich denkender Mitarbeiter	– Abführen der Sozialversicherungsbeiträge
	– Installation von sanitären Einrichtungen
– Abstimmung der Urlaubspläne mit dem Arbeitgeber. (Die Lage des Urlaubs richtet sich nach den betrieblichen Erfordernissen. Der Arbeitnehmer darf erwarten, dass seine Wünsche angemessen berücksichtigt werden.)	• **Gleichbehandlungs**grundsatz beachten: gleichwertige Bezahlung von Mann und Frau bei vergleichbaren Arbeiten, Gleichbehandlung bei Freistellung
• **Treuepflicht**	– aus betrieblichen Gründen notwendige Kündigungen unter Berücksichtigung sozialer Gesichtspunkte vornehmen
– Betriebsgeheimnisse wahren (Schweigepflicht)	
– dem Arbeitgeber keine Konkurrenz machen, zum Beispiel bei Ausübung einer Nebenbeschäftigung (Wettbewerbsverbot)	– Ausstellen eines Arbeitszeugnisses bei Beendigung des Arbeitsverhältnisses
Die Pflichten des einen sind die Rechte des anderen. Nichteinhaltung berechtigt zu Kündigung und zu Schadensersatz.	

Sonstige Rechte und Pflichten

Nebenbeschäftigung: Höchstarbeitszeit ist einzuhalten

Für beide Vertragspartner, Arbeitnehmer und Arbeitgeber, gilt: Sie müssen die Unfallverhütungsvorschriften beachten.

Manche Arbeitnehmer haben mit Wissen des Hauptarbeitgebers eine **Nebenbeschäftigung** bei einem zweiten Arbeitgeber. Das geht so weit in Ordnung, wie die vorgeschriebene Höchstarbeitszeit eingehalten und dem Hauptarbeitgeber dabei keine Konkurrenz gemacht wird.

Natürlich muss der Arbeitnehmer die Betriebsordnung beachten und dabei unter anderem die Arbeitszeit einhalten.

Im Rahmen der Fürsorgepflicht muss der Arbeitgeber für die Sicherheit der Sachen sorgen, die der Arbeitnehmer berechtigterweise mit in den Betrieb bringt.

Gegen den arbeitsrechtlichen **Gleichbehandlungsgrundsatz** verstößt der Arbeitgeber nicht nur, wenn er für gleichwertige Arbeit Frauen einen geringeren Lohn zahlt als Männern, sondern auch wenn er den (gewerkschaftlich) nicht organisierten Arbeitnehmern ein Weihnachtsgeld zahlt, den organisierten aber nicht.

Schließlich gilt: Weder für Arbeitnehmer noch für Arbeitgeber besteht die Pflicht, unbezahlten Urlaub zu nehmen oder zu gewähren.

Arbeits- und Tarifrecht

2. Arbeitsvertrag

1. Ein Arbeitsvertrag kann zunächst .... abgeschlossen werden. Dennoch sollte aus Gründen der .... bei Streitigkeiten ein Arbeitsvertrag sofort schriftlich abgeschlossen werden.

2. Wer sind die Vertragspartner? ....

3. Im Arbeitsvertrag müssen die ....-bestimmungen der Arbeitsgesetze eingehalten werden. Nach Abschluss eines Arbeitsvertrages muss der Arbeitnehmer dem Arbeitgeber beim Antritt der Stelle seine Lohnsteuerkarte und die ....-bescheinigung des vorigen Arbeitgebers vorlegen.

4. Durch welche Art der Kündigung können die Vertragspartner Änderungen einzelner Bedingungen des Arbeitsvertrages erreichen? ....

5. Rechtlich **nicht** zulässig ist in einem Arbeitsvertrag die Begrenzung des ....-zuschlags. Es handelt sich hier um eine Mindestbestimmung, die nicht ....-schritten werden darf.

6. Rechtlich nicht zulässig ist es weiterhin, mit dem Arbeitnehmer zu vereinbaren, dass innerhalb der Probezeit ohne Einhaltung einer .... gekündigt werden kann. Gesetzlich vorgeschrieben ist eine Frist von ...., damit der Gekündigte Zeit bekommt, eine neue Stelle zu finden.

7. Eine Unternehmung wird verkauft. Welche Auswirkung hat der Wechsel des Eigentümers auf die bestehenden Arbeitsverträge? ....

8. Der Arbeitsvertrag endet durch ...., wenn er befristet ist. Der Arbeitsvertrag endet durch ....-vertrag oder durch .... oder schließlich durch .... des Arbeitnehmers.

9. Welche Hauptpflicht ergibt sich für den Arbeitnehmer? Erbringen der ....

10. Welche Hauptpflicht hat der Arbeitgeber aus dem Arbeitsverhältnis?
....

11. Hinsichtlich der zu leistenden Arbeit hat der Arbeitnehmer eine ....-pflicht. Umgekehrt hat der Arbeitgeber ein .... -recht. Sofern nicht anders vereinbart, hat der Arbeitgeber den Arbeitnehmer mit den .... Arbeiten zu beschäftigen.

12. Im Rahmen des Arbeits- und Beschäftigungsverhältnisses trägt jeder der Vertragspartner hinsichtlich seines Tuns Ver-... . Weitere Pflichten des Arbeitnehmers sind unter den Oberbegriffen Sorgfaltspflicht und ....-pflicht zusammengefasst. Für den Arbeitgeber fasst man weitere Pflichten unter dem Oberbegriff .... -pflicht zusammen.

13. Nennen Sie fünf Pflichten des Arbeitnehmers im Rahmen der Sorgfalts- und Treuepflicht.

    1. die übertragenen Arbeiten .... und gewissenhaft erledigen

    2. dem Betrieb, dessen Mitarbeitern und Einrichtungen drohende Schäden ....

    3. .... der Urlaubspläne mit dem Arbeitgeber

    4. Betriebsgeheimnisse .... (Schweigepflicht)

    5. dem Arbeitgeber keine .... machen, etwa bei Ausübung einer Nebenbeschäftigung

14. Nennen Sie fünf Pflichten des Arbeitgebers im Rahmen der Fürsorgepflicht.

    1. alles tun um Leben und Gesundheit des Arbeitnehmers zu ....

    2. .... der Sozialversicherungsbeiträge

    3. .... von sanitären Einrichtungen

    4. .... von Mann und Frau bei vergleichbaren Arbeiten und bei Freistellung

    5. .... eines Arbeitszeugnisses bei Beendigung des Arbeitsverhältnisses

3. Arbeitszeit • Entlohnung I
PAL Arbeitsrecht, Arbeitsschutz 161, 169-179, U24

Arbeitszeit

Wie die übrigen Arbeitsbedingungen ist auch die Arbeitszeit durch Tarifverträge, Betriebsvereinbarungen oder den Arbeitsvertrag festgelegt. Für die weit überwiegende Mehrheit der Arbeitnehmer gelten derzeit (2006) wöchentliche Regelarbeitszeiten zwischen 35 und 40 Stunden pro Woche. Üblicherweise wird an fünf Tagen in der Woche gearbeitet (Fünftagewoche). Samstag gilt als Werktag.

Arbeitszeitgesetz

Die regelmäßige werktägliche Arbeitszeit darf die Dauer von acht Stunden nicht überschreiten. Die werktägliche Arbeitszeit von acht Stunden darf auf 10 Stunden erhöht werden unter der Voraussetzung, dass innerhalb von sechs Kalendermonaten im Durchschnitt acht Stunden werktäglich nicht überschritten werden.

Das alles besagt das ARBEITSZEITGESETZ (ArbZG), ein Bundesgesetz. Dieses gilt für Arbeitnehmer über 18 Jahren in Betrieben und Verwaltungen aller Art.

– Ziele

Die mit dem ARBEITSZEITGESETZ vom Gesetzgeber verfolgten Ziele sind:

- Verbesserung der Rahmenbedingungen für flexible und individuelle Arbeitszeitmodelle
- Übertragung von mehr Verantwortung für die Arbeitszeitgestaltung auf die Tarifvertragsparteien
- Gewährleistung eines wirksamen und praktikablen Gesundheitsschutzes der Arbeitnehmer
- Vereinheitlichung der gesetzlichen Bestimmungen für Frauen und Männer hinsichtlich der Arbeitszeiten, der Ruhezeiten und der Ruhepausen

Die Arbeitszeit ist die Zeit von Beginn bis Ende der Arbeit ohne Ruhepausen.

Laut ARBEITSZEITGESETZ ist bei einer Arbeitszeit von mehr als sechs Stunden (zusammenhängend) eine Ruhepause von mindestens 30 Minuten zu gewähren.

Bei einer täglichen Arbeitszeit von acht Stunden müssen – den gesetzlichen Vorschriften zufolge – mindestens eine Pause von 30 Minuten oder zwei Pausen von je 15 Minuten gewährt werden.

– Einhaltung

Eine Verlängerung der täglichen Arbeitszeit über die gesetzlich vorgeschriebenen regelmäßigen acht Stunden hinaus darf – gemäß GEWERBEORDNUNG – nur das **Gewerbeaufsichtsamt** genehmigen, welches über die Einhaltung des ARBEITSZEITGESETZES wacht. Zwischen Ende und Beginn der Arbeit muss eine ununterbrochene Ruhezeit von **11** Stunden liegen.

Als wöchentliche Höchstarbeitszeit gilt eine Arbeitszeit von 48 Stunden pro Woche. Längere regelmäßige Arbeitszeiten sind nur in Ausnahmefällen möglich, die ebenfalls das Gewerbeaufsichtsamt genehmigen muss.

Entlohnung

Die Entlohnung ist die Hauptpflicht des Arbeitgebers.

Bruttolohn ist der Lohnbetrag, von dem man noch keinerlei Abzüge (Steuern, Sozialabgaben) vorgenommen hat.

Lohn

brutto   netto

Nettolohn ist der Lohn nach Abzug von Steuern und Sozialabgaben. Dieser Lohnbetrag verbleibt dem Arbeitnehmer.

Bargeldlose Lohnzahlung – heute die Regel – ist entweder im Tarifvertrag, in einer Betriebsvereinbarung oder im Arbeitsvertrag geregelt.

Lohn im engeren Sinne ist das Entgelt für geleistete Arbeit gewerblicher Arbeitnehmer (Arbeiter), im weiteren Sinne jegliches Einkommen aus unselbständiger Tätigkeit (also auch die Bezüge der Beamten und die Gehälter der Angestellten).

Als **Gehalt** bezeichnet man das dem Angestellten von seinem Arbeitgeber zu zahlende Arbeitsentgelt, das in der Regel nach Monaten bemessen ist.

Lohnformen

Als Lohnformen sind zu unterscheiden: der Zeitlohn und der Leistungslohn mit den beiden Formen Akkordlohn und Prämienlohn.

Zeitlohn

Zeitlohn heißt die Lohnform, bei der die erbrachten Leistungen durch eine Vergütung der Arbeitszeit auf der Basis von Stundenlöhnen (bei Arbeitern) und Monatsgehältern (bei Angestellten) abgegolten werden.

Arbeits- und Tarifrecht

Leistungslohn – Akkordlohn

Wer im Akkord arbeitet, dessen Leistung wird in Zeiteinheiten oder in Mengeneinheiten erfasst.

Gemessen wird beim Akkord

- in welcher Zeit der Arbeitnehmer einen Arbeitsvorgang bewältigt (als Maßeinheit wird vorab durch Arbeitsstudien eine Vorgabezeit festgelegt, die als Normalleistung gilt) oder
- welche Stückzahlen oder Mengen, etwa in Kilogramm, der Arbeitnehmer fertigt.

Diese Lohnform wird als Akkordlohn bezeichnet.

Der Akkordlohn setzt sich aus zwei Teilen zusammen: dem tariflichen Mindestlohn und dem Akkordzuschlag.

Ein *Vorteil* des Akkordlohns ist der Anreiz zur Leistungssteigerung. Höhere Leistung hat auch höhere Bezahlung zur Folge.

Für den Betrieb hat der Akkordlohn darüber hinaus den Vorteil, dass die Fertigungskosten zuverlässiger kalkuliert (gerechnet) werden können.

Beim Akkordlohn ist die Arbeitsleistung meist größer als beim Zeitlohn.

Beim Zeitlohn trägt das Risiko mangelnden Arbeitseifers allein der Arbeitgeber. Aber es gibt eben Arbeiten, wo die Leistung nicht oder nur schwer messbar ist, zum Beispiel Wartungs- und Reparaturarbeiten sowie Büroarbeiten.

Der wesentliche *Nachteil* des Akkordlohns besteht darin, dass zu sehr auf den Zeitgrad geachtet wird und zu wenig etwa auf Qualität oder Werkzeugverschleiß.

– Prämienlohn

Diesen Nachteil versucht man mit dem Prämienlohn auszugleichen, indem der gewünschte Leistungsanreiz über Zielvorgaben gestaltet wird.

Prämie ist ein Zuschlag zum Lohn.

Man unterscheidet Mengenprämien, Güteprämien und Ersparnisprämien.

Andere Zuschläge zum Lohn

Gratifikationen sind Zuschläge, die der Arbeitgeber zu besonderen Anlässen, zum Beispiel zu Weihnachten, zahlt. Diese sind bis zu einer bestimmten Höhe steuerfrei.

Nicht steuerfrei sind Zuschläge zum Lohn für Überstunden, Nachtarbeit, Feiertagsarbeit und für besondere Erschwernisse, wie zum Beispiel für Schmutzarbeit oder für Arbeit in großer Hitze.

Zusammenfassung

Man unterscheidet zusammenfassend folgende Lohnformen.

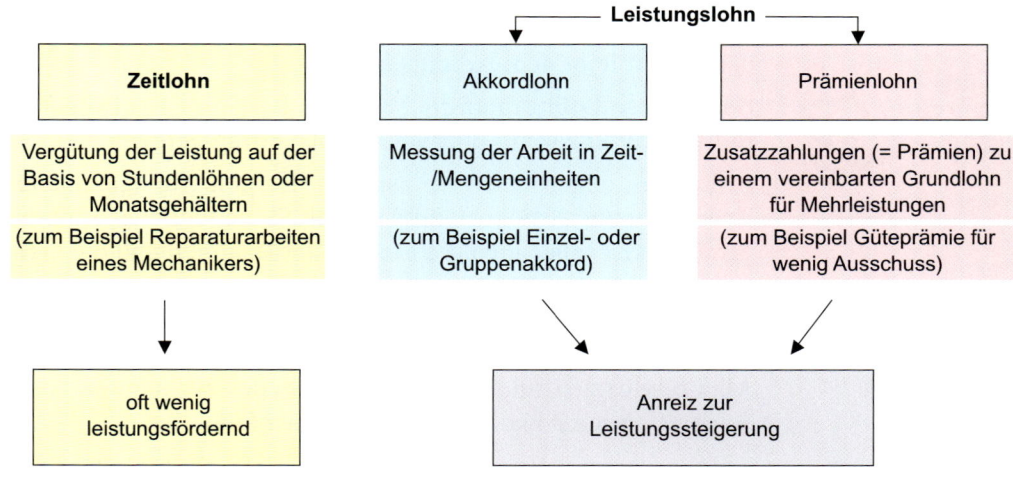

3. Arbeitszeit • Entlohnung I

1. In welchem Bereich (Stundenanzahl) liegt derzeit (2006) die wöchentliche Regelarbeitszeit in Deutschland?

   ....

2. Welche Stundenzahl darf die regelmäßige tägliche Arbeitszeit im Normalfall nicht überschreiten?

   ....

3. Die werktägliche Arbeitszeit darf auf 10 Stunden erhöht werden, wenn innerhalb von .... Kalendermonaten im Durchschnitt acht Stunden werktäglich nicht überschritten werden. Das Arbeitszeitgesetz gilt für Arbeitnehmer über .... Jahre in Betrieben und Verwaltungen aller Art. Die Arbeitszeit ist die Zeit vom Beginn bis zum Ende der Arbeit ohne die ....

4. Eine Ruhepause muss bei einer Arbeitszeit von mehr als sechs Stunden mindestens .... Minuten lang sein. Dem Gesetz zufolge können statt einer Pause von 30 Minuten auch .... Pausen von ...... Minuten gewählt werden.

5. Welche Institution kann eine Verlängerung der täglichen/wöchentlichen Arbeitszeiten über die gesetzlich vorge-schriebene Höchstdauer hinaus genehmigen? ....

6. Zwischen Ende und Beginn der Arbeit muss eine ununterbrochene Ruhezeit von ...... Stunden liegen. Als wöchent-liche Höchstarbeitszeit gilt (bei sechs Werktagen) eine Arbeitszeit von ...... Stunden pro Woche.

7. Wie heißt der Lohn, von dem man keine Steuern und Sozialabgaben abgezogen hat? ....

8. Was versteht man unter dem Nettolohn? ....

   ....

9. Bar-............................ Lohnzahlung ist heute die Regel. Lohn ist das .... für die geleistete Arbeit von Arbeitern. Das Arbeitsentgelt von Angestellten bezeichnet man als ....

10. Als Lohnformen unterscheidet man 1. den ....-lohn und 2. den ....-lohn. Beim Zeitlohn werden die erbrachten Leistungen durch eine Vergütung der Arbeitszeit bei Arbeitern auf der Grundlage von Stunden-.............................. und bei Angestellten von Monats-.................................... abgegolten.

11. Welche beiden Formen des Leistungslohns unterscheidet man?

    ....

12. Wer im Akkord arbeitet, dessen Leistung wird in ....-einheiten oder in ....-einheiten erfasst. Gemessen wird beim Akkord entweder in welcher .... der Arbeitnehmer einen Arbeitsvorgang bewäl-tigt oder welche ....-zahlen oder Massen (kg) er fertigt.

13. Der Akkordlohn setzt sich zusammen aus dem tariflichen ....-lohn und dem ....-zuschlag. Ein Vorteil des Akkordlohns ist, dass höhere Leistung auch höhere .... zur Folge hat. Das bein-haltet einen Anreiz zur .... -steigerung.

14. Im Vergleich zum Zeitlohn ist beim Akkordlohn die Arbeits-.............................. meist größer als beim Zeitlohn. Beim Zeitlohn trägt das Risiko mangelnden Arbeits-...................... allein der Arbeitgeber.

15. Nennen Sie zwei Tätigkeiten, für die der Zeitlohn üblich ist.

    1. .... 2. ....

16. Welchen Nachteil des Akkordlohns versucht man durch den Prämienlohn auszugleichen?

    ....

17. Beim Prämienlohn unterscheidet man Mengenprämien, ...-prämien und Ersparnisprämien. Gratifikationen sind zum Teil steuerfreie Zuschläge, die der Arbeitgeber aus besonderen .... zahlt.

18. Nicht steuerfreie Zuschläge sind solche für .... , Nacht- und Feiertagsarbeit und für besonde-re Erschwernisse, wie für ....-arbeit und für Arbeit in großer ....

Arbeits- und Tarifrecht

4. Entlohnung II

Einkommen

Das Einkommen ist das Entgelt, das jemand auf der Grundlage von Arbeitsleistungen als Lohn, Gehalt oder – aufgrund von Vermögensbesitz – als Zins, Miete, Pacht oder Gewinn erhält.

Einkommensteuer Lohnsteuer

Fast jeder Bürger, der Einkommen bezieht, muss Einkommensteuer oder Lohnsteuer bezahlen; er ist steuerpflichtig. Die Lohnsteuer ist die Einkommensteuer der Unselbstständigen. Die Lohn- und Einkommensteuer ist für den Staat bedeutsam. Hier erzielt er die größten Einnahmen überhaupt.

Bei Einkünften aus nichtselbständiger Arbeit (Löhne, Gehälter) wird die Lohnsteuer durch Abzug vom Arbeitslohn erhoben. Der Arbeitgeber behält die Lohnsteuer ein und führt sie ans **Finanzamt** ab.

Falls an das Finanzamt Lohnsteuer zuviel gezahlt wurde – und das kommt öfter vor, als man denkt – wird sie vom Finanzamt zurückerstattet. Der Steuerpflichtige muss nur beim Finanzamt einen Lohnsteuerjahresausgleich beantragen.

Die Lohn- oder Einkommensteuer ist keineswegs prozentual für alle Steuerpflichtigen gleich. Allgemein gilt: Je höher das Einkommen, desto höher die Steuerschuld (oder der Steuersatz).

Nicht steuerpflichtiges Einkommen

Nicht zum steuerpflichtigen Einkommen zählt zurückerhaltene, zuviel gezahlte Lohnsteuer (Steuerrückerstattung aufgrund des beantragten Lohnsteuerjahresausgleichs).

Gesetzliche Abzüge vom Lohn

Außer der Lohnsteuer behält der Arbeitgeber die Kirchensteuer ein und außerdem die Arbeitnehmeranteile zur Sozialversicherung. Das sind die gesetzlichen Lohnabzüge.

Eintrag auf der Lohnsteuerkarte

Der an das Finanzamt gezahlte Lohnsteuerbetrag wird vom Arbeitgeber auf der Lohnsteuerkarte eingetragen, die zu diesem Zweck beim Arbeitgeber aufbewahrt wird.

Ausstehender Lohn

Manchmal kommt es zwischen Arbeitnehmer und Arbeitgeber zu Streitigkeiten über zustehende oder ausstehende Lohn- oder Gehaltsbeträge. Die **Verjährungsfrist** dafür beträgt drei Jahre zum Jahresende, danach kann die geschuldete Leistung auf Dauer verweigert werden.

Lohn- und Gehaltsgruppen

In Rahmentarifverträgen sind häufig Lohn- und Gehaltsgruppen ausgewiesen. Für die dortige Eingruppierung eines Arbeitnehmers von Bedeutung sind:

- seine Berufsausbildung
- seine Verantwortung für mindestens zwei Personen
- seine körperliche Belastung (wie weit er körperlich belastet ist)
- die Beschaffenheit seines Arbeitsplatzes

Lohnpfändung

Aufgrund der Verschuldung eines Arbeitnehmers kann es zu einer Lohnpfändung kommen. Lohnpfändung bedeutet: Ein staatliches Organ, zum Beispiel ein Gerichtsvollzieher, beschlagnahmt einen Teil des Lohnes. Absolut unpfändbar aber sind Reisespesen eines Arbeitnehmers oder Gefahren- und Erschwerniszulagen. Pfändbar dagegen sind die Weihnachtsgratifikationen, der Lohn für Überstunden und das zusätzliche Urlaubsgeld.

Lohnnebenkosten

Neben dem Lohn entstehen einem Arbeitgeber weitere Kosten, wenn er einen Arbeitnehmer beschäftigt. Sie werden als Lohnnebenkosten (Lohnzusatzkosten) bezeichnet. Im einzelnen gehören dazu:

- Lohnfortzahlung für Urlaub, Feiertage und Krankheit
- Arbeitgeberanteile zur Sozialversicherung: das ist die Hälfte der Beiträge zur Kranken-, Renten- und Arbeitslosenversicherung, die der Arbeitgeber trägt (die Unfallversicherung bezahlt er ganz)
- Sonderzahlungen, wie etwa 13ter Monatslohn oder Weihnachtsgeld
- vermögenswirksame Leistungen, die von Arbeitgebern ganz oder teilweise übernommen werden

4. Entlohnung II

1. Einkommen ist das Entgelt, das jemand aufgrund von Arbeitsleistungen als .... erhält oder das er auf-

   grund von Vermögensbesitz als .... oder Miete erhält.

   Dafür muss er in der Regel ....-steuer an den Staat bezahlen.

2. Die Lohnsteuer ist die Einkommenssteuer der .... Die Lohn- und

   Einkommenssteuer ist für den Staat .... Die Lohnsteuer wird durch .... vom

   Arbeitslohn erhoben.

3. Der Arbeitgeber behält die Lohnsteuer ein und führt sie an das ....-amt ab. Falls an das Finanzamt

   zuviel Lohnsteuer bezahlt wurde, wird sie vom Finanzamt .... Der

   Steuerpflichtige muss beim Finanzamt nur einen Lohnsteuer-.. beantragen.

   Die Lohn- und Einkommenssteuer ist keineswegs für alle Steuerpflichtigen gleich.

   Allgemein gilt: Je .... das Einkommen, desto .... die Steuer.

4. Nennen Sie Abzüge, die der Arbeitgeber vom Lohn des Arbeitnehmers einbehalten muss.

   1. die ....

   2. die ....

   3. die Arbeitnehmeranteile zur ....

5. Der an das Finanzamt gezahlte Lohnsteuerbetrag wird vom Arbeitgeber auf der .... -karte

   eingetragen. Diese Karte wird zu diesem Zweck beim .... aufbewahrt. Manchmal kommt es

   zwischen Arbeitnehmer und Arbeitgeber zu Streitigkeiten über ausstehende Lohn- oder Gehaltsbeträge.

   Die Verjährungsfrist dafür beträgt .... Jahre. Danach kann die geschuldete Leistung/der geschuldete

   Lohn .... werden.

6. In Rahmentarifverträgen sind häufig Lohn- und Gehaltsgruppen ausgewiesen. Nennen Sie vier Punkte, die für die

   Eingruppierung eines Arbeitnehmers hier von Bedeutung sind.

   1. seine Berufs-...

   2. seine .... für mindestens zwei Personen

   3. seine .... Belastung

   4. die .... seines Arbeitsplatzes

7. Aufgrund der Verschuldung eines Arbeitnehmers kann es zu einer Lohnpfändung kommen.

   Nennen Sie Lohnteile, die absolut unpfändbar sind.

   1. ....

   2. ....

8. Nennen Sie zwei Lohnnebenkosten (Lohnzusatzkosten), die der Arbeitgeber zusätzlich zu tragen hat.

   1. die .... , zum Beispiel im Krankheitsfall

   2. die Arbeitgeberanteile zur ....

   3. .... -zahlungen, wie 13ter Monatslohn oder Weihnachtsgeld

   4. .... Leistungen

Arbeits- und Tarifrecht

5. Lohnfortzahlung • Urlaub

PAL Arbeitsrecht, Arbeitsschutz 180-194, 216

Gesetzliche Pflicht zur Lohnfortzahlung

Die gesetzlich verordnete Lohnfortzahlung im Krankheitsfall und in bestimmten weiteren Fällen zählt zu denjenigen Lohnzusatzkosten, die den Arbeitgeber mit am stärksten belasten.

...durch das Lohnfortzahlungsgesetz

Während für Angestellte die Gehaltsfortzahlung im Krankheitsfalle bereits seit rund sechs Jahrzehnten gesetzlich geregelt ist, schuf man für Arbeiter erst 1970 mit dem LOHNFORTZAHLUNGSGESETZ eine entsprechende gesetzliche Grundlage.

Diesem Gesetz zufolge erhalten Arbeiter, die regelmäßig mindestens 10 Stunden wöchentlich beschäftigt sind, im Krankheitsfall bis zu sechs Wochen weiter Lohn.

Voraussetzung zur Lohnfortzahlung

Der Anspruch auf Lohnfortzahlung ist dann gegeben, wenn der Arbeitnehmer unverschuldet, also ohne eigenes Verschulden, arbeitsunfähig wird.

Beispiele für gegebene/nicht gegebene Ansprüche

Ist die Krankheit selbstverschuldet, so trifft den Arbeitgeber keine Lohnfortzahlungspflicht. Besonders dann nicht, wenn die Arbeitsunfähigkeit verursacht wurde durch:

- grob fahrlässiges Verhalten im Straßenverkehr (Fahren ohne Gurt, Alkohol am Steuer)
- grob fahrlässige Verstöße gegen Unfallverhütungsvorschriften (Schweißarbeiten ohne vorgeschriebene Schutzausrüstung)
- einen Unfall bei der Ausübung einer gefährlichen Sportart (drachenfliegen), bei welcher der Arbeitnehmer seine Kräfte deutlich überschätzt
- Verletzung bei einer verbotenen Nebentätigkeit (Schwarzarbeit)

Der Anspruch auf Lohnfortzahlung im Krankheitsfalle für sechs Wochen gilt auch, wenn ein Arbeitnehmer zuerst vier Wochen und dann nochmals zwei Wochen an derselben Krankheit unverschuldet arbeitsunfähig erkrankt ist.

Ist der Arbeitnehmer innerhalb von 12 Monaten noch weitere Zeit aufgrund derselben Krankheit arbeitsunfähig erkrankt, dann leistet der Arbeitgeber nicht mehr. Bei unterschiedlichen Erkrankungen innerhalb dieser Zwölfmonatsfrist entsteht ein erneutes Recht auf Entgeltfortzahlung. Dauert die Arbeitsunfähigkeit länger als sechs Wochen, so erhält der Arbeitnehmer Krankengeld von der Krankenkasse. Sind im Betrieb des Arbeitgebers nicht mehr als 20 Arbeitnehmer beschäftigt, so erstattet die Krankenkasse dem Arbeitgeber etwa 80 % der Entgeltfortzahlungskosten.

Selbstverständlich muss Lohn auch dann fortgezahlt werden, wenn ein Arbeitnehmer seine Tätigkeit unverschuldet deshalb nicht ausüben kann, weil etwa die Energieversorgung im Betrieb zusammengebrochen ist oder weil aufgrund eines Maschinenschadens bei einem Zulieferbetrieb wichtige Teile fehlen.

Keinen Anspruch auf Lohnfortzahlung im Krankheitsfall haben leitende Angestellte. Diese gelten nicht als Arbeitnehmer im Sinne des LOHNFORTZAHLUNGSGESETZes. Als Arbeitnehmer im Sinne dieses Gesetzes gelten aber teilzeitbeschäftigte Arbeiter und Angestellte und auch Mitglieder des Betriebsrates.

In bestimmten weiteren Fällen hat der Arbeitnehmer auch einen Anspruch auf Lohnfortzahlung oder Entschädigung für den Verdienstausfall, bezogen auf die Zeit seiner Abwesenheit vom Arbeitsplatz. Dazu zählen:

- die Musterung oder die Teilnahme an einer zweitägigen Wehrübung
- das Auftreten als Zeuge vor Gericht
- die Fortbildung eines Betriebsratsmitglieds bezüglich des Aufgabengebiets des Betriebsrats in einem dreitägigen Seminar der Gewerkschaft
- die Tätigkeit für drei Tage als ehrenamtlicher Richter

Anspruch auf Lohnfortzahlung: Auftreten als Zeuge vor Gericht

Lohn fortgezahlt wird auch, wenn ein Arbeitnehmer sich am Wochenende auf dem Fußballplatz bei der Ausübung einer ehrenamtlichen Schiedsrichtertätigkeit das Bein gebrochen hat und auch, wenn er sich am Wochenende beim Reparieren seines unter anderem zur Fahrt zur Arbeit genutzten Kraftfahrzeuges verletzt hat und dadurch für zwei Wochen arbeitsunfähig wird.

Pflichten des Arbeitnehmers

Ist ein Arbeitnehmer unverschuldet arbeitsunfähig erkrankt, so muss er

- dem Arbeitgeber unverzüglich die Arbeitsunfähigkeit melden und ihn über die voraussichtliche Dauer der Arbeitsunfähigkeit informieren, damit dieser disponieren (planen) kann
- zum Arzt gehen und die ärztlichen Weisungen befolgen
- spätestens nach Ablauf des dritten Tages dem Arbeitgeber eine ärztliche Bescheinigung (Arbeitsunfähigkeitsbescheinigung) einreichen.

Den Namen der Krankheit braucht der Arbeitnehmer nicht zu nennen.

Für den Fall, dass der Arbeitnehmer aus einem im Vorhinein bekannten Grund am Arbeitsplatz fehlen wird, versteht es sich fast von selbst, den Betrieb frühzeitig zu informieren, damit dieser planen kann.

Gesetzlicher Urlaub

Um sich von den Anforderungen im beruflichen Alltag erholen zu können, hat jeder Arbeitnehmer gesetzlichen Anspruch auf bezahlten Erholungsurlaub. Dieser *Urlaub ist zusammenhängend zu nehmen; sonst findet keine richtige Erholung statt.* Deshalb kann auch auf Urlaub in der Regel nicht verzichtet werden.

Nach dem Bundesurlaubsgesetz sind bei der zeitlichen Festlegung des Urlaubs zum einen die Urlaubswünsche des Arbeitnehmers und zum anderen die Belange des Betriebes zu berücksichtigen. *Zwischen den Beteiligten muss zum Beispiel deshalb eine Abstimmung erfolgen, damit nicht zufällig alle Arbeitnehmer eines Betriebes ihren Urlaub zur gleichen Zeit nehmen – denn dann müsste der Betrieb schließen.*

Mindestbestimmungen

Folgende gesetzliche Mindestbestimmungen gelten, sofern durch Tarifverträge oder sonstige Vereinbarungen nichts anderes festgelegt ist:

- Der Urlaub beträgt mindestens 24 Werktage in jedem Kalenderjahr.
- Der volle Urlaubsanspruch wird erstmalig erworben, wenn das Arbeitsverhältnis sechs Monate besteht. Das Urlaubsgeld muss vor Antritt des Urlaubs ausgezahlt werden.
- Der Urlaub kann nur dann abgegolten werden, wenn er wegen der Beendigung des Arbeitsverhältnisses oder aus zwingenden betrieblichen Gründen ganz oder teilweise nicht mehr gewährt werden kann.

...weitere Bestimmungen

Weiterhin gilt dies: Der Urlaub ist im laufenden Jahr zu nehmen, spätestens aber in den ersten drei Monaten des folgenden Jahres. Kann der Urlaub aus persönlichen Gründen des Arbeitnehmers nicht genommen werden, so verfällt er. Er ist seitens des Arbeitgebers in einem solchen Fall nicht abzugelten. Also: *Innerhalb der Frist nicht genommener Urlaub verfällt!*

Fragen und Sonderfälle

Die Frage nach der Länge des zu gewährenden Urlaubs taucht meist dann auf, wenn der Arbeitnehmer aus einem Betrieb ausscheidet und in einem neuen Betrieb beginnt. Die Antwort lautet: Es ist vom neuen Betrieb ein der dortigen Arbeitsdauer entsprechender Urlaub zu gewähren (anteilig bezogen auf den Jahresurlaub).

Beispiel: Ein Arbeitnehmer ist seit Jahresbeginn drei Monate in einem neuen Betrieb beschäftigt, und es ist mit ihm ein Erholungsurlaub von 28 Werktagen vereinbart. Dann stehen dem Arbeitnehmer sieben Werktage Urlaub zu. Egal übrigens, ob die drei Monate gerade in die Probezeit fallen oder nicht.

Ein zweiter Arbeitnehmer tritt zum 1.10. eines Jahres in ein neues Arbeitsverhältnis ein. Von dem bisherigen Arbeitgeber wurde ihm für das laufende Kalenderjahr vom vereinbarten Urlaub (28 Werktage) der Urlaub anteilig gewährt. Dann steht ihm für die restlichen drei Monate nur noch der restliche Urlaub von sieben Tagen zu.

Ein anderer Fall: Ein Arbeitnehmer hat Anspruch auf 30 Tage Erholungsurlaub. Wegen einer geplanten längeren Reise beantragt er 12 zusätzliche Arbeitstage als unbezahlte Freizeit. Erklärt der Arbeitnehmer sich bereit, die Kosten für eine Vertretung zu übernehmen, muss der Arbeitgeber einem solchen Antrag stattgeben.

Erkrankt ein Arbeitnehmer während seines Urlaubs und wird dieser Umstand auch ärztlich nachgewiesen, so werden die Tage der Arbeitsunfähigkeit **nicht** auf den Urlaub angerechnet.

Arbeitsunfähigkeit: Diese Tage werden nicht auf den Urlaub angerechnet.

Arbeits- und Tarifrecht

5. Lohnfortzahlung • Urlaub

1. Zur Lohnfortzahlung besteht eine .... Pflicht.

   Die Lohnfortzahlung im Krankheitsfall und in bestimmten weiteren Fällen zählt zu denjenigen Lohnzusatzkosten, die den Arbeitgeber .... belasten.

2. Aus welchem Jahr stammt das Lohnfortzahlungsgesetz? ....

3. Das Lohnfortzahlungsgesetz bestimmt, dass Arbeiter, die wöchentlich mindestens 10 Stunden beschäftigt sind, im Krankheitsfalle bis zu .... Wochen weiter Lohn erhalten. Der Anspruch auf Lohnfortzahlung ist gegeben, wenn der Arbeitnehmer .... arbeitsunfähig ist.

4. Selbstverschulden und *keine* Lohnfortzahlungspflicht liegt vor, wenn die Arbeitsunfähigkeit verursacht wurde durch:

   1. .... fahrlässiges Verhalten im Straßenverkehr (Fahren ohne Gurt, Alkohol am Steuer)

   2. grob fahrlässige Verstöße gegen .... -vorschriften (Schweißarbeiten ohne vorgeschriebene Schutzausrüstung)

   3. einen Unfall bei der Ausübung einer .... Sportart (z. B. Drachenfliegen), bei welcher der Arbeitnehmer seine Kräfte deutlich überschätzt

   4. Verletzung bei einer .... Nebentätigkeit (Schwarzarbeit)

5. Ein Arbeitnehmer ist infolge derselben Krankheit innerhalb von 12 Monaten zuerst vier Wochen, danach zwei Wochen und dann nochmals drei Wochen unverschuldet arbeitsunfähig erkrankt.

   Für wie viele Wochen muss der Arbeitgeber den Lohn fortzahlen? ....

6. Bei unterschiedlichen Erkrankungen innerhalb dieser Zwölfmonatsfrist entsteht ein .... Recht auf Entgeltfortzahlung. Dauert die Arbeitsunfähigkeit länger als sechs Wochen, so erhält der Arbeitnehmer .... von der Krankenkasse. Sind im Betrieb des Arbeitgebers nicht mehr als 20 Arbeitnehmer beschäftigt, so erstattet die Krankenkasse dem Arbeitgeber etwa .... % der Entgeltfortzahlungskosten.

7. Lohn muss auch dann fortgezahlt werden, wenn ein Arbeitnehmer seine Tätigkeit unverschuldet deshalb nicht ausüben kann, weil etwa die .... -versorgung im Betrieb zusammengebrochen ist oder weil aufgrund eines .... -schadens bei einem Zulieferbetrieb wichtige Teile fehlen.

8. Keinen Anspruch auf Lohnfortzahlung haben .... Angestellte. Einen Anspruch darauf haben aber .... -beschäftigte Arbeitnehmer und auch Mitglieder des .... -rates.

9. Nennen Sie drei weitere Fälle von nicht krankheitsbedingter Abwesenheit vom Arbeitsplatz, bei denen ein Arbeitnehmer Anspruch auf Lohnfortzahlung oder Entschädigung für Verdienstausfall für die Zeit seiner Abwesenheit vom Arbeitsplatz hat.

   1. die Teilnahme an ....

   2. das Auftreten als ....

   3. die Fortbildung eines Betriebsratsmitglieds bezüglich des .... des Betriebsrats

   4. die Tätigkeit für drei Tage als ....

10. Lohn fortgezahlt wird auch, wenn ein Arbeitnehmer sich am Wochenende auf dem Fußballplatz bei der Ausübung einer .... Schiedsrichtertätigkeit das Bein gebrochen hat und auch, wenn er sich beim .... des Kraftfahrzeuges verletzt hat, mit dem er zur Arbeit fährt.

11. Ist ein Arbeitnehmer unverschuldet arbeitsunfähig erkrankt, so muss er dem Arbeitgeber die Arbeitsunfähigkeit .... melden und ihn über die voraussichtliche .... der Arbeitsunfähigkeit informieren. Er muss zum Arzt gehen und die ärztlichen .... befolgen.

12. Spätestens nach Ablauf des .... Tages muss er dem Arbeitgeber eine ärztliche Arbeitsunfähigkeitsbescheinigung einreichen. Er braucht nicht den .... der Krankheit zu nennen.
    Für den Fall, dass der Arbeitnehmer aus einem im Vorhinein bekannten Grund am Arbeitsplatz fehlen wird, versteht es sich fast von selbst, den Betrieb frühzeitig zu informieren, damit dieser .... kann.

13. Weshalb ist der Urlaub nach dem Bundesurlaubsgesetz möglichst zusammenhängend zu nehmen?
    ....

14. Was ist bei der zeitlichen Festlegung des Urlaubs nach dem Bundesurlaubsgesetz zu berücksichtigen?
    1. Die Wünsche des .... 2. Die Belange des ....

15. Wie viele Werktage beträgt der Mindesturlaubsanspruch nach dem Bundesurlaubsgesetz? ....

16. Wie viele Monate muss man dem Betrieb angehören, um Anspruch auf den Mindesturlaub zu haben? ....

17. Unter welcher Voraussetzung darf Erholungsurlaub ganz oder teilweise durch Geld abgegolten werden?
    1. ....
    .... 2. ....
    ....

18. Innerhalb welcher Frist ist der Urlaub zu nehmen, wenn er im laufenden Jahr nicht mehr genommen werden kann?
    ....

19. Was geschieht, wenn man einen Urlaub aus persönlichen Gründen fristgerecht nicht nimmt? ....

20. Ein Arbeitnehmer scheidet nach Ablauf der dreimonatigen Probezeit zum 31.12. des Jahres aus dem Betrieb wieder aus. Im Arbeitsvertrag war ein Erholungsurlaub von 30 Werktagen vereinbart. Wie viele Tage hat der Arbeitnehmer Anspruch auf Urlaub? (Das Rechenergebnis ist gegebenenfalls aufzurunden) ....

21. Ein Arbeitnehmer tritt zum 1.10. eines Jahres in ein neues Arbeitsverhältnis ein. Es wird ein Urlaub nach dem Bundesurlaubsgesetz vereinbart. Von dem vorherigen Arbeitgeber wurde ihm für das laufende Kalenderjahr der volle gesetzliche Mindesturlaub gewährt. Wie viele Tage Urlaub muss der neue Arbeitgeber ihm für den Rest des Jahres zumindest noch gewähren? ....

22. Ein Arbeitnehmer hat Anspruch auf 30 Arbeitstage Erholungsurlaub. Wegen einer geplanten längeren Reise beantragt er 12 zusätzliche Arbeitstage als unbezahlte Freizeit. Unter welcher Bedingung muss der Arbeitgeber dem Antrag des Arbeitnehmers stattgeben? ....
    ....

23. Ein Arbeitnehmer erkrankt während seines Urlaubs. Was gilt für die Tage seiner Arbeitsunfähigkeit, wenn diese unverschuldet ist und ärztlich nachgewiesen wird? ....
    ....

Arbeits- und Tarifrecht

6. Kündigung • Zeugnis
PAL Arbeitsrecht, Arbeitsschutz 195-207, U25-U28, U48

Kündigung des Arbeitsvertrages

Die Kündigung zeigt die Beendigung des Arbeitsverhältnisses an. Bei einer Kündigung erklärt ein Partner des Arbeitsvertrages einseitig die Auflösung des Arbeitsverhältnisses. Das Recht der Kündigung steht dem Arbeitnehmer und dem Arbeitgeber zu. Für den Arbeitgeber gelten aber wesentlich strengere Voraussetzungen.

Wir haben in der Bundesrepublik Deutschland ein starkes Kündigungsschutzrecht in Gestalt des KÜNDIGUNGSSCHUTZGESETZES. *In Zeiten hoher Arbeitslosigkeit hat ein starkes Kündigungsschutzrecht für den Arbeitnehmer den Nachteil, dass die Bereitschaft des Arbeitgebers zu unbefristeten Neueinstellungen gering ist.*

Wie der Abschluss des Arbeitsvertrages kann auch dessen Kündigung schriftlich oder mündlich erfolgen. *Die von einem Vertragspartner einmal ausgesprochene und vom anderen entgegengenommene Kündigung kann einseitig nicht widerrufen werden.*

Kündigungsschutzgesetz

Das KÜNDIGUNGSSCHUTZGESETZ gilt für alle Arbeitnehmer, deren Arbeitsverhältnis länger als sechs Monate ununterbrochen angedauert hat und die in einem Betrieb tätig sind, in dem in der Regel mehr als fünf Arbeitnehmer – ohne Auszubildende – beschäftigt werden. Für neu eingestellte Arbeitnehmer erhöht sich die Grenze, ab der das KÜNDIGUNGSSCHUTZGESETZ greift, seit 2004 auf mehr als **10** Arbeitnehmer.

Es wird zwischen ordentlicher und außerordentlicher Kündigung unterschieden.

Ordentliche Kündigung

Die ordentliche Kündigung verlangt vom Arbeitnehmer – so ist es gängige Praxis – grundsätzlich keinen sachlichen Grund. Die ordentliche Kündigung:

- verlangt vom Arbeitgeber das Vorliegen eines Grundes, der sie sozial rechtfertigt, sofern das KÜNDIGUNGSSCHUTZGESETZ Anwendung findet
- ist grundsätzlich nur bei unbefristeten Arbeitsverhältnissen zulässig
- kann durch Tarif- oder Einzelvertrag im Sinne von Unkündbarkeit ausgeschlossen werden
- ist in der Regel an eine bestimmte Kündigungsfrist und an Termine gebunden

Kündigungsfrist

Für Arbeiter und Angestellte gelten einheitliche gesetzliche Kündigungsfristen.

- Die Kündigungsfrist während einer vereinbarten Probezeit, längstens in den ersten sechs Monaten eines Arbeitsverhältnisses, beträgt mindestens zwei Wochen.
- Die Kündigungsfrist, die Arbeitnehmer und Arbeitgeber einhalten müssen, beträgt vier Wochen zum 15. des Monats oder zum Monatsende.

September					Aug.	
30	23	16	9	2	26	**19**
29	22	15	8	1	25	
28	21	14	7	31	24	
27	20	13	6	30	23	
26	19	12	5	29	22	
25	18	11	4	28	21	
24	17	10	3	27	20	

Wird in einem Arbeitsvertrag eine Kündigungsfrist von sechs Wochen zum Schluss eines Monats vereinbart, so muss der Arbeitnehmer bei zweijähriger Betriebszugehörigkeit spätestens zum **19.** August kündigen, wenn er zum **30.** September das Arbeitsverhältnis beenden will. (Siehe Randtabelle.)

Bei einer Betriebszugehörigkeit von zwei Jahren und länger gelten laut dem Bürgerlichen Gesetzbuch (BGB) für eine Kündigung durch den Arbeitgeber folgende Kündigungsfristen: Nach einer Betriebszugehörigkeit von zwei Jahren beträgt die Kündigungsfrist einen Monat statt der vorgenannten vier Wochen, nach fünf Jahren: zwei Monate, nach acht Jahren: drei Monate, nach 10 Jahren: vier Monate, nach 12 Jahren: fünf Monate, nach 15 Jahren: sechs Monate, und nach 20 Jahren Betriebszugehörigkeit beträgt die Kündigungsfrist sieben Monate, jeweils zum Monats- (nicht zum Quartals-)ende. Berechnet wird die Betriebszugehörigkeit vom 25. Lebensjahr an. (§ 622 BGB)

In Tarifverträgen können abweichende Kündigungsregelungen getroffen werden.

Grundsätzlich unzulässig ist die Kündigung durch den Arbeitgeber während der Schwangerschaft, innerhalb der ersten vier Monate nach der Entbindung und während der Elternzeit (kann man bis zu drei Jahren in Anspruch nehmen).

Jede ordentliche Kündigung durch den Arbeitgeber ist nach dem KÜNDIGUNGSSCHUTZGESETZ nur rechtswirksam, wenn der Kündigungsgrund

- in der Person des Arbeitnehmers liegt, etwa weil er für die Arbeit nicht mehr geeignet ist,
- wenn der Grund im Verhalten des Arbeitnehmers liegt, etwa dauernde Unpünktlichkeit,
- wenn dringende betriebliche Gründe vorliegen, zum Beispiel Auftragsmangel oder Rationalisierungsmaßnahmen. Bei diesem Kündigungsgrund muss der Arbeitgeber eine „soziale" Auswahl treffen: Bei der Auswahl unter mehreren Arbeitnehmern muss er insbesondere die Dauer der Betriebszugehörigkeit, die Kinderzahl und das Alter des Arbeitnehmers berücksichtigen.

Der häufigste Fall der personenbezogenen Kündigung ist die Krankheit des Arbeitnehmers. An die Rechtfertigung einer solchen Kündigung werden strenge Anforderungen gestellt.

Die **Arbeitsgerichte** haben zur personenbezogenen Kündigung infolge Krankheit folgende Grundsätze festgelegt:
Wenn die Leistungsfähigkeit so vermindert ist, dass der Arbeitnehmer nicht mehr in der Lage ist, seine übliche Arbeitsleistung zu erbringen, muss der Arbeitgeber ihm leichtere oder dem Körperzustand angemessenere Arbeit zuweisen (falls solche Arbeitsplätze zur Verfügung stehen). Nur wenn eine solche Umsetzung nicht möglich ist oder wenn der Arbeitnehmer auch diese leichtere Arbeit nicht ausführen kann, ist eine Kündigung zulässig.

Der Arbeitgeber kann kündigen, wenn eine Gesundung des Arbeitnehmers auf absehbare Zeit nicht in Aussicht steht und wenn die wirtschaftlichen Auswirkungen von Dauerfehlzeiten unzumutbar sind.

Die Kündigung kann begründet sein, wenn der Arbeitnehmer schon häufiger erkrankt war und anzunehmen ist, dass sich sein Gesundheitszustand auch in Zukunft nicht wesentlich bessern wird. Dies gilt dann, wenn das häufige Fehlen des Arbeitnehmers zu unzumutbaren betrieblichen oder wirtschaftlichen Belastungen führt.

Zu den Krankheiten im arbeitsrechtlichen Sinne zählen auch Zeiten der Arbeitsunfähigkeit wegen AIDS oder wegen einer Sucht. Mehr unter/bei: Das Bundesministerium für Arbeit und Soziales

Außerordentliche Kündigung

Die außerordentliche Kündigung erfolgt fristlos. Für sie muss ein wichtiger Grund vorliegen. Hierunter fallen solche Gründe, die dem Kündigenden die Fortsetzung des Arbeitsverhältnisses unzumutbar machen. *Die außerordentliche Kündigung muss die unausweichlich letzte Maßnahme für den Kündigenden sein.* Das bedeutet, dass alle nach den Umständen milderen Mittel (zum Beispiel die Versetzung, die Änderungskündigung oder die ordentliche Kündigung) erschöpft sein müssen.

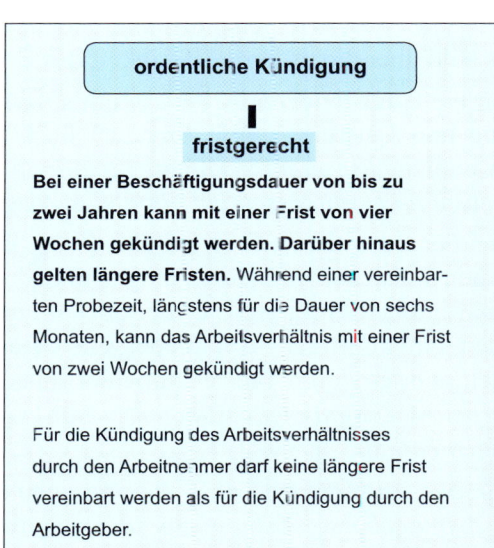

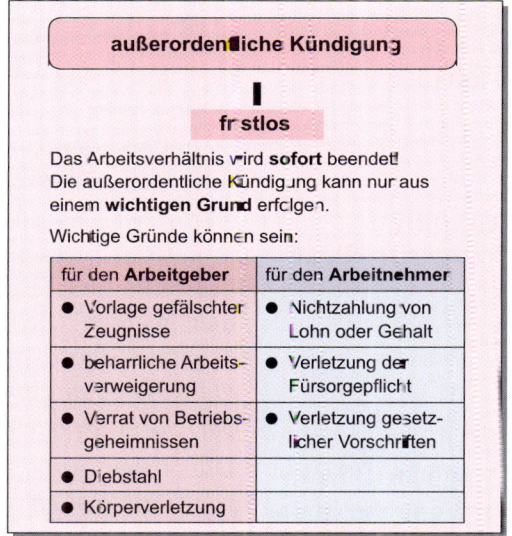

Der Arbeitgeber muss dem Arbeitnehmer auf Verlangen den Kündigungsgrund unverzüglich schriftlich mitteilen. Die fristlose Kündigung muss innerhalb von zwei Wochen nach Bekanntwerden der Tatsachen erfolgen.

Anhörung des Betriebsrats

Für beide Kündigungsformen – außerordentliche und ordentliche Kündigung – gilt: In Betrieben mit Betriebsrat muss dieser vor Ausspruch der Kündigung durch den Arbeitgeber gehört werden. *Ohne die Anhörung des Betriebsrats ist die Kündigung unwirksam.* Der Betriebsrat kann gegen die geplante Kündigung dann (binnen drei Tagen) Widerspruch einlegen, wenn

- der Arbeitgeber bei der Auswahl des zu Kündigenden soziale Gesichtspunkte nicht ausreichend berücksichtigt hat,
- der zu Kündigende an einem anderen Arbeitsplatz im Betrieb weiterbeschäftigt werden kann,
- eine Weiterbeschäftigung nach einer zumutbaren beruflichen Weiterbildung möglich ist.

Arbeits- und Tarifrecht

Einspruch des Betriebsrats

Kündigt der Arbeitgeber trotz ordnungsgemäßem **Einspruch** des Betriebsrats, so kann der Arbeitnehmer **Klage** beim Arbeitsgericht einreichen. *Sofern er unter das KÜNDIGUNGSSCHUTZGESETZ fällt, muss der Arbeitnehmer bis zum Abschluss des Kündigungsschutzprozesses weiter beschäftigt werden.*

Unwirksam ist bei Einspruch des Betriebsrats die Kündigung des Jugendvertreters.

Kündigungsschutz für besondere Personengruppen

Für bestimmte Arbeitnehmergruppen besteht deshalb Kündigungsschutz, weil sie **besonders schutzbedürftig** sind. Das können sein:

- Mitglieder des Betriebsrats
- Wehrdienst- oder Zivildienstleistende
- Schwerbehinderte
- Schwangere, Mütter nach Entbindung und Beschäftigte, die Elternzeit in Anspruch nehmen
- Auszubildende

Kündigungsschutzklage

Gegen eine Kündigung kann eine **Kündigungsschutzklage** beim Arbeitsgericht eingereicht werden, wenn die Kündigung sozial ungerechtfertigt erscheint. Das Gericht entscheidet dann darüber, ob die Kündigung berechtigt ist. Die Frist für die Einreichung der Klage beträgt drei Wochen nach Zugang der Kündigung.

„Arbeitspapiere"

Bei der Entlassung sind dem Arbeitnehmer **auszuhändigen:** die Lohnsteuerkarte, die Urlaubsbescheinigung und die Entgeltbescheinigung für die Rentenversicherung sowie das **Arbeitszeugnis**.

Arbeitszeugnis

Jeder Arbeitnehmer hat bei Beendigung des Arbeitsverhältnisses Anspruch auf ein Arbeits**zeugnis**. Dieses muss schriftlich erteilt und vom Ausstellenden unterschrieben werden. Es ist dem Arbeitnehmer unverzüglich nach Zugang der Kündigung zu

– einfach

erteilen. Ein **einfaches** Zeugnis muss mindestens Angaben über die Person des Arbeitnehmers und über die Art und Dauer der Beschäftigung sowie eine Tätigkeitsbeschreibung enthalten und zwar so vollständig und genau, dass sich ein künftiger Arbeitgeber ein klares Bild über die bisherige Tätigkeit des Bewerbers machen kann.

– qualifiziert

Der Beschäftigte kann ein **qualifiziertes** Arbeitszeugnis verlangen, das eine Beurteilung seiner Führung und Leistung sowie Angaben über vorhandene besondere fachliche Fähigkeiten enthält. *Ein nicht verlangtes qualifiziertes Zeugnis kann der Beschäftigte zurückweisen und stattdessen ein einfaches Zeugnis fordern.*

Grundsätze bei der Zeugniserteilung

Oberster Grundsatz bei der Zeugniserteilung ist: Das Zeugnis muss **wahr** sein, und es muss alle wesentlichen Tatsachen und Bewertungen enthalten, die für die Gesamtbeurteilung des Beschäftigten wichtig sind. Dabei dürfen nur Aussagen aufgenommen werden, an denen ein künftiger Arbeitgeber ein berechtigtes Interesse hat. Negative Beurteilungen müssen durch Tatsachen belegt sein. *Der Beschäftigte kann die Ausstellung eines neuen Zeugnisses verlangen, wenn es falsche Tatsachen und unrichtige Beurteilungen enthält.*

Mögliche Überprüfung durch das Arbeitsgericht

*Die Arbeitsgerichte haben entschieden, dass Beurteilungen in Arbeitszeugnissen vom **Wohlwollen** des Arbeitgebers getragen sein und das weitere Fortkommen des Arbeitnehmers nicht unnötig erschweren sollen.* Aus der arbeitsgerichtlichen Rechtsprechung sind hierzu eine Vielzahl von Fallbeispielen bekannt, die zur Beurteilung eines Zeugnistextes herangezogen werden können. Jeder Einzelfall ist jedoch in seinem Gesamtzusammenhang gesondert zu bewerten. Die Arbeitsgerichte sind befugt, das Zeugnis vollständig zu überprüfen.

„Zeugnissprache"

Im Laufe der Zeit hat sich in der Praxis eine eigene „Zeugnissprache" entwickelt. Es werden zum Beispiel negative Beurteilungen durch verschlüsselte Formulierungen in Zeugnisse eingeschleust.

Zum Beispiel lässt die Leistungsbeurteilung „Sie hat die ihr übertragenen Arbeiten stets zu unserer uneingeschränkten Zufriedenheit erledigt" eine überdurchschnittlich gute Arbeitsleistung erkennen. Die Leistungsbeurteilung „Er hat sich bemüht, den an ihn gestellten Arbeitsforderungen gerecht zu werden" lässt gerade noch ausreichende Arbeitsleistungen erkennen.

6. Kündigung • Zeugnis

1. Bei einer Kündigung erklärt ein Partner des Arbeitsvertrages .... die Auflösung des Arbeitsverhältnisses. Das Recht der Kündigung steht beiden Vertragspartnern zu. Für den Arbeitgeber gelten aber wesentlich .... Voraussetzungen. Wir haben in Deutschland ein .... Kündigungsschutzrecht.

2. Welchen Nachteil hat in Zeiten hoher Arbeitslosigkeit ein starkes Kündigungsschutzrecht für den Arbeitnehmer?
   Die Bereitschaft des Arbeitgebers zu ....
   ....

3. Wie der Abschluss eines Arbeitsvertrages kann auch dessen Kündigung .... oder auch .... erfolgen. Die von einem Vertragspartner einmal ausgesprochene und vom anderen Vertragspartner entgegengenommene Kündigung kann einseitig nicht .... werden.

4. Das Kündigungsschutzgesetz gilt für alle Arbeitnehmer, deren Arbeitsverhältnis länger als .... Monate ununterbrochen angedauert hat und die in einem Betrieb tätig sind, in dem in der Regel mehr als .... Arbeitnehmer beschäftigt werden. Für Arbeitnehmer, die ab 2004 neu einstellt wurden, wurde der gesetzliche Kündigungsschutz gelockert und greift seitdem erst für Betriebe mit mehr als .... beschäftigten Arbeitnehmern.

5. Welche beiden Kündigungsarten unterscheidet man?
   1. die .... oder fristgerechte Kündigung
   2. die .... oder fristlose Kündigung

6. Die fristgerechte Kündigung verlangt vom Arbeitnehmer keinen .... Grund, verlangt aber vom Arbeitgeber das Vorliegen eines Grundes, der die Kündigung sozial rechtfertigt. Die ordentliche Kündigung ist grundsätzlich nur bei .... Arbeitsverhältnissen zulässig; sie kann durch Tarifvertrag oder durch Einzelvertrag im Sinne von Unkündbarkeit .... werden.

7. Die gesetzliche Kündigungsfrist während einer vereinbarten Probezeit, längstens in den ersten sechs Monaten eines Arbeitsverhältnisses, beträgt mindestens .... Wochen. Die Kündigungsfrist, die Arbeitgeber und Arbeitnehmer im Anschluss an die Probezeit einhalten müssen, beträgt .... Wochen zum .... des Monats oder zum ....-ende.

8. In einem Arbeitsvertrag wurde eine Kündigungsfrist von sechs Wochen zum Schluss eines Monats vereinbart. Zu welchem Termin muss der Arbeitnehmer bei zweijähriger Betriebszugehörigkeit spätestens kündigen, wenn er zum 30. September das Arbeitsverhältnis beenden will? ....

9. Welche Kündigungsfrist muss nach 20-jähriger Betriebszugehörigkeit eingehalten werden? ....

10. Grundsätzlich unzulässig ist eine Kündigung während der Schwangerschaft, innerhalb der ersten .... Monate nach der Entbindung und während der ....-zeit.

11. Nach dem Kündigungsschutzgesetz ist jede ordentliche Kündigung nur dann rechtswirksam, wenn der Kündigungsgrund
    - in der Person des Arbeitnehmers liegt, etwa weil er für die Arbeit nicht mehr .... ist
    - im Verhalten des Arbeitnehmers liegt, der beispielsweise dauernd .... ist
    - betrieblich bedingt ist, zum Beispiel durch ....-mangel oder durch dringende ....-maßnahmen.

Arbeits- und Tarifrecht

12. Bei Kündigungen aus betrieblichen Gründen muss der Arbeitgeber die Dauer der .... -zugehörig-keit, die Kinderzahl und das .... des Arbeitnehmers berücksichtigen.

13. Der häufigste Fall der personenbezogenen Kündigung ist die .... des Arbeitnehmers. Der Arbeitgeber kann kündigen, wenn eine Gesundung auf absehbare Zeit nicht in Aussicht steht und die wirtschaftlichen Auswirkungen von Dauerfehlzeiten .... sind. Zu den Krankheiten im arbeitsrechtlichen Sinne zählen auch Zeiten der Arbeitsunfähigkeit wegen .... oder wegen einer ....

14. Die außerordentliche Kündigung erfolgt frist- .... Für sie muss ein .... Grund vor-liegen. Dem Kündigenden muss die Fortsetzung des Arbeitsverhältnisses .... sein. Die fristlose Kündigung muss die unausweichlich .... Maßnahme für den Kündigenden sein.

15. Der Arbeitgeber muss dem Arbeitnehmer auf Verlangen den Kündigungs-................................ unverzüglich schriftlich mitteilen. Die fristlose Kündigung muss innerhalb von .... Wochen nach Bekanntwerden der Tatsachen erfolgen.

16. In Betrieben mit Betriebsrat muss dieser vor Ausspruch der Kündigung gehört werden. Geschieht dies nicht, ist die Kündigung .... Der Betriebsrat kann gegen eine geplante Kündigung Widerspruch einlegen, wenn der Arbeitgeber soziale Gesichtspunkte nicht .... berücksichtigt hat und wenn eine Weiterbeschäftigung nach einer zumutbaren beruflichen Weiter- .... möglich ist.

17. Kündigt der Arbeitgeber trotz ordnungsgemäßem Einspruch des Betriebsrats, so kann der Arbeitnehmer Klage beim .... einreichen. Er muss gegebenenfalls vorerst .... -beschäftigt werden. Unwirksam ist bei Einspruch des Betriebsrats die Kündigung eines .... -vertreters.

18. Nennen Sie außer Schwangere, Mütter nach der Entbindung und Beschäftigte, die Elternzeiten in Anspruch nehmen, vier Personengruppen, für die ein besonderer Kündigungsschutz gilt.

    1. Mitglieder des ....

    2. .... -leistende oder .... -leistende

    3. ....   4. ....

19. Innerhalb welcher Frist muss ein Arbeitnehmer, der seine Kündigung für sozial ungerechtfertigt hält, Kündigungs-schutzklage beim Arbeitsgericht erheben? ....

20. Das **einfache** Arbeitszeugnis enthält außer den Angaben zur Person des Arbeitnehmers noch Angaben über die .... und .... der Beschäftigung. Das **qualifizierte** Arbeitszeugnis stellt auch Führung und .... des Arbeitnehmers dar. Oberster Grundsatz bei der Zeugniserteilung ist: Das Zeugnis muss .... sein. Negative Beurteilungen müssen durch .... belegt sein.

21. Der Beschäftigte kann die Ausstellung eines neuen Zeugnisses verlangen, wenn es .... Tatsachen oder unrichtige Beurteilungen enthält. Die Arbeitsgerichte haben entschieden, dass Beurteilungen in Arbeitszeugnissen vom .... des Arbeitgebers getragen sein müssen. Die Arbeitsgerichte sind befugt, das Zeugnis vollständig zu ....

22. a) Die Leistungsbeurteilung „Sie hat die ihr übertragenen Arbeiten stets zu unserer uneingeschränkten Zufriedenheit erledigt" lässt .... gute Arbeitsleistungen erkennen.

    b) Die Leistungsbeurteilung „Er hat sich bemüht, den an ihn gestellten Arbeitsanforderungen gerecht zu werden" lässt gerade noch .... Arbeitsleistungen erkennen.

7. Jugendarbeitsschutz

Jugendarbeitsschutz

Arbeitsschutz für **Kinder** und **Jugendliche** ist wichtiger als der Arbeitsschutz für Erwachsene. Denn Kinder und Jugendliche sind **weniger widerstandsfähig** als Erwachsene und dürfen deshalb nicht den gleichen Belastungen ausgesetzt werden.

Jugendliche und erst recht Kinder zählen wegen ihrer Unerfahrenheit und aufgrund ihrer noch nicht beendeten körperlichen, geistigen und charakterlichen Reifung zu den gefährdeten Personengruppen, die von Gesetzes wegen besonders geschützt werden müssen. Diesen „Heranwachsenden" gilt es ihre Kindheit und Jugend zu bewahren und ihnen die Freiräume zu erhalten, die eine unverzichtbare Voraussetzung für eine gesunde körperliche und geistig-seelische Entwicklung sind.

Heute wird der Arbeitsschutz aller jungen Menschen (Kinder: bis 15 Jahre, Jugendliche: 15-18 Jahre) durch das JUGENDARBEITSSCHUTZGESETZ geregelt.

Kindheit und Jugend am Zahlenstrahl

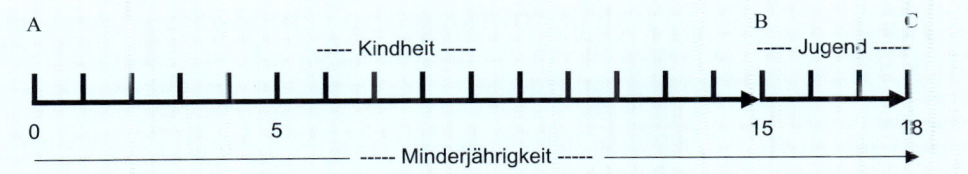

Am 15. Geburtstag – bei Punkt **B** – endet nach dem Jugendarbeitsschutzgesetz in der Fassung von 1997 die Kindheit und die Jugend beginnt. Die Jugend endet am 18. Geburtstag und das Erwachsenenalter beginnt. Unter 18 ist man **minderjährig**, ab 18 dann **volljährig**. Da die Lebenszeitrechnung bei Null beginnt und zum 1. Geburtstag das 1. Lebensjahr vollendet ist, *zählt man im Sinne des Arbeitsschutzes als Kind bis zur Vollendung des 15. Lebensjahres. Man ist Jugendlicher bis zur Vollendung des 18. Lebensjahres.*

Jugendarbeitsschutzgesetz

Nach dem JUGENDARBEITSSCHUTZGESETZ ist *Kinderarbeit grundsätzlich verboten.* Als Kind gilt, wer noch nicht 15 Jahre ist. Für Jugendliche (15 Jahre alt, aber noch nicht 18 Jahre alt), die noch vollzeitschulpflichtig sind, gelten die Vorschriften für Kinder entsprechend. § 5 JUGENDARBEITSSCHUTZGESETZ gestattet jedoch das Schülerbetriebspraktikum. Die **höchstzulässige Arbeitszeit** beträgt bei Einhaltung der 35-Stunden-Woche von Montag bis Freitag sieben Stunden täglich.

Kinderarbeitsschutzverordnung

*Für die Beschäftigung von Kindern **ab 13** und vollzeitschulpflichtiger Jugendlicher gibt es **Ausnahmen** vom grundsätzlichen Verbot der Kinderarbeit.* So dürfen beispielsweise Kinder ab 13 Jahre mit leichten und für Kinder geeigneten Arbeiten beschäftigt werden. In der KINDERARBEITSSCHUTZVERORDNUNG von 1998 sind diese erlaubten Arbeiten genau beschrieben und auch die Einschränkungen, denen sie unterliegen. Danach dürfen Kinder mit den üblichen und gesellschaftlich anerkannten Tätigkeiten, wie beispielsweise Zeitungen austragen, Hilfeleistungen in privaten Haushalten, Erledigen von Botengängen und Einkäufen, Babysitting, Erteilen von Nachhilfeunterricht, Handreichungen beim Sport und Hilfeleistungen in der Landwirtschaft, beschäftigt werden. Diese Tätigkeiten sind allerdings nur in privaten Haushalten, im Bereich Kultur, Sport und Unterhaltung sowie in der Landwirtschaft zugelassen, soweit eine Gefährdung und Überforderung nicht zu befürchten ist. Eine Beschäftigung in der gewerblichen Wirtschaft, in der Produktion und im Handel ist nicht erlaubt. Solche Arbeiten sind Kindern ab 13 und vollzeitschulpflichtiger Jugendlichen grundsätzlich nicht zumutbar.

Andere Bedingungen gibt es für (nicht vollzeitschulpflichtige) Jugendliche.

Kinderarbeit ist grundsätzlich verboten: Erst ab 13 gibt es Ausnahmen.

Jugendarbeitsschutz in der Arbeitswelt

Das JUGENDARBEITSSCHUTZGESETZ gilt für alle jugendlichen Auszubildenden sowie für alle Arbeitnehmer oder Heimarbeiter unter 18 Jahren (Jugendliche ohne Ausbildungsvertrag). Das JUGENDARBEITSSCHUTZGESETZ stammt ursprünglich aus dem Jahre 1976, erfuhr zwischenzeitlich einige Änderungen und gilt als ähnlich fortschrittlich wie das Berufsbildungsgesetz von 1969.

Arbeits- und Tarifrecht

Pflichten für den Arbeitgeber

Aus dem JUGENDARBEITSSCHUTZGESETZ ergeben sich für Arbeitgeber, die Jugendliche beschäftigen, die **Pflichten,** die Jugendlichen vor Überbeanspruchung zu schützen und den Jugendlichen ausreichend Freizeit zur Erholung zu gewähren (*Pausen am Tag – Pausen im Jahr*).

Arbeitszeit

Normalerweise dürfen Jugendliche nicht mehr als acht Stunden am Tag und 40 Stunden in der Woche arbeiten.

– gleitend

Die Änderung des JUGENDARBEITSSCHUTZGESETZes von 1984 lockerte diese starre Regel auf: Um **Vorteile der gleitenden Arbeitszeit** nutzen zu können, durfte ab dann bis zu 8,5 Stunden pro Tag gearbeitet werden, damit am Freitag das Wochenende früher beginnen kann. (Bei den 40 Stunden pro Woche ist es dabei geblieben.)

– 5-Tage-Woche

Ausnahmefall: Dienst im Krankenhaus kann auch einmal am Samstag oder Sonntag sein.

Grundsätzlich gilt: Mehr als fünf Tage in der Woche soll kein Jugendlicher arbeiten; der Samstag sowie die Sonn- und Feiertage sind frei. (*5 Tage Arbeit – 2 Tage Ruhe!*)

Aber auch hier bestätigen Ausnahmen die Regel: Wer zum Beispiel in einem Krankenhaus oder in der Landwirtschaft arbeitet, wird dies auch einmal am Samstag oder Sonntag tun müssen.

Allerdings hat der Jugendliche dann Anspruch auf einen freien Tag in **derselben** Woche. (Es bleibt damit bei fünf Tagen Arbeit in der Woche!)

– Ruhezeit

Von der Regel, dass ein Jugendlicher **nicht vor 6** Uhr und **nicht nach 20** Uhr beschäftigt werden darf, gibt es Ausnahmen. Im Bäckerhandwerk darf früher angefangen, in der Landwirtschaft, im Gaststättengewerbe und in Schichtbetrieben (hier sogar um 23 Uhr) darf später aufgehört werden. Zwischen Arbeitsende und Arbeitsbeginn am nächsten Tag müssen 12 Stunden liegen.

Pausen am Tag

Arbeiten Jugendliche mehr als sechs Stunden am Tag, haben sie Anspruch auf insgesamt 60 Minuten Pause; die erste darf frühestens nach einer Arbeitsstunde und muss spätestens nach 4,5 Stunden eingelegt werden. Keine Pause darf kürzer als 15 Minuten sein. (*Nach spätestens 4 1/2 Stunden mindestens 15 Minuten Pause!*)

Urlaub

Der Jahresurlaub ist dem Alter entsprechend gestaffelt: 15jährige haben 30 Werktage Urlaub. Wer 16 Jahre alt ist, hat Anspruch auf 27, ein 17jähriger auf 25 Werktage. Das wird so gehandhabt, dass einem Jugendlichen, der angenommen im Januar dieses Jahres 18 wurde, in diesem Jahr (in dem er 18 geworden ist) noch die 25 Werktage eines 17jährigen an Urlaub zustehen.

Freistellungen

Ein Jugendlicher muss von der Arbeit freigestellt werden, damit er die **Berufsschule** besuchen kann. (*Berufsschulzeit = Arbeitszeit*). Dauert der Unterricht länger als fünf Schulstunden (zu je 45 Minuten) muss er nicht mehr in den Betrieb zurückkehren. Diese Regelung gilt indes nur für einen Berufsschultag in der Woche.

Freigestellt werden muss der Jugendliche auch für die Prüfungen und am Tag unmittelbar *vor* der schriftlichen Abschlussprüfung. Diese Zeiten für die Prüfungen werden auf die Arbeitszeit angerechnet.

Ärztliche Untersuchung

Die erste ärztliche Untersuchung erfolgt vor dem Start ins Berufsleben, also vor Beginn der Beschäftigung, die Nachuntersuchung in den letzten drei Monaten des ersten Beschäftigungsjahres.

Gefährliche Arbeiten Akkordarbeiten

Verboten ist es, Jugendliche mit gefährlichen Arbeiten zu beschäftigen oder (außer zu Kennenlernzwecken) im Akkord oder am Fließband arbeiten zu lassen. Ein Jugendlicher darf im Rahmen seiner Ausbildung ausnahmsweise mit Akkordarbeit beschäftigt werden, wenn dies zur Erreichung des Ausbildungsziels erforderlich ist.

Gewerbeaufsichtsamt – Überwachung

Die Institution, die den gesetzlichen Auftrag hat, die Bestimmungen des JUGENDARBEITSSCHUTZGESETZES zu überwachen, ist das Gewerbeaufsichtsamt.

Mehr unter www.azuro-muenchen.de/ausbildung/berater_c/gewerbeaufs.html [2005-05-30].

7. Jugendarbeitsschutz

1. Arbeitsschutz ist für Kinder und Jugendliche noch wichtiger als für .... Denn junge Menschen sind weniger .... als Erwachsene und dürfen deshalb nicht den gleichen .... ausgesetzt werden.

2. Jugendliche und erst recht Kinder zählen zu den gefährdeten Personengruppen, die von Gesetzes wegen besonders .... werden müssen. Kinder und Jugendliche sind noch unerfahren und ihre körperliche, geistige und charakterliche .... ist noch nicht abgeschlossen. Ihnen gilt es ihre Kindheit und Jugend zu bewahren. Und es gilt ihnen die .... zu erhalten, die eine unverzichtbare Voraussetzung für eine gesunde körperliche und geistig-seelische Entwicklung sind.

3. Durch welches Gesetz ist der Arbeitsschutz für Kinder und Jugendliche in Deutschland geregelt? ....

4. Kind ist man nach dem Jugendarbeitsschutzgesetz bis ...... Jahre, und Jugendlicher ist man von ...... bis ...... Jahre. Am 15. Geburtstag .... die Kindheit und die Jugend .... Die Jugend endet am ...... ten Geburtstag und das .... -alter beginnt.

5. Unter 18 ist man .... -jährig. Ab 18 ist man dann .... -jährig. Kind ist man bis zur Vollendung des ......ten Lebensjahres und Jugendlicher bis zur Vollendung des ......ten Lebensjahres.

6. Was ist Kinderarbeit nach dem Jugendarbeitsschutzgesetz grundsätzlich? ....

7. Als Kind gilt, wer noch nicht ...... Jahre alt ist. Jugendlicher ist, wer 15, aber noch nicht ...... Jahre alt ist. Auf Jugendliche, die der Vollzeitschulpflicht unterliegen, finden die für .... geltenden Vorschriften entsprechend Anwendung. § 5 JUGENDARBEITSSCHUTZGESETZ gestattet jedoch das Schülerbetriebspraktikum. Die höchstzulässige Arbeitszeit beträgt von Montag bis Freitag .... Stunden täglich, bei Einhaltung der 35-Stunden-Woche.

8. Kinder ab 13 Jahre und vollzeitschulpflichtige Jugendliche dürfen gemäß KINDERARBEITSSCHUTZVERORD-NUNG beschäftigt werden mit den üblichen und gesellschaftlich anerkannten Tätigkeiten, wie .... austragen, Hilfeleistungen in .... , Erledigen von Botengängen und Einkäufen, Babysitting, Erteilen von Nachhilfeunterricht, Handreichungen beim Sport und Hilfeleistungen in der ....

9. Die vorgenannten üblichen und gesellschaftlich anerkannten Tätigkeiten sind nur zugelassen, soweit eine .... und eine .... nicht zu befürchten ist. Nicht erlaubt ist eine Beschäftigung in der .... , in der Produktion und im Handel. Solche Arbeiten sind Kindern ab 13 und vollzeitschulpflichtigen Jugendlichen grundsätzlich nicht .... -bar.

10. Das JUGENDARBEITSSCHUTZGESETZ gilt für alle jugendlichen .... sowie für alle .... oder Heimarbeiter unter 18 Jahren (Jugendliche ohne Ausbildungsvertrag).

11. Aus welchem Jahr stammt das fortschrittliche Jugendarbeitsschutzgesetz? ....

Arbeits- und Tarifrecht

12. Aus dem Jugendarbeitschutzgesetz ergibt sich für den Arbeitgeber die Pflicht, den Jugendlichen vor Überbeanspruchung am Arbeitsplatz zu .... und ihm ausreichend .... zur Erholung zu gewähren.

13. Wie lang darf nach dem Jugendarbeitschutzgesetz die tägliche Arbeitszeit von Jugendlichen normalerweise höchstens sein? ....

14. Wie viele Stunden dürfen nach dem Jugendarbeitsschutzgesetz Jugendliche wöchentlich höchstens beschäftigt werden? ....

15. Mehr als .... Tage in der Woche soll kein Jugendlicher arbeiten. Arbeitet er dort, wo auch samstags oder gar sonntags regelmäßig gearbeitet wird, auch einmal am Samstag oder am Sonntag, so hat er .... auf einen freien Tag in .... Woche.

16. In der Regel darf ein Jugendlicher nicht vor .... Uhr und nicht nach .... Uhr beschäftigt werden. Hiervon gibt es .... In Schichtbetrieben darf sogar erst um .... Uhr aufgehört werden. Zwischen Arbeitsende und Arbeitsbeginn am nächsten Tag müssen .... Stunden liegen.

17. Wie viele Stunden dürfen Jugendliche hintereinander ohne Ruhepause höchstens beschäftigt werden? ....

18. Wie viele Minuten muss eine Pause mindestens dauern? ....

19. Wieviele Minuten müssen dem Jugendlichen bei einem achtstündigen Arbeitstag für Ruhepausen mindestens eingeräumt werden? ....

20. Ein 15-Jähriger hat Anspruch auf .... Werktage Jahresurlaub. Ein 16-Jähriger kann .... Werktage Jahresurlaub beanspruchen.

21. Ein Jugendlicher wird in diesem Jahr im Juni 17 Jahre alt. Wie viele Tage Urlaub stehen ihm für dieses Jahr nach dem Jugendarbeitsschutzgesetz zu? ....

22. Ein Jugendlicher muss regelmäßig von der Arbeit freigestellt werden, damit er die .... besuchen kann. Berufsschulzeit ist ....-zeit. Dauert der Unterricht länger als .... Schulstunden, so muss der Jugendliche nicht mehr in den Betrieb zurückkehren.

23. Freigestellt werden muss der Jugendliche auch für die .... und am Arbeitstag unmittelbar .... der schriftlichen ....-prüfung.

24. In welchem Zeitraum soll die ärztliche Nachuntersuchung stattfinden? ....

25. Es ist verboten, Jugendliche mit .... Arbeiten und mit ....-arbeiten und am .... -band zu beschäftigen.

26. Welche Institution hat den gesetzlichen Auftrag, die Einhaltung der Bestimmungen des Jugendarbeitsschutzgesetzes zu überwachen? ....

8. Arbeitsplatzschutz • Mutterschutz • Schwerbehindertenschutz

PAL Arbeitsrecht, Arbeitsschutz 217-219, U29, U32

Arbeitsplatz-schutzgesetz

Zu den Arbeitsschutzrechten, die von besonderer Bedeutung sind, zählt das ARBEITSPLATZSCHUTZGESETZ. Dieses Gesetz gilt für Arbeitnehmer, die ihren **Wehr- oder Zivildienst** ableisten oder an späteren Wehrübungen teilnehmen. Es gilt auch für Arbeitnehmer, die zur Musterung eingeladen werden. Den durch die Musterung entstehenden Verdienstausfall bezahlt der Arbeitgeber.

Während des Grundwehr- oder Zivildienstes ruht das Arbeitsverhältnis. Ein Recht auf Lohnfortzahlung durch den Arbeitgeber besteht für den Arbeitnehmer nicht, aber der Arbeitnehmer bleibt Angehöriger des Betriebes und es besteht Kündigungsschutz. Das heißt, der Arbeitnehmer behält den Anspruch, nach Ableistung des Grundwehrdienstes, seinen alten Arbeitsplatz wieder zu besetzen. Dieser Anspruch besteht nicht in Betrieben mit fünf oder weniger Beschäftigten.

Der **Einberufungsbescheid** zum Grundwehrdienst oder zum Zivildienst ist dem Arbeitgeber unverzüglich nach Erhalt vom Arbeitnehmer vorzulegen, damit der Arbeitgeber planen kann. Legt der Arbeitnehmer den Einberufungsbescheid seinem Arbeitgeber erst wenige Tage vor Beginn des Grundwehrdienstes vor, so kann der Arbeitgeber den Arbeitnehmer auf Schadensersatz verklagen.

Wird der Arbeitnehmer aus dem Grundwehr- oder Zivildienst entlassen, so muss er sich unverzüglich bei seinem Arbeitgeber zurückmelden, damit sein Anspruch auf seinen Arbeitsplatz gewahrt bleibt.

Da der Arbeitnehmer nach dem Arbeitsplatzschutzgesetz während des Wehrdienstes Angehöriger des Betriebes bleibt, behält er während dieser Zeit auch das Recht, an der Wahl des Betriebsrats teilzunehmen.

Auch muss dem Arbeitnehmer die Wehrdienst- oder Zivildienstzeit auf die Zeit der Betriebszugehörigkeit angerechnet werden. Bewirbt der Arbeitnehmer sich nach der Ableistung des Grundwehrdienstes weiter, etwa um eine Stelle im Öffentlichen Dienst, so wird er aufgrund abgeleisteten Wehrdienstes bevorzugt eingestellt.

Schwerbehinderten-schutz

Arbeitgeber mit mindestens 20 Arbeitsplätzen sind aufgrund des SOZIALGESETZ-BUCHES – NEUNTES BUCH (SGB IX) in ihren Unternehmen verpflichtet, wenigstens 5 % dieser Arbeitsplätze mit Schwerbehinderten zu besetzen. Für den nicht besetzten Platz muss der Arbeitgeber monatlich 105 bis 260 Euro als **Ausgleichsabgabe** zahlen, je nachdem wie viele Schwerbehinderte er beschäftigt. Verfügt ein Betrieb über 60 Arbeitsplätze, so muss der Arbeitgeber in seinem Betrieb *drei* Schwerbehinderte beschäftigen oder maximal 780 Euro monatliche Abgabe bezahlen.

Schwerbehinderte sind Personen mit einem **Behinderungsgrad** von mehr als **50 %**, was bedeutet, dass sie in ihrer Erwerbsfähigkeit um mehr als **50 %** gemindert sind. In Betrieben mit **mehr als fünf** Schwerbehinderten ist ein **Vertrauensmann** der Schwerbehinderten zu wählen, um deren Belange zu vertreten. Dieser hat das Recht, an allen Sitzungen des Betriebsrats teilzunehmen. Er genießt den gleichen Kündigungsschutz wie ein Mitglied des Betriebsrats.

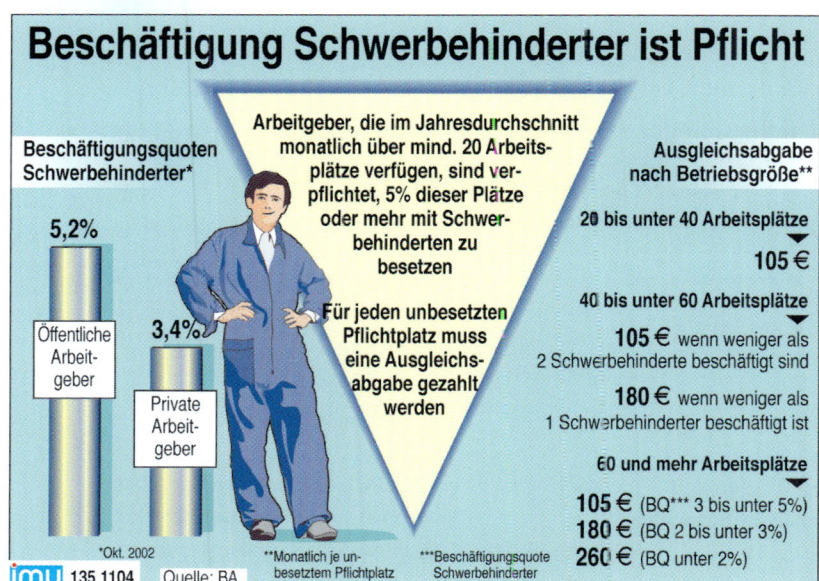

Beschäftigung Schwerbehinderter ist Pflicht

Arbeitgeber, die im Jahresdurchschnitt monatlich über mind. 20 Arbeitsplätze verfügen, sind verpflichtet, 5% dieser Plätze oder mehr mit Schwerbehinderten zu besetzen

Für jeden unbesetzten Pflichtplatz muss eine Ausgleichsabgabe gezahlt werden

Beschäftigungsquoten Schwerbehinderter*
5,2% — Öffentliche Arbeitgeber
3,4% — Private Arbeitgeber

Ausgleichsabgabe nach Betriebsgröße**

20 bis unter 40 Arbeitsplätze
105 €

40 bis unter 60 Arbeitsplätze
105 € wenn weniger als 2 Schwerbehinderte beschäftigt sind
180 € wenn weniger als 1 Schwerbehinderter beschäftigt ist

60 und mehr Arbeitsplätze
105 € (BQ*** 3 bis unter 5%)
180 € (BQ 2 bis unter 3%)
260 € (BQ unter 2%)

*Okt. 2002
imu 135 1104 Quelle: BA
**Monatlich je unbesetztem Pflichtplatz
***Beschäftigungsquote Schwerbehinderter

Arbeits- und Tarifrecht

Die **Kündigung eines Schwerbehinderten** bedarf der Zustimmung der **Hauptfürsorgestelle**. Eine fristlose Kündigung eines Schwerbehinderten ist *nicht* zulässig.

Schwerbehinderte sind auf ihr Verlangen hin von **Mehrarbeit** freizustellen und haben einen Anspruch auf einen zusätzlichen **Urlaub** von einer Woche im Jahr.

Mutterschutz

Durch das MUTTERSCHUTZGESETZ sollen berufstätige Frauen während und nach der Schwangerschaft vor Gefahren und Schäden bewahrt werden. Der Arbeitgeber muss der werdenden Mutter die Freizeit für die erforderlichen Untersuchungen gewähren. Er kann natürlich von der Arbeitnehmerin verlangen, dass sie ein Zeugnis eines Arztes über die bestehende Schwangerschaft vorlegt.

Während der Schwangerschaft und bis zu vier Monate oder bis zu 36 Monate (Elternzeit) nach der Schwangerschaft ist eine Kündigung durch den Arbeitgeber unzulässig. Die Elternzeit ist im BUNDESERZIEHUNGSGELDGESETZ geregelt. Danach können Eltern diese Zeit mit dem Kind ganz oder gemeinsam in Anspruch nehmen. Während der ersten 24 Monate kann ein Erziehungsgeld bezogen werden, sofern bestimmte Einkommensgrenzen eingehalten werden (monatlich 300 Euro).

Mutterschutzfrist:
14 Wochen sind die Frauen finanziell abgesichert.

Für Arbeitslose gilt der Mutterschutz wie hier beschrieben naturgemäß nicht.

Sechs Wochen vor und acht Wochen nach der Entbindung (Mutterschutzfrist = 14 Wochen), dürfen werdende (und gewordene) Mütter nicht beschäftigt werden.

In den ersten acht Wochen nach der Entbindung dürfen Mütter überhaupt nicht beschäftigt werden; in den sechs Wochen davor nicht gegen ihren Willen.

Im Falle eines Beschäftigungsverbotes behält die werdende Mutter ihren bisherigen Durchschnittsverdienst (Mutterschaftslohn). Während der Mutterschutzfristen vor und nach der Geburt und für den Entbindungstag sind die Frauen finanziell abgesichert. In dieser Zeit wird Mutterschaftsgeld gezahlt.

Werdende Mütter dürfen im Sinne des Arbeitsschutzes nicht mit schweren körperlichen Arbeiten, etwa das Heben und Tragen von Lasten mit mehr als 10 kg Gewicht und auch nicht mit Akkordarbeiten betraut werden.

Die Überwachung der Einhaltung aller Arbeitsschutzbestimmungen, wie hier angesprochen, ist den staatlichen Gewerbeaufsichtsämtern übertragen worden.

Sozialer Arbeitsschutz

Zusammengefasst stellt sich der hier behandelte Arbeitsschutz wie folgt dar:

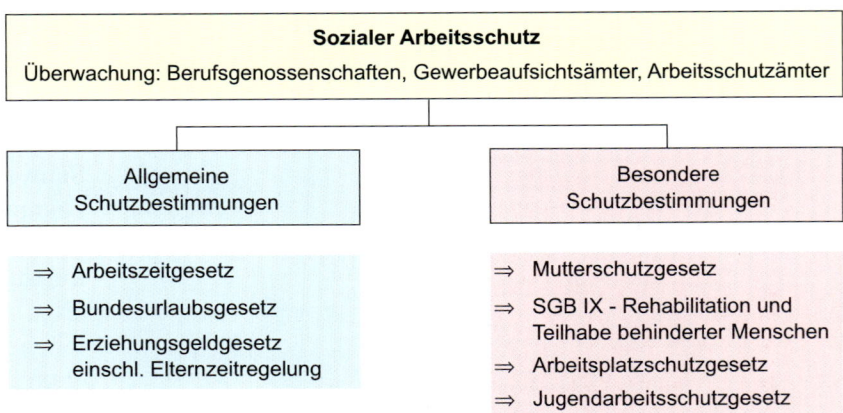

Mehr dazu unter http://www.sidiblume.de/info-rom/arb_re/index.htm [2005-05-30]. (Zur vollständigen Übersicht weiterklicken auf Arbeits- und Sozialrecht.)

8. Arbeitsplatzschutz • Mutterschutz • Schwerbehindertenschutz

1. Für welche Personengruppe gilt das Arbeitsplatzschutzgesetz in erster Linie? – Für Arbeitnehmer, die ....

....

2. Ein Arbeitnehmer wird aufgrund der Wehrpflicht von der Erfassungsbehörde aufgefordert, sich vorzustellen.

Wer bezahlt den durch die Musterung entstehenden Verdienstausfall? ....

3. Während des Grundwehr- oder Zivildienstes ruht das Arbeitsverhältnis. Für den Arbeitnehmer besteht kein Recht

auf ....-zahlung. Mit dem Arbeitsplatzschutzgesetz soll Wehr- und Zivildienstleistenden

der .... erhalten bleiben. Eine .... ist nicht zulässig.

4. Der Anspruch, den alten Arbeitsplatz nach Ableistung des Grundwehrdienstes wieder zu besetzen, besteht nicht

in Betrieben mit .... oder weniger Beschäftigten. Der Einberufungsbescheid zum Grundwehrdienst ist dem

Arbeitgeber .... nach Erhalt vom Arbeitnehmer vorzulegen, damit der Arbeit-

geber .... kann.

5. Ein Arbeitnehmer erhält den Einberufungsbescheid zum Grundwehrdienst. Er legt diesen dem Arbeitgeber erst weni-

ge Tage vor Beginn des Grundwehrdienstes vor. Welche Folge kann das für den Arbeitnehmer haben? – Der

Arbeitgeber kann den Arbeitnehmer ....

6. Ein Arbeitnehmer wird zum 30. eines Monats aus dem Grundwehrdienst entlassen. Welche Pflicht ergibt sich für ihn

aus dem Arbeitsplatzschutzgesetz? ....

....

7. Während des Grundwehrdienstes behält der Arbeitnehmer, der Angehöriger seines Betriebes bleibt, auch das Recht,

an der .... -wahl teilzunehmen. Auch muss ihm die Wehrdienstzeit auf die Zeit der

Betriebszugehörigkeit .... werden. Bewirbt er sich später im Öffentlichen Dienst so

wird er .... eingestellt.

8. Ab welcher Zahl von Arbeitsplätzen in seinem Betrieb ist der Arbeitgeber verpflichtet, Schwerbehinderte zu beschä-

tigen? ....

9. Ein Betrieb verfügt über 100 Arbeitsplätze. Wie viele Schwerbehinderte muss der Arbeitgeber in seinem Betrieb

beschäftigen? ....

10. Ein Betrieb verfügt über 120 Arbeitsplätze. Welche Ausgleichsabgabe muss der Arbeitgeber maximal zahlen, wenn

er keine Schwerbehinderten beschäftigt oder wenn die Beschäftigtenquote unter 2% liegt? ....

11. Schwerbehinderte sind Personen, die in ihrer Erwerbsfähigkeit um mehr als 50 Prozent gemindert sind.

In Betrieben mit mehr als fünf Schwerbehinderten ist ein ....-mann der Schwerbehinderten

zu wählen. Dieser hat das Recht, an allen Sitzungen des .... teilzunehmen. Die Kün-

digung eines Schwerbehinderten bedarf der Zustimmung der .... -stelle.

Einem Schwerbehinderten kann man nicht .... kündigen.

Arbeits- und Tarifrecht

12. Was gilt für Schwerbehinderte in bezug auf Mehrarbeit? ....

....

13. Was gilt für Schwerbehinderte in bezug auf die Urlaubsdauer? ....

....

14. Beim Mutterschutz geht es darum, berufstätige Frauen während und nach der ....

vor Gefahren und .... zu bewahren. Der Arbeitgeber muss der werdenden Mutter

die .... für die erforderlichen Untersuchungen gewähren.

15. Was kann der Arbeitgeber von der Arbeitnehmerin bezüglich der bestehenden Schwangerschaft verlangen?

....

16. In welchem Zeitraum **während** der Schwangerschaft ist eine Kündigung durch den Arbeitgeber unzulässig?

....

17. In welchem Zeitraum **nach** der Schwangerschaft ist eine Kündigung durch den Arbeitgeber unzulässig?

....

18. In welchem Zeitraum **nach** der Entbindung kann Erziehungsgeld gezahlt werden?

....

19. Wie viele Wochen beträgt die Mutterschutzfrist? (Das ist die Zeit vor und nach der Entbindung, in der Frauen nicht

beschäftigt werden dürfen) ....

20. Wie viele Wochen nach der Entbindung dürfen werdende Mütter (überhaupt) nicht beschäftigt werden?

....

21. Wie viele Wochen vor der Entbindung dürfen werdende Mütter (gegen ihren Willen) nicht beschäftigt werden?

....

22. Im Falle eines Beschäftigungsverbotes .... die werdende Mutter ihren bisherigen Durchschnitts-

verdienst (Mutterschaftslohn). Während der Mutterschutzfristen vor und nach der Geburt und für den Entbindungstag

sind die Frauen .... abgesichert.

23. Mit welchen Arbeiten dürfen werdende Mütter nicht beschäftigt werden?

1. ....

2. ....

24. Welcher staatlichen Institution ist die Aufsicht über die Einhaltung der Arbeitsschutzbestimmungen übertragen wor-

den? ....

25. Der **soziale** Arbeitsschutz umfasst .... und besondere Schutzbestimmungen. Zu den

besonderen Schutzbestimmungen zählt unter anderem das hier behandelte .... -gesetz,

das SGB .... – Rehabilitation und Teilhabe behinderter Menschen – und das Arbeitsplatzschutzgesetz.

9. Tarifpartner • Tarifautonomie • Tarifverhandlungen • Tarifverträge PAL Tarifrecht 220-244, U34, U36-U38

Tarifpartner

Tarife sind planvoll gestaffelte Preise und Löhne.

Wenn es darum geht, die Einkommenshöhe (und die Arbeitsbedingungen) für die Arbeitnehmer auszuhandeln, so ist dies die Aufgabe der **Tarifvertragsparteien** (auch **Tarifpartner** genannt).

Tarifverhandlungen werden geführt zwischen **Gewerkschaften** und **Arbeitgeberverbänden** beziehungsweise einzelnen Arbeitgebern. Die Fähigkeit, Tarifverträge abzuschließen, besitzen dabei die im DGB zusammengeschlossenen **Einzelgewerkschaften,** nicht jedoch der DGB selbst. Auch die übrigen Gewerkschaften (dbb tarifunion, CGB) können als Tarifpartner Verträge abschließen.

Tarifautonomie

In der Bundesrepublik Deutschland werden die Tarifverträge **ohne** staatliche **Einmischung** allein zwischen den Tarifvertragsparteien ausgehandelt. Man nennt dies Tarifautonomie. Die Vertragsparteien handeln eigenverantwortlich. Sie müssen sich natürlich im Rahmen der Verfassung bewegen und sich an andere geltende Gesetze halten. *Tarifverträge, die gegen geltendes Gesetz verstoßen, sind unwirksam.*

In der maßgeblichen rechtlichen Grundlage für Tarifverträge, dem TARIF-VERTRAGSGESETZ, ist auch die Tarifautonomie geregelt.

Die Tarifverträge werden, wie jeder andere privatrechtliche Vertrag auch, durch die übereinstimmende Willenserklärung zweier Vertragsparteien, hier den so genannten Sozialpartnern, geschlossen. Der Staat bleibt da außen vor.

Würde der Bundestag zum Beispiel für eine begrenzte Zeit einen Lohnstopp beschließen, so würde er gegen die Tarifautonomie verstoßen. Wenn der Gesetzgeber zum Beispiel grundlegend den Kündigungsschutz im KÜNDIGUNGSSCHUTZGESETZ und die Höhe des Mindesturlaubs im BUNDESURLAUBSGESETZ regelt, so verstößt er allerdings *nicht* gegen die Tarifautonomie.

Am Anfang stehen Tarifverhandlungen

Das durch die Tarifautonomie verbürgte Recht der Tarifpartner, Tarifverträge eigenverantwortlich abzuschließen, wird durch Tarifverhandlungen umgesetzt. Die Gewerkschaften wollen zum Beispiel höhere Löhne, mehr Urlaub, kürzere Arbeitszeiten, mehr Sozialleistungen und mehr Mitbestimmung. Die Arbeitgeberverbände hingegen wollen unter Umständen genau das Gegenteil: niedrigere Löhne, weniger Urlaub und so weiter. Zwischen solchen gegensätzlichen Vorstellungen gilt es, zunächst auf dem Verhandlungswege einen Ausgleich (einen Kompromiss) zu erzielen.

Tarifverträge

Die in den Tarifverträgen festgelegten Regelungen stellen Mindestbedingungen dar, die nur zugunsten des Arbeitnehmers verändert werden dürfen.

– Bedeutung

Die Tarifverträge sind Barometer des Zustands der Gesellschaft und stellen für einen begrenzten Zeitraum (Laufzeit der Verträge) ein Gleichgewicht der Kräfte dar. Sie sind das wichtigste Regelungsinstrument für die Arbeitsbedingungen und damit für den wirtschaftlichen und gesellschaftlichen Rahmen unseres Landes überhaupt.

– Geltungsbereich

Tarifverträge gelten zumeist für einen bestimmten Gewerbebereich, zum Beispiel für den Metallbereich. Sie sind zwingend nur für Mitglieder der Tarifvertragsparteien. Auf der Arbeitnehmerseite sind im allgemeinen auch nicht organisierte Arbeitnehmer eingeschlossen, um eine Ungleichbehandlung gegenüber den gewerkschaftlich organisierten Arbeitnehmern auszuschließen und den Betriebsfrieden zu sichern.

Unter bestimmten Voraussetzungen können Tarifverträge für allgemein verbindlich erklärt werden. Dann gelten die Verträge für alle Arbeitgeber und Arbeitnehmer des Tarifvertragsbereichs, auch wenn sie nicht einer der Tarifvertragsparteien angehören. Der Antrag zur Allgemeinverbindlichkeitserklärung muss von mindestens einer Tarifvertragspartei beim Bundesarbeitsministerium gestellt werden.

Gehört ein Arbeitgeber dem Arbeitgeberverband aber nicht an und wird der Tarifvertrag nicht für allgemeinverbindlich erklärt, dann darf der Arbeitgeber – rein rechtlich gesehen – untertarifliche Löhne zahlen.

Arbeits- und Tarifrecht

Neue Tarifverträge werden nach gängiger Praxis heute zunächst erst flächenmäßig begrenzt für bestimmte Tarifgebiete innerhalb Deutschlands auf Länderebene abgeschlossen. Die anderen Tarifgebiete ziehen dann nach und schließen sich in etwa zumeist an.

Die meisten Tarifverträge werden zwischen Arbeitgeberverbänden und Industriegewerkschaften geschlossen.

– Umfang
– Formvorschrift

Tarifverträge regeln die Rechte und Pflichten der Tarifvertragsparteien und können auch Vorschriften über Inhalt, Abschluss und Beendigung von Arbeitsverhältnissen enthalten und sich mit Arbeitszeit, Urlaub sowie anderen betrieblichen Fragen beschäftigen. Außerdem können Tarifverträge auch Fragen der Betriebsverfassung behandeln. Sie müssen **schriftlich** abgeschlossen werden.

– Geltung für den Arbeitsvertrag

Natürlich kann die Geltung eines Tarifvertrages auch im Arbeitsvertrag vereinbart werden. Arbeitsverhältnisse, für die kein Tarifvertrag gilt, unterliegen nur den gesetzlichen Vorschriften und den Vereinbarungen des Arbeitsvertrages.

– Geltungsdauer

Tarifverträge werden jährlich oder in größeren Zeitabständen geschlossen.

– Friedenspflicht

Während der festgelegten Laufzeit (= Geltungsdauer) eines solchen Vertrages dürfen beide Vertragsparteien keine Arbeitskampfmaßnahmen einleiten. Das Verbot von Streik oder Aussperrung während dieser Zeit bezeichnet man als *tarifliche Friedenspflicht. – Der Arbeitsfriede muss gewahrt bleiben!* – Tarifverträge können also nicht jederzeit beliebig von beiden Vertragspartnern gekündigt werden. Die im Tarifvertrag vereinbarten Bedingungen dürfen auch bei Vorliegen zwingender Gründe nicht unterschritten, müssen also in jedem Fall eingehalten werden.

– Auslegepflicht

Der **Arbeitgeber** ist verpflichtet, den für seinen Betrieb geltenden Tarifvertrag an geeigneter Stelle auszulegen.

Im Wesentlichen gibt es zwei Formen von Tarifverträgen.

Lohntarifverträge

Lohn- und Gehaltstarifverträge besitzen meist eine Laufzeit von einem Jahr und regeln vertraglich festgelegte Mindestlöhne. In Zeiten der Vollbeschäftigung oder bei Wirtschaftsaufschwung zahlen Arbeitgeber allerdings häufig *übertarifliche* Löhne.

Manteltarifverträge

Mantel- oder Rahmentarifverträge enthalten Bestimmungen, die Arbeitsbedingungen über einen längeren Zeitraum hinweg regeln. Hier werden vor allem Vereinbarungen getroffen über Urlaubsdauer, die regelmäßige wöchentliche Arbeitszeit, Mehrarbeitszuschläge, Maßnahmen bei Einstellung oder Kündigung sowie über die Probezeit und ähnliches.

Mantel- oder Rahmentarifverträge regeln Arbeitsbedingungen über einen längeren Zeitraum.

In Rahmentarifverträgen sind häufig **Lohn- und Gehaltsgruppen** ausgewiesen. Für die Eingruppierung des Arbeitnehmers von Bedeutung ist:

- seine Berufsausbildung
- seine Verantwortung für Personen
- die körperliche Belastung des Arbeitnehmers
- die Beschaffenheit seines Arbeitsplatzes

Nicht zulässige Vereinbarungen

Nicht zulässig in einem Tarifvertrag sind Vereinbarungen wie etwa folgende: „Alle Arbeitnehmer eines Betriebes müssen Mitglieder einer Gewerkschaft sein" oder: „Den Arbeitnehmern ist jede entgeltliche Nebentätigkeit untersagt" oder etwa: „Jeder Arbeitnehmer hat zwei Prozent seines Bruttolohns in eine gemeinsame Unterstützungskasse für Langzeitarbeitslose zu zahlen".

Nicht zulässig ist es, den Zuschlag für Mehrarbeit etwa auf 15 Prozent der regelmäßigen Vergütung festzulegen, weil ein gesetzlicher Anspruch auf einen Zuschlag von 25 Prozent zum regelmäßigen Lohn besteht.

Ein Verzicht des Arbeitnehmers auf tarifliche Zulagen und auf einen Teil des tarifvertraglich festgelegten Urlaubs ist nach dem TARIFVERTRAGSGESETZ ebenfalls nicht zulässig.

9. Tarifpartner • Tarifautonomie • Tarifverhandlungen • Tarifverträge

1. Tarife sind planvoll gestaltete Preise und ... . Das Aushandeln der Tarife für den Arbeitnehmer ist

   Aufgabe der Tarifvertragsparteien oder ....-partner. Tarifverhandlungen werden geführt

   zwischen .... und ....-verbänden.

2. In Deutschland werden Tarifverträge ohne staatliche .... allein zwischen den Tarif-

   vertragsparteien ausgehandelt. Man nennt d es Tarif-.................................... ... Tarifverträge, die gegen

   geltende Gesetze verstoßen, sind ....

3. Wie heißt das Gesetz, welches die maßgebliche rechtliche Grundlage für Tarifverträge darstellt?

   ....

4. Das durch die Tarifautonomie verbürgte Recht der Tarifpartner, die Tarifverträge eigenverantwortlich abzuschließen,

   wird durch Tarif-....................................... umgesetzt. Zwischen den gegensätzlichen Vorstellungen gilt

   es, einen .... zu erzielen.

5. Die in den Tarifverträgen festgelegten Regelungen stellen Mindestbedingungen dar und dürfen etwa in Einzel-

   arbeitsverträgen nur .... des Arbeitnehmers verändert werden. Tarifverträge sind zwingend

   nur für .... der Tarifvertragsparteien. Auf der Arbeitnehmerseite sind im Allgemeinen auch

   nicht organisierte Arbeitnehmer eingeschlossen, um eine .... gegen-

   über den gewerkschaftlich organisierten Arbeitnehmern auszuschließen.

6. Bei welchem Bundesministerium muss der Antrag gestellt werden, wenn ein Tarifvertrag für allgemeinverbindlich

   erklärt werden soll? ....

7. Die meisten Tarifverträge werden zwischen Arbeitgeberverbänden und .... -gewerkschaften

   abgeschlossen. Tarifverträge können auch Vorschriften über Inhalt, Abschluss und ....

   von Arbeitsverhältnissen enthalten. Tarifverträge können sich mit Arbeitszeit und .... beschäftigen

8. Arbeitsverhältnisse, für die kein Tarifvertrag gilt, unterliegen nur den .... Vorschriften

   und den Vereinbarungen des .... -vertrages.

9. Das Verbot von Streik und Aussperrung während der Laufzeit eines Tarifvertrages bezeichnet man mit

   tariflicher .... Der Arbeitgeber ist verpflichtet, den für seinen Betrieb geltenden

   Tarifvertrag an geeigneter Stelle ....

10. Welche beiden Arten von Tarifverträgen unterscheidet man, je nachdem, ob Lohn- oder Arbeitsbedingungen gere-

    gelt werden sollen?   1. ....

    2. ....

11. Nennen Sie drei Gesichtspunkte, die für die Eingruppierung eines Arbeitnehmers in die Lohngruppen von Rahmen-

    tarifverträgen von Bedeutung sind.

    1. Seine ....

    2. Seine ....

    3. Die körperliche ....

    4. Die Beschaffenheit ....

12. Nicht zulässig ist, den Zuschlag von Mehrarbeit unter den gesetzlichen Anspruch von ...... Prozent zum Lohn fest-

    zulegen. Ein Verzicht des Arbeitnehmers auf tarifliche Zulagen und einen Teil des tariflich festgelegten Urlaubs ist

    nach dem .... -gesetz nicht zulässig.

Arbeits- und Tarifrecht

10. Arbeitskampf

PAL Tarifrecht 245-260, U35, U39,

Tarifvertrag – Laufzeit

Einstieg in die neue Tarifrunde

Einstieg nach interner Meinungsbildung

Ein Lohn-(Gehalts-)tarifvertrag hat meist eine **Laufzeit** von **einem** Jahr, ein Mantel-(Rahmen-)tarifvertrag zwischen **zwei** und **fünf** Jahren.

Der *Einstieg in die Tarifverhandlungen* erfolgt zum Beispiel, indem die Gewerkschaften nach interner Meinungsbildung eine *Forderung* aufstellen und die Arbeitgeberverbände ihr *Angebot*, meist ein niedrigeres, dagegenhalten. Tarifverhandlungen stehen am Anfang eines *„Spielchens"*, das die folgende Darstellung zeigt.

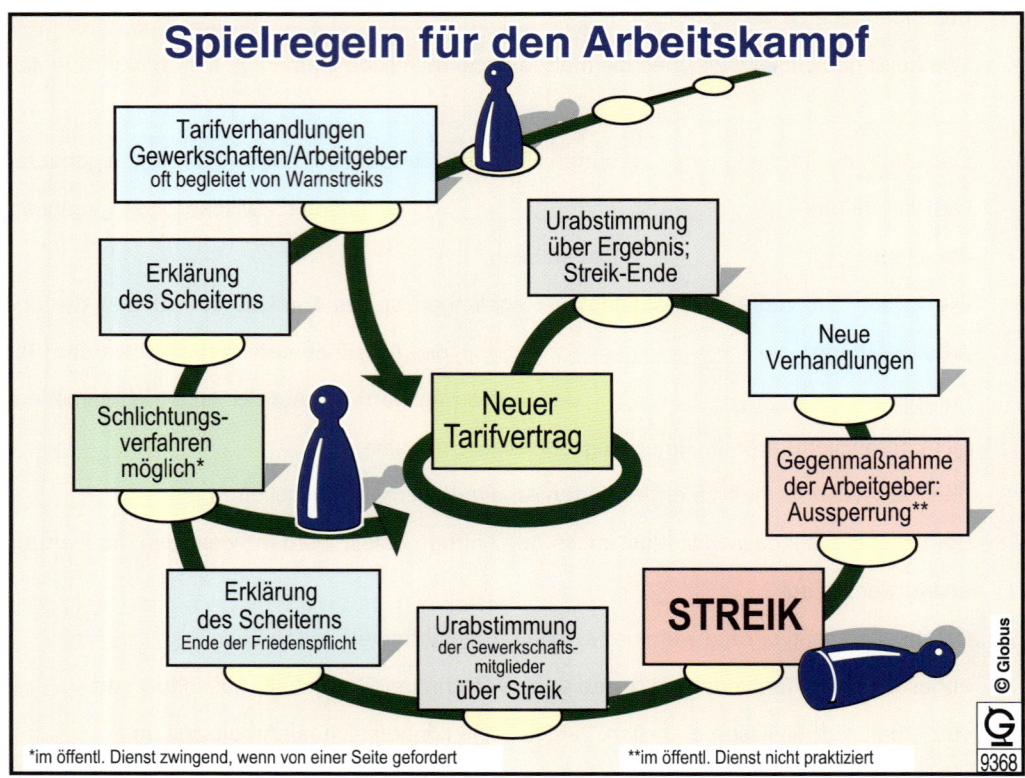

Arbeitskampfrecht ist Richterrecht

In Deutschland gilt der Arbeitskampf nach Artikel 9 GRUNDGESETZ als anerkannt.

Einzelheiten der Vorbereitung und Durchführung von Arbeitskämpfen sind nicht durch ein Gesetz gesondert geregelt. Das *Arbeitskampfrecht* hat vielmehr seine *Ausformung durch das Richterrecht* gefunden: *die Streikregeln zum Beispiel leiten sich aus Entscheidungen von Arbeitsrichtern ab.*

Häufigkeit von Streiks

Der folgenden Aufzählung ist zu entnehmen, dass es von 2000 bis 2004 in Deutschland relativ wenige Streiks gab. In Ländern Südeuropas wurde am meisten und in Schweden, Japan und Österreich am wenigsten gestreikt.

> Von 2000 bis 2004 haben die nachfolgenden europäischen Länder, Japan und USA im Durchschnitt jährlich durch **Streik** und Aussperrung die folgende **Anzahl von Arbeitstagen** je 1.000 Arbeitnehmer verloren: Spanien 275 Tage, Italien 164 Tage, Norwegen 77 Tage, Griechenland 62 Tage, Irland 53 Tage, Finnland und Dänemark 52 Tage, USA 38 Tage, Großbritannien und Frankreich 34 Tage, Portugal 11 Tage, Schweiz 5 Tage, Niederlande und Deutschland 4 Tage, Schweden, Japan und Österreich je **1** Tag.
>
> Q: Internationales Standort-Ranking 2004 http://www.bertelsmann-stiftung.de/cps/rde/xchg/stiftung/hs.xsl/4303_8886.html

Rechtswidrige und zulässige Arbeitskampfmaßnahmen

Arbeitskampfmaßnahmen sind rechtswidrig, die das Ziel haben, den Staat bei seinem verfassungsmäßigen Handeln unter Druck zu setzen, um etwa den Gesetzgeber zur Änderung der Verfassung zu zwingen. Rechtlich zulässige Mittel des Arbeitskampfes sind auf Gewerkschaftsseite der Streik zur Durchsetzung der gewerkschaftlichen Forderungen und auf Arbeitgeberseite die Aussperrung zur Druckausübung auf die Gewerkschaft.

Vor dem Streik die Schlichtung

Verlaufen nach dem Einstieg in die neue Tarifrunde die Verhandlungen ergebnislos, wird zunächst ein **Schlichtungsverfahren** eingeleitet. Führt auch dieses Verfahren zu keiner Einigung, so kann es zum Arbeitskampf kommen. Dabei ist aber immer zu bedenken, dass ein solcher Kampf Opfer kostet.

Streik

Streik ist die von einer größeren Zahl von Arbeitnehmern planmäßig durchgeführte Arbeitsniederlegung zur Erreichung wirtschaftlicher Ziele. Ein Streik darf nur um Forderungen geführt werden, die nicht bereits in einem Tarifvertrag geregelt sind.

– Arten

Erfolgt ein Streik ohne Genehmigung der Gewerkschaft und ohne Urabstimmung, so spricht man von einem **„wilden Streik"**. Die Arbeitgeber sind in diesem Fall berechtigt, die streikenden Arbeitnehmer zu entlassen.

weitere Streikarten

- Der **Generalstreik** legt die gesamte Wirtschaft lahm, weil sich alle Arbeitnehmer daran beteiligen. Er ist im Allgemeinen politisch begründet.
- Der **„totale Streik"** (*Flächenstreik*) schaltet einen ganzen Wirtschaftszweig aus, zum Beispiel die Druckindustrie.
- Der **Schwerpunktstreik** betrifft normalerweise die wichtigsten Betriebe eines Wirtschaftszweiges. Beispiel: Die IG Metall lässt in Fahrzeugteil-Zulieferbetrieben für die Automobilindustrie streiken, die für die Branche eine Schlüsselstellung einnehmen.
- Beim **Warnstreik** wird die Arbeit nur für kurze Zeit (Minuten oder Stunden) unterbrochen, um die Streikbereitschaft zu zeigen.
- Beim **Sympathiestreik** sollen streikende Arbeitnehmer aus anderen Wirtschaftszweigen indirekt unterstützt werden. Man erklärt sich solidarisch.

Unzulässige Arbeitskampfmaßnahmen

Daneben *sind Arbeitskämpfe gegen einzelne Unternehmer rechtlich zulässig.*

Unzulässig sind Arbeitskampfmaßnahmen eines Betriebsrats gegen den Arbeitgeber, zum Beispiel zur Durchsetzung höherer Ausbildungsvergütungen. (Das ist Sache der Tarifpartner!) Unzulässig ist: Ein Teil der Arbeitnehmer eines Betriebes legt die Arbeit nieder um die Wiedereinstellung eines entlassenen Kollegen zu erzwingen. (Das ist Sache des Arbeitsgerichts und außerdem sind wilde Streiks unzulässig.)

Zudem ist ein Streik nur dann rechtmäßig, wenn er von einer Gewerkschaft geführt wird. Wenn nämlich ein Streik ohne Genehmigung der Gewerkschaft geführt wird, so kann der Arbeitgeber alle an der Arbeitsniederlegung beteiligten Arbeitnehmer fristlos entlassen (wegen rechtlich unbegründeter Arbeitsverweigerung).

– Auswirkungen

Während des Streiks ruht das Arbeitsverhältnis. Wer sich an Kampfmaßnahmen beteiligt, erhält keinen Lohn. Wer nicht streikt, arbeitet weiter, wenn er nicht ausgesperrt wird. Streikposten versuchen, „Streikbrecher" von der Arbeit abzuhalten. Dabei dürfen Streikposten keine strafbaren Handlungen begehen. Notdienstarbeiter müssen zum Beispiel ermöglicht werden. Arbeitnehmer, die in mittelbarer Auswirkung eines Arbeitskampfes arbeitslos geworden sind, weil zum Beispiel Teile aufgrund eines Streiks in einem anderen Tarifbezirk nicht geliefert werden, erhalten Arbeitslosen- oder Kurzarbeitergeld von der Bundesagentur für Arbeit. Mittelbar Betroffene innerhalb des fachlichen und räumlichen Geltungsbereichs des umkämpften Tarifgebietes erhalten dagegen keine Leistungen von der Arbeitsagentur.

Streikposten   Streikbrecher

Aussperrung

Die Aussperrung ist das Kampfmittel der Arbeitgeber. Aussperrung ist die von den Arbeitgebern planmäßig durchgeführte Ausschließung mehrerer Arbeitnehmer zur Erreichung eines bestimmten wirtschaftlichen Zieles.

– Auswirkungen

Die Aussperrung führt (meist nur zur vorübergehenden) „fristlosen Entlassung" aus dem Arbeitsverhältnis. Der Arbeitgeber wird sich nur im äußersten Notfall der Aussperrung bedienen, da sie das Betriebsklima erheblich zerrüttet. Eine Aussperrung ist unter folgenden Gesichtspunkten nach der Rechtsprechung erlaubt:

- Sie darf den Gegner nicht vernichten.
- Sie muss auf das Tarifgebiet begrenzt sein.
- Sie muss zahlenmäßig begrenzt sein. Streiken weniger als 25 Prozent im Tarifgebiet, so können weitere 25 Prozent der Arbeitnehmer ausgesperrt werden (*Grundsatz der Verhältnismäßigkeit*).

Arbeits- und Tarifrecht

Nach Beendigung der Aussperrung müssen die ausgesperrten Arbeitnehmer „wieder eingestellt" werden.

Zusammenfassend lässt sich das zuvor Gesagte etwa wie folgt darstellen:

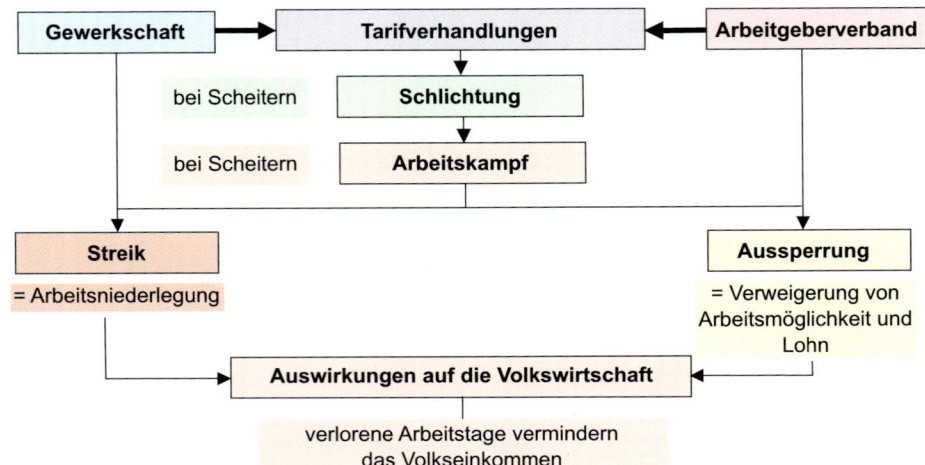

Ablauf des Arbeitskampfes

Bei Scheitern der Schlichtung kommt es zur so genannten Urabstimmung unter den gewerkschaftlich organisierten Arbeitnehmern. Die **Urabstimmung** ist die geheime Abstimmung der Gewerkschaftsmitglieder in dem Tarifgebiet darüber, ob sie der Tarifforderung durch einen Streik Nachdruck verleihen wollen.

In der Gewerkschaftssatzung zum Beispiel der IG Metall wird verlangt, dass mindestens 75 Prozent der Mitglieder einem Streik zustimmen müssen, wenn die Gewerkschaftsleitung den Streik genehmigen soll. (Die Einzelheiten der Urabstimmung sind in den Satzungen der Gewerkschaften unterschiedlich geregelt.)

Wie der *Ablauf des Arbeitskampfes* um Urabstimmung und Streik herum aussieht, zeigt die folgende Darstellung zum Grob- und Feinablauf:

Urabstimmung: mindestens 75 % müssen zustimmen

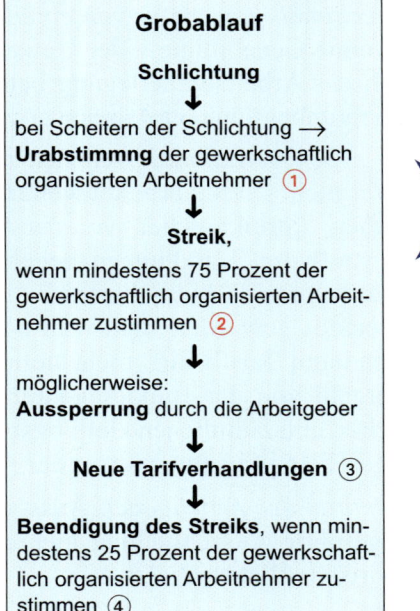

Grobablauf

Schlichtung
↓
bei Scheitern der Schlichtung →
Urabstimmng der gewerkschaftlich organisierten Arbeitnehmer ①
↓
Streik,
wenn mindestens 75 Prozent der gewerkschaftlich organisierten Arbeitnehmer zustimmen ②
↓
möglicherweise:
Aussperrung durch die Arbeitgeber
↓
Neue Tarifverhandlungen ③
↓
Beendigung des Streiks, wenn mindestens 25 Prozent der gewerkschaftlich organisierten Arbeitnehmer zustimmen ④

Feinablauf (zu ① und ②)

Die Gewerkschaften unterscheiden folgende sieben Stufen vor Einleitung eines Streiks:

- Beschluss einer Gewerkschaft zur Einleitung des Streiks
- Beschluss zur Durchführung einer Urabstimmung der Gewerkschaften über die Vornahme eines Streiks
- Aufforderung an alle Mitglieder, an der Urabstimmung teilzunehmen
- Urabstimmung
- Genehmigung des Streikbeschlusses durch das zuständige Organ der Gewerkschaft
- Streikaufruf an die Mitglieder und Aufforderung an die Nichtmitglieder zur Teilnahme am Streik
- Tatsächliche Arbeitsniederlegung

Die Urabstimmung ist beschränkt auf den Tarifbereich, in dem gestreikt werden soll, zum Beispiel Hessen oder Nordwürttemberg/Nordbaden.

Wer darf ausgeschlossen werden?

Sind in einem Betrieb die Arbeiter in der IG Metall und die Angestellten im CGB organisiert, so darf der Arbeitgeber als Gegenmaßnahme zu einem Streik **alle** Arbeitnehmer, nicht nur die Mitglieder einer bestimmten Gewerkschaft, ausschließen. Das verstieße gegen den Gleichbehandlungsgrundsatz.

Streikverbot

Nicht streiken dürfen **Beamte** und **Soldaten.**

10. Arbeitskampf

1. a) Welche Laufzeit hat ein Lohn- und Gehaltstarifvertrag meistens? ....

    b) Welche Laufzeit hat ein Mantel- und Rahmentarifvertrag? Zwischen ....ahren.

2. Läuft ein Tarifvertrag aus, so erfolgt der Einstieg in die Tarifverhandlungen zum Beispiel, indem die Gewerkschafts-

    seite eine .... aufstellt und die andere Seite ihr .... dagegenhält, das

    meist niedriger ist. Gewerkschaftsseitig werden die beginnenden Tarifverhandlungen oft von ....-streiks

    begleitet. In den Verhandlungen versucht man, sich möglichst frühzeitig auf einen für beide Seiten akzeptablen

    Kompromiss zu einigen. Gelingt das bereits im ersten Anlauf, kommt ein neuer .... -vertrag zustande.

    Andernfalls folgt eine Erklärung des .... und ein mögliches .... -verfahren.

    Ergebnis einer erfolgreichen Schlichtung wäre ein ....

3. In Deutschland gilt der Arbeitskampf nach Artikel 9 des ....-gesetzes als anerkannt. Einzelheiten der Vor-

    bereitung und Durchführung von Arbeitskämpfen sind nicht durch Gesetz, sondern durch . ...-recht

    geregelt. Die Streikregeln leiten sich aus Entscheidungen von .... ab.

4. a) In welchen europäischen Ländern wurde von 2000 bis 2004 im Durchschnitt am wenigsten gestreikt?

    ....

    b) In welchen Ländern wurde am meisten gestreikt? ....

5. Arbeitskampfmaßnahmen, die das Ziel haben, den Gesetzgeber zur Änderung der .... zu

    zwingen, sind rechtswidrig. Rechtlich zulässige Mittel des Arbeitskampfes zur Durchsetzung der Arbeitnehmerforde-

    rungen sind auf Gewerkschaftsseite der .... und auf Arbeitgeberseite die ....

6. Was ist ein Streik? Die von einer größeren Zahl von Arbeitnehmern ....

    .... zur Erreichung eines wirtschaftlichen Zieles.

7. Erfolgt ein Streik ohne Genehmigung der Gewerkschaft, so spricht von einem „ .... ".

    Der .... legt die gesamte Wirtschaft lahm. Der „ ....

    (Flächenstreik) schaltet einen ganzen Wirtschaftszweig aus.

8. Der .... betrifft die wichtigsten Betriebe eines Wirtschaftszweiges.

    Der .... dient dem Zweck, die Streikbereitschaft zu zeigen.

9. Warum sind Arbeitskampfmaßnahmen eines Betriebsrats gegen den Arbeitgeber zur Durchsetzung höherer Aus-

    bildungsvergütungen unzulässig? ....

    ....

10. Ein Streik ist nur rechtmäßig, wenn er von einer Gewerkschaft geführt wird. Was kann der Arbeitgeber mit allen

    Arbeitnehmern tun, die widerrechtlich die Arbeit niederlegen?

    ....

11. Während des Streiks .... das Arbeitsverhältnis. Wer sich an Kampfmaßnahmen beteiligt, erhält auch kei-

    nen .... Arbeitnehmer, die außerhalb des Tarifbezirkes, in dem der Arbeitskampf stattfindet, in mittelbarer

    Auswirkung des Arbeitskampfes, arbeitslos geworden ist, erhalten ....-geld.

Arbeits- und Tarifrecht

12. Was ist eine Aussperrung? Die von Arbeitgebern ....
.... zur Erreichung
eines wirtschaftlichen Zieles.

13. Die Aussperrung führt meist nur zur vorübergehenden fristlosen .... aus dem Arbeitsverhältnis. Eine Aussperrung ist nur im äußersten Notfall vorzunehmen, da sie das ....
erheblich zerrüttet.

14. Eine Aussperrung ist nur unter folgenden Gesichtspunkten rechtmäßig:
    - Sie darf nicht den Gegner ....
    - Sie muss auf das Tarifgebiet .... sein.
    - Sie muss zahlenmäßig begrenzt sein. Streiken weniger als 25 Prozent im Tarifgebiet, so können nach dem
      Grundsatz der Verhältnismäßigkeit weitere .... Prozent der Arbeitnehmer ausgesperrt werden.

15. Eine Urabstimmung ist die .... Abstimmung der Gewerkschaftsmitglieder in einem Tarifgebiet darüber, ob sie zur Durchsetzung ihrer Tarifforderungen durch einen Streik .... verleihen wollen.

16. Wie viel Prozent der abstimmungsberechtigten Mitglieder müssen nach der Gewerkschaftssatzung in der Regel
einem Streik zustimmen, wenn die Gewerkschaftsleitung ihn genehmigen soll? ....

17. Ergänzen Sie im Folgenden jede zweite Stufe des Feinablaufs der Arbeitskampfvorbereitung vor der tatsächlichen
Arbeitsniederlegung.
    1. Gewerkschaftsbeschluss zur Einleitung des Streiks
    2. Beschluss zur ....
    3. Aufforderung zur Teilnahme an der Urabstimmung
    4. Durchführung der ....
    5. Genehmigung des Streikbeschlusses
    6. Streikaufruf an ....
    (7. Tatsächliche Arbeitsniederlegung)

18. Ergänzen Sie im Folgenden die vierte Stufe des Grobablaufs des Arbeitskampfes.
    3. Neue Tarifverhandlungen nach einer eventuellen Aussperrung durch die Arbeitgeber
    4. Beendigung des Streiks, wenn ....
    ....

19. Wo sind die Einzelheiten zur Urabstimmung der Gewerkschaftsmitglieder geregelt?
....

20. Auf welchen Bereich ist die Urabstimmung beschränkt? ....
....

21. Nennen Sie zwei Arbeitnehmergruppen, die nicht streiken dürfen.
    1. .... 2. ....

22. Gegen welchen Grundsatz verstößt der Arbeitgeber beim Streik aller Arbeitnehmer, wenn er nur die Mitglieder einer
bestimmten Gewerkschaft ausschließt und die einer anderen nicht?
Gegen den ....-grundsatz

1. Betriebsverfassung • Betriebsrat • Betriebsratswahl

PAL 261, 264-269

Betriebsverfassungs-gesetz

Das BETRIEBSVERFASSUNGSGESETZ (BetrVG) von 1972, zuletzt geändert 2004, garantiert die Mitbestimmung der Arbeitnehmer im Betrieb. Dieses Gesetz regelt die Zusammenarbeit zwischen Arbeitgebern und Arbeitnehmern in Betrieben der privaten Wirtschaft, zum Beispiel für Einzelunternehmung, OHG, KG, GmbH und AG.

– Regelungen

Das *Betriebsverfassungsgesetz* gilt auch für Betriebe der öffentlichen Hand, die als AG oder GmbH betrieben werden und auch für inländische Betriebe, die in Besitz von Ausländern sind, also auch etwa für die Generalvertretung und für das Reparaturwerk einer ausländischen Autofirma in Düsseldorf.

Betriebsrat

Hier die betriebsverfassungsrechtlichen *Mitbestimmungsorgane* in der Übersicht.

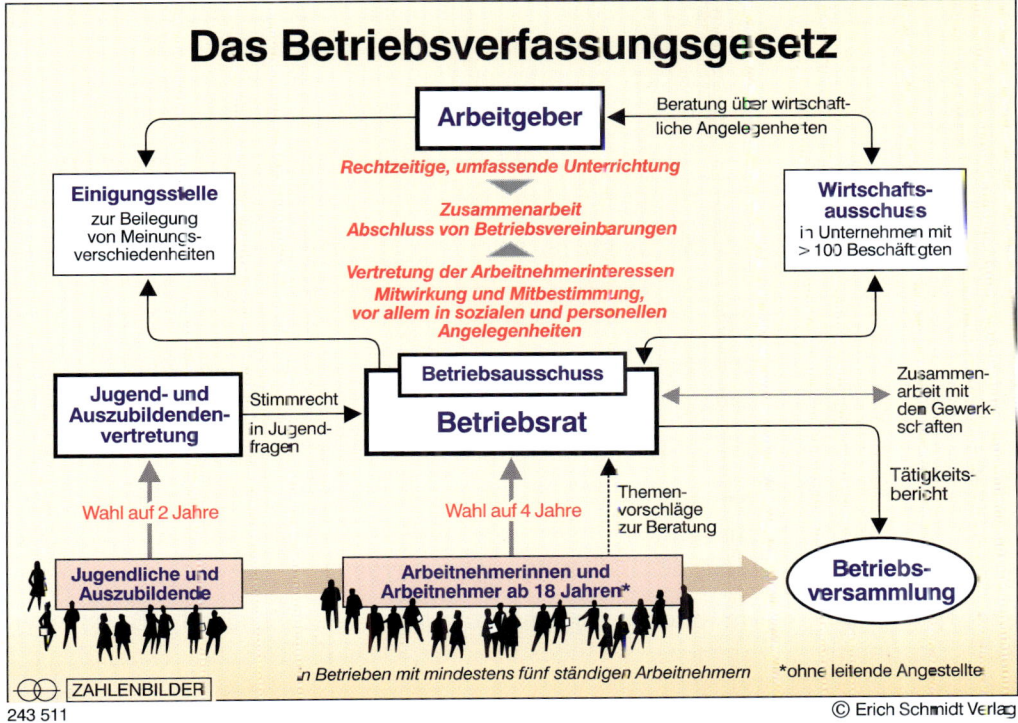

Im Betriebsverfassungsgesetz sind geregelt:

- Mitwirkung und Mitbestimmung der Arbeitnehmer
- die Rechte und Pflichten des Betriebsrats und der Jugend- und Auszubildendenvertretung
- die Zusammensetzung des Betriebsrats und der Jugend- und Auszubildendenvertretung
- das Recht zur Durchführung von Betriebsratswahlen/Wahlen der Jugend- und Auszubildendenvertretung
- die Durchführungsbestimmungen zu den vorgenannten Wahlen
- die Stellung der Gewerkschaften und der Vereinigungen der Arbeitgeber

Als Voraussetzung dafür, dass die im BETRIEBSVERFASSUNGSGESETZ eingeräumten Mitwirkungs- und Mitbestimmungsrechte bei Einstellungen und Umgruppierungen gelten, müssen im Betrieb mehr als 20 wahlberechtigte Arbeitnehmer beschäftigt sein. *Die im Betrieb vertretenen Gewerkschaften dürfen an den Betriebsversammlungen teilnehmen.*

Nach dem BETRIEBSVERFASSUNGSGESETZ vertritt der **Betriebsrat** alle Arbeiter und Angestellten innerhalb eines Betriebes, nicht aber die leitenden Angestellten. Diese nehmen unternehmerische Aufgaben wahr, sie können aber – entsprechend dem Arbeitsrecht – einen „Sprecherausschuss" bilden. Einen Einmann-Betriebsrat bezeichnet man auch als **Betriebsobmann.**

Der Betriebsrat hat gegenüber dem Arbeitgeber ein Informationsrecht, ein Mitwirkungsrecht und ein Mitbestimmungsrecht. Er beantragt beim Arbeitgeber Maßnahmen, die dem Betrieb und den Arbeitnehmern dienen.

Mitbestimmung

– Wahlen

Die geheimen **Wahlen zum Betriebsrat** finden alle vier Jahre zwischen dem **1. März** und dem **31. Mai** statt, nachdem Wahlvorschläge gemacht wurden. Hierzu ist es erforderlich, dass mindestens **fünf** wahlberechtigte Arbeitnehmer, von denen **drei** wählbar sind, im Betrieb beschäftigt werden. Parallel zum Betriebsrat wählen die Jugendlichen/Auszubildenden die **Jugend- und Auszubildendenvertretung.**

Wahlberechtigt sind alle Arbeitnehmer, die mindestens 18 Jahre alt sind, wobei sich aber die Wahlberechtigung der volljährigen Auszubildenden in der Regel auf die Jugend- und Auszubildendenvertretung beschränkt.

Nicht zur Wahl des Betriebsrats berechtigt sind die leitenden Angestellten, wie etwa der Geschäftsführer der GmbH oder ein Mitglied des Aufsichtsrats der AG.

Wählbar sind solche Arbeitnehmer, die mindestens sechs Monate dem Betrieb angehören, die mindestens 18 Jahre alt und ständig im Betrieb beschäftigt sind (keine Teilzeitarbeitskräfte) und solche, die nicht infolge strafrechtlicher Verurteilung die Fähigkeit verloren haben, Rechte aus öffentlichen Wahlen zu erlangen.

Die Betriebsratswahlen erfolgen **geheim** und **unmittelbar.** Unmittelbar bedeutet: Der Wahlberechtigte muss seine Stimme **persönlich** abgeben.

Als **Wählende** dürfen an der Betriebsratswahl auch Wehrdienstleistende teilnehmen und auch solche Arbeitnehmer, die dem Betrieb noch keine sechs Monate angehören und natürlich dürfen auch ausländische Arbeitnehmer teilnehmen.

Die durch die Betriebsratswahl verloren gegangene Arbeitszeit wird den Arbeitnehmern vergütet.

Die Kosten der Wahl des Betriebsrats trägt der Arbeitgeber.

Anfechtung

Abschließend noch dies: Die Betriebsratswahl kann von drei Wahlberechtigten zusammen oder vom Arbeitgeber oder von einer im Betrieb vertretenen Gewerkschaft angefochten werden.

Drei Ebenen der Mitbestimmung

Im Rahmen der Mitbestimmung unterscheidet das BETRIEBSVERFASSUNGSGESETZ drei Ebenen der Mitbestimmung. Dazu die folgende Darstellung:

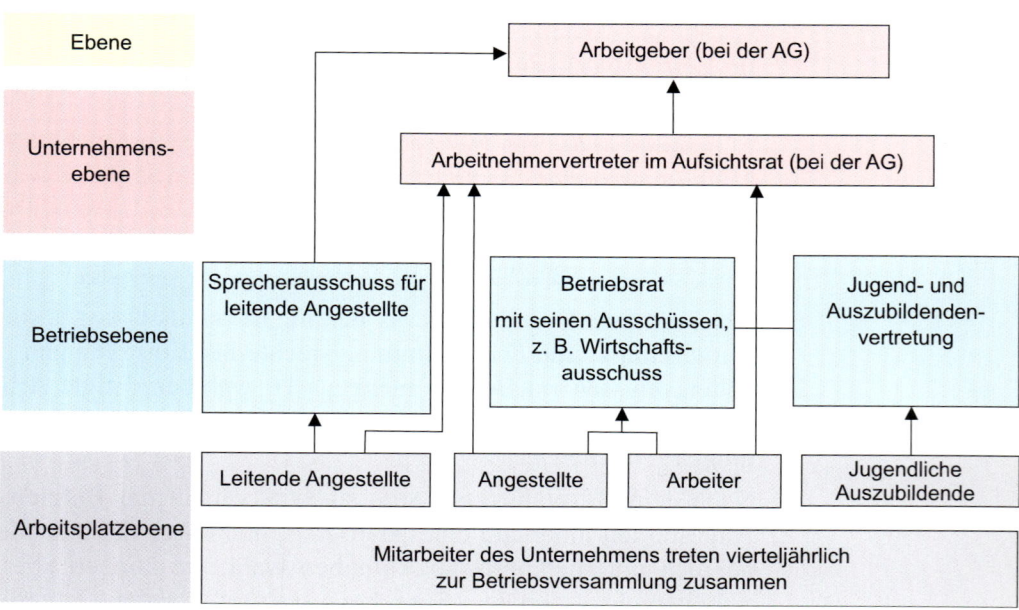

Die Mitbestimmung muss sich nicht etwa nur auf die oben genannten Organe auf Arbeitsplatz- und Betriebsebene erstrecken, sondern sie kann auch die Unternehmensebene einschließen, so zum Beispiel durch Arbeitnehmervertreter im Aufsichtsrat einer AG.

1. Betriebsverfassung • Betriebsrat • Betriebsratswahl

1. Durch welches Gesetz ist die Mitbestimmung der Arbeitnehmer innerhalb eines Betriebes garantiert?

   ....

2. Dieses Gesetz, abgekürzt ...., regelt die Zusammenarbeit zwischen Arbeitgebern

   und .... im Betrieb. Das Betriebsverfassungsgesetz gilt auch für öffentliche Betriebe,

   die als .... oder als .... (Abkürzungen) betrieben werden.

3. Welcher Begriff gehört in welches Kästchen der obigen Abbildung? Zur Auswahl stehen:
   Einigungsstelle – Unternehmensleitung – Jugendliche/Auszubildende – Beschäftigte.

   Zu 1: .... Zu 2: ....

   Zu 3: .... Zu 4: ....

4. Im Betriebsverfassungsgesetz sind geregelt:

   1. Rechte und .... des Betriebsrats und der Jugend- und Auszubildendenvertretung

   2. die .... von Betriebsrat und Jugend- und Auszubildendenvertretung

   3. das Recht zur Durchführung von .... zu Betriebsrat und Jugend- und Auszubildendenvertretung

   4. die .... -bestimmungen zur Betriebsratswahl

   5. Mit- .... und Mit- .... der Arbeitnehmer

   6. die Stellung der .... und der Vereinigungen der Arbeitgeber

Mitbestimmung

5. Wie viele wahlberechtigte Arbeitnehmer müssen im Betrieb beschäftigt sein, damit die im Betriebsverfassungsgesetz dem Betriebsrat eingeräumten Mitwirkungs- und Mitbestimmungsrechte bei Einstellungen/Umgruppierungen gelten?

....

6. Was gilt für die Berechtigung der im Betrieb vertretenen Gewerkschaften zur Teilnahme an den Betriebsversammlungen? ....

7. Wer vertritt nach dem Betriebsverfassungsgesetz die Arbeitnehmer innerhalb eines Betriebes?

....

8. Welche Gruppe von Angestellten wird nicht vom Betriebsrat vertreten und warum?

....

....

9. Welchen Ausschuss können die im Betrieb vertretenen leitenden Angestellten entsprechend dem Arbeitsrecht bilden? ....

10. Wie bezeichnet man einen Einmann-Betriebsrat? ....

11. Der Betriebsrat hat gegenüber dem Arbeitgeber ein Informationsrecht, ein ....-recht und ein Mitbestimmungsrecht. Parallel zum Betriebsrat wählen die Jugendlichen/Auszubildenden

die ....

12. Die geheimen Wahlen zum Betriebsrat finden alle vier Jahre zwischen dem 1. .... und dem 31. ....

statt, nachdem Wahl- .... gemacht wurden.

13. Über wie viele wahlberechtigte Arbeitnehmer muss ein Betrieb mindestens verfügen und wie viele davon müssen wählbar sein, damit laut Betriebsverfassungsgesetz ein Betriebsrat gewählt werden kann?

Über mindestens .... wahlberechtigte Arbeitnehmer, von denen .... wählbar sind.

14. Wer ist bei der Wahl des Betriebsrats **wahlberechtigt**?

Alle Arbeitnehmer, die ....

15. **Wählbar** sind solche Arbeitnehmer, die mindestens ...... Jahre alt sind, die dem Betrieb mindestens .... Monate angehören, die ständig im Betrieb beschäftigt sind und die nicht infolge strafrechtlicher Verurteilung

das .... verloren haben, gewählt zu werden.

16. Die Betriebsratswahlen erfolgen in geheimer und „unmittelbarer" Wahl. Was bedeutet „unmittelbare" Wahl?

Der Wahlberechtigte muss ....

17. An der Betriebsratswahl teilnehmen dürfen auch ....-leistende und auch solche Arbeitnehmer, die dem Betrieb noch keine sechs Monate angehören und auch .... Arbeitnehmer.

Die durch die Betriebsratswahl verloren gegangene Arbeitszeit wird den Arbeitnehmern ....

18. Wer trägt die Kosten der Betriebsratswahlen? ....

19. Wer kann die Betriebsratswahl gerichtlich anfechten?

1. ....

2. ....

3. ....

20. Welche drei Ebenen der Mitbestimmung unterscheidet man?   1. ....

2. ....   3. ....

2. Betriebsrat: Zusammensetzung und Tätigkeit

PAL 271-286, U41, U45

Zusammensetzung des Betriebsrats

Die Anzahl der Betriebsratsmitglieder richtet sich nach der Zahl der wahlberechtigten Arbeitnehmer im Betrieb. Umfasst der Betriebsrat neun und mehr Personen, so gründet er einen Betriebsausschuss.

Tätigkeit im Betriebsrat – Vorsitzender

Den Vorsitzenden des Betriebsrats wählen die Betriebsratsmitglieder aus ihrer Mitte.

Der **Vorsitzende**

- führt die laufenden Geschäfte des Betriebsrats,
- vertritt den Betriebsrat im Rahmen seiner Beschlüsse,
- beruft die Sitzungen des Betriebsrats ein und leitet sie,
- leitet die Betriebsversammlung.

Amtszeit und Amtsausübung der Betriebsratsmitglieder

Die regelmäßige **Amtszeit** des Betriebsrats beträgt **vier** Jahre. Die Mitglieder des Betriebsrats führen während der vier Jahre, für die sie gewählt sind, ihr Amt als **Ehrenamt** aus, aber **nicht** unentgeltlich.

– Freistellung

Die Betriebsratsmitglieder müssen von ihrer beruflichen Tätigkeit befreit werden, sobald es zur Erfüllung ihrer Aufgaben notwendig ist. Für Schulungsveranstaltungen, die für ihre Arbeit erforderlich sind, müssen sie ebenfalls von der beruflichen Tätigkeit freigestellt werden.

Zum Ausgleich für eine Betriebsratstätigkeit außerhalb der normalen Arbeitszeit können Betriebsratsmitglieder entsprechende Arbeitsbefreiungen beanspruchen. Sie erhalten für die Zeit, in der sie als Betriebsrat außerhalb der normalen Arbeitszeit tätig sind, auch ein Arbeitsentgelt.

– Pflichten

Betriebsratsmitglieder haben die Pflicht, ständig an den Betriebsratssitzungen teilzunehmen. Hinsichtlich der Betriebsratssitzungen unterliegen sie der **Schweigepflicht**.

Pflichtverletzung:
Verteilen von Wahl- und Werbematerial einer bestimmten Partei

Unterrichtet ein Betriebsratsmitglied den Arbeitgeber oder Außenstehende regelmäßig über den Inhalt der Betriebsratssitzungen, verteilt er im Betrieb Wahl- und Werbematerial einer bestimmten Partei, kopiert er die Lohn- und Gehaltslisten und gibt Kopien an „seine" Gewerkschaft weiter, verletzt er die gesetzlichen Pflichten.

Verletzt ein Betriebsrat grob seine gesetzlichen Pflichten, ruft er zum Beispiel keine Betriebsversammlungen ein, kümmert er sich nicht um die Einhaltung der Unfallverhütungsvorschriften und arbeitet er zum Nachteil der Arbeitnehmer mit dem Arbeitgeber zusammen, so kann mindestens ein Viertel der Arbeitnehmer, die wahlberechtigt sind, beim Arbeitsgericht die Absetzung des Betriebsrats verlangen.

– Absetzung /Ausschluss

Das **Arbeitsgericht** kann *auf Antrag* ein Mitglied des Betriebsrats aus dem Betriebsrat ausschließen und auch den gesamten Betriebsrat absetzen.

Gestellt werden kann der Antrag außer vom einem Viertel der wahlberechtigten Arbeitnehmer auch vom Betriebsrat selbst oder von einer im Betrieb vertretenen Gewerkschaft oder vom Arbeitgeber, nicht aber von der Jugend- und Auszubildendenvertretung.

Einberufung der Betriebsratssitzungen

Die Sitzungen des Betriebsrats beruft der Vorsitzende ein. Der Vertrauensmann der Schwerbehinderten kann an allen Betriebsratssitzungen teilnehmen.

– Beschlussfassung /Beschlussfähigkeit

Die Beschlüsse des Betriebsrats werden mit der Mehrheit der Stimmen der anwesenden Mitglieder gefasst. Bei Stimmengleichheit ist der Antrag abgelehnt. Der Betriebsrat ist laut Satzung beschlussfähig, wenn mindestens die Hälfte des Betriebsrats anwesend ist.

– Sprechstunden des Betriebsrats

Der Betriebsrat richtet regelmäßige Sprechstunden ein. *Ein Versäumnis von Arbeitszeit – wegen des Besuchs von Sprechstunden – darf der Arbeitgeber nicht zum Anlass nehmen, dem Arbeitnehmer das Arbeitsentgelt zu mindern.*

– Kosten

Die Kosten, die dem Betriebsrat bei seiner Tätigkeit entstehen, und die Kosten, die durch die Tätigkeit des Betriebsrats entstehen, übernimmt der Arbeitgeber.

Gesamtbetriebsrat

In Unternehmungen mit mehreren Betrieben gibt es den Gesamtbetriebsrat, der die Angelegenheiten regelt, die der einzelne Betrieb nicht regeln kann.

Mitbestimmung

2. Betriebsrat: Zusammensetzung und Tätigkeit

1. Wonach richtet sich die Anzahl der Betriebsratsmitglieder?

   Nach der Zahl der ....

2. Nennen Sie drei Aufgaben des Betriebsratsvorsitzenden.

   1. Er führt ....

   2. Er vertritt ....

   3. Er leitet ....

3. Wie lange dauert die regelmäßige Amtszeit des Betriebsrats?

   ....

4. Die Mitglieder des Betriebsrats führen ihr Amt als ....-amt aus, aber nicht unentgeltlich. Soweit es zur

   Erfüllung ihrer Aufgaben notwendig ist, müssen sie von ihrer beruflichen Tätigkeit .... wer-

   den. Arbeitsbefreiungen können Betriebsratsmitglieder auch beanspruchen als Ausgleich für die Betriebsrats-

   tätigkeit .... der Arbeitszeit.

5. Ein Mitglied des Betriebsrats hat die Pflicht, ständig an den .... des Betriebsrats teilzu-

   nehmen. Hinsichtlich des Inhalts der Betriebsratssitzungen unterliegen die Mitglieder des Betriebsrats

   der ....-pflicht. Unterrichtet ein Betriebsratsmitglied den Arbeitgeber regelmäßig über Inhalte der

   Betriebsratssitzung, so .... er seine gesetzlichen Pflichten.

6. Nennen Sie zwei Beispiele, wann ein Betriebsrat in grober Weise seine Pflichten verletzt.

   1. Er ruft keine .... ein

   2. Er arbeitet zum Nachteil der Arbeitnehmer ....

7. a) Was kann mindestens ein Viertel der wahlberechtigten Arbeitnehmer verlangen und b) wo können sie dies, wenn

   ein Betriebsrat in grober Weise seine gesetzlichen Pflichten verletzt?   a) ....

   .... b) ....

8. Wer außer einem Viertel der Arbeitnehmer ist berechtigt, einen Antrag auf Ausschluss eines Betriebsratsmitglieds

   aus dem Betriebsrat beim Arbeitsgericht zu stellen?   1. Der .... selbst

   2. Die .... 3. Der ....

9. Von wem werden die Sitzungen des Betriebsrats einberufen? ....

10. Wie heißt der Vertreter der Schwerbehinderten, der an allen Betriebsratssitzungen teilnehmen kann?

    ....

11. Nach welchen demokratischen Regeln werden die Beschlüsse des Betriebsrats gefasst?

    1. Die Beschlüsse werden gefasst mit der Mehrheit der Stimmen der ....

    2. Bei Stimmengleichheit ist der Antrag ....

    3. Der Betriebsrat ist beschlussfähig, wenn mindestens ....

       anwesend ist.

12. Der Betriebsrat richtet regelmäßige ....-stunden ein. Der Arbeitgeber darf wegen des Besuchs dieser

    Stunden nicht das .... mindern.

13. Wer trägt die Kosten, die durch die Tätigkeit des Betriebsrats entstehen?

    ....

14. In Unternehmungen mit mehreren Betrieben gibt es einen ....-betriebsrat. Dieser regelt die Ange-

    legenheiten, die von den Betriebsräten in den .... Betrieben nicht geregelt werden können.

3. Jugendvertretung • Zusammenwirken von Betriebsrat und Arbeitgeber • Betriebsversammlung

PAL 287-290, 295-308, 309-311, U44

Jugend- und Azubivertretung

Für Betriebe, in denen mindestens fünf jugendliche Arbeiter (Arbeiter unter 18) oder Auszubildende, die das 25. Lebensjahr noch nicht vollendet haben, beschäftigt sind und in denen ein Betriebsrat besteht, sieht das BETRIEBSVERFASSUNGSGESETZ die Wahl einer *Jugend- und Auszubildendenvertretung* (**JAV**) vor.

– Wahlen

Alle vorgenannten Betriebsangehörigen, also Arbeiter bis 18 und Auszubildende bis 25 – insgesamt mindestens fünf – dürfen die JAV wählen. In diese Vertretung gewählt werden dürfen alle Betriebsangehörigen bis zu ihrem 25. Geburtstag, wenn sie nicht im Betriebsrat sind.

– Amtszeit

Die Amtszeit eines Jugend- und Auszubildendenvertreters dauert zwei Jahre. Vollendet er im Laufe seiner Amtszeit das 25. Lebensjahr (feiert er also seinen 25. Geburtstag), so bleibt er bis zum *Ende der Amtszeit* Mitglied in der JAV.

– Rechte

Die JAV hat ein Anhörungsrecht beim Betriebsrat und zudem ein Stimmrecht in Jugendfragen.

Die JAV darf zu allen Betriebsratssitzungen einen Vertreter entsenden. *Fasst der Betriebsrat einen gegen wichtige Interessen der Jugendlichen gerichteten Beschluss, so kann die JAV mit Mehrheit diesen Beschluss für eine Woche aussetzen lassen.*

Sollen in einer Betriebsratssitzung Fragen der Berufsausbildung behandelt werden, so dürfen an dieser Sitzung alle Jugend- und Auszubildendenvertreter mit Stimmrecht teilnehmen.

Mit dem Arbeitgeber direkt darf die JAV nicht verhandeln, dazu muss sie den Betriebsrat einschalten.

– Pflichten

Zu den Aufgaben der **JAV** gehört:

- die **Vertretung** der Jugendinteressen beim Betriebsrat,
- **Anträge** beim Betriebsrat auf Maßnahmen zugunsten der jungen Betriebsangehörigen zu stellen,
- die **Weitergabe** von Anregungen und Beschwerden an den Betriebsrat,
- die **Überwachung** der Einhaltung von Gesetzen und Vereinbarungen zugunsten der Jugendlichen,
- die **Einberufung** der Jugend- und Auszubildendenversammlung.

Der Betriebsrat hat die Aufgabe und Verpflichtung, mit der JAV eng zusammenzuarbeiten, er bereitet die Wahl der JAV und führt sie durch.

Zusammenwirken Betriebsrat – Arbeitgeber

Betriebsrat und Arbeitgeber haben Betätigungen zu unterlassen, durch die der Betriebsfrieden beeinträchtigt wird.

Wenn es um das Zusammenwirken von Betriebsrat und Arbeitgeber im Betrieb geht, müssen insbesondere die Grundsätze für die Zusammenarbeit beachtet werden. Danach haben Arbeitgeber und Betriebsrat über strittige Fragen mit dem ernsten Willen zur Einigung zu verhandeln. Sie haben die Pflicht, konkrete Vorschläge zu unterbreiten, welche die Meinungsverschiedenheiten beseitigen können. Sie dürfen gegeneinander keine Maßnahmen des Arbeitskampfes treffen. Arbeitskämpfe tariffähiger Parteien werden hierdurch nicht berührt.

Arbeitgeber und Betriebsrat sollen mindestens einmal im Monat zu einer Besprechung zusammenkommen, sie haben Betätigungen zu unterlassen, durch die der Betriebsfrieden beeinträchtigt wird. Arbeitgeber und Betriebsrat haben jede parteipolitische Betätigung im Betrieb zu unterlassen. Hierdurch unberührt bleibt die Behandlung der den Betrieb oder seine Arbeitnehmer unmittelbar betreffenden Angelegenheiten tarifpolitischer, sozialpolitischer, umweltpolitischer und wirtschaftlicher Art.

Verstöße gegen Grundsätze der Zusammenarbeit

Gegen die Grundsätze der Zusammenarbeit verstößt der Betriebsrat zum Beispiel dann, wenn er für eine bestimmte politische Partei wirbt, wenn er auf neu eingestellte Arbeitnehmer Druck ausübt, einer bestimmten Gewerkschaft beizutreten oder wenn er einem Arbeitnehmer die Unterstützung verweigert, weil dieser einer den Gewerkschaften nicht genehmen Partei angehört.

Mitbestimmung

Weitere Verstöße

Verboten: Der Betriebsrat entfernt eigenmächtig Anschläge vom „Schwarzen Brett" oder fordert deutsche Arbeitnehmer zu bevorzugen.

Ein *Verstoß gegen die Grundsätze der Zusammenarbeit* liegt vor, wenn der Betriebsrat eigenmächtig Anschläge des Arbeitgebers vom „Schwarzen Brett" im Betrieb entfernt oder wenn er etwa vom Arbeitgeber fordert, dass in allen Betriebsvereinbarungen die deutschen Arbeitnehmer gegenüber den ausländischen besser gestellt werden.

Gegen die Grundsätze der Zusammenarbeit verstößt der Betriebsrat nicht, wenn er zur Betriebsratssitzung einen Gewerkschaftsvertreter einlädt und auch nicht, wenn er für eine im Betrieb vertretene Gewerkschaft wirbt. Auch dürfen sich Betriebsratsmitglieder an einem von der Gewerkschaft ausgerufenen Streik beteiligen.

Verstößt ein Arbeitgeber **grob** gegen eine Verpflichtung aus dem BETRIEBSVERFASSUNGSGESETZ, dann darf der Betriebsrat folgende Maßnahmen ergreifen:

– Maßnahmen

- **Einladung** des Arbeitgebers zu den Betriebsratssitzungen, in denen der Verstoß behandelt wird
- **Hinzuziehung** eines Beauftragten einer im Betrieb vertretenden Gewerkschaft zu den Beratungen des Betriebsrats
- **Antrag** beim Arbeitsgericht, dem Arbeitgeber aufzugeben, seine Verpflichtungen zu erfüllen
- **Antrag** beim Arbeitsgericht, den Arbeitgeber zu einem **Ordnungsgeld** zu verurteilen, wenn er trotz gerichtlicher Entscheidung seinen Verpflichtungen nicht nachkommt

Auf keinen Fall darf der Betriebsrat zum Beispiel eine Maßnahme des Arbeitskampfes treffen oder etwa einen Warnstreik ausrufen.

– Streitbeilegung – Einigungsstelle

Nicht beilegbarer Streit, etwa in sozialen Angelegenheiten, zwischen Arbeitgeber und Betriebsrat wird nicht immer sofort beim Arbeitsgericht ausgetragen: Vielmehr ist zur Beilegung von Meinungsverschiedenheiten vom BETRIEBSVERFASSUNGSGESETZ zunächst die Austragung des Konflikts bei einer betrieblichen *Einigungsstelle* vorgesehen. Diese Stelle besteht aus einem unparteiischen Vorsitzenden und aus einer gleichen Anzahl von Beisitzern, die vom Arbeitgeber und vom Betriebsrat gestellt werden. *Die Einigungsstelle hat bei ihrer Entscheidung die Belange des Betriebes und der betroffenen Arbeitnehmer zu berücksichtigen.*

– Wirtschaftsausschuss

In Betrieben mit mehr als 100 Beschäftigten ist ein Wirtschaftsausschuss zu gründen. Dieser besteht aus Betriebsangehörigen, die etwas von Wirtschaft, Finanzen und dem Betrieb verstehen und deshalb die Unternehmensleitung in diesen Dingen beraten können. Über die Beratung wird der Betriebsrat informiert.

Betriebsversammlung

Nach dem BETRIEBSVERFASSUNGSGESETZ ist eine **Betriebsversammlung** eine vom Betriebsrat angesetzte Versammlung der Arbeitnehmer eines Betriebes.

– Zweck

Die Betriebsversammlung dient folgenden Zwecken:

- der **Unterrichtung** der Belegschaft über die Arbeit des Betriebsrats
- der Arbeitgeber unterrichtet die Belegschaft über die Entwicklung des Unternehmens
- der **Erläuterung** von Betriebsvereinbarungen durch den Betriebsrat
- der **Aussprache** zwischen Belegschaft und Betriebsrat über Beschlüsse des Betriebsrats

In der Betriebsversammlung hat in jedem Kalendervierteljahr der Betriebsrat einen Tätigkeitsbericht zu erstatten.

– Teilnahmeberechtigte

An der Betriebsversammlung darf auf Wunsch des Arbeitgebers ein *Vertreter der Arbeitgeberverbände* teilnehmen. Auch eine im Betrieb vertretende *Gewerkschaft* hat das Recht, *Beauftragte* in die Betriebsversammlung zu entsenden.

– Verhaltensregeln für die Teilnehmer

In der Betriebsversammlung enthalten sich Arbeitgeber und Betriebsrat einer parteipolitischen Betätigung. So dürfen etwa die Möglichkeiten der Unterstützung einer bestimmten politischen Partei **nicht** in einer Betriebsversammlung erörtert werden. Erlaubt dagegen sind Themen wie der *Stand der Tarifverhandlungen,* welche die Arbeitnehmer des Betriebes betreffen oder der *Stand einer arbeitsgerichtlichen Auseinandersetzung zwischen Betriebsrat und Arbeitgeber* oder *die Auswirkungen des Dollarverfalls auf die wirtschaftliche Lage des Betriebes.*

3. Jugendvertretung • Zusammenwirken von Betriebsrat und Arbeitgeber • Betriebsversammlung

1. Folgende Voraussetzungen für die Wahl einer Jugend- und Auszubildendenvertretung müssen gegeben sein:

   1. Mindestens .... Arbeiter bis 18 oder Auszubildende bis 25 müssen im Betrieb beschäftigt sein.

   2. Im Betrieb muss ein .... bestehen.

2. Welche Personen dürfen die Jugend- und Auszubildendenvertretung wählen? Alle dem Betrieb

   angehörenden .... bis 18 und .... bis 25.

3. In die Jugend- und Auszubildendenvertretung gewählt werden dürfen alle ....

   .... bis 25. Das gilt aber nur, wenn diese Personen nicht dem .... angehören.

4. Wie lange dauert die Amtszeit eines Jugend- und Auszubildendenvertreters? ....

5. Ein Mitglied der Jugend- und Auszubildendenvertretung vollendet im Laufe seiner Amtszeit das 25. Lebensjahr.

   Welche Folgen ergeben sich daraus für seinen Verbleib in der Vertretung? ....

   ....

6. Die Jugend- und Auszubildendenvertretung hat ein .... -recht beim Betriebsrat und

   zudem ein .... -recht in Jugendfragen.

7. Darf die Jugend- und Auszubildendenvertretung an Betriebsratssitzungen teilnehmen? (Wenn ja, durch wen?)

   ....

8. Der Betriebsrat fasst einen gegen wichtige Interessen der .... gerichteten Beschluss.

   Diesen Beschluss kann die Jugend- und Auszubildendenvertretung mit Mehrheit der Stimmen

   für .... Woche(n) aussetzen.

9. In einer Betriebsratssitzung sollen Fragen der Berufsausbildung behandelt werden. Wer von der Jugend- und

   Auszubildendenvertretung darf daran mit Stimmrecht teilnehmen? ....

   ....

10. Zu den Aufgaben der Jugend- und Auszubildendenvertretung gehört:

    - die Vertretung der .... -interessen beim Betriebsrat

    - Anträge beim Betriebsrat auf Maßnahmen zugunsten der jungen Betriebsangehöriger zu stellen

    - die Weitergabe von .... und Beschwerden an den Betriebsrat

    - die Überwachung der Einhaltung von Gesetzen und Vereinbarungen zugunsten der Jugendlichen

    - die .... der Jugend- und Auszubildendenversammlung

11. Darf die Jugend- und Auszubildendenvertretung direkt mit dem Arbeitgeber verhandeln? (Wenn nein, wen muss

    sie einschalten?) ....

12. Gemäß den Grundsätzen für die Zusammenarbeit des Betriebsverfassungsgesetzes haben Arbeiter und Betriebs-

    rat über strittige Fragen mit dem ernsten Willen zur .... zu verhandeln. Sie dürfen gegeneinander

    keine Maßnahmen des .... -kampfes treffen. Arbeitskämpfe tariffähiger Parteien werden hier-

    durch ....

13. Arbeitgeber und Betriebsrat sollen mindestens einmal im Monat zu einer .... zusammen-

    treffen. Sie haben Betätigungen zu unterlassen, durch die der .... -frieden beeinträchtigt wird.

Mitbestimmung

14. Arbeitgeber und Betriebsrat haben jede .... Betätigung im Betrieb zu unterlassen. Hierdurch unberührt bleibt die Behandlung der den Betrieb oder seine Arbeitnehmer unmittelbar betreffenden Angelegenheiten tarifpolitischer, sozialpolitischer, ... -politischer und wirtschaftlicher Art.

15. Nennen Sie drei Beispiele für Verstöße des Betriebsrats gegen die Grundsätze für die Zusammenarbeit.

    Der Betriebsrat

    1. betätigt sich partei-............................... im Betrieb,

    2. nötigt Arbeitnehmer, einer bestimmten .... beizutreten,

    3. entfernt Anschläge des .... vom „Schwarzen Brett".

16. Gegen die Grundsätze der Zusammenarbeit verstößt der Betriebsrat nicht, wenn er zur Betriebsratssitzung einen ....-vertreter einlädt und auch nicht, wenn er für eine im .... vertretene Gewerkschaft wirbt.

17. Nennen Sie drei Maßnahmen, die der Betriebsrat ergreifen darf, wenn ein Arbeitgeber in grober Weise gegen eine Verpflichtung aus dem Betriebsverfassungsgesetz verstößt.

    1. Einladung des .... zu den Betriebsratssitzungen, in denen der Verstoß behandelt wird

    2. Hinzuziehung eines Beauftragten einer im Betrieb vertretenen .... zu den Beratungen des Betriebsrats

    3. Antrag beim ...., dem Arbeitgeber aufzugeben, seine Verpflichtungen zu erfüllen

18. Zur Beilegung von Meinungsverschiedenheiten sieht das Betriebsverfassungsgesetz eine ....-stelle vor. Diese besteht aus einem unparteiischen Vorsitzenden und einer Anzahl von Beisitzern, die zu gleichen Teilen vom Arbeitgeber und vom .... gestellt werden.

19. Wessen Belange hat die Einigungsstelle bei ihrer Entscheidung zu berücksichtigen?

    1. ....

    2. ....

20. Was ist nach dem Betriebsverfassungsgesetz eine Betriebsversammlung? Eine vom Betriebsrat angesetzte

    ....

21. Die Betriebsversammlung dient

    1. der Unterrichtung der .... über die Arbeit des Betriebsrats,

    2. der Unterrichtung der Belegschaft über die Entwicklung der Unternehmung

       durch den .... ,

    3. der Erläuterung von ....-vereinbarungen durch den Betriebsrat,

    4. der Aussprache zwischen Belegschaft und Betriebsrat über die .... des Betriebsrats.

22. In welchen Zeiträumen hat der Betriebsrat in Betriebsversammlungen einen Tätigkeitsbericht zu erstatten?

    ....-jährlich.

23. Eine im Betrieb vertretene Gewerkschaft hat das Recht, ... in die Betriebsversammlung zu entsenden. Auch in einer Betriebsversammlung enthalten sich Arbeitgeber und Betriebsrat einer .... Betätigung.

4. Betriebsrat: Aufgaben und Beteiligungsrechte • Betriebsvereinbarung

PAL 291-294, 312-330, U23, U33, U40, U42-U43, U46-U47

**Betriebsrat
– Aufgaben**

Nach dem BETRIEBSVERFASSUNGSGESETZ hat der Betriebsrat folgende Aufgaben:

- das Überwachen der **Einhaltung** von **Tarifverträgen** und Arbeitsschutzgesetzen
- das Fördern der **Eingliederung** von **Schwerbehinderten**
- die enge Zusammenarbeit mit der **Jugend- und Auszubildendenvertretung**
- das Fördern der Beschäftigung **älterer Arbeitnehmer**

– Beteiligungsrechte

Nach dem BETRIEBSVERFASSUNGSGESETZ besitzt der Betriebsrat *unterschiedlich stark ausgeprägte Rechte*, im Dienste der Arbeitnehmer am betrieblichen Geschehen mitzuwirken. Diese Rechte reichen von tatsächlicher, erzwingbarer Mitbestimmung (Vetorecht) bis hin zu bloßen Informationsrechten.

Der Betriebsrat kann seine abgestuften Beteiligungsrechte am stärksten im sozialen Bereich und am schwächsten im wirtschaftlichen Bereich ausüben. In personellen Angelegenheiten hat der Betriebsrat ein Anhörungsrecht und ein Vorschlagsrecht. Gegebenenfalls kann er zu einer personellen Entscheidung des Arbeitgebers seine Zustimmung verweigern.

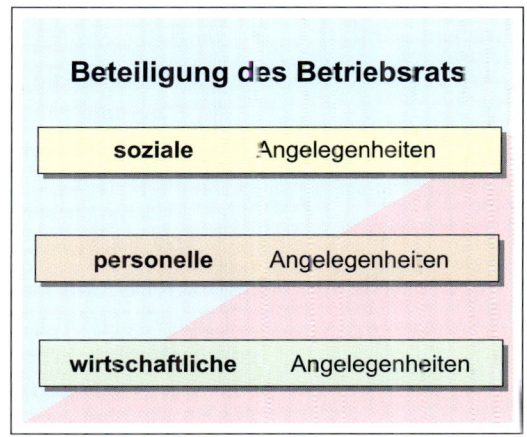

Beteiligung des Betriebsrats

soziale Angelegenheiten

personelle Angelegenheiten

wirtschaftliche Angelegenheiten

**– in sozialen
Angelegenheiten**

Erzwingbare Mitbestimmung
in sozialen Angelegenheiten

zum Beispiel bei den Fragen der
täglichen Arbeitszeit

In sozialen Angelegenheiten hat der Betriebsrat ein **generelles Mitbestimmungsrecht**. Das bedeutet: Der Arbeitgeber darf zum Beispiel eine soziale Maßnahme grundsätzlich *nur mit Zustimmung des Betriebsrats* durchführen.

Sowohl Arbeitgeber als auch Betriebsrat können zu sozialen Vorhaben die Initiative ergreifen. Beide Parteien müssen diesem Schritt zustimmen. Mit dieser *erzwingbaren* Mitbestimmung kann der Betriebsrat bestimmte Maßnahmen, die der Arbeitgeber im Betrieb durchführen will, im höchsten Maße beeinflussen. Das ist zum Beispiel der Fall, wenn der Arbeitgeber *Beginn und Ende der täglichen Arbeitszeit oder die Pausen neu regeln* will. Genauso verhält es sich bei der *Einführung von Gleitzeit, Schichtarbeit und Überstunden.* Soweit eine gesetzliche oder tarifliche Regelung nicht besteht, hat der Betriebsrat in folgenden Angelegenheiten mitzubestimmen:

- bei der Aufstellung eines allgemeinen **Urlaubsplans**
- bei Angelegenheiten, welche die **Betriebsordnung** und das **Verhalten** der Arbeitnehmer im Betrieb betreffen (die Einführung von Torkontrollen, das Aufstellen von Kontrolluhren, die Einführung eines Rauchverbotes für bestimmte Betriebsräume)
- bei der **Auszahlung** des **Entgelts** bezüglich Zeitpunkt, Ort und Art der Zahlung
- bei der **Festsetzung** von **Akkordsätzen,** Stücklohn- und Prämiensätzen
- bei der **Ausgestaltung** und **Verwaltung** von betrieblichen **Sozialeinrichtungen** (Werkskantine, Werkswohnungen, Werksbusse und Aufenthaltsräume) – **nicht** bei deren Errichtung
- bei der **Durchführung** der **Berufsausbildung**

– Einigungsstelle

Will der Arbeitgeber mitbestimmungspflichtige Angelegenheiten durchsetzen, bei denen er sich mit dem Betriebsrat nicht einigen kann, so entscheidet eine **Einigungsstelle** im Betrieb. Sie besteht aus *Beisitzern*, die jeweils zu gleichen Teilen seitens des Arbeitgebers und des Betriebsrats aufgestellt werden sowie einem *unparteiischen* Beisitzer, der den Vorsitz führt.

Können sich die Parteien nicht über die Person des *Vorsitzenden* einig werden, so entscheidet ein *Arbeitsrichter*, wer Vorsitzender wird.

Mitbestimmung

– in personellen Angelegenheiten

Allein entscheiden kann der **Arbeitgeber** über die Höhe von freiwilligen Zuwendungen an bestimmte Arbeitnehmer, über die Festlegung der Höhe von Prämien für Verbesserungsvorschläge und über die Höhe der Gehälter für die leitenden Angestellten.

In personellen Angelegenheiten sind die Beteiligungsrechte des Betriebsrats weit schwächer ausgeprägt. Der **Betriebsrat** hat in der Regel **nicht** das Recht, von sich aus bestimmte Maßnahmen vorzuschlagen. Die Anregung geht gewöhnlich vom Arbeitgeber aus. Der Betriebsrat kann daraufhin erst seine Vorstellungen einbringen und gegebenenfalls seine Zustimmung verweigern. Hierbei gilt es zu unterscheiden zwischen:

● allgemein

● **allgemeinen personellen Angelegenheiten**, wie
  - die **Personalplanung**
  - **Ausschreibungen** von Arbeitsplätzen
  - die Aufstellung von **Beurteilungsgrundsätzen,** der Inhalt von **Personalfragebögen**
  - die Durchführung von **betrieblichen Bildungsmaßnahmen** (Können sich Arbeitgeber und Betriebsrat hierbei nicht einigen, so entscheidet die Einigungsstelle im Betrieb.)

● im Einzelfall

● **einzelnen personellen Maßnahmen** (für Betriebe mit mehr als 20 wahlberechtigten Arbeitnehmern), wie
  - **Einstellungen** von Arbeitnehmern (leitende Angestellte fallen **nicht** darunter)
  - **Eingruppierung** und **Umgruppierung** sowie **Versetzung** (Wenn der Betriebsrat nicht zustimmt, kann der Arbeitgeber beim Arbeitsgericht die Zustimmung beantragen.)
  - die **Kündigung** (Der Betriebsrat hat bei Kündigung durch den Arbeitgeber ein Anhörungsrecht. Widerspricht der Betriebsrat, kann der Arbeitgeber die Kündigung trotzdem wirksam aussprechen. *Die Kündigung ist unwirksam, wenn die Anhörung des Betriebsrats unterblieben ist.*)

– bei Einstellung

In Betrieben mit mehr als 20 wahlberechtigten Arbeitnehmern kann der Betriebsrat bei der Einstellung eines Arbeitnehmers verlangen, dass der Arbeitgeber ihm den vorgesehenen Arbeitsplatz und die vorgesehene tarifliche Eingruppierung nennt, dass der Arbeitgeber ihm die Auswirkung der Einstellung auf die anderen Arbeitsplätze erläutert und ihm die Bewerbungsunterlagen vorlegt. Er kann nicht verlangen, dass der Arbeitgeber ihn zum Einstellungsgespräch einlädt.

Erteilt der Betriebsrat seine Zustimmung zu der Einstellung eines Arbeitnehmers nicht, besteht der Arbeitgeber jedoch auf der Einstellung, so entscheidet das Arbeitsgericht. Der Betriebsrat kann die Einstellung zunächst nicht verhindern.

– bei Kündigung

Im Falle einer Kündigung ist der Betriebsrat vor jeder Kündigung anzuhören. Der Betriebsrat kann der Kündigung widersprechen, wenn die Kündigungsfrist nicht eingehalten wurde, und er kann ihr widersprechen, wenn der Arbeitnehmer an einem anderen Arbeitsplatz weiterbeschäftigt werden kann. Lediglich im Falle der Kündigung des Vorstandsmitglieds einer Aktiengesellschaft braucht der Arbeitgeber den Betriebsrat nicht anzuhören, weil das Vorstandsmitglied als leitender Angestellter nicht den Arbeitnehmern, sondern den Arbeitgebern zugerechnet wird.

– Sozialplan

Nach dem BETRIEBSVERFASSUNGSGESETZ haben Arbeitgeber und Betriebsrat einen Sozialplan auszuarbeiten, wenn der ganze Betrieb oder wesentliche Teile davon stillgelegt werden, was unter Umständen die Kündigung vieler Mitarbeiter betrifft. Diese Vorschrift gilt jedoch nicht für Betriebe mit weniger als 20 wahlberechtigten Arbeitnehmern.

– in wirtschaftlichen Angelegenheiten

In wirtschaftlichen Angelegenheiten steht dem Betriebsrat das geringste Beteiligungsrecht zu. Nach dem BETRIEBSVERFASSUNGSGESETZ hat er unter anderem in folgenden Bereichen nur ein **Unterrichtungs-** und **Beratungsrecht,** das den Arbeitgeber in seinen Entscheidungen nicht oder kaum beeinflussen kann. Das trifft zu für

● die **wirtschaftliche** Lage des Unternehmens,

● **Erweiterungen** oder Modernisierungen von **Betriebsanlagen** (wozu Neu- oder Umbauten erforderlich sind),

● die Einführung neuer **Arbeits-** und **Fertigungsverfahren,**

● **Rationalisierungsmaßnahmen.**

Allein entscheidet der Arbeitgeber zum Beispiel über die Art der Erzeugnisse, die er fertigen will, über die Preise der erzeugten Güter, über die Finanzierung der Unternehmung und über den Werbeetat.

Betriebsvereinbarung Bei der Zusammenarbeit zwischen Arbeitgeber und Betriebsrat spielen Betriebsvereinbarungen eine wichtige Rolle. In **Betriebsvereinbarungen** können spezielle, den Betrieb betreffende Einzelheiten geregelt werden, die nicht durch Tarifverträge oder durch geltende Gesetze festgelegt sind. Betriebsvereinbarungen dürfen nicht gegen bereits bestehende gesetzliche oder tarifliche Bestimmungen verstoßen.

Betriebsvereinbarungen werden zwischen dem Arbeitgeber und dem Betriebsrat abgeschlossen. Sie müssen *schriftlich* niedergelegt und von beiden Parteien unterzeichnet werden. Betriebsvereinbarungen sind vom Arbeitgeber an geeigneter Stelle im Betrieb *auszulegen*.

In Betriebsvereinbarungen können geregelt sein: Bestimmungen bezüglich **Sonderurlaub** oder Zusatzurlaub (für langjährige Mitarbeiter) oder hinsichtlich Maßnahmen zur Förderung der **Vermögensbildung** auf Arbeitnehmerseite oder auch **Bargeldzuschüsse** für die Arbeitnehmer oder **Akkordsätze.**

Was *nicht* in Betriebsvereinbarungen geregelt werden darf, ist zum Beispiel die Höhe der Tariflöhne oder die Größe des Betriebsrats.

In einer Betriebsvereinbarung können betriebliche **Ordnungsvorschriften** (Betriebsordnung) und **Sicherheitsvorschriften** enthalten sein. In Form der Betriebsordnung kann sie zum Beispiel ein Rauchverbot für bestimmte Betriebsteile oder das Tragen von Schutzhelmen in bestimmten Betriebsteilen oder zusätzliche Maßnahmen zur Verhütung von Arbeitsunfällen beinhalten. Die **Betriebsordnung** ist für jeden Arbeitnehmer deutlich sichtbar auszuhängen.

Eine Betriebsvereinbarung gilt **unmittelbar** und **zwingend** für alle Arbeitnehmer im Betrieb, die vom Regelungsbereich dieser Vereinbarung erfasst werden. *Auf Rechte aus der Betriebsvereinbarung dürfen Arbeitnehmer nur mit Zustimmung des Betriebsrats verzichten.*

– Beispiel einer Betriebsvereinbarung

Betriebsvereinbarung: elektronische Kommunikationssysteme und informationstechnische Infrastruktur

1. Gegenstand und Geltungsbereich
Diese Vereinbarung regelt die Grundsätze für Einsatz und Anwendung elektronischer Kommunikationssysteme sowie der informationstechnischen Infrastruktur bei der [..] und gilt für alle Beschäftigten die mit solchen Systemen arbeiten. Diese Vereinbarung umfasst im Einzelnen
– das E-Mail-System
– den Zugang zum Internet und
– das konzerninterne Netz und dessen Verwaltung.
Spezielle Anwendungssysteme sowie der Einsatz der Telekommunikationsanlage sind nicht Gegenstand dieser Vereinbarung.

2. Zielsetzung
Ziel dieser Vereinbarung ist es, den Einsatz einer leistungsfähigen und zeitgemäßen Technik und die in absehbarer Zukunft erforderlichen Neuerungen offener informations- und kommunikationstechnischer Infrastruktur mit dem Schutz der Persönlichkeitsrechte für die betroffenen Mitarbeiterinnen und Mitarbeiter zu verbinden.
Die zur Verfügung gestellten Dienste dienen der Information und Kommunikation im Interesse der Firma. [..]

4. Nutzung der Kommunikationstechniken
Das elektronische Postsystem (E-Mail), der Internetzugang und weitere konzerninterne Informations- und Kommunikationsdienste stehen – je nach Tätigkeit – als Arbeitsmittel zur Verfügung und dienen insbesondere der Verbesserung interner wie externer Kommunikation in den Arbeitsprozessen, der Erzielung einer höheren Transparenz und einer Beschleunigung der Geschäftsprozesse.
Das Ausmaß einer privaten Nutzung ist auf den gelegentlichen Gebrauch zu begrenzen und darf die Arbeitsabläufe nicht stören sowie keine zusätzlichen Kosten verursachen. [...]
Mehr bei: *http://www.tse-hamburg.de/Betriebsvereinbarungen/Texte/InterNetMail.html 2003-05-11*

Persönliche Wahrnehmung von Rechten gegenüber Arbeitgebern Außer der Möglichkeit, über den Betriebsrat seine Rechte wahrnehmen zu lassen, kann zum Beispiel jeder Arbeitnehmer eines Betriebes persönlich gegenüber dem Arbeitgeber das Recht wahrnehmen, die über ihn geführte **Personalakte** einzusehen. *Der Arbeitgeber muss dem Arbeitnehmer die Einsichtnahme gestatten.*

Mitbestimmung

4. Betriebsrat: Aufgaben und Beteiligungsrechte • Betriebsvereinbarungen

1. Nennen Sie vier Aufgaben, die der Betriebsrat nach dem Betriebsverfassungsgesetz wahrzunehmen hat.

   1. das Überwachen der .... von Tarifverträgen

   2. das Fördern der .... von Schwerbehinderten

   3. eine enge .... mit der Jugend- und Auszubildendenvertretung

   4. das Fördern der Beschäftigung .... Arbeitnehmer

2. Nach dem Betriebsverfassungsgesetz besitzt der Betriebsrat .... stark ausge-

   prägte Rechte. Diese Rechte reichen von tatsächlicher, erzwingbarer .... (Vetorecht)

   bis hin zu bloßen ....rechten.

3. Der Betriebsrat kann seine .... Beteiligungsrechte am stärksten im sozialen Bereich und

   am schwächsten im .... Bereich ausüben. In personellen Angelegenheiten hat

   der Betriebsrat ein ....-recht und ein ....-recht.

4. In sozialen Angelegenheiten hat der Betriebsrat ein .... Mitbestimmungsrecht. Das bedeutet:

   Der Arbeitgeber darf eine soziale Maßnahme grundsätzlich nur mit .... des Betriebs-

   rats durchführen. Mit dieser .... Mitbestimmung kann der Betriebsrat bestimmte Maß-

   nahmen im höchsten Maße beeinflussen.

5. a) Für folgende sozialen Entscheidungsbereiche kann der Betriebsrat die Mitbestimmung erzwingen. Bei Neu-

   regelungen von Beginn und Ende der täglichen ....-zeit und der .... , bei

   Einführung von ....-zeit, Schichtarbeit und Überstunden. b) Der Betriebsrat hat zudem in folgen-

   den Angelegenheiten mitzubestimmen. Bei

   - der Aufstellung eines allgemeinen ....-plans,

   - Angelegenheiten, welche die ....-ordnung betreffen und das ....

     der Arbeitnehmer im Betrieb (Rauchverbot),

   - der .... des Entgelts und der Festsetzung von ....-sätzen,

   - der Ausgestaltung und Verwaltung von betrieblichen ....-einrichtungen (Werkskantine) und

   - der Durchführung der Berufs-................................ .

6. Welche Stelle im Betrieb entscheidet, wenn sich in einer mitbestimmungspflichtigen sozialen Angelegenheit Arbeit-

   geber und Betriebsrat nicht einigen können? ....

7. Allein entscheiden kann der Arbeitgeber über die Höhe von freiwilligen ....

   an bestimmte Arbeitnehmer, über die Höhe von Prämien für ....-vorschläge und über die

   Höhe der Gehälter für die .... Angestellten.

8. Bei personellen Angelegenheiten gilt es zu unterscheiden zwischen .... personellen

   Angelegenheiten und .... personellen Maßnahmen. Unter die allgemeinen personellen

   Angelegenheiten fallen die ....-planung und betriebliche Bildungsmaßnahmen.

9. Unter die einzelnen personellen Maßnahmen fallen • die .... von Arbeitnehmern,

   • Ein- und Umgruppierung sowie .... und • die ....

Mitbestimmung

10. In Betrieben mit mehr als 20 wahlberechtigten Arbeitnehmern ist der Betriebsrat vor der Einstellung eines Arbeitnehmers zu unterrichten. Nennen Sie drei Beispiele, was der Betriebsrat verlangen kann.

1. die Nennung des vorgesehenen Arbeits-..

2. die Bekanntgabe der tariflichen ....

3. dine Erläuterung, welche Auswirkung die Einstellung auf die anderen ....-plätze hat

4. die Vorlage der ....-unterlagen

11. Ein Betriebsrat erteilt seine Zustimmung zur Einstellung eines Arbeitnehmers nicht. Der Arbeitgeber besteht jedoch auf Einstellung. Wer entscheidet, ob der Arbeitnehmer eingestellt wird? ....

12. Nennen Sie zwei Voraussetzungen, unter denen der Betriebsrat einer Kündigung widersprechen kann.

1. Die .... wurde nicht eingehalten.

2. Der Arbeitnehmer kann an einem anderen Arbeitsplatz .... werden.

13. Nach dem Betriebsverfassungsgesetz haben Arbeitgeber und Betriebsrat einen ....-plan auszuarbeiten, wenn der Betrieb oder wesentliche Teile davon stillgelegt werden. Diese Vorschrift gilt jedoch **nicht** für Betriebe mit weniger als .... wahlberechtigten Arbeitnehmern.

14. Was muss ein Arbeitgeber tun, wenn er eine gründliche Modernisierung des Betriebes mit Neubauten plant? Er muss den Betriebsrat in Bezug auf die Maßnahmen .... und mit ihm darüber .... Gleiches gilt für die Einführung neuer -...verfahren und Fertigungsverfahren sowie für ....-maßnahmen.

15. Der Unternehmer entscheidet allein über die .... der Erzeugnisse, die er fertigen will, die .... der erzeugten Güter, die .... der Unternehmung und über den ....-etat.

16. In Betriebsvereinbarungen können spezielle, den Betrieb betreffende Einzelheiten geregelt werden, die nicht durch ....-verträge und geltende Gesetze festgelegt sind. Betriebsvereinbarungen

- dürfen nicht gegen bereits bestehende .... oder tarifliche Bestimmungen verstoßen,
- werden zwischen dem Arbeitgeber und dem .... abgeschlossen,
- müssen .... niedergelegt und von den Parteien .... werden,
- sind an geeigneter Stelle ....

17. Zwei mögliche Regelungen in einer Betriebsvereinbarung können sein:

1. Bestimmungen für ....-urlaub

2. zusätzliche Maßnahmen zur Verhütung von ....

3. Maßnahmen zur Förderung der ....-bildung auf Arbeitnehmerseite

4. ....-zuschüsse für die Arbeitnehmer

5. ....-sätze

18. Nennen Sie zwei Vorschriften, die unter anderem in einer Betriebsordnung geregelt sein können.

1. Ein ....-verbot für bestimmte Betriebsteile

2. Eine Vorschrift zum Tragen von .... in bestimmten Betriebsteilen

19. Eine Betriebsvereinbarung gilt .... und .... für alle Arbeitnehmer, die vom Regelungsbereich dieser Vereinbarung erfasst werden. Auf Rechte aus den Betriebsvereinbarungen dürfen Arbeitnehmer nur mit Zustimmung des .... verzichten.

20. Welches Recht gegenüber dem Arbeitgeber darf jeder Arbeitnehmer persönlich wahrnehmen, ohne den Betriebsrat einschalten zu müssen? ....

....

Sozialversicherung

1. Soziale Absicherung • Geschichtliches • Versicherungsarten

PAL 331-335, 339, U49-U50, U52

Soziale Absicherung

Der Grundgedanke der Sozialversicherung besteht darin, dass jeder Mensch ein grundlegendes Interesse an einer sozialen Absicherung hat, die dem arbeitenden Menschen materielle Sicherheit gewährleistet, wenn er *unverschuldet in wirtschaftliche Not* gerät.

Prinzip der Solidargemeinschaft

Heutzutage existiert für weite Teile der Bevölkerung ein „soziales Netz", was den einzelnen gegen Risiken des Arbeitslebens absichert. Geknüpft ist dieses Netz durch die Gemeinschaft der Versicherten, die durch die Entrichtung ihrer Beiträge dazu beitragen, dass einzelne Mitglieder der Versicherungsgemeinschaft im Notfall unterstützt werden können. Man kann auch sagen, dass der Grundsatz *„Alle für einen, einer für alle"* herrscht und nennt dies auch das Prinzip der Solidargemeinschaft (Solidaritätsprinzip).

Probleme bei der Finanzierung

Die Ausgaben für das soziale Netz sind in den letzten Jahren stark gestiegen. Die Beitragseinnahmen sind deutlich gesunken. Infolge hoher Arbeitslosigkeit und höherer Lebenserwartung gibt es weniger Beitragzahler und mehr Leistungsempfänger. Das bedeutet, dass entweder die Beiträge der einzelnen Mitglieder der Versicherungsgemeinschaft erhöht oder die Versicherungsleistungen reduziert werden müssen.

Ziele staatlicher Sozialpolitik

Ziele staatlicher Sozialpolitik und Sozialgesetzgebung für den Bürger sind:

- **Vermeidung** sozialen **Abstieg**s bei Krankheit, Arbeitsunfall, Arbeitslosigkeit oder im Alter
- **Sicherung** eines **Einkommen**s, das für ein menschenwürdiges Leben notwendig ist
- Voraussetzungen schaffen, den **Lebensunterhalt durch** eine **frei gewählte Tätigkeit** zu erwerben
- **Familie**nschutz und Familienförderung sowie **Bildungs**- und **Arbeits**förderung

Familienschutz

Nicht Ziel staatlicher Sozialpolitik für den einzelnen Bürger ist die *Absicherung gegen alle Risiken des Lebens.*

Es geht in der Sozialpolitik im Wesentlichen um die Schaffung und Erhaltung des sozialen Sicherheitsnetzes für möglichst alle Bevölkerungsgruppen. In Hinsicht auf den Einzelnen geht es darum, nicht unter einen gewissen sozialen Stand zu sinken.

Das Netz der sozialen Sicherung

Das Netz der sozialen Sicherung ist mit Beginn im 19. Jahrhundert stetig weiter ausgebaut worden. Ausbau und Sicherung des Netzes bei steigender Belastung – deutlich ist gerade in letzter Zeit die Kostenzunahme im Gesundheitswesen – hat für die Versicherten eine Einschränkung der Leistungen und höhere Eigenbeteiligung zur Folge.

Geschichtlicher Hintergrund

Bereits im 14. Jahrhundert bestanden *im Handwerk und im Bergbau Selbsthilfeeinrichtungen*, die heute als Vorläufer der Sozialversicherung angesehen werden. Als erster deutscher Staat erkannte *Preußen* die Notwendigkeit und Verpflichtung, Bestimmungen für eine *staatliche Armenpflege* zu erlassen.

Die **Industrialisierung,** die zur Auflösung der alten Formen der Sozialversicherung führte, war die Ursache für tiefgreifende soziale Umwälzungen des 19. Jahrhunderts.

Die schnelle Industrialisierung im 19. Jahrhundert hatte einen *starken Anstieg der Stadtbevölkerung* und eine *gesellschaftliche Entwurzelung der Arbeiter* zur Folge. *Diese Situation zwang den Staat zur gesetzlichen Regelung der Sozialversicherung.* Maßgeblichen Anteil an der Schaffung der gesetzlichen Sozialversicherung hatte in der zweiten Hälfte des vorletzten Jahrhunderts der Staatsmann *Otto von Bismarck*.

Bereits 1883 wurde als erstes Werk der Sozialversicherung die *Krankenversicherung* gesetzlich geregelt, als letztes im Jahre 1995 die *Pflegeversicherung*.

Versicherungszweige

Die *fünf* Zweige der gesetzlichen Sozialversicherung sind

- **Kranken**versicherung
- **Unfall**versicherung
- **Renten**versicherung
- **Arbeitslosen**versicherung
- **Pflege**versicherung

Ausbildungsversicherung und Lebensversicherung sind **privat**e Versicherungen. Dazu zählt im Gegensatz zur gesetzlichen Unfallversicherung auch die private Unfallversicherung. Außerdem gibt es die private Krankenversicherung, die private Rentenversicherung und die private Berufsunfähigkeitsversicherung.

1. Soziale Absicherung • Geschichtliches • Versicherungsarten

1. Soziale Absicherung soll dem arbeitenden Menschen materielle Sicherheit gewährleisten, wenn er .... in Not gerät. Wenn der Grundsatz „Alle für einen, einer für alle" herrscht, so nennt man diesen Grundsatz auch das Prinzip der ....

2. Die Ausgaben für das soziale Netz sind in den letzten Jahren stark .... Die Beitragseinnahmen sind deutlich .... Infolge hoher Arbeitslosigkeit und höherer Lebenserwartung gibt es .... Beitragszahler und .... Leistungsempfänger.

3. Die steigenden Ausgaben können durch die sinkenden Einnahmen nicht mehr abgedeckt werden. Das bedeutet, dass entweder die Beiträge der einzelnen Mitglieder der Versicherungsgemeinschaft .... oder die Versicherungsleistungen .... werden müssen.

4. Ziele staatlicher Sozialpolitik und staatlicher Sozialgesetzgebung für den Bürger sind:
   - Vermeidung sozialen .... bei Krankheit, Arbeitsunfall, Arbeitslosigkeit oder im Alter
   - Sicherung eines .... , das für ein menschenwürdiges Leben notwendig ist
   - Schaffung von Voraussetzungen, den Lebensunterhalt durch eine .... gewählte Tätigkeit zu erwerben
   - Familienschutz und .... sowie Bildungs- und Arbeitsförderung

5. Nicht Ziel staatlicher Sozialpolitik ist die .... gegen alle Risiken des Lebens. Vielmehr geht es im Wesentlichen um die Schaffung und Erhaltung des sozialen .... -netzes. Bei der sozialen Absicherung möglichst aller Bevölkerungsgruppen geht es für den Einzelnen darum, nicht .... einen gewissen sozialen Stand zu sinken. Der Ausbau und die Sicherung des sozialen Netzes hat für die Versicherten zur Folge, dass die Sozialversicherungsbeiträge .... erhöht werden.

6. In welchen Wirtschaftsbereichen gab es bereits im 14. Jahrhundert Vorläufer der heutigen Sozialversicherung?
   1. ....   2. ....

7. Welcher deutsche Staat erkannte im 19. Jahrhundert zuerst die Notwendigkeit und die Verpflichtung, Bestimmungen für eine staatliche Armenpflege zu erlassen? ....

8. Welche Auswirkungen auf die Entwicklung der Stadtbevölkerung (1) und auf die gesellschaftliche Stellung der Arbeiter (2) hatte die schnelle Industrialisierung, die im 19. Jahrhundert in Deutschland stattfand?
   1. ....
   2. ....

9. Welcher deutsche Staatsmann hatte maßgeblichen Anteil an der gesetzlichen Regelung der Sozialversicherung in der zweiten Hälfte des vorletzten Jahrhunderts? ....

10. Welcher Zweig der Sozialversicherung wurde zuerst (wann?) und welcher Zweig zuletzt (wann?) gesetzlich geregelt?
    1. ....
    2. ....

11. Nennen Sie die fünf Zweige der gesetzlichen Sozialversicherung. 1. .... -versicherung 2. .... -versicherung 3. .... -versicherung 4. .... -versicherung 5. .... -versicherung

12. Ausbildungsversicherung und Lebensversicherung sind .... Versicherungen. Dazu zählt im Gegensatz zur gesetzlichen Unfallversicherung auch die private .... -versicherung, die private .... -versicherung, die private .... -versicherung und die private .... -versicherung.

Sozialversicherung

2. Selbstverwaltung • Versicherungsprinzip • Beiträge PAL 337-338, 340-343, U51

Sozialversicherung – Selbstverwaltung

Die Kranken-, Unfall- und Rentenversicherungen verwalten sich durch gewählte Organe selbst. Die Selbstverwaltung soll den Versicherten die Mitgestaltung an der Versicherung ermöglichen, soll zu sozialen und lebensnahen Entscheidungen der Verwaltung führen, soll der Verwaltung die Erfahrungen und die Nöte der Versicherten nahe bringen und sie soll die Versicherten, die Arbeitgeber und die Verwaltung eng miteinander verbinden. Das Internet erleichtert dies in letzter Zeit.

– Organe

Selbstverwaltungsorgane der Sozialversicherungsträger sind die **Vertreterversammlung** als Hauptorgan, bestehend aus *Vertretern der Versicherten* und *Vertretern der Arbeitgeber* und dem **Vorstand.** Das ist die Leitung des Sozialversicherungsträgers:

und wie sie gewählt werden

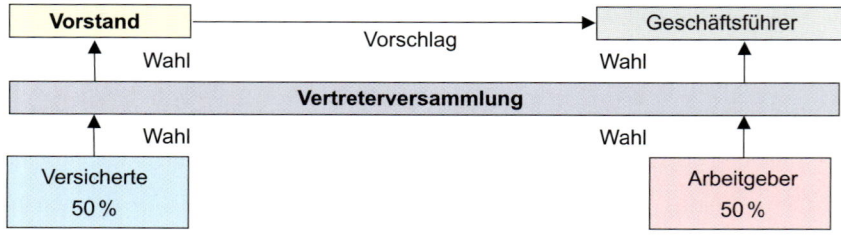

Versicherte und Rentner wählen die Vertreter der Versicherten. Getrennt davon wählen die Arbeitgeber ihre Vertreter. Wahlberechtigt sind Versicherte über 16 Jahre, auch Rentner, und Arbeitgeber. Arbeitgeber und Versicherte sind in der Vertreterversammlung in gleicher Zahl vertreten. Die Wahlen sind frei und geheim. Wahlen zur Vertreterversammlung (Sozialwahlen) werden alle sechs Jahre durchgeführt.

Die gewählten Vertreter der Versicherten und der Arbeitgeber wählen ihrerseits den Vorstand und – auf Vorschlag des Vorstands – den Geschäftsführer.

– Vertreterversammlung

Die Vertreterversammlung oder – gleichbedeutend – der Verwaltungsrat:
- beschließt *über Satzung/Satzungsänderungen*
- wählt die *Mitglieder des Vorstands*
- stellt den *Finanzhaushalt* fest
- entscheidet über *Rechtsfragen*

– Vorstand

Der Vorstand übt die **Richtlinienkompetenz** aus, zum Beispiel ist der von ihm vorgeschlagene und durch die Vertreterversammlung gewählte Geschäftsführer an seine Weisungen gebunden.

– Versicherungspflicht

Von den Privatversicherungen unterscheiden sich die einzelnen Zweige der Sozialversicherung durch die **Zwangsmitgliedschaft** der Versicherten.

– Finanzierung

Die Sozialversicherungen werden hauptsächlich über die **Beiträge** der Versicherten und durch die Arbeitgeber finanziert. Manchmal gibt es auch Bundeszuschüsse, etwa zur Rentenversicherung. Während die Beitragszahlungen bei den Privatversicherungen vom Risiko und vom gewünschten Leistungsumfang abhängig sind, richten sich die Beiträge bei den Sozialversicherungen nach der Einkommenshöhe.

– Beitragseinnahmen und Leistungen

Der Umfang der durch die Sozialversicherung insgesamt erbrachten Leistungen ist abhängig einerseits von den *Einnahmen aus den Beiträgen*, andererseits vom *Umfang der Inanspruchnahme der Leistungen* durch die Versicherten. *Die **Pflichtleistungen** der Sozialversicherungen werden durch Gesetze vorgeschrieben.* Die Beitragseinnahmen hängen vom Beschäftigungsgrad ab, dieser hängt wiederum von der wirtschaftlichen Lage der Unternehmungen und von der Lage auf dem Arbeitsmarkt ab. *Je mehr Arbeitnehmer einzahlen, desto höher ist das Beitragsaufkommen und desto mehr kann ausgegeben werden.*

– Überschüsse Defizite

Mit erzielten Überschüssen können die Sozialversicherungen **Rücklagen** bilden. Auf keinen Fall müssen sie ihre Überschüsse an den Staat abführen. Statt dessen können die Beiträge gesenkt werden. Umgekehrt wird man bei erzielten Defiziten, zum Beispiel wenn man die Sozialversicherung ungerechtfertigt ausnützt, die Beiträge erhöhen.

Wer zahlt welche Beitragsanteile?

Für *Kranken-, Pflege-, Renten-* und *Arbeitslosenversicherung* zahlen Arbeitgeber und Arbeitnehmer anteilig *je **50 %*** in die Kasse ein. Für die gesetzliche *Unfallversicherung* zahlt der *Arbeitgeber* allein ***100 %*** der Beiträge.

2. Selbstverwaltung • Versicherungsprinzip • Beiträge

1. Die Kranken-, Unfall- und Rentenversicherungen verwalten sich durch gewählte Organe .... Das soll den Versicherten und den Arbeitgebern die .... an der Versicherung ermöglichen.

2. Nennen Sie zwei Organe der Sozialversicherungsträger.

   1. ....

   2. ....

3. Aus wessen Vertretern setzt sich die Vertreterversammlung zusammen? ....

   ....

4. Wahlberechtigt sind Versicherte über 16 Jahre, auch Rentner und .... Versicherte und Arbeitgeber sind in der Vertreterversammlung in .... Zahl vertreten. Die Sozialwahlen sind .... und geheim.

5. Wie oft werden Wahlen zu den Organen der Sozialversicherung durchgeführt? ....

6. Wer wählt die Mitglieder des Vorstands einer Sozialversicherung?

   ....

7. Nennen Sie drei Aufgaben der Vertreterversammlung eines Sozialversicherungsträgers. Diese Versammlung

   1. beschließt ....

   2. stellt .... fest

   3. wählt ....

8. Durch welche Form der Mitgliedschaft unterscheiden sich die einzelnen Zweige der Sozialversicherung von der Privatversicherungen? ....

9. Durch wen werden die meisten Sozialversicherungen hauptsächlich finanziert? ....

   ....

10. Wonach richtet sich die Höhe der Beitragszahlungen der Versicherten bei den Sozialversicherungen?

    ....

11. Der Umfang der Leistungen, welche die Sozialversicherungen insgesamt aufbringen können, ist abhängig von den .... aus den Beiträgen der Versicherten und der Arbeitgeber und vom Umfang der .... der Leistungen durch die Versicherten.

12. Je mehr die Versicherten einzahlen, um so höher ist das Beitrags- .... und um so mehr kann ausgegeben werden. Mit erzielten Überschüssen sollen die Sozialversicherungen .... bilden und die Beiträge .... können. Umgekehrt wird man bei erzielten Defiziten, zum Beispiel wenn man die Sozialversicherung ungerechtfertigt ausnützt, die Beiträge ....

13. Für welche Zweige der Sozialversicherung werden dem Arbeitnehmer Beiträge vom Bruttolohn oder -gehalt abgezogen? 1. ....

    2. ....

    3. ....

    4. ....

14. Welche Anteile an den Beiträgen zahlen Arbeitnehmer und Arbeitgeber jeweils für die Kranken-, Pflege-, Renten- und Arbeitslosenversicherung? Sie zahlen jeweils ....

15. Für die gesetzliche .... -versicherung zahlt der Arbeitgeber allein .... der Beiträge.

Sozialversicherung

3. Gesetzliche Kranken- und Pflegeversicherung PAL 346-363, U53-U58

Abzüge vom Lohn (Fallbeispiel)

Paul Kohler ist Industriemeister. Er ist verheiratet und hat ein Kind. Seine letzte Lohnabrechnung, die er wegen einer Lohnerhöhung erhält, weist einen Bruttolohn von 2220 Euro, einen Krankenkassenzuschuss von 140 Euro und eine zu versteuernde Zulage von **7** Euro aus. Ein Vergleich mit dem Auszahlungsbetrag, der 1799 Euro beträgt, versetzt ihn in Erstaunen. Es wurde weniger ausgezahlt als erwartet.

– Sozialversicherungsbeiträge

Den Gesamtbetrag der Sozialversicherungsbeiträge – im Fallbeispiel oben sind es für Paul Kohler 452 Euro – überweist der Arbeitgeber zusammen mit weiteren 452 Euro, die von ihm kommen, der Einfachheit halber zunächst an die Krankenkasse. Diese verteilt sie – gemäß folgender Darstellung – weiter:

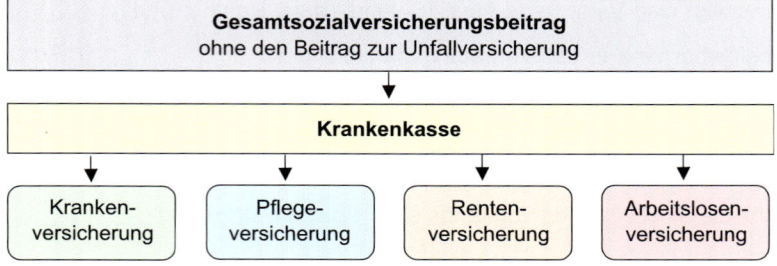

Gesetzliche Krankenversicherung

– Leistungen

Die gesetzliche Krankenversicherung ist eine Zwangsversicherung zum Schutz des Beschäftigten und seiner Familie in allen Krankheitsfällen.

Die Leistungen der Krankenkassen sind genau geregelt. Der Anspruch darauf besteht *vom ersten Tag der Mitgliedschaft* an. Versicherte haben Anspruch auf:

- **Vorsorgeuntersuchungen:** zur Früherkennung von Krankheiten
- **Krankenpflege:** Sie haben Anspruch auf Behandlung durch einen Arzt/Zahnarzt nach Vorlage der Versichertenkarte (Gesundheitskarte) und auf verordnete Arznei- und Verbandsmittel.
- **Krankenpflege im Haus:** ohne zeitliche Begrenzung
- **Krankenhauspflege:** Behandlung und Pflege im Krankenhaus (auch bei Kurmaßnahmen)
- **Krankengeld:** Erkranken Sie arbeitsunfähig, zahlt Ihr Arbeitgeber für sechs Wochen Ihr Arbeitsentgelt fort. Nach Ablauf der Entgeltfortzahlung, ab Woche sieben, erhalten Sie von Ihrer Krankenkasse Krankengeld. Das ist eine Entgeltersatzleistung, die einen Ersatz für den Verdienstausfall darstellt. Es beträgt bei Arbeitnehmern 70 % des beitragspflichtigen Bruttoarbeitsentgelts, höchstens jedoch 90 % des Nettoarbeitsentgelts. Das Krankengeld erhalten Sie bei Arbeitsunfähigkeit wegen derselben Krankheit für einen Zeitraum von längstens 78 Wochen. Krankengeld wird im übrigen auch anstelle des Arbeitslosengeldes gezahlt, wenn der Arbeitslose länger als sechs Wochen an derselben Krankheit leidet.
- **Familienhilfe:** Kinder und nicht berufstätigen Ehegatten sind mitversichert. Das ist sozial!
- **Mutterschaftshilfe:** Sie wird geleistet bei Schwangerschaft. Unter anderem wird auch Mutterschaftsgeld sechs Wochen vor und acht Wochen nach der Entbindung gezahlt.

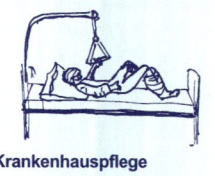

Krankenhauspflege

– Übersicht

Gesetzliche Krankenversicherung		
Beiträge	**Träger (Auswahl)**	**Leistungen**
Durchschnittlich **14,3** Prozent vom Bruttoentgelt (2005) (Der Beitrag ist von Kasse zu Kasse verschieden.) – Beschäftigte **7,15** Prozent – Arbeitgeber **7,15** Prozent Bis 400 Euro Monatslohn ist bei **einem** Mini-Job vom Arbeitnehmer *kein* Beitrag zu bezahlen. Oberhalb von 3.525 Euro monatlich (2005) zahlt er weiter nur 7,15 Prozent von 3.525 Euro, egal wieviel er mehr verdient.	**Ortskrankenkassen** (Allgemeine Krankenkassen) **Ersatzkassen,** zum Beispiel die Techniker-Krankenkasse **Betriebskrankenkassen** **Innungskrankenkassen** Versicherte können entscheiden, bei welcher Kasse sie versichert sein wollen.	**Vorsorgeuntersuchungen:** Maßnahmen zur *Früherkennung* von Krankheiten **Krankenhilfe:** – Krankenpflege – Krankenhauspflege – Krankengeld **Familienhilfe** **Mutterschaftshilfe** Kassen können ihren Versicherten für gesundheitsbewusstes Verhalten **weniger Beitrag, weniger Zuzahlung** anbieten.

Versicherungspflicht

Versicherungspflichtig ist dieser Personenkreis: Arbeitnehmer, Arbeitslose, Rentner, Wehrdienstleistende, Auszubildende, Studenten, Landwirte und aufgrund besonderer gesetzlicher Regelung von der Krankenversicherung erfasste Personengruppen.

Übersteigt das jährliche Bruttoeinkommen **47.250** Euro oder 3.937,50 Euro pro Monat (2006) sind Arbeitnehmer *nicht* mehr **krankenversicherungspflichtig.** Sie können sich dann zum Beispiel freiwillig privat versichern. Für Arbeitnehmer, deren Jahresarbeitsentgelt am 31.12.2002 über der Versicherungspflichtgrenze des Jahres 2002 lag und die an diesem Tag privat krankenversichert waren, gilt seit 2003 eine besondere Versicherungspflichtgrenze. In

Beitragsbemessungs-grenze

2006 beträgt diese **42.750** Euro (3.562,50 Euro monatlich). Dieser Grenzbetrag ist identisch mit der in 2006 für Arbeitnehmer gültigen Beitragsbemessungsgrenze.

In der gesetzlichen Krankenversicherung richtet sich der **Höchstbeitrag** nach der jeweils gültigen **Beitragsbemessungsgrenze.** Diese wird jedes Jahr zum 1. Januar neu festgelegt.

Gesetzlich oder privat versichern?

Um die Arbeitnehmer, deren Arbeitsentgelt die jeweilge **Versicherungspflichtgrenze** überschreitet, findet auf dem Versicherungsmarkt ein starker Wettbewerb zwischen den privaten und den gesetzlichen Versicherungsträgern statt. Ein Arbeitnehmer, der einer solchen Personengruppe angehört, kann innerhalb von drei Monaten nach Ende der Versicherungspflicht zum Beispiel den freiwilligen Beitritt in die bisherige Krankenkasse anzeigen. Er kann sich jedoch nicht zunächst einmal privat versichern und später wieder der gesetzlichen Krankenversicherung beitreten.

versicherungsfreie Mini-Jobs

Ein Mini-Job (steuer- und sozialversicherungsfrei) ist *bis zu 400 Euro mtl.* möglich (nicht für Azubis). Die Versicherungsfreiheit bis zu der **Geringfügigkeitsgrenze** von 400 Euro bedeutet nur, dass der Arbeitnehmer keine Beiträge zur Sozialversicherung zahlen muss. *Der Arbeitgeber muss (25 %) gesetzliche Abgaben zahlen.*

Versicherungsträger ... Ersatzkassen

In der zuvor gezeigten Übersicht sind als Träger der gesetzlichen Krankenversicherung nach den Allgemeinen Ortskrankenkassen (AOK) die Ersatzkassen genannt, darunter die Techniker-Krankenkasse, eine gesetzliche Krankenkasse mit freiwilliger Mitgliedschaft (Ersatzkasse). *Alle Versicherten können frei entscheiden, bei welcher Krankenkasse sie versichert sein wollen.* Für Arbeitslose, die Arbeitslosengeld beziehen, gilt, dass der Arbeitgeber den Beitrag zur Krankenversicherung drei Wochen lang weiterzahlen muss, wenn sie aus dem Betrieb ausscheiden. Dann übernimmt dies das die Agentur für Arbeit. Auf diese Weise bleiben Arbeitslose Mitglied in der Krankenkasse. *Arbeitslose erhalten aus der Krankenversicherung die gleichen Leistungen wie die beschäftigten Arbeitnehmer.* In den ersten sechs Wochen der Erkrankung erhält der Arbeitslose das Arbeitslosengeld. Erst ab der siebten Woche leistet die Krankenkasse.

Aufbringung der Finanzierungsmittel

Die Mittel zur Finanzierung der Leistungen der gesetzlichen Krankenkassen bringen jeweils zu 30 Prozent der Staat, zu 30 Prozent die Arbeitgeber und zu 30 Prozent die Arbeitnehmer auf sowie zu 10 Prozent die Rentner.

Höhe der Beiträge u. sonstige Regelungen

Die Höhe des Beitrags zur gesetzlichen Krankenversicherung wird vom Verwaltungsrat der Krankenkasse beschlossen.

Die von der Kasse zu übernehmenden Leistungen sind gesetzlich vorgeschrieben; Neu festgelegt wurden sie im Gesetz zur Modernisierung der gesetzlichen Krankenkassen von 2004. Die Übernahme der Kosten für die **Krankenhausbehandlung** ist zeitlich unbegrenzt. Diese Kosten haben den größten Anteil an den Ausgaben der Krankenkassen. Für den Aufenthalt im Krankenhaus müssen deshalb 10 Euro pro Tag zugezahlt werden. Kinder und Jugendliche

Zuzahlung

Zuzahlung zwischen 5 und 10 €

sind von Zuzahlungen befreit. Zu den vorgeschriebenen Leistungen gehören nicht die Kosten von **Kuren.** Die Kosten für **Krankenhauspflege** und **häusliche Krankenpflege** werden nicht voll getragen, 10 % der Kosten müssen zugezahlt werden, maximal 2 % der Bruttoeinkünfte. Bei **Arzneien und Verbandsmitteln** liegt die Zuzahlung zwischen 5 und 10 Euro. **Sehhilfen** (Brillen) werden nicht getragen, **Zahnersatz** nur bei erheblicher Zuzahlung. Voll getragen werden die Kosten für **Vorsorgeuntersuchungen.** Bei jedem **Zahnarzt- oder Arztbesuch** fällt im Quartal eine **Praxisgebühr** in Höhe von 10 Euro an.

Wahlfreiheiten

Ist ein schwer erkrankter Versicherter ins Krankenhaus einzuweisen, kann ihm die Krankenkasse, etwa aus Kostengründen, nicht vorschreiben, welches Krankenhaus er aufsuchen muss. Auch kann der Versicherte im Falle ärztlicher Behandlung unter den zur vertragsärztlichen Versorgung zugelassenen Ärzten **frei** wählen.

135

Sozialversicherung

Pflegeversicherung Durch die 1995 eingeführte Pflegeversicherung kann der **Pflegefall** abgesichert werden. Die **Pflegebedürftigkeit** erstreckt sich entweder auf eine *Betreuung rund um die Uhr* oder auf eine nur *zeitweise Hilfestellung*. Wer keine Angehörigen hat, die beim Waschen, Anziehen, Essen zubereiten oder Einkaufen helfen, muss sich um einen Platz im **Pflegeheim** bemühen.

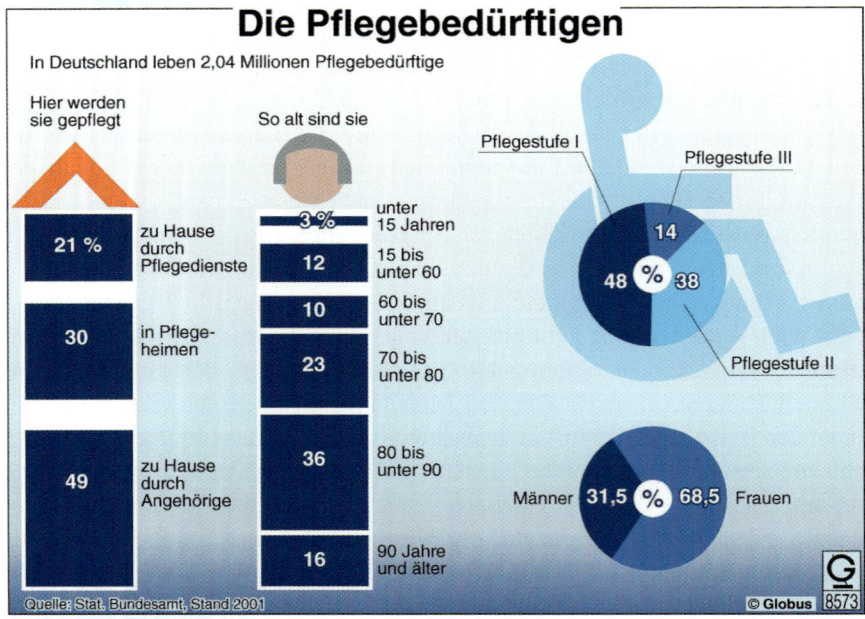

Mehr als zwei Drittel der zwei Millionen Pflegebedürftigen in Deutschland werden in ihren eigenen vier Wänden betreut. In etwa der Hälfte der Fälle übernehmen Angehörige die Versorgung. Weitere 20 Prozent der Betroffenen können dank ambulanter Pflegedienste weiter zu Hause wohnen. In Heimen ist fast ein Drittel der Hilfebedürftigen untergebracht. Drei Viertel der Pflegebedürftigen sind 70 Jahre und älter. Über zwei Drittel sind Frauen.

Beitragspflichtig sind alle in der gesetzlichen Krankenversicherung pflichtversicherten Arbeitnehmer. Die Beiträge der überwiegenden Zahl der Pflichtversicherten werden von ihnen und vom Arbeitgeber je zur Hälfte gezahlt. Die **Beitragsbemessungsgrenze** richtet sich nach der der gesetzlichen Krankenversicherung.

Ob die Voraussetzungen für die Pflegebedürftigkeit erfüllt sind, lassen die Pflegekassen auf Antrag des Versicherten durch den **Medizinischen Dienst** prüfen. Nach der zuerkannten **Pflegestufe** richten sich dann die Leistungen.

Aus sowohl finanziellen als auch menschlichen Gründen hat die **Pflege zu Hause** *Vorrang vor der Heimpflege. Es ist ungeheuer wichtig, dass die Pflegebedürftigen möglichst lange in ihrer vertrauten Umgebung bleiben. Umgewöhnung fällt ihnen schwer.*

Für pflegebedürftige Personen, die in Heimen untergebracht sind, gibt es zum Beispiel je nach Hilfebedürftigkeit (Pflegestufe) Leistungen bis zu 1.432 Euro monatlich, in Härtefällen bis zu 1.918 Euro. Der Pflegeversicherungsbeitrag für die gesetzliche (soziale) Pflegeversicherung, 0,85 Prozent des Bruttoverdienstes für Arbeitnehmer und Arbeitgeber, liegt im Jahr 2005 bei maximal 29,96 Euro pro Monat. Kinderlose Arbeitnehmer zahlen laut nebenstehender Infografik 0,25 % Beitrag mehr, somit maximal 38,78 Euro monatlich.

3. Gesetzliche Kranken- und Pflegeversicherung

1. Paul Kohler, Industriemeister, verdient brutto 2.220 Euro und zahlt 452 Euro Sozialversicherungsbeitrag. Wie viel Prozent vom Bruttolohn sind das? ....

2. Paul Kohler, verheiratet, ein Kind, zahlt 452 Euro Sozialversicherungsbeitrag, 115 Euro Steuern und erhält 140 Euro Krankenkassenzuschuss. Wie viel bekommt er von den 2.220 Euro brutto ausbezahlt? ....

3. Wie hoch ist der Gesamtsozialversicherungsbeitrag, den der Arbeitgeber abzuführen hat? ....

4. An wen wird der Gesamtsozialversicherungsbeitrag überwiesen? ....

5. Wer sind die vier Empfänger, auf die der gesamte obige Sozialversicherungsbeitrag verteilt wird? ....
....

6. Die gesetzliche Krankenversicherung ist eine ....-versicherung zum Schutz des Beschäftigten und seiner .... in allen Krankheitsfällen. Der Anspruch auf die Leistungen der gesetzlichen Krankenkasse besteht vom ....
Die Versicherten haben ein Recht auf ....-untersuchungen (Maßnahmen zur Früherkennung).

7. Die Versicherten haben einen Anspruch auf Behandlung durch einen .... unter Vorlage der Versichertenkarte und auf die Kostenübernahme für Arzneimittel und ....-mittel. Leistungen aus der Krankenkasse werden erbracht für die Krankenpflege im Haus ohne zeitliche ....
Leistungen werden auch erbracht für die Behandlung und Pflege im ....-haus.

8. Die Versicherten erhalten Krankengeld in Höhe von 70 Prozent des Bruttolohnes ab der .... Krankheitswoche bis maximal 78 Wochen. Das Krankengeld darf höchstens ...... Prozent des Nettoverdienstes betragen. Auch Arbeitslose sind krankenversichert. Wenn Arbeitslose länger als sechs Wochen an derselben Krankheit leiden, erhalten sie anstelle des ....-geldes dann Krankengeld.

9. Nennen Sie außer der Krankenhilfe (Kranken- und Krankenhauspflege und Krankengeld) zwei weitere Leistungen der Krankenkasse. 1. ....-hilfe 2. ....-hilfe

10. Versicherungspflichtig sind Arbeitnehmer, Arbeitslose, ... , Wehrdienstleistende, Auszubildende, ...·, Landwirte. Arbeitnehmer sind nicht mehr krankenversicherungspflichtig, wenn ihr jährliches Bruttoeinkommen .... Euro übersteigt (Versicherungspflichtgrenze). Sie können sich dann freiwillig .... versichern.

11. Wie heißt der Einkommensbetrag, nach dem der Höchstbeitrag zur Krankenversicherung errechnet wird?
Beitrags-..

12. Um die Arbeitnehmer, deren Jahresarbeitsentgelt die Versicherungspflichtgrenze überschreitet, findet auf dem Markt der Krankenversicherung ein starker .... zwischen den privaten und gesetzlichen Krankenversicherungsträgern statt. Ein Arbeitnehmer, der einer solchen Personengruppe angehört, kann innerhalb von .... Monaten nach Ende der Versicherungspflicht zum Beispiel den freiwilligen Beitritt in die bisherige Krankenkasse anzeigen. Was er jedoch nicht kann, ist, sich zunächst einmal .... versichern und später wieder der gesetzlichen Krankenversicherung beitreten.

13. Bis zu welcher Höhe monatlich kann ein Arbeitsentgelt sozialversicherungs**frei** sein? ....

14. Welchen Betrag in Euro muss der Arbeitgeber an gesetzlichen Abgaben monatlich abführen, wenn er einen Mini-Jobber für 400 Euro monatlich beschäftigt? ....

15. Neben den Ortskrankenkassen (allgemeine Krankenkassen) gibt es noch ....-kassen (die Technikerkrankenkasse gehört dazu). Versicherte können .... entscheiden, bei welcher Kasse sie versichert sein wollen.

Sozialversicherung

16. Arbeitslose erhalten aus der Krankenversicherung die .... Leistungen wie die beschäftigten Arbeitnehmer. In den ersten .... Wochen der Erkrankung erhält der Arbeitslose das Arbeitslosengeld. Erst ab der .... Woche leistet die Krankenkasse.

17. Die Mittel zur Finanzierung der gesetzlichen Krankenkassen werden wie folgt aufgebracht: 30 Prozent vom Staat, von den Arbeitgebern .... Prozent , von den Arbeitnehmern .... Prozent und 10 Prozent von den Rentnern.

18. Wer beschließt die Beitragshöhe zur gesetzlichen Krankenversicherung? Der .... -rat.

19. Die von der Krankenkasse zu übernehmenden Regelleistungen sind .... vorgeschrieben. Die Übernahme der Kosten für die ....-behandlung durch die Krankenkasse ist zeitlich unbegrenzt. Die Kosten für die Krankenhausbehandlung haben den .... Anteil an den Ausgaben der Krankenkassen. Pro Tag müssen für den Krankenhausaufenthalt .... Euro zugezahlt werden.

20. Zu den (gesetzlich vorgeschriebenen) Regelleistungen gehören nicht die Kosten von .... in Kurorten und Badeorten. Zugezahlt werden müssen .... % der Kosten (maximal 2 % der Einkünfte) für Krankenhauspflege und für ....-pflege. Voll bezahlen muss man in der Regel für .... (Brillen) und für ....

21. Bei Arzneien und Verbandsmitteln liegt die Zuzahlung zwischen .... Euro und .... Euro. Voll getragen werden die Kosten für .... Die Praxisgebühr beim Arzt- oder Zahnarztbesuch beträgt im Quartal .... Euro.

22. Ein Versicherter ist schwer erkrankt und muss in ein Krankenhaus eingewiesen werden. Was darf die Krankenkasse in Bezug auf das Aufsuchen eines bestimmten Krankenhauses durch den Erkrankten – etwa aus Kostengründen – **nicht** tun? ....

23. Der Versicherte kann unter den zur vertragsärztlichen Versorgung zugelassenen Ärzten .... wählen.

24. Durch die 1995 eingeführte Pflegeversicherung kann der ....-fall abgesichert werden. Die Pflegebedürftigkeit erstreckt sich entweder auf eine Betreuung .... oder auf eine nur .... Hilfestellung.

25. Mehr als .... der zwei Millionen Pflegebedürftigen in Deutschland werden in ihren eigenen vier Wänden betreut. In etwa der Hälfte der Fälle übernehmen Angehörige die Versorgung. Weitere 20 Prozent der Betroffenen können dank .... Pflegedienste weiter zu Hause wohnen. In Heimen ist fast .... der Hilfebedürftigen untergebracht.

26. Wer ist beitragspflichtig in der Pflegeversicherung? ....

27. Ob die Voraussetzungen für die Pflegebedürftigkeit erfüllt sind, lassen die Pflegekassen auf Antrag des Versicherten durch den .... prüfen. Nach der zuerkannten .... richten sich dann die Leistungen.

28. Der Pflegeversicherungsbeitrag für die gesetzliche Pflegeversicherung beträgt .... Prozent des Bruttoverdienstes. Kinderlose Arbeitnehmer zahlen .... Prozent Beitrag mehr.

4. Gesetzliche Unfallversicherung

Hauptaufgabe

Die Hauptaufgabe der Unfallversicherung ist die Verhütung von Arbeitsunfällen. Sollte dennoch ein Arbeitsunfall geschehen, so hat die Unfallversicherung die Betroffenen finanziell zu sichern und ihre Erwerbsfähigkeit wieder herzustellen.

Versicherungsträger

Träger der gesetzlichen Unfallversicherung ist die **Berufsgenossenschaft (BG).** Diese ist auch der gesetzlich beauftragte Ersteller der Unfallverhütungsvorschriften **(UVV).** Rechtlich bindend sind die UVV für Unternehmer und Versicherte der Mitgliedsunternehmen der BG.

Versicherungspflicht

Versicherungspflichtig sind alle Arbeitnehmer, teilweise Arbeitgeber, Auszubildenden, Heimarbeiter, Schüler und Studenten sowie Hilfeleistende bei Unglücksfällen. Keiner der Vorgenannten muss jedoch Beiträge an den Versicherungsträger zahlen. Das Versicherungsverhältnis eines Arbeitnehmers mit der zuständigen BG kommt durch die *Pflichtmitgliedschaft von Arbeitgebern und staatlichen Körperschaften* in der BG zustande. *Gesetzlich unfallversichert sind Auszubildende im Betrieb, in der Schule und am Prüfungsort,* und – im Zusammenhang mit der „Arbeit" und auf dem Weg dorthin – *auch Kinder im Kindergarten.* (Wenn Kinder spielen und lernen, „arbeiten" sie.) *Sie sind über den Staat versichert.* Der Staat ist auch Versicherungsträger für Schüler und Studenten, für Umschüler (die auf einen anderen Beruf umschulen), für Beamte und für Hilfeleistende bei Unglücksfällen. Bürger sind also unfallversichert bei der Hilfe zur Rettung eines Unfallopfers, etwa bei einem Autounfall.

Beiträge

Die **Arbeitgeber** bringen die Beiträge für die versicherten Arbeitnehmer **allein** auf. Deren *Höhe hängt ab vom Arbeitsverdienst* der Versicherten in den jeweiligen Unternehmen sowie *vom Grad der Unfallgefahr.* Gewerbezweige, in denen die Unfallgefahr größer ist, zahlen höhere Beiträge.

Leistungsanspruch

Führt ein Arbeitgeber den Beitrag zur **BG nicht** ab, so sind die Arbeitnehmer *trotzdem versichert,* weil sie die Nichtzahlung des Beitrags *nicht zu verantworten* haben. Festgelegt ist das im SGB VII - GESETZLICHE UNFALLVERSICHERUNG.

Nicht durch jeden Unfall wird ein Anspruch begründet.

Drei Ereignisse sind es, die einen Versicherungsanspruch auslösen können.

- **Arbeitsunfall** (rund 87 Prozent der Fälle) wird ein Unfall genannt, den ein Versicherter während seiner beruflichen Tätigkeit erleidet.
- **Wegeunfall** (rund 10 Prozent der Fälle) ist ein Unfall, der sich auf dem Weg von der Wohnung zur Arbeitsstätte und umgekehrt ereignet. Versichert ist jeweils der kürzeste Weg.
- **Berufskrankheit** (rund 3 Prozent der Fälle) ist die Folge einer gesundheitsschädigenden Tätigkeit. Beispiele: Staublungen, Bleivergiftungen und Hauterkrankungen durch Chemikalien.

– Vorschriften

Im Zusammenhang mit möglichen Unfällen schreiben die Berufsgenossenschaften vor: Das Tragen eines **Schutzhelms** bei Arbeiten auf Baustellen, ein **Rauchverbot** beim Umgang mit Explosivstoffen, das Tragen einer **Schutzbrille** beim Umgang mit ätzenden Flüssigkeiten. Im Zusammenhang mit möglichen Berufskrankheiten schreiben die Berufsgenossenschaften zum Beispiel auch das Anlegen eines **Gehörschutz**es beim Arbeiten an lauten Maschinen vor. Ein Arbeitnehmer, der vorsätzlich oder fahrlässig gegen eine UVV verstößt, kann mit einem Bußgeld bestraft werden. Aufsichtspersonen der Berufsgenossenschaften statten Betrieben gelegentlich Besuche ab. Solche Aufsichtspersonen können sofort vollziehbare Anordnungen treffen, wenn Gefahr im Vollzug ist.

Unfallversicherung
leistet nicht bei Alkoholgenuss.

Die gesetzliche Unfallversicherung erbringt auch Leistungen für Arbeitsunfälle, die durch *höhere Gewalt* (zum Beispiel Glatteis) verursacht werden und auch für Verkehrsunfälle auf dem Weg zur Arbeit, aber *auf keinen Fall, wenn übermäßiger Alkoholgenuss oder Drogeneinnahme im Spiel sind.*

Kommt zum Beispiel ein Monteur mit seinem privaten Auto auf der Fahrt zu einem Kunden ins Schleudern, fährt gegen einen Baum und wird dabei erheblich verletzt und das Auto wird stark beschädigt, so kommt die Berufsgenossenschaft für die Behandlung der Verletzung des Fahrers auf, *für die Schäden am Auto aber kommt sie nicht* auf.

Sozialversicherung

Häuslicher Unfall
ist nicht gesetzlich versichert.

Leistungen
– Unfallverhütung

– Heilbehandlung

– Verletztengeld

– Berufshilfe

– Verletztenrente

**– Hinterbliebenen-
rente**

– Sterbegeld

Der Versicherungsschutz für Wegeunfälle erstreckt sich auf den direkten Weg zur Arbeit. Die Versicherung leistet nicht, wenn man etwa in der Mittagspause privat zum Friseur geht und sich bei Glatteis den Arm bricht oder wenn man von der Arbeit nach Hause kommt und im Treppenhaus gegen einen Pfeiler läuft und sich die Nase bricht. Diese Dinge beziehen sich auf den Privatbereich. Somit ist man nicht gesetzlich unfallversichert, wenn man in der eigenen Wohnung beim Fensterputzen von der Leiter fällt und sich verletzt. Das gilt auch für den Fall, dass man mit dem Motorrad in den (vom Arbeitgeber bezahlten) Urlaub fährt und dabei verunglückt.

Dagegen leistet die Versicherung, wenn man auf dem Weg zur Arbeit unterwegs am Auto einen Reifendefekt hat und sich beim Reifenwechsel den Daumen bricht.

Die Unfallverhütung ist die wichtigste Aufgabe der Unfallversicherung. Hierzu erlässt die BG die UVV und überwacht deren Einhaltung durch technische Aufsichtsbeamte. Bei vorsätzlichen oder grob fahrlässigen Verletzungen können sehr hohe Geldbußen verhängt werden.

Die zweitwichtigste Aufgabe der Berufsgenossenschaft ist die *finanzielle Sicherstellung* des unfallgeschädigten Versicherten.

Die Heilbehandlung umfasst die *ärztliche Behandlung, die Arzneimittel, den Krankenhausaufenthalt und mögliche Rehabilitationsmaßnahmen,* das sind Maßnahmen zur *Wiederherstellung der Arbeitsfähigkeit des Verunglückten.*

Verletztengeld erhält der Versicherte *für die Dauer der Heilbehandlung.* Das Verletztengeld wird während der Arbeitsunfähigkeit bezahlt und wird auch **Übergangsgeld** genannt. Es wird wie das Krankengeld berechnet und schließt sich an die Lohnfortzahlung durch den Arbeitgeber bei unfallbedingter Arbeitsunfähigkeit an.

Berufshilfe wird mit dem Ziel gezahlt, den Verletzten wieder ins Arbeitsleben einzugliedern. Kann der Verletzte seinen alten Beruf nicht mehr ausüben, werden die *Ausbildungskosten für einen anderen Beruf* übernommen (Umschulung).

Verletztenrente wird gewährt, wenn die Erwerbsfähigkeit nicht wiederhergestellt werden kann. Ihre Höhe ist abhängig vom *Grad der Erwerbsunfähigkeit.* Rentenvoraussetzung ist eine Minderung um mindestens 20 Prozent.

Rente wird in unterschiedlicher Höhe geleistet. Die Höhe der Rente für die Witwe eines auf der Arbeitsstelle tödlich verunglückten Facharbeiters beträgt bis zu 40 Prozent des Jahresarbeitsverdienstes des verunglückten Facharbeiters. Das Sterbegeld beträgt $1/7$ der Bezugsgröße zum Todeszeitpunkt (2005: 4.140 Euro).

Ausriss aus der Unfallanzeige   Die Anzeige ist **binnen 3 Tagen** zu erstatten, nachdem der Unternehmer von dem Unfall Kenntnis erhalten hat.

UNFALLANZEIGE		
1 Name und Anschrift des Unternehmens	**2** Unternehmensnummer des Unfallversicherungsträgers	
3 Empfänger		
4 Name, Vorname des Versicherten	**5** Geburtsdatum Tag Monat Jahr	
6 Straße, Hausnummer Postleitzahl	Ort	
7 Geschlecht ☐ männlich ☐ weiblich	**8** Staatsangehörigkeit	**9** Leiharbeitnehmer ☐ ja ☐ nein
10 Auszubildender ☐ ja ☐ nein	**11** Ist der Versicherte ☐ Unternehmer ☐ mit dem Unternehmer verwandt	☐ Ehegatte des Unternehmers ☐ Gesellschafter/Geschäftsführer

4. Gesetzliche Unfallversicherung

1. Die wichtigste Aufgabe der Unfallversicherung ist die .... von Arbeitsunfällen. Sollte

   dennoch ein Arbeitsunfall geschehen, so hat sie die Betroffenen .... zu sichern.

2. Wer sind die Träger der gesetzlichen Unfallversicherung? Die Berufs-..

3. Versicherungspflichtig sind alle ...., teilweise Arbeitgeber, Heimarbeiter, ...

   .... und .... sowie Hilfeleistende bei Unglücksfällen.

4. Gesetzlich unfallversichert sind Auszubildende im Betrieb, in der .... und am Prüfungsort. Kinder

   im Kindergarten und Auszubildende in der Schule sind über .... unfallversichert.

5. Nennen Sie drei Ereignisse, die einen Versicherungsanspruch auslösen können.

   1. ....-unfall   2. ....-unfall   3. ....-krankheit

6. Einen Wegeunfall nennt man einen Unfall, der sich auf dem Weg von der .... des

   Versicherten zur Arbeitsstätte ereignet und umgekehrt. Versichert ist jeweils der .... Weg.

7. Berufskrankheit ist die Folge einer ....-schädigenden Tätigkeit: Beispiele dafür

   sind ....-lungen, Bleivergiftungen und ....-erkrankungen durch Chemikalien.

8. Im Zusammenhang mit möglichen Berufskrankheiten schreiben die Berufsgenossenschaften auch das Anlegen

   eines ....-schutzes beim Arbeiten an lauten Maschinen vor. Die gesetzliche Unfallversicherung erbringt

   auch Leistungen für Arbeitsunfälle im Betrieb, die durch eigene .... verursacht wur-

   den oder für Arbeitsunfälle auf einer Baustelle, die durch höhere .... (Glatteis) verursacht wurden.

9. Die Versicherung leistet **nicht,** wenn man, vor der Arbeit nach .... gekommen, im eigenen Treppen-

   haus einen Unfall erleidet. Dagegen leistet die Versicherung zum Beispiel, wenn man auf dem Weg zur Arbeit unter-

   wegs einen Reifendefekt hat und sich beim ....-wechsel die Finger bricht.

10. Zur Wahrnehmung ihrer wichtigsten Aufgabe, der Unfallverhütung, erlassen die Berufsgenossenschaften

    Unfallverhütungsvorschriften (abgekürzt: ....) und .... deren Einhaltung durch

    technische Aufsichtsbeamte. Bei vorsätzlichen oder grob fahrlässigen Verletzungen der Unfallverhütungsvorschrif-

    ten können zum Teil sehr hohe .... festgesetzt werden.

11. Im Rahmen der finanziellen Sicherstellung des unfallgeschädigten Versicherten übernimmt die Berufsgenossen-

    schaft zum Beispiel die Übernahme von Kosten für die .... Unter Reha-

    bilitation versteht man Maßnahmen zur Wiederherstellung der ....

12. Aufgabe der Berufsgenossenschaften ist auch die Zahlung von ....-geld (Übergangsgeld).

    Berufshilfe wird mit dem Ziel gezahlt, den Verletzten wieder in das .... einzugliedern.

    Kann er seinen Beruf nicht mehr ausüben, so werden die ....-kosten übernommen.

13. Verletztenrente wird auch gewährt, wenn die ....-fähigkeit **nicht** mehr wiederhergestellt werden

    kann. Ihre Höhe ist abhängig vom .... der Erwerbsunfähigkeit. Ein Facharbeiter verunglückt tödlich. Bis zu

    wie viel Prozent des Jahresarbeitsverdienstes des Verunglückten erhält die 50-jährige Witwe? ....

14. Auf welchen Teil der derzeit geltenden Bezugsgröße ist das Sterbegeld bemessen? ....

15. Innerhalb welchen Zeitraums, nachdem der Unternehmer vom Unfall Kenntnis erhalten hat, ist die Unfallanzeige zu

    erstatten? ....

141

Sozialversicherung

5. Gesetzliche Rentenversicherung

PAL 386-394, U59-U64

Rentenversicherung *Die gesetzliche Rentenversicherung schützt die Versicherten und ihre Familien, indem sie Renten zahlt bei Minderung der Erwerbsfähigkeit, bei Alter und bei Tod.*

– Versicherungsträger Alle Rentenversicherungträger – die Bundesversicherungsanstalt für Angestellte (BfA), die 22 Landesversicherungsanstalten (LVA), die Seekasse, die Bundesknappschaft und die Bahnversicherungsanstalt (BVA) – wurden 2005 unter dem Namen **„Deutsche Rentenversicherung"** zusammengefasst. Alle Rentenversicherungsträger treten damit nach außen einheitlich auf

– Versicherungspflicht *Versicherungspflichtig sind Arbeitnehmer, Auszubildende, Handwerker und Landwirte.* Wer nicht versicherungspflichtig ist, kann sich freiwillig versichern.

– Beiträge ***Arbeitgeber*** *und* ***Arbeitnehmer*** *zahlen den Beitrag* ***jeweils zur Hälfte***. Bei geringem Einkommen übernimmt der Arbeitgeber die Beiträge allein. Außerdem werden die Leistungen der Rentenversicherung durch *Zuschüsse vom Bund* finanziert. Das gesamte Rentenversicherungsrecht ist im SOZIALGESETZBUCH VI enthalten.

Die Höhe der Beiträge für die Rentenversicherung legt der Bundestag fest. Der Beitrag, den ein Arbeitnehmer für die Rentenversicherung zu entrichten hat, richtet sich nach dem Bruttoeinkommen.

– Beitragsbemessungsgrenze *Die Beiträge werden nur bis zur Beitragsbemessungsgrenze errechnet.* Sie beträgt bei der Rentenversicherung derzeit (2006) 5.250 Euro monatlich oder 63.000 Euro jährlich (alte Bundesländer) und unterscheidet sich damit von der Beitragsbemessungsgrenze in der Krankenversicherung. Näheres dazu im Internet.

Die Beiträge der Versicherten, welche die Rentenversicherungsanstalten einnehmen, werden in einer Art **Umlageverfahren** sogleich als Rente wieder ausgezahlt. Ein geringerer Teil wird für andere Aufgaben der Rentenversicherung ausgegeben.

– Aufgaben Außer der *Zahlung von Renten* übernimmt die Rentenversicherung die *Zahlung von Kosten für Maßnahmen, die der Erhaltung der Erwerbsfähigkeit der Arbeitnehmer dienen* (Rehabilitationsmaßnahmen, auch Kuren), und sie übernimmt die *Aufklärung über Rentenansprüche und die Beratung* der Versicherten.

Rentenleistungen
- **Erwerbsminderungsrente** erhalten Arbeitnehmer, deren Erwerbsfähigkeit teilweise oder ganz gemindert ist.
- **Altersrente** wird gewährt, wenn der Versicherte das Rentenalter erreicht hat.
- **Witwenrente/Witwerrente/Waisenrente** ist für die Hinterbliebenen.
- **Erziehungsrente** wird Versicherten bis zum 65. Lebensjahr gewährt, die ein Kind erziehen.

Anspruch auf Rente Fünf Jahre anrechnungsfähiger Versicherungszeiten muss ein Versicherter mindestens nachweisen, um eine Rente für Erwerbsminderung beanspruchen zu können. Die gleiche Anzahl von Jahren gilt für den Anspruch auf Altersruhegeld.

Beantragung der Rente Männer können **Altersruhegeld** ab dem 63. Lebensjahr, Frauen ab dem 60., beantragen. *Die Altersgrenze ist somit „flexibel"* (dehnbar). Wird Rente vor Vollendung des 65. Lebensjahres in Anspruch genommen, sind **Abschläge** von monatlich 0,3 % in Kauf zu nehmen. Auf ein Jahr bezogen macht das eine Rentenkürzung von 3,6 % aus.

Rentenhöhe Die Höhe des Altersruhegeldes, das ein Arbeitnehmer erhält, richtet sich nach

- der *Anzahl der Beitragsjahre*
- dem *Durchschnittseinkommen des Arbeitnehmers*
- dem *Durchschnittseinkommen aller* Arbeiter und Angestellten.

Rentenanpassung Die Renten werden meist jährlich der Entwicklung der Nettolöhne und -gehälter angepasst. Das nennt man **„*Dynamisierung*"** der Rente (Dynamik = Bewegung). Die Rentenanpassung erfolgte in den vergangenen Jahren teilweise verzögert.

Private Zusatzrente Da das derzeitige Rentenniveau nicht zu halten und stufenweise um einige Prozent abzusenken ist, wird die gesetzliche Rente um eine private Rente ergänzt, die einen entsprechenden Ausgleich schaffen soll. Hier sind die *Beiträge, staatlich bezuschusst,* vom Arbeitnehmer selbst zu tragen. Außerdem ist privat zusätzlich vorzusorgen.

5. Gesetzliche Rentenversicherung

1. Die Rentenversicherung schützt die Versicherten und ihre .... vorwiegend, indem sie Renten zahlt bei .... der Erwerbsfähigkeit, bei ...., und bei ....

2. Unter welchem Namen sind alle deutschen Rentenversicherungsträger zusammengefasst?
   ....

3. Versicherungspflichtig sind ...., Auszubildende, Handwerker und Landwirte. Wer nicht versicherungspflichtig ist, kann sich .... versichern.

4. Arbeitgeber und Arbeitnehmer tragen den Beitrag zur Rentenversicherung jeweils zur .... Bei geringem Einkommen übernimmt der Arbeitgeber die Beiträge .... Außer durch die Beiträge werden die Leistungen der Rentenversicherung durch .... vom Bund finanziert. Das gesamte Rentenversicherungsrecht ist im Sozialgesetzbuch .... enthalten.

5. Wer legt die Höhe der Beiträge für die Rentenversicherung fest? ....

6. Der Beitrag, den ein Arbeitnehmer für die gesetzliche Rentenversicherung zu entrichten hat, richtet sich nach seinem .... -einkommen. Die Beiträge werden nur bis zur Beitragsbemessungsgrenze errechnet. Diese beträgt für die Rentenversicherung (2006) .... Euro monatlich.

7. Die Beiträge, welche die Rentenversicherungsanstalten einnehmen, werden sogleich als .... wieder ausgezahlt oder für andere .... der Rentenversicherung ausgegeben.

8. Außer der Zahlung von Renten übernimmt die Rentenversicherung auch die Kosten für Maßnahmen, die der Erhaltung der ....-fähigkeit der Arbeitnehmer dienen. Die Rentenversicherung leistet außerdem die Aufklärung über Rentenansprüche und die .... der Versicherten

9. Wer in seiner Erwerbsfähigkeit gemindert ist, erhält ....-rente. Witwen- oder Waisenrente erhalten die ....

10. Welche Anzahl von anrechnungsfähigen Versicherungsjahren muss man nachweisen, um einen Anspruch auf Altersruhegeld zu haben? ....

11. Männer können das Altersruhegeld ab dem .... Lebensjahr beantragen, Frauen ab dem .... Lebensjahr. Die Altersgrenze ist .... Wird Altersrente vor 65 in Anspruch genommen, sind Abschläge von monatlich 0,3 Prozent in Kauf zu nehmen. Auf ein Jahr bezogen macht das eine Rentenkürzung von .... Prozent aus.

12. Die Höhe des Altersruhegeldes richtet sich nach der Anzahl der ....-jahre und nach dem ....-einkommen des versicherungspflichtigen Arbeitnehmers sowie nach den Durchschnittseinkommen .... Arbeitnehmer.

13. Was bedeutet: „Renten sind dynamisiert"? Die Renten werden jeweils der Entwicklung der Arbeitnehmereinkommen .... Die Rentenanpassung erfolgte teilweise ....

14. Da das derzeitige Rentenniveau nicht zu halten ist, wird die gesetzliche Rente um eine .... Rente ergänzt. Hier sind die Beiträge .... bezuschusst. Die Beiträge zur privaten Rente sind vom .... selbst zu tragen.

Sozialversicherung

6. Arbeitslosenversicherung

PAL 395-405, U65

Arbeitslosen-versicherung

Die eigentlichen Aufgaben der Arbeitslosenversicherung, die *Integration der Menschen in Arbeits- und Ausbildungsverhältnisse* und die *Sicherstellung des Lebensunterhalts während der Arbeitslosigkeit,* wurden mit der Schaffung des SOZIALGESETZBUCHes III – ARBEITSFÖRDERUNG – erweitert. Arbeitsförderung nennt man Maßnahmen, die man ergreift, um die Beschäftigung des einzelnen Arbeitnehmers sowie der gesamten Bevölkerung zu sichern.

– Versicherungsträger

Träger der Arbeitslosenversicherung ist die *Bundesagentur für Arbeit in Nürnberg* mit ihren Regionaldirektionen auf Landesebene und Arbeitsagenturen vor Ort. Aufsichtsführendes Ministerium ist (2006) das Bundesministerium für Arbeit und Soziales.

– Versicherungspflicht

Versicherungspflichtig sind *alle Personen, die eine mehr als geringfügige Beschäftigung gegen Arbeitsentgelt ausüben, auch die Auszubildenden.* Mit Vollendung des 65. Lebensjahres brauchen *keine Beiträge mehr* bezahlt zu werden.

Selbstständige und Hausfrauen, Schüler und Studenten sind nicht versichert und erhalten keine Leistungen aus der Arbeitslosenversicherung. *Soldaten und Beamte sind beim Staat versichert.* Beispiel: Frau Lutz ist als Inspektorin bei der Stadt Köln beschäftigt und zahlt als solche keinen Beitrag zur Arbeitslosenversicherung.

– Beiträge

Arbeitgeber und **Arbeitnehmer** tragen den Beitrag **jeweils zur Hälfte.** Es gilt die **Beitragsbemessungsgrenze** wie bei der Rentenversicherung: 5.250 Euro monatlich (alte Bundesländer). *Bei geringem Einkommen übernimmt der Arbeitgeber die Beiträge allein.* Die Höhe des Beitrags richtet sich nach dem Bruttoarbeitsentgelt.

Für die *Berechnung der Beitragshöhe* und des Arbeitslosengeldes ist das im Bemessungszeitraum erzielte Arbeitsentgelt von Bedeutung. Zum Arbeitsentgelt zählt auch das Entgelt für Überstunden, ohne Zuschläge. Nicht dem Arbeitsentgelt zugeordnet werden Weihnachts-, Urlaubsgeld und Jubiläumsgelder.

– Leistungen

Auch Arbeitgeber können unter bestimmten Voraussetzungen Leistungen von der Bundesagentur für Arbeit erhalten. Mehr bei: www. deutsche sozialversicherung. de

Das Leistungsspektrum der Arbeitslosenversicherung für Arbeitnehmer umfasst neben Entgeltersatzleistung für Arbeitslose, Kurzarbeiter und Winterausfall in der Bauwirtschaft, Entgeltsicherung für ältere Arbeitnehmer und Beratung und Vermittlung Arbeitsuchender einschließlich flankierender Maßnahmen (Bewerbungskosten- und Reisekosten-Erstattung, Vermittlungsgutschein-Ausgabe) außerdem

- Maßnahmen zur Verbesserung der **Eingliederungsaussichten** für Langzeitarbeitslose
- Förderung der Aufnahme einer **Beschäftigung, Mobilitätshilfen** (Übergangsbeihilfe, Ausrüstungsbeihilfe; Reisekostenbeihilfe; Fahrkostenbeihilfe, Trennungskosten- und Umzugskostenbeihilfe)
- Förderung der Aufnahme einer **selbstständigen Tätigkeit** (Überbrückungsgeld; Existenzgründungszuschuss)
- Förderung der **Berufsausbildung**, Förderung der **beruflichen Weiterbildung**, (Mittelabhängige Übernahme von Weiterbildungskosten und Leistungen von Unterhaltsgeld)
- Förderung der **Teilhabe behinderter Menschen** am Arbeitsleben.
  Mehr bei www.deutsche-sozialversicherung.de/de/arbeitslosenversicherung/leistungen.html [2005-08-14]

Arbeitslosengeld (I)

Wenn viele sagen, den Arbeitslosen ginge es viel zu gut, warum sind dann nicht alle arbeitslos?

Arbeitslosengeld (ALG) erhält ein Arbeitsloser *unter bestimmten Voraussetzungen.*

- Er muss sich bei der Arbeitsagentur **persönlich arbeitslos melden** und das ALG **beantragen.** Die Meldung erfolgt bei der Agentur am Wohnsitz. Der Antragsteller erhält das ALG **nicht** ab Antragseingang, sondern ab dem Tag, an dem er sich persönlich bei der Agentur arbeitslos gemeldet hat. Beispiel: Herr Schulz erhält am 15. Februar seine Kündigung zum 31. März. Am 25. März beantragt er bei der Agentur für Arbeit schriftlich ALG. Am 5. April meldet er sich (verspätet) persönlich bei der Agentur: Erst ab diesem Tag und **nicht** bereits ab dem 1. April erhält er das ALG.

- Er muss der Arbeitsagentur zur Vermittlung **zur Verfügung stehen.** Dabei muss er **nicht** bereit sein, jede andere Arbeit an jedem Ort anzunehmen, nur um den Anspruch auf ALG zu behalten.

- Er muss die **Anwartschaftszeit** erfüllt haben, muss in der Rahmenfrist von zwei Jahren (ab 1. Februar 2006) mindestens 12 Monate in einem Versicherungspflichtverhältnis gestanden haben.

144

- Der Arbeitslose muss eine **zumutbare Tätigkeit** unter den üblichen Bedingungen des Arbeitsmarktes ausüben können. Er muss bereit sein, jede zumutbare Beschäftigung aufzunehmen.

- Der Arbeitslose muss der Agentur für Arbeit eine **Änderungsmitteilung** machen, wenn sich seine Lohnsteuerklasse ändert, aber im Falle von ALG nicht, wenn sich seine Vermögensverhältnisse, zum Beispiel infolge einer Erbschaft, ändern.

- Die Agentur für Arbeit muss den Arbeitslosen **täglich erreichen** können (durch Postkarte oder Brief unter der Wohnanschrift) und der Arbeitslose muss die Agentur täglich aufsuchen können. Der Arbeitslose ist nicht verpflichtet, sich ständig an seinem Wohnort aufzuhalten, er muss nur erreichbar sein. Dazu gibt es folgende Ausnahme: Möchte ein Arbeitsloser, der ALG bezieht, außerhalb des Wohnorts mehrere Wochen **Urlaub** machen, so muss er – vor Urlaubsantritt – die Arbeitsagentur um eine Bestätigung ersuchen. Wird der Urlaub genehmigt, dann erhält der Arbeitslose für drei Wochen Arbeitslosengeld. Fährt der Arbeitslose ohne Genehmigung – einfach so – zum Beispiel für acht Wochen nach Italien, dann wird ihm für die gesamte Dauer des Urlaubs das Arbeitslosengeld gesperrt.

Anspruch nach Abschlussprüfung

Für Auszubildende ist wichtig zu wissen: Wird man nach **bestandener** Abschlussprüfung arbeitslos, so hat man Anspruch auf ALG. *Der Arbeitsuchende sollte sich unverzüglich bei seiner Arbeitagentur persönlich arbeitslos melden.*

Sozialversicherung – Übersicht

	Kranken-versicherung	Unfall-versicherung	Renten-versicherung	Arbeitslosen-versicherung	Pflege-versicherung
Zweck	Versicherung bei • Krankheit •	Unterstützung bei • Arbeitsunfall • Berufskrankheit • Tod (Sterbegeld)	Vorsorge für • Erwerbsunfähigkeit • Alter • Hinterbliebene	Hilfe bei / zur • Arbeitslosigkeit • Sicherung der Arbeitsplätze	Absicherung bei ambulanter und stationärer Pflegebedürftigkeit
Versicherte	• abhängig Beschäftigte (bis Höchstgrenze) • Rentner • Auszubildende • Wehrdienstleistende	• alle Arbeitnehmer • Arbeitgeber (teilweise) • Auszubildende • Schüler, Studenten • Hilfeleistende bei Unglücksfällen	• Arbeiter • Angestellte • Auszubildende	• Arbeiter • Angestellte • Auszubildende	• alle abhängig Beschäftigten
Träger	• Ortskrankenkassen (AOK) • Ersatzkassen • Betriebskrankenkassen	• Berufsgenossenschaften	• Deutsche Rentenversicherung	• Bundesagentur für Arbeit	• Krankenkasse
Leistungen	• Krankengeld • Behandlung im Krankenhaus • ärztliche Behandlung • Mutterschaftshilfe • Vorsorgeuntersuchungen • Familienhilfe	• Krankenhausbehandlung • Heilbehandlung (Rehabilitation) • Verletztengeld • Verletzten-/Hinterbliebenenrente • Umschulungsmaßnahmen • Sterbegeld	• Rente wegen Erwerbsunfähigkeit • Altersrente • Witwen-/Waisenrente • Rehabilitation (Kuren)	• Vermittlung von Arbeitsplätzen • Berufsberatung • Arbeitslosengeld • Unterhaltsgeld	• häusliche Pflege durch ambulanten Pflegedienst • Pflegegeld für private Pflegekraft • teil- und vollstationäre Pflege • Pflegehilfsmittel • Zuschüsse zu Umbaumaßnahmen

Sozialgesetzbuch

Zur Schaffung von einheitlichen Maßstäben für Verwaltung und Rechtsprechung für Auslegung und Ermessensausübung in allen Sozialleistungsbereichen schuf der Gesetzgeber das SOZIALGESETZBUCH *(SGB)*. Es ist die **Zusammenfassung** des in vielen Einzelgesetzen geregelten Rechts der verschiedenen Sozialleistungsbereiche in einem Gesetzbuch, das mehrere Bände umfasst. *Das Sozialgesetzbuch dient zur Verbesserung der Verständlichkeit des Sozialrechts für die Versicherten und stellt eine Vereinfachung des heute komplizierten Sozialrechts dar.*

Sozialversicherungs-ausweis

Das SGB IV schreibt vor, dass in Wirtschaftsbereichen, wie dem Bau-, Gaststätten-, Gebäudereinigungs- sowie dem Personen- und Güterbeförderungsgewerbe, der **Sozialversicherungsausweis** mitzuführen ist. Das *dient zur Aufdeckung von illegalen Beschäftigungsverhältnissen und von Leistungsmissbrauch.*

Sozialversicherung

Weiter ALG – Regelvoraussetzungen

Für den Bezug von Arbeitslosengeld sind weiterhin diese Punkte zu beachten:

- Wird von der Arbeitsagentur ein Arbeitsplatz angeboten, so sind 80 Prozent des letzten Bruttoentgeltes noch zumutbar. (Nach § 121 Sozialgesetzbuch III ist in den ersten drei Monaten der Arbeitslosigkeit eine Minderung von 20 % des letzten Arbeitsentgeltes zumutbar, in den folgenden drei Monaten darf nur eine Minderung um 30 % zugemutet werden. Eine Minderung, durch die das Arbeitslosengeld unterschritten wird, ist auch bei längerer Arbeitslosigkeit nicht zuzumuten.)
- Die Leistung kann für eine Zeit gesperrt werden, wenn der Arbeitslose selbst das Arbeitsverhältnis gekündigt hat, ohne einen Anschlussarbeitsvertrag zu haben, ihm aus einem wichtigen Grund gekündigt wurde oder er eine von der Agentur vorgeschlagene zumutbare Beschäftigung oder Berufsbildungsmaßnahme mehrfach ablehnt. Das gilt auch für den Fall, dass ein Arbeitsloser durch sein Auftreten und durch seine äußere Erscheinung die Arbeitsvermittlung durch die Agentur verhindert oder wenn ein Arbeitsloser der Aufforderung zum Erscheinen bei der Agentur nicht nachkommt.

– Sperrzeit

Die Sperrzeit für derartige Fälle kann bis zu 12 Wochen betragen. Gibt der Arbeitslose zweimal Anlass für eine Sperrzeit von 12 Wochen, so geht ihm ein erarbeiteter Anspruch auf Arbeitslosengeld unwiederbringlich verloren.

– Anspruchsdauer

Die Anspruchsdauer – *die Zeit, in der ALG an einen Arbeitslosen gezahlt wird* – ist *abhängig von der Dauer der beitragspflichtigen Beschäftigung und vom Alter des Antragstellers.* Neue gesetzliche Anspruchsdauern gelten ab dem 1. Februar 2006. Danach erhält zum Beispiel ein 55-jähriger Facharbeiter, der 36 Monate beitragspflichtig beschäftigt war, 18 Monate lang ALG. Stand der 55-Jährige 30 Monate in einem Versicherungspflichtverhältnis, so würde er nur 15 Monate lang ALG erhalten. Unabhängig vom Alter würde ein Beschäftigter, der 24 Monate in einem Versicherungspflichtverhältnis gestanden hat, nur 12 Monate lang ALG erhalten. Diese Halbierungsregel setzt sich fort: 16 Monate beitragspflichtig beschäftigt bedeutet 8 Monate ALG , und 12 Monate beitragspflichtig beschäftigt bedeutet 6 Monate ALG. *Erkrankt ein Arbeitsloser, der Arbeitslosengeld bezieht, so erhält er bis zu einer Arbeitsunfähigkeitsdauer von sechs Wochen Arbeitslosengeld, danach Krankengeld.* Die Beiträge zur gesetzlichen Krankenversicherung für einen Arbeitslosen, der Arbeitslosengeld bezieht, zahlt die *Bundesagentur für Arbeit.*

Höhe des Arbeitslosengeldes

Die Höhe des Arbeitslosengeldes richtet sich nach dem vorherigen versicherungspflichtigen Verdienst, danach ob der Arbeitslose ein Kind hat und nach der Steuerklasse. *Einem Auszubildenden, der die Abschlussprüfung bestanden hat und der danach arbeitslos wird, bemisst man das ALG auf 50 Prozent des erreichbaren Tariflohns.* Ein Alleinstehender ohne Kind erhält als Arbeitslosengeld 60 Prozent des letzten Nettoverdienstes und ein Arbeitsloser, der zum Beispiel ein Kind zu unterhalten hat, erhält 67 Prozent des Nettoverdienstes im Schnitt der letzten zwölf Beitragsmonate.

Grundsicherung für Arbeitssuchende (ALG II)

Im SGB II ist ab dem 01.01.2005 die *Grundsicherung für Arbeitsuchende* (ALG II) an die Stelle der Arbeitslosenhilfe und Sozialhilfe getreten. Die Grundsicherung umfasst das ALG II sowie Kosten für Unterkunft und Heizung. *Ziel der Grundsicherung ist es, dass der Antragsteller schnell wieder eine Arbeitsstelle bekommt.* Verschiedene Leistungen sollen dazu beitragen, dass er seinen Lebensunterhalt und den seiner Angehörigen baldmöglichst aus eigener Kraft bestreitet. ALG II tritt an die Stelle des ALG, wenn ein Anspruch auf ALG nicht oder nicht mehr besteht. *Ausschlaggebend ist, ob der Antragsteller erwerbsfähig und hilfebedürftig ist.*

– Regelvoraussetzungen

Wichtig ist, ob er allein lebt oder mit anderen eine **Bedarfsgemeinschaft** bildet. Bei der Berechnung wird sein Einkommen und Vermögen und das aller Mitglieder der Bedarfsgemeinschaft berücksichtigt. Lebt er etwa mit einer Person, die 1.250 Euro monatlich verdient, in *eheähnlicher Gemeinschaft* , so erhält er kein ALG II. In der Regel werden auch die Beiträge zur gesetzlichen Sozialversicherung übernommen. Das ALG II ist eine Leistung, die allein *aus Steuermitteln* finanziert wird. Sie wird in der Regel für einen Zeitraum von sechs Monaten gewährt. Die Auszahlung erfolgt monatlich im Voraus. *ALG II kann man nur erhalten, wenn man vorher einen Antrag stellt.* Den Antrag auf ALG II oder Sozialgeld stellt man künftig nur noch bei einer Institution: Je nach Wohnort kann das entweder die **Arbeitsagentur,** die **Kommune** oder eine der neu gegründeten **Arbeitsgemeinschaften** (ARGE) sein. Dort *unterstützen persönliche Berater und Fallmanager den Antragsteller unter bestimmten Voraussetzungen mit Leistungen zur beruflichen und sozialen Eingliederung.*

Eheähnliche Gemeinschaft
Verdient der Partner zuviel, entfällt das Arbeitslosengeld II.

6. Arbeitslosenversicherung

1. Was sind die eigentlichen Aufgaben der Arbeitslosenversicherung? 1. Die Integration der Menschen

   in ....

   2. Die Sicherstellung des Lebensunterhalts während ....

2. Arbeitsförderung nennt man Maßnahmen, die man ergreift, um die .... des einzelnen

   Arbeitnehmers sowie der gesamten .... zu sichern. Träger der Arbeitslosen-

   versicherung ist die .... in Nürnberg.

3. Versicherungspflichtig sind alle Personen, die eine mehr als .... Beschäftigung gegen

   Arbeitsentgelt ausüben, auch die .... Mit Vollendung des ....ten Lebens-

   jahres endet die Mitgliedschaft. Selbstständige und .... sind nicht versichert.

4. a) Welchen Beitragsanteil zur Arbeitslosenversicherung leistet der Arbeitgeber? ....

   b) Wonach richtet sich die Höhe des Beitrags, den ein Arbeitnehmer zur Arbeitslosenversicherung zu zahlen hat?

      Nach seinem ....-einkommen

5. Das Leistungsspektrum der Arbeitslosenversicherung umfasst neben Entgeltersatzleistung für Arbeitslose und Teil-

   Arbeitslose, die Entgeltsicherung für ältere Arbeitnehmer, Beratung und Vermittlung Arbeitsuchender und außerdem

   die Förderung der

   1. Aufnahme einer .... und ....-hilfen

   2. Aufnahme einer ....

   3. Berufs-...   4. beruflichen ....

   5. Teilhabe .... am Arbeitsleben.

6. Arbeitslosengeld erhält ein Arbeitsloser nur, wenn er ganz bestimmte Voraussetzungen erfüllt. Er muss

   sich .... arbeitslos melden. Er muss das Arbeitslosengeld ....

   Für die Entgegennahme des Antrags auf Arbeitslosengeld ist die Agentur für Arbeit zuständig, bei der

   der Arbeitnehmer seinen .... hat.

7. Herr Schuster erhält am 15. März seine Kündigung zum 30. Juni und beantragt am 25. Juni bei der Agentur für Arbeit

   schriftlich das Arbeitslosengeld. Am 3. Juli meldet er sich persönlich bei der Agentur für Arbeit.

   Von welchem Tag an erhält er das Arbeitslosengeld? ....

8. Der Arbeitslose, der Arbeitslosengeld bezieht, muss der Agentur für Arbeit zur .... zur Ver-

   fügung stehen. Er muss in den letzten zwei Jahren mindestens .... Monate beitragspflichtig beschäftigt

   gewesen sein. Er muss bereit sein, jede .... Beschäftigung aufzunehmen.

9. Ein Arbeitsloser, der Arbeitslosengeld bezieht, ist **nicht** dazu verpflichtet, 1. der Arbeitsagentur eine Änderung sei-

   ner ....-verhältnisse mitzuteilen, 2. sich .... am Wohnort aufzuhalten.

10. Ein Arbeitsloser, der Arbeitslosengeld bezieht, möchte außerhalb des Wohnortes sechs Wochen Urlaub machen.
    Was muss er vor Antritt des Urlaubs machen, um für drei Wochen Arbeitslosengeld zu bekommen?

    Er muss ....

11. Was ist für einen Auszubildenden wichtig zu wissen, der nach bestandener Abschlussprüfung arbeitslos wird?

    ....

12. Das Sozialgesetzbuch ist die .... von Einzelgesetzen aus verschiede-

    nen Sozialleistungsbereichen. Es dient zur .... der Verständlichkeit des Sozialrechts.

13. Das Sozialgesetzbuch IV schreibt vor, dass in bestimmten Wirtschaftsbereichen, so unter anderem im Baugewerbe,

    ein .... mitzuführen ist. Diese Vorschrift dient zur

    Aufdeckung von .... Beschäftigungsverhältnissen und Leistungsmissbrauch.

Sozialversicherung

14. Ein Facharbeiter/Geselle ist zwei Monate arbeitslos und bezieht Arbeitslosengeld. Er erhielt zuletzt monatlich brutto 1.500 Euro. Ihm wird von der Arbeitsagentur eine Facharbeiterstelle angeboten, auf der er nur 1.250 Euro brutto verdienen soll. Ist diese Stelle nach dem Sozialgesetzbuch III zumutbar (Prozentangabe und Begründung)?

   ....

15. Wenn der Arbeitslose selbst das Arbeitsverhältnis gekündigt hat, so kann die Leistung der Arbeitslosenversicherung für eine gewisse Zeit .... werden. Im Falle einer fristlosen Kündigung kann die Sperrzeit bis zu .... Wochen dauern. Ein erarbeiteter Anspruch auf Arbeitslosengeld geht unwiederbringlich verloren, wenn ein Arbeitsloser zweimal einen Anlass für eine Sperrzeit von .... Wochen gibt.

16. Die Anspruchsdauer beim Arbeitslosengeld ist abhängig von der Dauer der .... -pflichtigen Beschäftigung in den letzten Jahren und sie ist abhängig vom .... des Beschäftigten. Die Anspruchsdauer geht von 18 Monaten für einen 55-jährigen Facharbeiter, der mindestens .... Monate beitragspflichtig beschäftigt war, bis zu .... Monaten für einen Beschäftigten, der 12 Monate beitragspflichtig tätig war.

17. Ein Arbeitsloser, der Arbeitslosengeld bezieht, erkrankt für neun Wochen. Wie sieht seine finanzielle Sicherung aus?

    1. In den ersten .... Wochen erhält er ....-geld.

    2. Danach erhält er ....-geld.

18. Wer zahlt für einen Arbeitslosen, der Arbeitslosengeld bezieht, die Beiträge zur gesetzlichen Krankenversicherung?

   ....

19. Wovon ist die Höhe des Arbeitslosengeldes abhängig?

    1. von der Höhe des vorherigen versicherungspflichtigen ....

    2. davon, ob der Arbeitslose .... hat   3. von der ....-klasse

20. Ein Auszubildender erhält im letzten Ausbildungsjahr 460 Euro an Ausbildungsvergütung. Nach bestandener Abschlussprüfung wird er arbeitslos. Wonach wird das Arbeitslosengeld bemessen?

    Nach .... Prozent des ....

21. Das Arbeitslosengeld, das ein Alleinstehender ohne Kind in Prozent des letzten Nettoverdienstes erhält, beträgt .... Prozent. Das Arbeitslosengeld eines Arbeitslosen, der ein Kind zu unterhalten hat, beträgt .... Prozent des Nettoverdienstes im Schnitt der letzten zwölf Monate.

22. Ab dem 01.01.2005 ist die .... für Arbeitsuchende (Arbeitslosengeld II) an die Stelle der früheren Arbeitslosenhilfe und Sozialhilfe getreten.

23. Für die Zahlung des ALG II ausschlaggebend ist, ob der Antragsteller erwerbsfähig und hilfe- .... ist. Wichtig ist auch, ob er alleine lebt oder etwa mit anderen Familienmitgliedern eine .... -gemeinschaft bildet. Bei der Berechnung des ALG II wird sein Einkommen und .... und das aller Mitglieder seiner Bedarfsgemeinschaft berücksichtigt.

24. Aus welchen Mitteln wird das Arbeitslosengeld II finanziert? Aus .... -mitteln. Arbeitslosengeld II wird in der Regel für einen Zeitraum von .... Monaten gewährt. Es wird monatlich im .... gezahlt.

25. Unter welcher Voraussetzung kann man Arbeitslosengeld II nur erhalten?

    Wenn man vorher ....

26. Den Antrag auf ALG II oder Sozialgeld stellt man künftig nur noch bei einer Institution: Je nach Wohnort kann das entweder die .... sein oder die Kommune oder eine der neu gegründeten .... (ARGE) sein.

Unabhängige Richter Nach dem GRUNDGESETZ *sind Richter in ihrer richterlichen Entscheidung unabhängig von jedermann und nur dem Gesetz unterworfen.*

Berufsrichter und ehrenamtliche Richter Bei den Arbeits- und Sozialgerichten sind Berufs- und ehrenamtliche Richter tätig.
Ehrenamtliche Richter bei den Arbeitsgerichten werden aus den Kreisen der **Arbeitnehmer** und der **Arbeitgeber** ausgewählt. Ein ehrenamtlicher Richter muss das 25. Lebensjahr vollendet haben und eine Tätigkeit als Arbeitnehmer oder Arbeitgeber in dem Bezirk des Arbeitsgerichts ausüben.

Ehrenamtliche Richter bei den Arbeits- und Sozialgerichten haben dieselben Befugnisse wie die Berufsrichter und können in alle Akten Einsicht nehmen.

Den Ersatz des Lohnausfalls und der Fahrtkosten des bei einem Arbeitsgericht tätigen ehrenamtlichen Richters leistet der Staat.

Man unterscheidet **Arbeits- und Sozialgerichte** *1. Instanz* auf örtlicher Ebene, zum Beispiel das Arbeitsgericht in Köln oder das Sozialgericht in Stuttgart und solche *2. Instanz*, zum Beispiel das Landesarbeitsgericht für Nordrhein-Westfalen in Köln und das Landessozialgericht für Baden-Württemberg in Stuttgart und das Bundesarbeitsgericht in Erfurt (*3. Instanz*).

Das Arbeitsgericht setzt sich zusammen aus einem Berufsrichter und zwei ehrenamtlichen Richtern. Das gilt auch für das Landesarbeitsgericht. Beim Bundesarbeitsgericht sind es außer dem Vorsitzenden Richter (ein Berufsrichter) zwei weitere berufsrichterliche Beisitzer und außerdem zwei ehrenamtliche Richter aus den Kreisen der Arbeitnehmer und der Arbeitgeber.

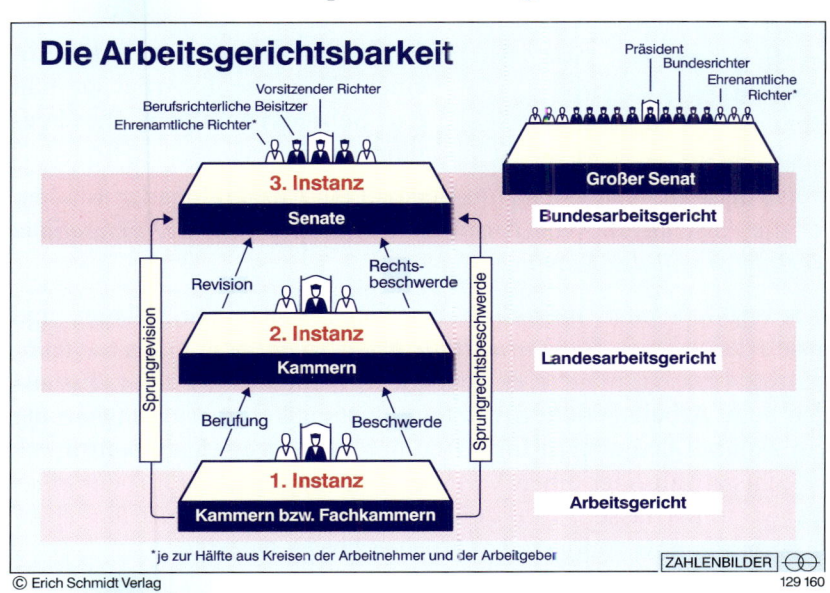

Die Arbeitsgerichtsbarkeit

© Erich Schmidt Verlag

Zivilgerichtsbarkeit Im Vergleich zu Zivilgerichten (bürgerliches Recht) gilt für Arbeitsgerichte:

- Die Gerichtsgebühren sind niedriger. ● Kostenvorschüsse werden nicht erhoben.
- Der in der ersten Instanz siegenden Partei werden die Kosten für Zeitversäumnis und für die Prozessvertretung nicht erstattet.
- In allen Instanzen wirken beim Entscheiden Vertreter der Arbeitgeber und Arbeitnehmer mit.

Arbeitsgericht – Zuständigkeit Die Arbeitsgerichtsbarkeit ist zuständig für Entscheidungen bei Streitigkeiten:

- zwischen Arbeitnehmern und Arbeitgebern, die aus einem Arbeitsverhältnis oder aus einem Ausbildungsverhältnis entstehen. (zum Beispiel die Anfechtung einer Kündigung oder eines Arbeitszeugnisses)
  Arbeitnehmer, die vor einem Arbeitsgericht klagen können, sind
  – Arbeiter und Angestellte (eigentliche Arbeitnehmer)
  – zur Berufsausbildung Beschäftigte
  – Heimarbeiter
- zwischen den Tarifvertragsparteien (Arbeitgeber und Gewerkschaften) über die Auslegung von Tarifverträgen
- Streitigkeiten zwischen Betriebsrat und Arbeitgeber über mitbestimmungspflichtige soziale Angelegenheiten (zum Beispiel Prämienfestlegung, Pausenregelung), die unüberbrückbar sind
- aus Zuwiderhandlungen gegen geltende Arbeitsgesetze (zum Beispiel Verstoß gegen das Bundesurlaubsgesetz oder gegen das Jugendarbeitsschutzgesetz)

Arbeits- und Sozialgerichtsbarkeit

Arbeitsgericht – Gerichtsort

Für das Arbeitsgerichtsverfahren und das Arbeitsgericht gilt: Örtlich zuständig ist in der Regel das Gericht am *Wohnsitz oder Firmensitz des Beklagten*.

Für das **Urteilsverfahren** der Arbeitsgerichtsbarkeit gilt folgende Vorschrift:

Das Arbeitsgerichtsverfahren

Kläger (z.B. Arbeitnehmer) → **Klage** → **Arbeitsgericht** → Abschrift der Klage → Beklagter (z.B. Arbeitgeber)

1 Güteverhandlung

erfolgt keine Einigung, wird der Rechtsstreit an die Kammer verwiesen — Einigung

Erörterung der Rechtslage Ratschläge des Richters, den Rechtsstreit gütlich beizulegen

Vergleich

2 Verhandlung vor der Kammer

Kläger — Beklagter → **Urteil**

Verfahren bei einem Rechtsstreit aus einem Arbeitsverhältnis

ZAHLENBILDER
129 162

© Erich Schmidt Verlag

Vor Beginn der eigentlichen Verhandlungen hat der Vorsitzende den *Versuch einer gütlichen Einigung* zu unternehmen. Ist zum Beispiel ein Arbeitnehmer mit der ordentlichen Kündigung seines Arbeitsverhältnisses nicht einverstanden und reicht er bei Gericht Klage ein, so muss der Vorsitzende des Arbeitsgerichts Arbeitgeber und Arbeitnehmer zu einer **Güteverhandlung** einladen und versuchen, eine gütliche Einigung zu erzielen.

In bestimmten Fällen kann vor einer Klage beim Arbeitsgericht ein **Schiedsverfahren** durchgeführt werden.

– Vorgeschaltetes Schiedsverfahren

Das ist normalerweise der Fall, wenn sich zum Beispiel ein Auszubildender mit dem Ausbildenden über die Anschaffung von Ausbildungsmitteln streitet. *Durchgeführt wird das Schiedsverfahren von der Kammer.*

– Formvorschriften
– Rechtl. Vertretung

Die Klage kann **schriftlich** *oder* **mündlich** bei Gericht erfolgen. Kläger und Beklagter können sich durch einen *Fachanwalt für Arbeitsrecht* oder einen *fachkundigen* **Beistand** vertreten lassen, müssen es aber nicht, zumindest in der 1. Instanz nicht. Während also beim Arbeitsgericht der unteren Instanz kein Vertretungszwang herrscht, muss man sich bei den oberen Instanzen der Arbeitsgerichtsbarkeit durch einen geeigneten Rechtsanwalt oder einen Vertreter einer Gewerkschaft (oder eines anderen Verbandes) vertreten lassen. *Für die Sozialgerichtsbarkeit gilt hingegen, dass man sich nur beim Bundessozialgericht vertreten lassen muss.*

Sozialgericht

Das Sozialgericht dient dem Schutz der Sozialversicherten vor fehlerhaften Entscheidungen der Sozialversicherung. Auch hier gibt es drei Instanzen. Ähnlich wie in der Arbeitsgerichtsbarkeit wirken in allen Instanzen *Vertreter der Arbeitgeber und der versicherten Arbeitnehmer* mit und es gibt die Sprungrevision (**Sprungrechtsbeschwerde**). Auch hier besitzen Berufsrichter und ehrenamtliche Richter *allesamt das gleiche Stimmrecht.*

Das Landessozialgericht ist aber anders als das Landesarbeitsgericht bereits mit drei Berufsrichtern und zwei ehrenamtlichen Richtern besetzt.

Kammern und Senaten sind bestimmte Fachgebiete zugeordnet, etwa Sozialversicherung, Arbeitsförderung, Kindergeld et cetera.

Die Sozialgerichtsbarkeit

Präsident des Bundessozialgerichts

Bundessozialgericht

Revisionsinstanz — **Senate**

Bei Grundsatzentscheidungen — **Großer Senat**

Revision

Landessozialgericht

Berufungsinstanz — **Senate**

zuständig für die Gebiete:
*Sozialversicherung
Arbeitsförderung, Kindergeldrecht u.a.
Grundsicherung für Arbeitsuchende
Sozialgeld und Asylbewerberleistungen
Soziale Entschädigung
und Schwerbehindertenrecht
Vertragsarztrecht*

Sprungrevision — Berufung

Sozialgericht

1. Instanz — **Kammern**

Berufsrichter
Ehrenamtliche Richter

Außergerichtliches Vorverfahren (Widerspruchsverfahren)

ZAHLENBILDER
129 170

© Erich Schmidt Verlag

150

Arbeits- und Sozialgerichtsbarkeit

Bundessozialgericht Das Bundessozialgericht befindet sich in Kassel. Die Sozialgerichtsbarkeit einschließlich Bundessozialgericht gibt es seit 1953.

Sozialgerichtsbarkeit – Zuständigkeit Die Sozialgerichtsbarkeit ist vor allem zuständig für die folgenden Sachgebiete:

- *gesetzliche Rentenversicherung* für Arbeiter/Angestellte, Handwerkerversicherung, Alterssicherung der Landwirte ● *gesetzliche Krankenversicherung* ● *gesetzliche Unfallversicherung*
- *soziale Pflegeversicherung* ● *Künstlersozialversicherung*
- *Vertrags-(Kassen-)arztrecht* und *-zahnarztrecht*
- *Aufgaben der Bundesagentur für Arbeit* (Arbeitslosenversicherung et cetera)
- *Soziale Entschädigung bei Gesundheitsschäden,* unter anderem auch Kriegsopferversorgung, Soldatenversorgung, Impfschadenrecht, Gewaltopferentschädigung und bestimmte Angelegenheiten nach den sozialgesetzlichen Regelungen für Schwerbehinderte im Sozialgesetzbuch
- *Sonstige staatl. Transferleistungen* (Erziehungsgeld) Mehr bei: www.bundessozialgericht.de [05-06-24].

Vorgeschaltetes Widerspruchsverfahren Einer Klage vor dem Sozialgericht muss ein Widerspruchsverfahren bei der Verwaltung vorausgehen und Sozialgerichte entscheiden in der Regel erst nach Durchführung des Widerspruchsverfahrens. – Wird zum Beispiel einem Arbeitslosen von Agentur für Arbeit das Arbeitslosengeld gesperrt, was er für ungerecht erachtet, und will er diese Verwaltungsentscheidung rückgängig machen, so muss er zuerst bei der Bundesanstalt für Arbeit **Widerspruch** einlegen. Erst wenn dieser Widerspruch abschlägig beschieden wird, kann er beim Sozialgericht Klage einreichen.

– Verfahren Zum Verfahren vor dem Sozialgericht ist weiterhin zu sagen:

Das Sozialgericht stützt sich bei seiner Entscheidung nicht nur auf die von den Beteiligten vorgetragenen Sachverhalte, sondern ermittelt auch von Amts wegen, das heißt von sich aus.

Das Sozialgerichtsverfahren

© Erich Schmidt Verlag

Die Beteiligten haben Anspruch auf rechtliches Gehör und können Akteneinsicht beantragen, können sich durch Prozessbevollmächtigte vertreten lassen. In der mündlichen Verhandlung dürfen die Beteiligten an den Zeugenvernehmungen teilnehmen.

Bei allen Gerichten der Sozialgerichtsbarkeit werden von den Versicherten keine Gerichtskosten erhoben.

Im Sozialrecht unterscheidet man verschiedene Klagearten.

Anfechtungsklage Mit der Anfechtungsklage wendet sich der Kläger *gegen einen ihn benachteiligenden Verwaltungsakt,* etwa die Sperrung des Arbeitslosengeldes. Er begehrt die Aufhebung dieses Verwaltungsaktes durch das Sozialgericht. *Diese Klageart kann kombiniert werden mit einer zusätzlichen Leistungsklage,* die das Ziel hat, den Gegner zu einer Leistung (Auszahlung des Arbeitslosengeldes) zu verurteilen.

Verpflichtungsklage Bei der Verpflichtungsklage handelt es sich um eine Klageart, bei der *in Kombination mit der Anfechtungsklage,* der Kläger den Erlass eines abgelehnten oder unterlassenen Verwaltungsaktes erreichen kann, etwa die Erteilung eines neuen, günstigeren Rentenbescheids.

Feststellungsklage *Der Kläger kann mit einer solchen Klage das (Nicht-)Bestehen eines konkreten Rechtsverhältnisses oder die Nichtigkeit eines Verwaltungsaktes erreichen.* Im Wege der Feststellungsklage kann zum Beispiel geklärt werden, ob etwa zwischen einem Arbeitsunfall oder einer Berufskrankheit und gesundheitlichen Folgeschäden ein ursächlicher Zusammenhang besteht.

Arbeits- und Sozialgerichtsbarkeit

Fragen zur Arbeits- und Sozialgerichtsbarkeit

1. Was gilt für die richterliche Unabhängigkeit nach dem Grundgesetz? Richter sind unabhängig

    und ....

2. Bei den Arbeits- und Sozialgerichten sind ....-richter und .... Richter tätig.

3. Ein ehrenamtlicher Richter beim Arbeitsgericht muss das .... Lebensjahr vollendet haben und eine Tätigkeit als

    .... oder als .... in dem Bezirk des Arbeitsgerichts ausüben.

4. Welche Befugnisse hat der bei einem Arbeits- und Sozialgericht tätige ehrenamtliche Richter gegenüber einem

    Berufsrichter? ....

    ....

5. Wer ersetzt dem bei einem Arbeitsgericht tätigen ehrenamtlichen Richter den Lohnausfall und die Fahrtkosten?

    ....

6. Man unterscheidet Arbeits- und Sozialgerichte der .... Instanz auf örtlicher Ebene, zum Beispiel das

    Arbeitsgericht in Köln und solche der .... Instanz, zum Beispiel das Landessozialgericht für Baden-

    Württemberg in Stuttgart und das .... in Erfurt (dritte Instanz).

7. Das Arbeitsgericht setzt sich zusammen aus einem Berufsrichter und .... ehrenamtlichen Richtern. Das gilt

    auch für das .... -arbeitsgericht. Beim Bundesarbeitsgericht sind es außer dem Vorsitzenden Richter

    (ein Berufsrichter) .... weitere berufsrichterliche Beisitzer und außerdem .... ehrenamtliche Richter.

8. Nennen Sie drei Unterschiede zwischen den Arbeitsgerichten und den Zivilgerichten, außer dass in allen Instanzen

    Vertreter von Arbeitnehmern und Arbeitgebern mitwirken. Für die Arbeitsgerichte gilt:

    1. Die Gerichtsgebühren ....

    2. Kostenvorschüsse ....

    3. Der in der ersten Instanz siegenden Partei werden die Kosten für Zeitversäumnis und für die

       Prozessvertretung ....

9. Die Arbeitsgerichtsbarkeit ist zuständig für Entscheidungen bei:

    1. Streitigkeiten zwischen .... und .... , die aus einem

       Arbeitsverhältnis oder aus einem Ausbildungsverhältnis entstehen

    2. Streitigkeiten zwischen den .... -parteien (Arbeitgeber und Gewerkschaften)

       über die Auslegung von Tarifverträgen

    3. unüberbrückbare Streitigkeiten zwischen .... und Arbeitgeber über mitbestimmungs-

       pflichtige soziale Angelegenheiten

    4. Streitigkeiten aus Zuwiderhandlungen gegen geltende .... -gesetze

10. Arbeitnehmer, die vor einem Arbeitsgericht klagen können, sind

    1. .... und .... (eigentliche Arbeitnehmer),

    2. zur .... Beschäftigte   3. .... -arbeiter.

11. Örtlich zuständig ist in der Regel das Arbeitsgericht am Wohn- oder Firmensitz des ....

12. Vor Beginn der eigentlichen arbeitsgerichtlichen Verhandlung hat der Vorsitzende den Versuch

    einer .... Einigung vorzunehmen und dazu zu einer .... -verhandlung einzuladen.

13. In bestimmten Fällen wird vor einer Klage beim Arbeitsgericht ein .... -verfahren durchgeführt (vorgeschaltetes Verfahren). Das ist der Fall, wenn sich ein .... mit dem .... über die Anschaffung von Ausbildungsmitteln streitet. Durchgeführt wird das Schiedsverfahren von der ....

14. In welcher Form kann die Klage erfolgen? ....

15. Kläger und Beklagter können sich vor Gericht vertreten lassen durch einen .... für Arbeitsrecht oder durch einen fachkundigen .... Während beim Arbeitsgericht der unteren Instanz kein Vertretungszwang herrscht, ... man sich bei den oberen Instanzen der Arbeitsgerichtsbarkeit vertreten lassen.

16. Für die Sozialgerichtsbarkeit gilt: Man muss sich nur beim .... -gericht vertreten lassen. Die Sozialgerichte wurden zum Schutz der Sozialversicherten vor .... Entscheidungen der Sozialversicherung geschaffen.

17. Die Sozialgerichtsbarkeit besteht aus .... Instanzen. Ähnlich wie in der Arbeitsgerichtsbarkeit wirken in allen Instanzen Vertreter der Arbeitgeber und der versicherten .... mit. Wie bei der Arbeitsgerichtsbarkeit gibt es auch hier die Sprung- .... (Sprungrechtsbeschwerde). Auch hier besitzen Berufsrichter und ehrenamtliche Richter allesamt das .... Stimmrecht.

18. Das Landessozialgericht ist aber anders als das Landesarbeitsgericht bereits mit .... Berufsrichtern und zwei ehrenamtlichen Richtern besetzt. Kammern und Senaten sind bestimmte Fachgebiete zugeordnet, etwa .... -versicherung, Arbeits- .... , Kindergeld und so weiter.

19. Das Bundessozialgericht befindet sich in .... Die Sozialgerichtsbarkeit gibt es seit ....

20. Die Sozialgerichtsbarkeit ist vor allem zuständig für die folgenden Sachgebiete: gesetzliche .... -versicherung, gesetzliche .... -versicherung, gesetzliche Unfallversicherung, soziale .... -versicherung, Vertragsarztrecht, Aufgaben der Bundesagentur für Arbeit, soziale .... bei Gesundheitsschäden (auch Kriegsopfer- und Soldatenversorgung) und für sonstige staatliche .... -leistungen (Erziehungsgeld).

21. Was für ein Verfahren bei der Verwaltung muss einer Klage vor dem Sozialgericht vorausgehen?

....

22. Einem Arbeitslosen wird von der Agentur für Arbeit das Arbeitslosengeld gesperrt. Was muss er zuerst tun, um diese Verwaltungsentscheidung rückgängig zu machen? Er muss bei der Bundesagentur für Arbeit

....

23. Das Sozialgericht stützt sich bei seiner Entscheidung nicht nur auf die von den .... vorgetragenen Sachverhalte, sondern ermittelt den Sachverhalt von .... wegen. Die Beteiligten haben Anspruch auf .... Gehör und können .... beantragen.

24. Mit der *Anfechtungsklage* wendet sich der Kläger gegen einen ihn benachteiligenden Verwaltungsakt, etwa die Sperrung des .... -geldes. Bei der *Verpflichtungsklage* handelt es sich um eine Klageart, bei der – in Kombination mit der Anfechtungsklage – der Kläger etwa die Erteilung eines neuen, günstigeren .... -bescheids erreichen kann. Im Wege der *Feststellungsklage* kann zum Beispiel geklärt werden, ob etwa zwischen einem Arbeitsunfall oder einer Berufskrankheit und gesundheitlichen Folgeschäden ein ursächlicher .... besteht.

Gründung einer Unternehmung

Businessplan

Existenzgründungen sind dann erfolgreich, wenn sie wohl überlegt und sorgfältig geplant sind (Businessplan). Ein Fragenkatalog wie der nachfolgende hilft dem Existenzgründer, seine Geschäftsidee zu überdenken und zum Konzept reifen zu lassen.

- Beschreiben Sie Ihr zu gründendes Unternehmen.
- Stellen Sie die Gründerperson/en dar.
- Beschreiben Sie Ihr Produkt/Ihre Dienstleistung.
- Beschreiben Sie Ihre Kunden.
- Beschreiben Sie Ihre Konkurrenten.
- Beschreiben Sie Ihren Standort.
- Welche Lieferanten wollen Sie nutzen?
- Erläutern Sie Ihre Personalplanung.

- Zu welchem Preis wollen Sie Ihr Produkt/Ihre Dienstleistung verkaufen?
- Welche Vertriebspartner wollen Sie nutzen?
- Welche Kommunikations- und Werbemaßnahmen wollen Sie ergreifen?
- Für welche Rechtsform haben Sie sich entschieden?
- Welche Chancen und Risiken hat Ihr Vorhaben?
- Wie hoch ist der Kapitalbedarf?
- Wie können Sie diesen Kapitalbedarf decken?
- Wie sehen Sie die zukünftige Entwicklung Ihrer Branche?

Für Internetbenutzer: Mehr unter www.bmwa.bund.de/Navigation/existenzgruender.html [2005-08-22]

Standortwahl

Der Gründer muss sich klarmachen, dass die Entscheidung für oder gegen einen Standort alle wichtigen Faktoren eines Unternehmenskonzeptes berührt: Kunden, Lieferanten, Konkurrenz, Arbeitskräfte, Kosten, Verkehrsanbindungen und gegebenenfalls behördliche Auflagen. Es gilt also einen Standort zu finden, der das Konzept und die Zielsetzung des Unternehmens am besten unterstützt. Existenzgründer sollten sich zum Beispiel folgende Fragen stellen:

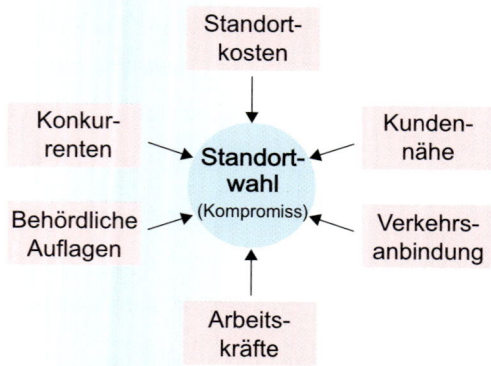

- Gibt es genügend Kunden am Standort (Kundennähe)?
- Wie gut ist die Konkurrenz und wie stark ist sie am Standort vertreten (Konkurrenten)?
- Wie teuer ist das Grundstück, wie hoch sind Miete und Nebenkosten sowie Gewerbesteuer (Standortkosten)?
- Ist der geplante Standort für Kunden und Lieferanten gut erreichbar? (Verkehrsanbindung)?
- Bietet vor Ort der Arbeitsmarkt geeignete Mitarbeiter und wie hoch ist das Lohnniveau (Arbeitskräfte)?
- Gibt es Umwelt- und baurechtliche Verordnungen (behördliche Auflagen)?

„Den" optimalen Standort gibt es selten, deshalb gilt es Kompromisse zu schließen. Mehr bei:
www.existenzgruender.de/imperia/md/content/pdf/gz42.pdf.

Berufsbezogene Voraussetzungen

Nach Artikel 12 Grundgesetz [Recht der freien Berufswahl] haben alle Deutschen auch das Recht sich beruflich selbstständig zu machen (Gewerbefreiheit). Die Ausübung eines Gewerbes ist an bestimmte **persönliche** Voraussetzungen gebunden, zum Beispiel volle Geschäftsfähigkeit des Gründers und geordnete Lebensverhältnisse sowie bestimmte **fachliche** Qualifikationen.

Selbstständig machen im Handwerk – mit Meisterbrief

Wer sich zum Beispiel in einem zulassungspflichtigen Handwerk selbstständig machen will, benötigt dafür in der Regel den Meisterbrief. Erforderlich ist auch der Eintrag in die Handwerksrolle bei der Kammer. Dies betrifft alle Tätigkeiten, die in der Handwerksordnung unter Anlage A als Handwerksberufe aufgeführt sind.

– ohne Meisterbrief

Demgegenüber kann in so genannten zulassungsfreien Handwerken oder „handwerksähnlichen" Gewerben (gemäß Anlage B der Handwerksordnung) ein Unternehmen auch ohne Meisterbrief gegründet und geführt werden.

Nach der Reform des Handwerksrechts im Jahre 2004 ist in 41 von 94 Handwerksberufen die Meisterprüfung Voraussetzung für den Eintrag in die Handwerksrolle. In 35 Berufen mit „Meisterzwang" werden auch Gesellen ohne Meisterprüfung eingetragen, wenn sie zum Beispiel sechs Jahre Berufspraxis besitzen.

– als Techniker

Staatlich geprüfte Techniker und Ingenieure können ein Handwerk der Anlage A unter erleichterten Bedingungen ausüben. Ihr Abschluss wird der Meisterprüfung gleichgestellt. Mehr bei: www.existenzgruender.de/imperia/md/content/pdf/gz48.pdf

Gründungshilfen

Gründersorgen

Ist die Selbstständigkeit der richtige Weg für mich?

Reichen meine persönlichen/ fachlichen Kenntnisse aus?

Sind meine finanziellen Vorstellungen realistisch?

Ansprechpartner, die erste Informationen für Existenzgründer anbieten, sind berufsständische Organisationen, wie Industrie- und Handelskammern (Unternehmensförderung www.ihk.de), Handwerkskammern (www.handwerk.com/rubriken/management/existenzgruendung/), Landwirtschaftskammern, Fachverbände und verschiedene Institute der Wirtschaft, staatliche Stellen, wie das Bundesministerium für Wirtschaft und Arbeit (Förderdatenbank www.bmwa.bund.de) und zuständige Stellen in den Bundesländern. (Alle Länder verfügen über eigene Förderprogramme.)

Gründung einer Unternehmung

Ansprechpartner

Gründersorgen

Verfüge ich über kaufmänni-
sches / betriebswirtschaft-
liches Know-how?

Steht meine Familie hinter mir?

Stehe ich die Belastungen
während der Startphase – und
auch später – durch?

**Anmeldung zur Un-
ternehmensgründung**

Behördenlabyrinth
Vielzahl von
Anmeldeformalitäten

Rechtsanwälte und **Notare** zieht der Gründer am besten beim Erstellen von Verträgen zu Rate. Damit erspart er sich unliebsame Überraschungen. **Steuerberater** liefern notwendige Informationen zu Steuerfragen und unterstützen bei der Einrichtung
einer Buchhaltung. **Kreditinstitute** helfen bei den Gründungsvorbereitungen, beraten vorwiegend in Finanzfragen, stellen auf Nachfrage aber auch Informationen zu
Branchen und Märkten zur Verfügung. Freie **Unternehmensberater** erarbeiten
Unternehmensplanungen, führen Marktanalysen durch und erstellen auch Finanzie-
rungskonzepte.

Die eigene Unternehmensgründung macht eine Vielzahl von Anmeldeformalitäten
notwendig. Zahlreiche gesetzliche Vorschriften sind zu beachten. Jeder Gewerbebetrieb muss beim zuständigen **Gewerbeamt** (bei der Gemeindeverwaltung) angemeldet werden. Bei der Anmeldung sind ein Personalausweis (Pass) und gegebenenfalls besondere Genehmigungen und Nachweise vorzulegen, zum Beispiel
Handwerkskarte oder Konzession.
(www.bmwi-softwarepaket.de/kleingruendungen/tipps/25/)

Wegweiser *Anmeldung Kleingründung* (Handwerk)	
) Eintrag Handwerksrolle, Handw.karte (Kammer)	) Anmeldung beim Gewerbeamt (Gemeinde)
) Eintrag ins Handelsregister (Amtsgericht)	) Anmeldung beim Finanzamt (Steuergesetze)
) Mitteilung an Berufsgenossenschaft (Unfallversicherung)	) Anmeldung bei Krankenkasse(n) (Sozial-versicherung)
) Aushandeln von Tarifen bei Versorgungs-unternehmen (für Strom Gas, Wasser, Müllabfuhr)	) Einholung von Betriebsgenehmigung (überwa-chungspflichtige Anlagen) und eventuell not-wendige Sondergenehmigungen

**Wirtschaftliche
Förderung**

Der Start in die unternehmerische Selbstständigkeit wird durch **Förderprogramme**
(vor allem günstige Investitionskredite) von *staatlicher Seite* unterstützt, von der
EU, von Bund, Ländern und Gemeinden. Die **Antragstellung** erfolgt meist über die
Hausbank, jedoch immer **vor** Beginn der Investitionsmaßnahme. Investitionskredite
decken einen *langfristigen Kapitalbedarf* zur Finanzierung von beispielsweise Ge-
bäuden, Maschinen, Geschäftseinrichtungen, Fuhrpark, erstes Warenlager, Gründungskosten.

Die wichtigsten öffentlichen Förderprogramme für Unternehmensgründungen sind
Eigenkapitalhilfe-Darlehen und Existenzgründungsdarlehen. Diese gibt es bei der
KfW-Mittelstandsbank in Bonn (KfW = Kreditanstalt für Wiederaufbau). Die
Programme sehen zum Beispiel *ermäßigte Zinssätze* vor oder bieten *tilgungsfreie
Jahre* oder *verzichten auf Sicherheiten*. Existenzgründer sollten sich sorgfältig infor-
mieren, um die optimale Kombination von Förderprogrammen zu finden. Mehr bei:
www.bmwa.bund.de/Navigation/Service/Bestellservice/publikationen-existenzgruender.html

Franchising

Viele Existenzgründer wählen das **Franchise-Verfahren**. Beim Franchising räumt ein
Franchise-Geber einem Franchise-Nehmer das Recht ein, seine Waren und Dienst-
leistungen zu verkaufen. Er bietet ihm Marke (hinter der ein fertiges Konzept steht),
Know-how und Marketing (Produktvermarktung) sowie einen Gebietsschutz an.
Beispiele für Franchise-Geber: McDonalds, Bofrost, Coca Cola, Obi, Pizza Hut.

Von **Vorteil** ist: Der Franchise-Geber führt Markttests durch, bietet Kalkulationshilfen
und laufende geschäftliche Beratung und Betreuung sowie Gebietsschutz, übernimmt
Werbung und gewährleistet Aus- und Fortbildung. Von **Nachteil** ist die Einschränkung
des Entscheidungsspielraums, die enge vertragliche Bindung und der vergleichsweise
geringe Gewinn.

Mehr zu Franchising bei: www.existenzgruender.de/imperia/md/content/pdf/gz04.pdf
Franchising ist ein Weg zur Unternehmensgründung. Es gibt jedoch viele Wege zum
eigenen Unternehmen zu kommen. Ordnet man diese den Pfaden Neugründung, Übernahme und Beteiligung zu, so sind über die Hälfte der Existenzgründungen Neugrün-
dungen, gefolgt von den Beteiligungen (20 %) und den Übernahmen (10 %). Mehr bei:
www.existenzgruender.de/01/01/01/06/index.php

Gründung einer Unternehmung

Wahl der Rechtsform

Die meisten Gründer entscheiden sich – wegen der unternehmerischen Unabhängigkeit und der wenigen Formalitäten – für die Rechtsform der Einzelunternehmung, wie die nebenstehende Darstellung zeigt.

Gesellschaft des bürgerlichen Rechts

Eine wegen ihrer Einfachheit häufig anzutreffende Unternehmensform ist die GbR, Gesellschaft des bürgerlichen Rechts, (BGB-Gesellschaft).

Rechtsform	Anzahl
KG	2.040
OHG	2.840
AG	4.420
Sonstige	5.000
GmbH & Co. KG	17.400
GbR	37.000
GmbH	85.000
Einzelunternehmen	660.000

Basis: 1. Hj. 2003, Statistisches Bundesamt
Gewerbeanmeldungen nach Rechtsformen

Deren Merkmale sind:

- *Rechtsgrundlage ist das Bürgerliche Gesetzbuch* (BGB), daher der Name.

- Zwei oder mehr Personen schließen sich vertraglich zusammen (bilden eine Gesellschaft), um ein bestimmtes Geschäft abzuwickeln. *Es ist keine Schriftform notwendig (aber empfohlen) und auch keine gerichtliche oder notarielle Eintragung (wenig Gründungsaufwand).*

- Die Gesellschaft hat keine eigene Rechtspersönlichkeit. Das heißt, Verträge werden nicht von der Gesellschaft, sondern von den einzelnen Gesellschaftern geschlossen.

- Die *gemeinschaftliche Geschäftsführung* erfordert die Zustimmung aller Gesellschafter. *Die Vertretung der Gesellschaft erfolgt gemeinschaftlich.* Das kann wiederum den Entwurf aufwendiger Gesellschaftsverträge erfordern, um diese Rechtsform den Bedürfnissen aller Gründer anzupassen.

- *Die Gesellschafter haften als Gesamtschuldner.*

Beispiele für eine GbR (BGB-Gesellschaft) reichen von der Lottogemeinschaft und der Fahrgemeinschaft über den gemeinschaftlichen Betrieb eines Geschäfts (Internet-Café), einer ärztlichen Gemeinschaftspraxis bis hin zum Computer-Laden mit angeschlossener Reparaturwerkstatt.

Die Entscheidung für (oder gegen) eine Rechtsform sollte der Gründer erst dann treffen, wenn er nach eingehender Information und Beratung eine klare Position bezogen hat. Mehr Info bei www.existenzgruender.de/imperia/md/content/pdf/gz33.pdf.

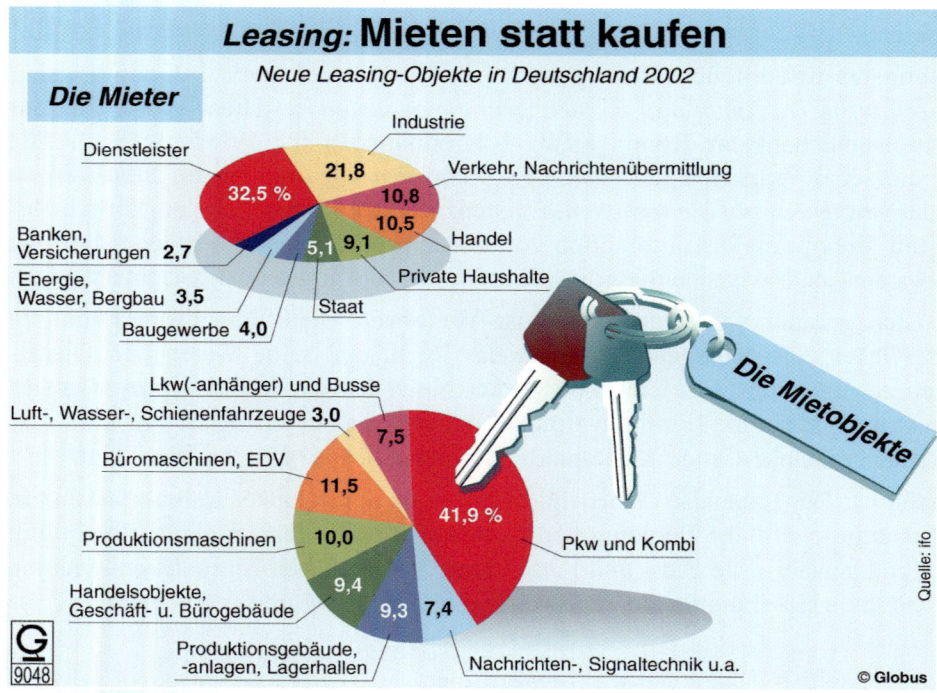

Leasing: Mieten statt kaufen
Neue Leasing-Objekte in Deutschland 2002

Die Mieter
- Dienstleister 32,5 %
- Industrie 21,8
- Verkehr, Nachrichtenübermittlung 10,8
- Handel 10,5
- Private Haushalte 9,1
- Staat 5,1
- Baugewerbe 4,0
- Energie, Wasser, Bergbau 3,5
- Banken, Versicherungen 2,7

Die Mietobjekte
- Pkw und Kombi 41,9 %
- Büromaschinen, EDV 11,5
- Produktionsmaschinen 10,0
- Handelsobjekte, Geschäft- u. Bürogebäude 9,4
- Produktionsgebäude, -anlagen, Lagerhallen 9,3
- Nachrichten-, Signaltechnik u.a. 7,4
- Lkw(-anhänger) und Busse 7,5
- Luft-, Wasser-, Schienenfahrzeuge 3,0

Quelle: ifo
© Globus
9048

Viele Unternehmen finanzieren einen Teil ihrer Investitionen durch Leasing. Der Leasingvertrag hat eine große Ähnlichkeit mit einem Miet- oder Pachtvertrag, mit dem Unterschied, dass der Leasingnehmer (Mieter) die gemietete Sache am Ende der Leasingzeit erwerben kann. Leasing-Objekte (Mietobjekte) sind zum Beispiel Fahrzeuge, Maschinen und Computer. Leasingnehmer sind hauptsächlich Dienstleister und die Industrie (siehe nebenstehende Darstellung).

Vorteile des Leasing: Statt sofort anfallender hoher Investitionskosten sind über die gesamte Vertragsdauer verteilt Leasingraten zu zahlen. Zur Finanzierung der Investitionen werden weder Bankkredite (Kreditkauf) noch Eigenkapital benötigt. Der Leasingvertrag beinhaltet einen Wartungsservice. Durch (Operate-)Leasing kann man immer über die neueste Technik verfügen.

Gründung einer Unternehmung

1. Wann sind Existenzgründungen nur erfolgreich? Wenn sie ....

....

2. Die Entscheidung für einen Standort berührt alle wichtigen Faktoren eines Unternehmenskonzeptes. Es gilt also einen Standort zu finden, der das .... und die ....-setzung des Unternehmens am besten unterstützt

3. Standortfaktoren sind zum Beispiel ....-nähe, Konkurrenten, Standort-.......................... .... , Verkehrs-.. , Arbeitskräfte und .... Auflagen.

4. Wenn der Existenzgründer wissen möchte, ob vor Ort besondere umwelt- und baurechtliche Verordnungen zu beachten sind, dann will er etwas zu .... in Erfahrung bringen. Fragt er nach Mieten und Steuern, dann will er über .... informiert werden. Der Gründer ist sich darüber im Klaren, dass es **den** optimalen Standort selten gibt. Die Standortwahl ist deshalb in der Regel ein ....

5. Nach Artikel 12 Grundgesetz haben alle Deutschen das Recht sich .... zu machen (Gewerbefreiheit). Die Gewerbeausübung ist an bestimmte .... Voraussetzungen gebunden und an bestimmte .... Qualifikationen.

6. Wer sich in einem (gemäß Anlage A der Handwerksordnung) zulassungspflichtigen Handwerk selbstständig machen will, benötigt dafür in der Regel den .... Erforderlich ist auch der .... bei der Kammer.

7. In zulassungsfreien Handwerken oder „handwerksähnlichen" Gewerben kann demgegenüber (gemäß Anlage B der Handwerksordnung) ein Unternehmen .... gegründet und geführt werden.

8. In 41 von 94 Handwerksberufen ist .... Voraussetzung für den Eintrag in die Handwerksrolle. In 35 Berufen mit „Meisterzwang" werden auch .... ohne Meisterprüfung eingetragen, wenn sie .... besitzen.

9. Staatlich geprüfte .... und .... können ein Handwerk der Anlage A unter erleichterten Bedingungen ausüben. Ihr Abschluss wird der Meisterprüfung ....-gestellt.

10. 1. Welche berufständischen Organisationen bieten Gründungshilfen an? ....

    2. Welche staatlichen Stellen bieten als Ansprechpartner Gründern erste Informationen an?

    ....

    ....

11. Beim Erstellen von Verträgen zieht der Gründer .... und .... zu Rate. Steuerberater liefern notwendige Informationen zu ....-fragen und unterstützen bei der Einrichtung einer .... Kreditinstitute helfen bei den Gründungsvorbereitungen, beraten vorwiegend in ....-fragen. Freie Unternehmensberater erarbeiten Unternehmens- .... und führen Marktanalysen durch.

12. Die eigene Unternehmensgründung macht eine Vielzahl von Anmeldeformalitäten notwendig. Wo muss jeder Gewerbebetrieb angemeldet werden? ....

13. Was ist bei der Anmeldung außer gegebenenfalls besonderen Genehmigungen und Nachweisen (Handwerkskarte oder Konzession) vorzulegen? ....

14. Nach dem Erledigen der Formalitäten bei Kammer, Gemeinde und gegebenenfalls Amtsgericht ist eine Klein-gründung – wegen der Steuergesetze – beim .... anzumelden. Sodann ist Mitteilung an die .... (Unfallversicherung) zu machen. Arbeitnehmer sind bei den zuständigen .... (Sozial-versicherung) anzumelden und mit ....-unternehmen sind die Bezugs-bedingungen (für Strom, Gas, Wasser und Müllabfuhr) auszuhandeln. Schließlich sind gegebenenfalls bei überwa-chungspflichtigen Anlagen .... einzuholen.

15. Der Start in die Selbstständigkeit wird durch .... (vor allem günstige Investitionskredite) von .... unterstützt. Die Antragstellung erfolgt meist über die Hausbank, jedoch immer .... Beginn der Investitionsmaßnahme. Investitionskredite decken einen ....-bedarf zur Finanzierung diverser Inves-titionsgüter und der Gründungskosten.

16. Die wichtigsten öffentlichen Förderprogramme sind 1. .... -dar-lehen und 2. .... -darlehen.

17. Welche Vorteile bieten die Darlehen dem Gründer? 1. .... 2. .... Jahre 3. Verzicht auf ....

18. Beim Franchising räumt ein Franchise-.. einem Franchise-.. das Recht ein, seine Waren und Dienstleistungen zu verkaufen. Er bietet ihm .... , Know-how und .... (Produktvermarktung) sowie einen .... -schutz an.

19. Von Vorteil ist : Der Franchise-Geber führt ....-tests durch, bietet ....-hil-fen und laufende geschäftliche Beratung / Betreuung, übernimmt .... und gewähr-leistet Ausbildung und .... Von Nachteil ist die Einschränkung des Entschei-dungsspielraums, die .... vertragliche Bindung und der vergleichsweise .... Gewinn.

20. Eine wegen ihrer Einfachheit häufig anzutreffende Unternehmensform ist die Gesellschaft des bürgerlichen Rechts, abgekürzt: .... Rechtsgrundlage ist das Bürgerliche Gesetzbuch, abgekürzt .... Wegen geringer Formvorschriften erfordert die GbR .... Gründungsaufwand. Die Gesellschaft hat keine eigene Rechtspersönlichkeit. Verträge werden von den .... ge-schlossen. Die .... Geschäftsführung erfordert die Zustimmung aller Gesellschafter. Die Vertretung der Gesellschaft erfolgt .... Die Gesellschafter haften als ....-schuldner.

21. Beispiele für eine GbR reichen von Lotto- und Fahrgemeinschaften über den gemeinschaftlichen Betrieb eines Geschäfts (Internet-Café) bis hin zum .... mit Reparaturwerkstatt.

22. Viele Unternehmen finanzieren einen Teil ihrer Investitionen durch .... Der Leasing-vertrag ist vergleichbar mit dem ....-vertrag, mit dem Unterschied, dass der Leasingnehmer (Mieter) die gemietete Sache am Ende der Leasingzeit .... kann. Leasing-Objekte (Mietobjekte) sind zum Beispiel ...., Maschinen und Computer.

23. Vorteile des Leasing: Statt sofort anfallender hoher Investitionskosten sind über die gesamte Vertragsdauer verteilt Leasing-.. zu zahlen. Zur Finanzierung der Investitionen werden weder Bankkredite noch ....-kapital benötigt. Der Leasingvertrag beinhaltet einen ....-service. Durch Leasing kann man immer über die .... verfügen.

Berufsbildung
1. Grundlagen I
7 1.1. ... ich eine Ausbildungsstelle bekomme.

1.2. ... mein (späterer) Arbeitsplatz sicher ist.

2. Er garantiert das Recht Beruf, Arbeitsplatz und Ausbildungsstätte frei zu wählen.

3. - in ländlichen (Gebieten)

4. ... keine abgeschlossene Ausbildung haben.

5. - fachlich geschultes und qualifiziertes (Personal)

6.1. Er hat ein höheres Einkommen. 2. Er hat mehr Freizeit.

7.1. - die berufl. Mobilität größer 2. - die übertragenen Arbeiten anspruchsvoll 3. - Aufstiegsmöglichkeiten gegeben 4. - das Einkommen meist höher

8. - im Berufsbildungsgesetz

9. BBiG ... Berufsordnungsmittel ... anerkannten ..

10. ... Ausbildungsordnungen
... Bundesministerium ...   ... einheitliche ...

11. Industrie- u. Handelskammer Handwerkskammer

12.1. in die Berufsausbildungsvorbereitung 12.2. in die Berufsausbildung 12.3 in die berufliche Fortbildung 12.3. in die berufliche Umschulung

2. Grundlagen II
10 1. ... Bezeichnung ...   ...-qualifikationen ...
... Prüfungsanforderungen

2. ... sachliche ... ... zeitliche ...   ... beigefügt

3. die Kammer

4. im Berufsausbildungsvertrag

5. einen guten (Ruf)

6. ... dualen ...   ... schulischen ...

7. der Wirtschafts- / Arbeitsminister des Bundes

8. die Kultusminister der Länder

9. ... Bildungspartner   ... Fachtheorie ...
... Allgemeinbildung ... ... fachpraktische ...

10. ... Betrieb   ... sieben ... ... drei ..

11. ... Kultusministerkonferenz ...
... Bundesministerium ...   ... abgestimmt ...

12. in Berufs**fach**schulen

13. ... staatlich ... ... bundes... ... landes...

14. in staatlich anerkannten.

15. ... Berufsfach... ... Fachhoch...... Hoch...

16. in Wirtschaft und Verwaltung

3. Berufsausbildungsvertrag I
13 1. **vor** Beginn der Berufsausbildung

2. den Ausbildungsvertrag schriftlich abschließen

3. Auszu**bildender und Ausbildender

4. unverzüglich nach Vertragsabschluss, spätestens aber **vor** Ausbildungsbeginn

5. in das Verzeichnis der Ausbildungsverhältnisse

6. der Jugendliche und der gesetzlicher Vertreter

7. Eine Ausfertigung des Vertrages ist dem Auszubildenden und dem gesetzlichen Vertreter auszuhändigen.

8. - mindestens einen Monat, höchstens vier Monate

9. Nein. Das ist gesetzlich nicht vorgesehen.

10. ... Urlaubs ...   ... Ende ...

11. ... Vergütung ...   ... Ausbildungs..
... Dauer ...   ... Vertragsstrafen ...

12. - eine Entschädigungszahlung für die Ausbildung

13. ... Arbeitstag ...   ... jährlich ...   ... Tarif...

14. - sechs Wochen

15. - der Betrieb

14 16.1. Der Ausbildende M   16.2. Der Azubi F.

17. ... zeit ... ... drei ... ... 01.09.03 ... ... 31.03.06

18. drei   Drittel   den Zeitraum der Unterbrechung

19. ... Flensburg ...   ... Bau...   .... sonstigen ...
.... Berufs .... außerhalb ...

20. ... Vergütung ...   ... angemessene ...   ... brutto ....
... **1** ...   ... tariflichen ..   ... 554 ...   .. 860 ..

21. ... acht ... ... 39 ... 40 ... ... achteinhalb ... fünf ...

22. ... Urlaubs... ... Kalender... ... 16 . .
... 10 ... ... Arbeits... ... weniger ... ... 27 ...

23. ... TV Berufsbildung.   ... drei ...
... Ausbildungs...   . **2** ...   anerkannt ...

24. - die Kammer (Handwerkskammer Flensburg)

4. Berufsausbildungsvertrag II
17 1. ... ohne Einhaltung einer Frist gelöst werden.

2. Schriftlich.

3. ... Gründen ...   ... anderen ...

4. Er ist den Anforderungen des Ausbildungsberufes aus gesundheitlichen Gründen nicht gewachsen.

5.1 Diebstahl   5.2 Beleidigung

6. Vier Wochen.

7.1 den Betrieb. ...   7.2 die Berufsschule ...

8. - mit Bekanntgabe des Prüfungsergebnisses

9. - mit Vertragsende

10. Ja. Der Betrieb muss ihn nicht übernehmen.

11. Die Kammer.

12. ... Auszubildende ...   .. Antrag ...

13. Den Betrieb über den Wechsel unterrichten.

14. ... die Person, über Art, Dauer und Ziel der Ausbildung und über erworbene Qualifikationen.

15.1. Führung ...   15.2 . Leistung ...

16.1 Zuverlässigkeit 16.2 Teamfähigkeit 16.3 Leistungsbereitschaft

5. Berufsausbildungsvertrag III • Aufgaben der Kammer I
20 1. ... Fürsorge   ... zeitlich ...   ... kostenlos ...

2.1 - zum Berufsschulbesuch
2.2 - zur Teilnahme an Prüfungen

3. ...vergütung ... ... Prüfung ... ... Schulbesuch ...

4. ... ordnungsgemäß ... erwerben ... Weisungen ..

5. ... ausbildungs... . ... sauber ...

6. ... charakterliche ... gesundheitliche ... Zeugnis ...

7. ... gewissenhaft ...   ... pfleglich ...

8. ... Berichtsheftes ... Betriebsordnung ...

9. ... Stillschweigen ...

10. ... Rechte ..... Kündigung .....Schadensersatz...

11. ... Berufsausbildungs...

12. - die Kammer

13.   - nur wer persönlich und fachlich geeignet ist

14.   ... fachliche Eignung ...

15.   ... anerkannten ... Arbeitgeber... Arbeitnehmer

16.   Die Qualifikationen, die während der Ausbildung zu vermitteln sind.

6. Aufgaben der Kammer II • Abschlussprüfung I

22

1.   - der Kammer

2.   Handwerkskammer Industrie- u. Handelskammer

3.   ... Ausbildungsberater ... ... Ausbildungsstätte ... ... Ausbildenden ...

4.   Der Kammer obliegt die Durchführung.

5.   ... kostenlos ... ... Prüfungsgebühren ... ... Prüfungsaufgaben ... Ausbildungsordnung ...

6.   ... berufsbezogene ... ... Wirtschafts- und Sozialkunde ... .. . Deutsch ...

7.   ...praktische ... ... mündlicher ...

8.   - zur Abnahme der Prüfungen

9.   ... unabhängig ... ... Ergebnis ... ... Zulassung ...

10.   - der unabhängige Prüfungsausschuss

10.   Aus einem Berufschullehrer und je einem Beauftragten der Arbeitnehmer und der Arbeitgeber.

11.   ... Vorsitzenden ... drei ... ... einem ...

7. Abschlussprüfung II • Berufl. Flexibilität

24

1.   ... Zulassung ... ... Gliederung ... Bewertungs...

2.   - in der Prüfungsordnung bei der Kammer

3.   - von dreien

4.   ... zwei ... ... rechtmäßig

5.1.   festlegen .2. einladen .3. ... ausstellen .4. ... entscheiden

6.   ... Verwaltungsgericht

7.   - der Prüfungsausschuss

8.   **1** ...gespräch ... schriftliche... 50 ... ... zweimal .

9.   ... Fortbildung ...Umschulung... Weiterbildung ...

10.   ... Fähigkeit ... ... anpassen ...

11.   ... technischen... wirtschaftlichen ..... verändern

12.   - durch ständige Weiterbildung

8. Fortbildung • Umschulung • Arbeitsförderung

27

1.   ... sich fortbilden oder umschulen zu lassen.

2.   - die Agentur für Arbeit

3.a)   ...ausbildung ...   b) ...praxis

4.a)   ... erhalten ... b) ... verbessern ... c) ... erweitern

5.a)   - sie zu verbessern   5.b) - sie zu erhöhen

6.   Entwicklung   Stellung   Zukunft   Entlohnung

7.   ... Kurse ... Meisterprüfung ... elektronischen ...

8.1.   Berufskollegs   8.2. Fernlehrinstitute
     8.3. Kammern   8.4 Gewerkschaften

9.   ... Ausbildungs...   ... Erwachsene ... zukunfts...   - eine Abschlussprüfung

10.   Sie obliegt der Kammer.

11.   ... Arbeitslosigkeit ... Maßnahme ... Teilnehmer

12.   - die Bundesagentur für Arbeit

13.   ... Arbeitslosigkeit ..... eintreten ..... fortdauern

14.   ... unter bestimmten Voraussetzungen

Betrieb und Unternehmensformen

1. Menschl. Bedürfnisse • Wirtschaftliche Güter

30

1.1.   Existenz...   1.2. Kultur...   1.3. Luxus...

2.1.   Nahrung   2.2. Kleidung   2.3. Wohnung

3.1.   sanitär. Einrichtg. .2. Unterhaltung .3. Bildung

4.1.   Schmuck   4.2. Sportwagen   4.3. Bungalow

5.1.   - ein Gefühl des Mangels   5.2 - nach Befriedigung

6.   Mittel zur Bedürfnisbefriedigung

7.   ... knappe...

8.1.   Tageslicht   8.2. Sand in der Wüste

9.   ... Wirtschaften

10.1.   Sachgüter 10.2. Dienstleistungen 10.3 Rechte

11.1.   ... Konsumgüter   11.2. ... Produktionsgüter

12.   - zur Bedürfnisbefriedigung in Haushalten

13.1.   Grundnahrungsmittel   13.2. Haushaltsgeräte

14.   - zur Herstellung von neuen Gütern

15.1.   Werkzeugmaschinen   15.2. Schmieröl

16.   Investitionsgüter

17.   ... Gebrauchs... ... einmal ... ... mehrfach ...

18.1.   Getränke   18.2. Papiertaschentücher

19.1.   Lieferwagen   19.2. Kühlschmiermittel

20.   ... immaterielles .. ... gleichzeitig ...

21.   ... Rechte ...

2. Wirtschaftszweige • Betriebe • Unternehmungen

34

1.   ... Ort ... ... Sachgütern ... ... Dienstleistungen

2.   ... Produktions... ... Industrie... ... Versicherungs... ... Handels...

3.   ... entlasten ... gewonnen ...größen ...

4.   - zum ersten Wirtschaftsbereich/-z. Urproduktion

5.   ... fischereiwirtschaftliche ... ... Bergbau... ... energieerzeugende ...

6.   - der Bereich der Weiterverarbeitung

7.   ... weiterverarbeitende ... ... Dienstleistungs...

8.   ... metall... ...verarbeitende ... ... holz... ... chemische Grundstoff...

9.   Güter, die zur Herstellung neuer, nicht für den Endverbraucher bestimmter Güter notwendig sind.

10.1.   ... Elektroindustrie   10.2. ... Fahrzeugbaus

11.   ... Bekleidungs... Nahrungsmittel... Möbel...

12.1.   Bank...   12.2. Versicherungs...   12.3. Transport...   12.4. Nachrichten...

13.1.   Friseurbetrieb   13.2. Malerbetrieb

14.1.   ... bloße Produktionsstätte   14.2. ... rechtlich selbstständige Einheit ...

15.   - in der Zentralverwaltungswirtschaft

35

16.   1.1. Landwirtschafts...   1 .2. Forstwirtschafts... 1.3. Fischereibetriebe
     2.1. Handwerk   2.1.1. Bäckereien
     2.1.2. Fleischereien   2.1.3. Weinkellereien
     2.2.1.1. Maschinenbau   2.2.1.2. ... Elektro...
     2.2.1.3. ... Fahrzeug
     2.2.2. Konsum...
     2.2.2.1. Schuh...   2.2.2.2. Textil...   2.2.2.3. Bekleidungs   2.2.2.4. Glasindustrie

2.2.3.2. Metall...   2.2.3.3. Baustoffindustrie

3. Dienstleistung   3.1. Handels...

3.2. Bank...   3.3. Versicherungs...

3. Unternehmensziele • Betriebsaufbau

39
1. - zum Erzielen eines Gewinns
2. ... Zins ...   ... Prämie ...   ... hoch ...
3.1. - die volle Ausnutzung der Betriebskapazität
3.2. - die Steigerung der Produktivität
4. ... erwerbs...   ... gemein...   ... Bundes...
5. ... soziale ...   ... Haushalt ...   ... Verkehrs...
6. - die Deutsche Bahn AG
7. - nach dem Kostendeckungsprinzip
8. - den in Geld ausgedrückten „Werteverzehr"
9. - möglichst geringe Kosten
10. - für Stadt- und Kreissparkassen
11. - zum Verlustausgleich
12. ... Gemeinschaft ...   ... Einzelnen ...
angemessenen Gewinn ...   ... gewinn...
13. ... Kapital ...   ... Informationen ...
14.1. - Einkauf guter Produktionsmaterialien
14.2. - Vereinbarung vorteilhafter Zahlungsziele
14.3. - schneller Zugriff zu Rohstoff / Halbzeug

40
15. - rationelle Fertigung der Produkte
16.1. - marktgerechter Preis der Produkte
16.2. - ständige Weiterentwicklung der Produkte
16.3. - hoher Bestand des Verkaufslagers
17. - die Produktion
18. ... Materialflüssen ... Wirk... Funktionen
19.

```
Beschaffung                    Absatz
         →  | Produktion |  →
```

20. ... Markt ... ... Geld ... ... Gütern
21.1. Materialeinkauf   21.2. Wareneingangkontrolle
22.1. ...planung .2. ...durchführung .3. ...kontrolle
23.1. ... - die Marktforschung   23.2. ... - die Verkaufs-
förderung   23.3. ... - die Werbung
24. ...verwaltung ...   ... Personal...
... Buchführung ...   ...führung ..
25. - mit dem Produktionsbereich
26.1. Beschaffung   26.2. Absatz
27. - der Unternehmensführung

4. Produktionsfaktoren • Fertigungstypen

43
1.1. Arbeit   1.2. Natur   1.3. Kapital
2. ... Arbeitskraft   ... Boden ...   ... Geld ...
3. ... Leistungs...   ... rationell ...
4.1. Natur   4.2. Kapital   4.3. Arbeit
5. - ein Mehrwert
6. ... Gewinn   ... Arbeit   ... Natur   ... Kapital ...
7.a) 1,3 (- mit 1,3)   7.b) 0,6 Mio. Euro
8. 1,3   90 Mio. Euro
9. ... Güter ...   ... Weise ...   ... Kapital ...   ... Arbeit
10. ... Mehrfach...   ... Einzel...
11. ... einziges einmaliges ...

44
12.1. Maßschneiderei   12.2. Schiffswerft
13. ... Fach... ungelernten ... Produktivität ...

...bestellung ... Kunden...

14. ... mehreren gleichartigen ... (1.) Automobil...
(2.) Flugzeug... (3.) Werkzeugmaschinen
15. ... gleiche ...   ... verschiedene ..
16.1. Brote   16.2. Holzmöbel   16.3. Polstermöbel
17. ... lohn...   ... Massen...
18. ... Menge ... ... Stückzahl ...
19.1. Autos .2. Schokolade .3. Zigaretten .4. Eier.
20.1. Steinkohle   20.2. Kunststoff
21.1. Zement   21.2. Kies
22. ... Automations...   ... Kapital ...
23.1. Serien...   23.2. Sorten...   23.3. Massen..
24. ... Klein...   ...Groß..   ... Lager...
25.1. ... der Art des Produktes   25.2. .. der Nachfragesituation   25.3. ... dem Fertigungstyp

5. Arbeitsteilung • Rationalisierung • Humanisierung • Fertigungsverfahren

48
1. - die Aufteilung der Arbeit für d. Güterproduktion
2. ... Arbeits... ... Austausch ...   ... Qualität
3. ... Maschinen ...   ... Lebens...
4. ...Spezialisierung ...leistungsfähiger ...Produktivität
5. - die vernünftige, zweckmäßige Gestaltung der
Arbeitsvorgänge
6. ... Kosten ...   ... größere ...   ... Maximal..
... geringeren ...   .. Minimal ...
7.1. ... Verringerung .2. Verkürzung .3. Verringerung.
... nervlichen Beanspruchung ..
8. ... steigern ...   ... Humanisierung ...
9. ...platzes ...   ...umfeldes
... Wunsch nach Anerkennung ...
10.1. ... Verringerung .2. Steigerung .3. Verbesserung
11. Sie wird ersetzt durch die Arbeit von Maschinen.
12. Sie hilft Ausschuss zu vermeiden.

49
13. - zur Arbeitslosigkeit
14. ... Beweglichkeit ...   - die Baustellenfertigung
15.1. Werkstattfertigung 2. Fließfertigung .3. Gruppenfertigung
16. - im Schiffsbau
17. Bei Fertighäusern werden die Bauteile vorgefertigt und auf der Baustelle nur noch montiert.
18. ... verschiedene ...   ... nächste ...
19. ... sehr anpassungsfähiges Fertigungsverfahren
... lohnintensiver Transport der Produkte
20. ... zeitliche ...   ... verkettet ...   ... Taktzeiten ...
21. ... wenigen gleichen ... teilung ... Zeit... Autos
22.1. ... - hohe Produktivität   22.2. ... - übersichtlicher Produktionsprozess   22.3. ... - gleichmäßig hohe Qualität der Produkte
23.1. - geringe Anpassungsfähigkeit .2. - hohe Stör-
fälligkeit .3. - einseitige (monotone) Beschäftigung
24. ... werden gemindert .. Fließband ... Werkstatt
25. ... Wirtschaftlichkeit ...

6. Klein-, Mittel-, Großbetrieb • Betriebsstand-ort • Handwerks- und Industriebetrieb

53
1. ... Roh... ... gewonnen ... ... Fertigungs..

161

2. ... Größe ... Stand... Handwerk ... Industrie

3.1. ... stärker automatisieren...   3.2. ... billiger einkaufen   3.3. ... Kredite

4.1. ... Flexibilität und Anpassungsfähigkeit .2. ... Kundenwünsche .3. ... Markt...

5. ... Flexibilität ... ... Produktivität ... ...lücken ...

6.1. ...Möglichkeiten der beruflichen Fortbildung 6.2. ... soziale Leistungen

7.1. ... abwechslungsreichere ... 7.2. ... persönlichere Beziehung zur Geschäftsleitung.

8. Kleinst-, Klein-, Mittel- und Großbetriebe

9. - der Kleinstbetrieb

10. ...produziert ...Dienstleistung ...gut überlegt ...gewinnt

11.1. Bergbau   11.2. Energiewirtschaft

12.1. Steinkohlebergwerk   12.2. Erdölbohrinsel

13. ... Kraft...

54

14. ... Wahl...   ... Faktoren ...

15.1. Beschaffungs .2. Produktions .3. Absatz...

16.1. Rohstoffe   16.2. Zulieferer

17.1. Umweltauflagen   17.2. kommunale Abgaben

18.1. Verkehrsanbindung .2. Entsorgungsmöglichkeiten

19. Flugzeug... Schuh... Kohle... erdöl...erdgas

20. ... Lohn...   ... Kapital...   ... Kunden ...

21. ... Einzelfertigung ... Material... Unternehmer ...

22. ... Lager...   ... qualifizierte ...   ... Beruf ...

23. ... Handwerks...   ... Ausbildungs...

24. ... Industrie...   ... Massen...   ... kapital..

25. ... Maschinen...   ... voll automatisierten Fertigung ...   ... langwieriger ...

26. ... außerhalb ... Werbung ... Handel ... Gewerkschaften ... ... Industrie- und Handelskammer ...

27. ... Kfz...

7. Betriebliche Kenngrößen

58

1. Die Unternehmung macht wieder Verluste.

2. Gewinne

3.1. Produktivität .2. Wirtschaftlichkeit .3. Rentabilität

4.1. ... Vergleich .2. Überwachung .3. Beobachtung

5. ... Ergiebigkeit ... ...leistung ...menge ...

6. 50 % (1,6 Hosen entsprechen 100 %; 2,4 Hosen entsprechen 150 %)

7. - durch Rationalisierung

8.1. Ausbildungsgrad / Übungsgrad 8.2. Arbeitsplatzgestaltung   8.3. Pauseneinteilung   8.4. Rationalisierung

9. $\dfrac{\text{erzeugte Menge (in Stück)}}{\text{Arbeitseinsatz (in Stunden)}}$

$= \dfrac{77 \text{ Hosen}}{7 \cdot 8 \text{ h}} = 1{,}375 \text{ Hosen} / \text{h}$

10. 2,125 Hosen / h

59

11. $\dfrac{\text{Verkaufserlöse}}{\text{Gesamtaufwand}} = \dfrac{50 \text{ Mio. Euro}}{40 \text{ Mio. Euro}} = 1{,}25$

12. ... die wöchentliche Arbeitszeit gesenkt wird.

... die Dauer des Urlaubs erhöht wird.

... die Preise für Rohstoffe und Energie fallen.

13.a) W = 1   b) Wirtschaftlichkeit wird kleiner als 1

14.a) $\dfrac{100\,000 \text{ Euro} \cdot 100}{900\,000 \text{ Euro}} = 11\,\tfrac{1}{9} \text{ Prozent}$

14.b) Die Investition lohnt sich (11 ⅑ % > 8 %)

15. $\dfrac{-\,50\,000 \text{ Euro} \cdot 100}{900\,000 \text{ Euro}} = -\,2{,}5 \text{ Prozent}$

16. macht Verluste

17. ... Menge ...   ... Preise ...   ... Schicht

18. ... Material...   ... Löhne   ... Maschinen ...

19. ... Rentabilität ...   ... Wirtschaftlichkeit ...

20. ... geringer ...   ... gering   ... Arbeitszeit ...

8. Rechtsformen I: Einzelunternehmung • OHG

63

1.1. Personengesellschaft 1.2. Kapitalgesellschaft

2. Gesellschaft

3. ... Gründungs... ... Leitung ... . Beteiligung ...

4. ... Haftung ...   ... Kapital...

5. - das Eigenkapital

6. - die Einzelunternehmung

7. ... eine einzige ..... frei ..... hören ... ... schnell ...

8. ... Personen...   ... Sach...

9. .... unbeschränkt .... begrenzt ... ... Nachfolge ...

10.1. - das Handwerk   10.2. - der Handel

11.1. - das Architekturbüro   11.2. - die Taxiunternehmung (- der landwirtschaftliche Betrieb)

12. ... Gesellschaft ... Personen...   ... Kapital...

64

13. ... Verteilung ... ... Haftung ... ... Beschaffung ...

14. ... Tod ...   ... Familienmitgliedern ...

15. ... Gesellschafter...   ... Teil...

16.1. - die offene Handelsgesellschaft (OHG) 16.2. - die Kommanditgesellschaft (KG)

17. - die Haftung der Teilhaber

18. ... zwei ... ...führung ...

19. ...verhältnis ...   ... alle ...   ...beschränkt ...

20. ... Gesellschafter ...

21. ... Vertrauen ... ... Privat...   ... Geschäfts... ... Rechte ...   ... Pflichten

22. ... Umwandlung ... ... Kredit... ... Arbeitsbelastung ... ... Fach... ... steuerliche ...

23. ... gesamten ...   ... solidarisch ... ... Gläubiger ... ... Meinungs...

9. Rechtsformen II: KG • AG

68

1. - um eine Kommanditgesellschaft (KG)

2. ... Voll... ... Teil...   ... Teilhafter ...

3. ... persönlich ... unbeschränkt ... Kapitaleinlage

4. - der Komplementär

5.1. ... zur Kontrolle die Bücher einsehen. 5.2. ... einen anteiligen Gewinn beanspruchen.

6. Schmitz KG

7. ... keine tätige Mitwirkung wünschen

8. ... Kapital... ... Kapitalbeiträgen ... ... Organe...

9.   ...Gesellschaft   ...einlage   ... Teil...
10.   ... AG ...   ... Kapital ...   ... Bindung ...
11.   - von Großunternehmen
12.   ... bedeutend...   ... Aktie
13.   ... Gesellschafter ...   ...Anteils...
14.   - mit ihren Aktien

69 15.   ... 50 000 Euro   ... fünf ...   ... Aktien
16.   ...börsen ...   ... Preis ...
17.   ... Nennwert   ... Aktionär
18.   1,00 Euro
19.   - zum Zeitpunkt des Verkaufs der Aktie
20.   - durch Angebot und Nachfrage
21.   ... steigt ...   ... sinkt ...
22.   Die Gewinnausschüttung einer AG an die Aktionäre.
23.   kapital ... sehr große ... überprüfbar .. öffentlich
24.1. Hauptversammlung. .2. Aufsichtsrat .3. Vorstand
25.   ... Geschäfte ... ... Vorstand ... Arbeitnehmer ...
26.   ... paritätisch ...   ... zwei ...   ... Kapitals
27.   ... Kohle ...   ...Stahl...   ... neutral
28.   ... Aktionäre   ...eine...   ... Aufsichtsrat
      ...Gewinns   ... Satzungs...

10. Rechtsformen III: GmbH • Unternehmenszusammenschlüsse

72 1.   ... Gesellschaft mit beschränkter Haftung ...
      ... Firmen...   ... kleine ...   ... Stammkapitals
2.a) - zwei   2.b) 25 000 Euro.
3.   Geschäftsführung u. Gesellschafterversammlung
4.   ... Geschäftsführer...Gewinns ... kontrolliert ...
5.   - ab 501
6.   - ab 2001
7.   ... Investitionen ...   ... auszubauen ...
      ... erschließen ... ...quellen ...   ... Monopol...
8.   ... Kartell ...   ... Konzern
9.   ...Vorteile ... selbst ... abhängig... ... bestimmen ...
10.   ... Preis...   ... Produktions...
11.   ... Preis ...   ... Verknappung ...
12.   ... Rationalisierungs...   ... Krisen..
13.   Konzern
14.   ... Wettbewerb ...   ... Kartell...
      ... Missbrauch ...   ... angezeigt ...
15.   ... Aufsicht ...   ... Wettbewerb ...

11. Arbeitgeberorganisationen

74 1.   ... Interessen... ... Vorschläge ... ...Mitglieds...
2.   ... freiwillig ... gewerkschaftlichen ... gesetzliche
3.   Bundesvereinigung der Dt. Arbeitgeberverbände
      (BDA), Bundesverband der Dt. Industrie (BDI)
4.   ... sozialpolitischen Belange der Arbeitgeber
5.   ... tarif...   ... sozial...   ... Berufs...
6.   ... wirtschafts...   ...Bildungs...   ...fach...
7.   ... Zwangs...   ...Kammern   ...Verkehrs...
8.   ... außen   ... Weiterbildung
9.   ... Eignungs...   ... Industriemeister...
10.   ... Beratung ... Berufsbildungs... Behörden ...
11.   - der Deutsche Industrie und Handelstag (DIHT)

12. Arbeitnehmerorganisationen

77 1.   ... Gewerkschaften   ... Arbeitgebern ..
2.a) ... Produktivität ... Personal... Arbeitsplätze ..
      Arbeitsteilung ... Schicht .. b)..Lohn ... Gesund-
      heit ...Arbeitsplatz.. Mitbestimmung ..Arbeitszeit
3.   ... Mitgliedsbeiträge   ...freiwillig   ..20...
4.   - in der zweiten Hälfte des 19. Jahrhunderts
5.   ... 16 ...   ... 18 ...   ... Feiertags...   .. Kinder ...
6.   - die Buchdrucker
7.   Sie haben sich in Gewerkschaften zusammen-
      geschlossen.
8.   - im Jahr 1919
9.   -von 1933 bis 1945
10.   - im Jahr 1949
11.   ... Forderungen ... ... Tarifverträgen ... .. Unter-
      stützungs... ... Rechts... ...Arbeits...
12.   ... Fort...
13.   ... Deutsche Gewerkschafts... ... 1949 ...
      ... acht ...   . sieben ...

78 14.   ... Dach...   ... Einheits... ... eine ...   ... Tarif...
15.   ... christlichen ...   ... Beamten...   ... eigene ..
16.   ... beamtenbund ...   ... tarifunion ...
      ... Christlichen Gewerkschaftsbund ..
17.1. ... Metall   17.2. ... Bergbau Chemie-Energie
17.3. ... Bauen-Agrar-Umwelt
18.1. ... Vereinigte Dienstleistungs
18.2. ... Nahrung-Genuss-Gaststätten
18.4. der Polizei
18.5. Erziehung und Wissenschaft
19.   - die IG Metall
20.   ... öffentlichen ...   ... privaten ...   ...arm ..
21.   ... christlich-sozialer .   ... christlichen ...
22.   - durch den Arbeitnehmer o. durch die Gewerkschaft
23.   ... Personal...   ...Schulung...
24.   ... Nichtorganisierten   ...Aussperrung...
      ...Arbeitszeit...   ... Urlaubs...   ... Voll...

Arbeits- und Tarifrecht

1. Grundlagen des Arbeitsrechts • Vor dem Arbeitsvertrag

81 1.   ... abhängigen ...   1.1. ...wirtschaftlichen Nach-
      teilen   1.2. ... gesundheitlichen Schäden
      1.3. ... persönlicher Beeinträchtigung
2.1. Individualarbeitsrecht   2 2. Arbeitsschutz-
      recht   2.3. kollektives Arbeitsrecht
3.   ... fremdbestimmt ...   ... selbstständige ...
4.   ... Angestellten ...   ... leitende ...
5.   Davon, ob der einzelne Arbeitnehmer seine
      Rechte in Anspruch nimmt.
6.   - vor dem Arbeitsgericht
7.   ... Mindest...   ... Arbeits...   ... Tarif...
8.1. Bundestag .2. Arbeitgeberverbände ... Ge-
      werkschaften... .3. Arbeitgeber ... Betriebsräte
9.   - die Arbeitsagentur
10.   ... gebühren...   .. bevorzugt ...

Lösungen

11. Der Wahrheitsgehalt der Antworten kann über kurz oder lang festgestellt werden.

12. ... Erstattung ... ... Reise....

2. Arbeitsvertrag

84

1. ... mündlich ... ... Beweisbarkeit ...
2. Arbeitgeber und Arbeitnehmer
3. ... Mindest ... ... Urlaubs...
4. - durch eine Änderungskündigung
5. ... Mehrarbeits... ... unter...
6. ... Kündigungsfrist ... ... zwei Wochen ...
7. - keine Auswirkung
8. ... Zeitablauf ... ... Aufhebungs...
   ... Kündigung ... ... Tod ...
9. ... Arbeitsleistung
10. - pünktliche Zahlung des vereinbarten Lohns
11. ... Gehorsams... ... Weisungs..
   ... vertraglich vereinbarten ...
12. ...antwortung ... Treue... ... Fürsorge...
13.1. ... sorgfältig ... 13.2. ... abwehren 13.3. Abstimmung ... 13.4. .. wahren 13.5. ... Konkurrenz ...
14.1. ... schützen 14.2. Abführen ... 14.3. Installation ... 14.4. Gleichbehandlung .. 14.5 Ausstellen ...

3. Arbeitszeit • Entlohnung I

87

1. - zwischen 35 und 40 Stunden
2. - acht Stunden
3. ... sechs ... ... 18 ... ... Ruhepausen
4. ... 30 ... ... zwei ... ... 15 ...
5. - das Gewerbeaufsichtsamt
6. ... 11 ... ... 48 ...
7. Bruttolohn
8. - den Lohn nach Abzug von Steuern und Sozialabgaben
9. ...geldlose ... ... Entgelt ... ... Gehalt
10.1. ... Zeit... 10.2. ... Leistungs... ...löhnen ... ...gehältern ...
11. - den Akkordlohn und den Prämienlohn
12. ... Zeit ... Mengen ... ... Zeit ... ... Stück...
13. Mindest... Akkord... Bezahlung ... Leistungs...
14. .... leistung ... ...eifers ...
15.1. Wartungs- / Reparaturarbeiten .2. Büroarbeiten
16. Es wird hierbei nur auf den Zeitgrad geachtet.
17. ... Güte... ... Anlässen ...
18. Überstunden ... ... Schmutz... ... Hitze

4. Entlohnung II

89

1. ... Lohn ... ... Zins ... ... Einkommens...
2. ... Unselbständigen. ... bedeutsam ... Abzug ...
3. ... Finanz... ... erstattet ... ...jahresausgleich ... ... höher ... ... höher ...
4.1. Lohnsteuer .2. Kirchensteuer .3. Sozialversich.
5. ... Lohnsteuer... ... Arbeitgeber ... ... drei ... ... auf Dauer geschuldet ...
6.1. ...ausbildung 6.2. ... Verantwortung ... 6.3. ... körperliche ... 6.4. ... Beschaffenheit ...
7.1 - die Reisespesen eines Arbeitnehmers

Arbeits- und Tarifrecht

7.2. - die Gefahren- und Erschwerniszulagen
8.1. ... Lohnfortzahlung ... 8.2. ... Sozialversicherung
8.3 Sonder... 8.4. Vermögenswirksame ...

5. Lohnfortzahlung • Urlaub

92

1. ... gesetzliche ... ... am stärksten ...
2. - aus dem Jahr 1970
3. ... sechs ... ... unverschuldet ...
4.1. grob ... 4.2. ... Unfallverhütungs ...
   4.3. ... gefährlichen ... 4.4. ... verbotenen ...
5. - für sechs Wochen
6. ... erneutes ... ... Krankengeld ... ... 80 % ...
7. ... Energie... ... Maschinen...
8. ... leitende ... ... teilzeit... ... Betriebs...
9.1. ... einer zweitägigen Wehrübung 9.2. ... Zeuge vor Gericht 9.3. ... Aufgabengebiets 9.4. ... ehrenamtlicher Richter

93

10. ... ehrenamtlichen ... ... Reparieren ...
11. ... unverzüglich ... ... Dauer ... ... Weisungen ...
12. ... dritten ... ... Namen ... ... planen ...
13. Sonst findet keine richtige Erholung statt.
14.1. ... Arbeitnehmers 14.2. ... Betriebes
15. 24
16. sechs
17.1. Wenn er wegen Beendigung des Arbeitsverhältnisses oder 17.2. aus zwingenden betrieblichen Gründen nicht mehr gewährt werden kann.
18. - in den ersten drei Monaten des Folgejahres
19. Er verfällt.
20. Acht Tage (30 : 4 = 7,... ; gerundet auf 8)
21. 0 Tage (Fangfrage)
22. Wenn der Arbeitnehmer sich bereit erklärt, die Kosten für eine Vertretung zu übernehmen.
23. Diese Tage werden auf den Urlaub nicht angerechnet.

6. Kündigung • Zeugnis

97

1. ... einseitig ... ... strengere ... ... starkes ...
2. ... unbefristeten Neueinstellungen ist gering
3. ... schriftlich ... ... mündlich ... ... widerrufen ...
4. ... sechs ... ... fünf ... ... zehn ...
5.1. ... ordentliche ... 5.2. ... außerordentliche ...
6. sachlichen .. unbefristeten .. ausgeschlossen ...
7. ... zwei ... ... vier ... ... Ende ... ...Quartals ...
8. - zum 19. August
9. - sieben Monate zum Monatsende
10. ... vier ... ... Eltern...
11. geeignet unpünktlich ..Auftrags ..Rationalisierungs

98

12. ... Betriebs ... ... Alter ...
13. ... Krankheit ... unzumutbar ... AIDS ... Sucht
14. ...los ... wichtiger ... unzumutbar ... letzte ...
15. ...-rund ... ... zwei ...
16. ... unwirksam ... ausreichend ... bildung ...
17. ... Arbeitsgericht ... ... weiter... ... Jugend...
18.1. ... Betriebsrats .2. Wehrdienst... Zivildienst .3. Schwerbehinderte . .4. Auszubildende
19. - innerhalb von drei Wochen

20.   Art ... Dauer ... Leistung ... wahr .. Tatsachen ...

21.   ... falsche ...   ... Wohlwollen ... .   .. überprüfen

20. a) ... überdurchschnittlich ... b) ... ausreichende ...

7. Jugendarbeitsschutz

101

1.   Erwachsene ... widerstandsfähig .. Belastungen

2.   ... geschützt ...   ... Reifung ...   ... Freiräume ...

3.   - durch das Jugendarbeitsschutzgesetz

4.   ... 15 ...   ... 15 ...   ... 18 ... ... endet ...
      ... beginnt   ... 18 ...   ... Erwachsenen...

5.   ... minder...   ... voll...   ... 15 ...   ... 18 ...

6.   - sie ist verboten

7.   ... 15 ...   ... 18 ...   ... Kinder ...   ... sieben ...

8.   Zeitungs.. privaten Haushalten .. Landwirtschaft

9.   ... Gefährdung ...   ... Überforderung ...
      ... gewerblichen Wirtschaft ...   ...zumut...

10.   ... Auszubildenden ...   ... Arbeitnehmer ...

11.   - aus dem Jahre 1976

102

12.   ... schützen ...   ... Freizeit ...

13.   - acht Stunden

14.   40 Stunden

15.   ... fünf ...   ... Anspruch ...   ... derselben ...

16.   ... sechs ... 20 ... Ausnahmen ... 23 ... ... 12 ...

17.   4,5 Stunden

18.   15 Minuten

19.   60 Minuten

20.   ... 30 ...   ... 27 ...

21.   25 Werktage

22.   ... Berufsschule ...   ... Arbeits... ... fünf ...

23.   ... Prüfungen ...   ... vor ...   ... Abschluss...

24.   - in den letzten drei Monaten des ersten
      Beschäftigungsjahres

25.   ... gefährlichen ...   ... Akkord...   ... Fließ...

26.   - das Gewerbeaufsichtsamt

8. Arbeitsplatzschutz • Mutterschutz • Schwerbehindertenschutz

105

1.   ... ihren Wehr- oder Zivildienst ableisten.

2.   - der Arbeitgeber

3.   ... Lohnfort... ... Arbeitsplatz ... ... Kündigung ...

4.   ... fünf ...   ... unverzüglich ... ... planen ...

5.   ... auf Schadensersatz verklagen.

6.   Er muss sich unverzüglich beim Arbeitgeber
      zurückmelden.

7.   ... Betriebsrats... angerechnet ... bevorzugt ...

8.   - ab 20 Arbeitsplätze

9.   Fünf

10.   1560 Euro (= 6 x 260 Euro)

11.   ...Vertrauens ...Betriebsrats ...Hauptfürsorge ...fristlos

106

12.   Sie sind auf Verlangen davon freizustellen.

13.   Sie haben Anspruch auf eine zusätzliche Woche Urlaub.

14.   ... Schwangerschaft ... Schäden ... Freizeit ...

15.   - ein Zeugnis eines Arztes

16.   - während der (gesamten) Schwangerschaft

17.   -bis vier oder bis 36 Monate (Elternzeit)

18.   - in den ersten 24 Monaten

19.   14 Wochen

20.   Acht Wochen

21.   Sechs Wochen

22.   ... behält ...   ... finanziell ...

23.1. - mit schweren körperlichen Arbeiten
23.2. - mit Akkordarbeiten

24.   - dem Gewerbeaufsichtsamt

25.   ... allgemeine ... Mutterschutz ... IX ...

9. Tarifpartner • Tarifautonomie • Tarifverhandlungen • Tarifverträge

109

1.   Löhne .. Tarif... Gewerkschaften .. Arbeitgeber

2.   ... Einmischung ... .. autonomie. ... unwirksam.

3.   - das Tarifvertragsgesetz

4.   ...verhandlungen ...   ... Ausgleich ...

5.   zugunsten ... Mitglieder ... Ungleichbehandlung

6.   - beim Bundesarbeitsministerium

7.   ... Industrie.. ... Beendigung ...   ... Urlaub ...

8.   ... gesetzlichen ...   ... Arbeits...

9.   ... Friedenspflicht   ... auszulegen

10.1. Lohntarifverträge   10.2. Manteltarifverträge

11.1. ... Berufsausbildung   11 2. ... Verantwortung
      für Personen   11.3. ... Belastung des
      Arbeitnehmers 11.4   seines Arbeitsplatzes

12.   ... 25 ...   ... Tarifvertrags...

10. Arbeitskampf

113

1.a) - ein Jahr   b) ... zwei und fünf

2.   Forderung ... Angebot ... Warn... Tarif...Schei-
      terns .. Schlichtungs... neuer Tarifvertrag

3.   ... Grund... ... Richter... ... Arbeitsrichtern ...

4.a) - in Schweden, Österreich b) - in Spanien und Italien

5.   ... Verfassung ...   ... Streik .... Aussperrung

6.   .. planmäßig durchgeführte Arbeitsniederlegung

7.   .. Wilden Streik ... Generalstreik ... Totale Streik

8.   ... Schwerpunktstreik ...   ... Warnstreik ...

9.   Dies ist Sache der Tarifpartner.

10.   Er kann sie fristlos entlassen.

11.   ... ruht ...   ... Lohn   ... Arbeitslosen...

114

12.   ... planmäßig durchgeführte Ausschließung
      mehrerer Arbeitnehmer ...

13.   ... Entlassung ...   ... Betriebsklima ...

14.   ... vernichten ...   ... begrenzt ...   ... 25 ...

15.   ... geheime ...   ... Nachdruck ..

16.   75 Prozent

17.2 ... Durchführung einer Urabstimmung   17.4.
      ... Urabstimmung   17.6. ..die Mitglieder

18.   .. mindestens 25 % der gewerkschaftlich orga-
      nisierten Arbeitnehmer zustimmen ...

19.   - in der Gewerkschaftssatzung

20.   Auf den Tarifbereich, in dem gestreikt werden soll.

21.1. - die Beamten   21.2. - die Soldaten

22.   ... Gleichbehandlungs...

Mitbestimmung

1. Betriebsverfassung • Betriebsrat • BR-Wahl

117

1.   - durch das Betriebsverfassungsgesetz

2.   ...BetrVG... ...Arbeitnehmern... ...AG... ...GmbH..

3.1. Jugendliche/Auszubildende 3.2. Beschäftigte

3.2. Einigungsstelle   3.4. Unternehmensleitung

4.1.   Pflichten ... .2. Zusammensetzung ... .3. Wahlen ... .4. Durchführungs... .5. ...wirkung ...
... bestimmung ... .6. Gewerkschaften

118

5.   - mehr als 20

6.   - sie dürfen teilnehmen

7.   - der Betriebsrat

8.   Die leitenden Angestellten, weil sie unternehmerische Aufgaben wahrnehmen.

9.   - den Sprecherausschuss

10.   - als Betriebsobmann

11.   Mitwirkungs... Jugend- u. Auszubild.vertretung

12.   ... März ...   ... Mai ...   vorschläge ...

13.   ... fünf...   ... drei ...

14.   ... mindestens 18 Jahre alt sind

15.   ... 18 ...   ... sechs ...   ... Recht ...

16.   ... seine Stimme persönlich abgeben.

17.   ... Wehrdienst... ... ausländische ... ... vergütet

18.   - der Arbeitgeber

19.1. - drei wahlberecht. Arbeitnehmer .2. - der Arbeitgeber .3. - eine im Betrieb vertretene Gewerkschaft

20.1. Arbeitsplatz- .2. Betriebs- .3. Unternehmensebene

2. Betriebsrat: Zusammensetzung und Tätigkeit

120

1.   ... wahlberechtigten Arbeitnehmer.

2.1.   ... die laufenden Geschäfte des Betriebsrats.
2.2. ... den Betriebsrat im Rahmen seiner
Beschlüsse.   2.3. ... die Betriebsratssitzung.

3.   Vier Jahre.

4.   ... Ehren... ... befreit ... ... außerhalb ...

5.   ... Sitzungen ... ... Schweige ... ... verletzt ...

6.1.   ... Betriebsversammlungen ...   6.2. ... mit dem
Arbeitgeber zusammen.

7.a)   Die Absetzung des Betriebsrats
b) beim Arbeitsgericht.

8.1.   Betriebsrat .2. Gewerkschaft .3. Arbeitgeber

9.   - vom Vorsitzenden

10.   - der Vertrauensmann

11.1. ... anwesenden Mitglieder.   11.2. ... abgelehnt.   11.3. ... die Hälfte des Betriebsrats

12.   ... Sprech...   ... Arbeitsentgelt ...

13.   - der Arbeitgeber

14.   ... Gesamt ...   ... einzelnen ...

3. Jugendvertretung • Zusammenwirken von Betriebs-
rat und Arbeitgeber • Betriebsversammlung

123

1.1.   ... fünf ...   1.2. ... Betriebsrat ...

2.   ... Arbeiter ...   ... Auszubildenden ...

3.   ... Betriebsangehörigen ...   ... Betriebsrat ...

4.   Zwei Jahre

5.   Keine, er bleibt bis zum Ende der Amtszeit.

6.   ... Anhörungs... ... Stimm...

7.   - ja, durch einen Vertreter

8.   ... Jugendlichen ...   ... eine ...

9.   - alle Jugend- und Auszubildendenvertreter

10.   ... Jugend... ... Anregungen ... ... Einberufung ..

11.   Nein, sie muss den Betriebsrat einschalten.

12.   ... Einigung ... ... Arbeits... ... nicht berührt

13.   ... Besprechung ...   ... Betriebs...

124

14.   ... parteipolitische ...   ...umwelt...

15.1. .politisch .2. Gewerkschaft .3. Arbeitgebers

16.   ... Gewerkschafts...   ... Betrieb ...

17.1. ... Arbeitgebers ...   17.2. ... Gewerkschaft ...
17.3. ... Arbeitsgericht ...

18.   ... Einigungs...   ... Betriebsrat ...

19.1. - die des Betriebes   .2. - die der betroffenen
Arbeitnehmer

20.   Versammlung d. Arbeitnehmer eines Betriebes.

21.1. ... Belegschaft ...   21.2. ... Arbeitgeber
21.3. ... Betriebs...   21.4. ... Beschlüsse ...

22.   - viertel...

23.   ... Beauftragte ...   ... parteipolitischen ...

4. Betriebsrat: Aufgaben und Beteiligungs-
rechte • Betriebsvereinbarungen

128

1.1.   ... Einhaltung ...   1.2. ... Eingliederung ...
1.3. ... Zusammenarbeit ...   1.4. ... älterer ...

2.   ... unterschiedlich ... Mitbestimmung ... Informations-

3.   ... abgestuften ...   ... wirtschaftlichen ...
... Anhörungs...   ... Vorschlags...

4.   generelles ... ... Zustimmung ... ... erzwingbaren

5.a)   ... Arbeits... Pausen ... Gleit... b) ... Urlaubs...
... Betriebs... Verhalten ... Auszahlung ...
... Akkord...   ... Sozial..   ... ausbildung

6.   - die Einigungsstelle

7.   ... Zuwendungen ... Verbesserungs... leitenden

8.   ... allgemeinen ... ... einzelnen ... ... Personal...

9.   ... Einstellungen ... ... Versetzung ... Kündigung

129

10.1. ...platzes ...   10.2. ... Eingruppierung
10.3. ... Arbeits...   10.4. ... Bewerbungs...

11.   - das Arbeitsgericht

12.1. ... Kündigungsfrist ...   12.2. ... weiterbeschäftigt

13.   ... Sozial...   ... 20 ...

14.   ... unterrichten ...   ... beraten
... Arbeits... ... Rationalisierungs...

15.   ... Art ... Preise ... Finanzierung ....Werbe...

16.   ... Tarif... gesetzliche ... Betriebsrat ...
... schriftlich ... unterschrieben ... auszulegen ...

17.1. ... Sonder... .2. Arbeitsunfällen ... .3. Vermögens... .4. Bargeld... .5. Akkord...

18.1. ... Rauch...   18.2. ... Schutzhelmen

19.   ... unmittelbar ... zwingend ... Betriebsrats ...

20.   Er hat das Recht, die über ihn geführte
Personalakte einzusehen.

Sozialversicherung

1. Soziale Absicherung • Geschichtliches •
Versicherungsarten

131

1.   ... unverschuldet ...   ... Solidargemeinschaft

2.   .... gestiegen ... gesunken ... mehr .. weniger ..

3.   ... erhöht ...   ... reduziert ...

4.   ... Abstiegs ... ... Einkommens ... ... frei ...
... Familienförderung ...

Sozialversicherung

5. Absicherung ... Sicherheits... unter . . ständig ..

6.1. - im Handwerk   6.2. - im Bergbau

7. Preußen

8.1. - einen starken Anstieg

  8.2. - die gesellschaftliche Entwurzelung

9. Otto von Bismarck

10.1. - die Krankenversicherung 1883

  10.2. - die Pflegeversicherung 1995

11.1. Kranken 11.2. Unfall 11.3. Renten

  11.4. Arbeitslosen 11.5. Pflege

12. ... private ... ...Unfall... ... Kranken...

  ... Renten... ... Berufsunfähigkeits...

2. Selbstverwaltung • Versicherungsprinzip • Beiträge

133

1. ... selbst ... Mitgestaltung ...

2.1. - die Vertreterversammlung. 2.2. - der Vorstand

3. Aus den Vertretern der Versicherten und den Vertretern der Arbeitnehmer

4. ... Arbeitgeber ... ... gleicher ... ... frei ...

5. - alle sechs Jahre

6. - die Vertreterversammlung

7.1. über Satzung/Satzungsänderungen .2. den Finanzhaushalt .3. die Mitglieder des Vorstands

8. - durch die Zwangsmitgliedschaft

9. - durch die Versicherten und die Arbeitgeber

10. - nach der Einkommenshöhe

11. ... Einnahmen ... ... Inanspruchnahme ...

12. ...aufkommen Rücklagen ... senken ... erhöhen

13.1. Krankenversicherung .2. Pflegeversicherung

  .3. Rentenversicherung .4. Arbeitslosenversicherung

14. ...50 Prozent...

15. ... Unfall... ... 100 %

3. Gesetzliche Kranken- u. Pflegeversicherung

137

1. 18,3 Prozent

2. 1.793 Euro. (= 2.220 + 140 - 452 - 115)

3. 904 Euro (= 452 × 2)

4. - an die Krankenkasse

5. Kranken-, Renten-, Arbeitslosen-, Pflegeversicherung

6. ... Zwangs... Familie ... ... ersten Tag der Mitgliedschaft an. ... Vorsorge

7. Arzt ... Verbands... Begrenzung ... Kranken..

8. ..siebten... ... 90 ... ...Arbeitslosen...

9.1. Familien... 9.2. Mutterschafts..

10. ... Rentner ... Studenten ... 46.800 ... privat ...

11. ...bemessungsgrenze

12. ... Wettbewerb ... ... drei ... ... privat ....

13. - bis zu 400 Euro

14. 100 Euro (25 % von 400)

15. ... Ersatz... ... frei ...

138

16. ... gleichen ... sechs ... siebten ...

17. ... 30 ... ... 30 ...

18. ... Verwaltungs...

19. gesetzlich ... Krankenhaus... höchsten ... 10 ...

20. Kuren 10 häusliche Kranken... ... Sehhilfen... ... Zahnersatz ...

21. ... 5 ... 10 ... Vorsorgeuntersuchungen 10

22. Sie darf ihm nicht vorschreiben, welches Krankenhaus er aufsuchen muss.

23. ... frei ...

24. ... Pflege... rund um die Uhr ... zeitweise ...

25. ... zwei Drittel ... ambulanter ... ein Drittel ...

26. Alle in der gesetzlichen KV Pflichtversicherten.

27. ... Medizinischen Dienst ... Pflegestufe

28. ... 0,35 ... 0,25 ...

4. Gesetzliche Unfallversicherung

1. ... Verhütung ... ... finanziell ..

2. ...genossenschafter

3. ... Arbeitnehmer... . Schüler ... ... Studenten ...

4. ... Schule ... den Staat ...

5.1. Arbeits... 5.2. Wege... 5.3. Berufs...

6. ... Wohnung ... ... kürzeste ..

7. ... gesundheits... ... Staub... ... Haut..

8. ... Gehör... ... Fahrlässigkeit ...... Gewalt . .

9. ... Hause ... ... Reifen...

10. ... UVV ... ... überwachen ... ... Geldbußen ..

11. ... Heilbehandlung ... ... Arbeitsfähigkeit

12. ... Verletzten... Arbeitsleben ... Umschulungs..

13. ... Erwerbs... ... Grad ... - bis 40 %

14. - auf $1/7$

15. - binnen drei Tagen

5. Gesetzliche Rentenversicherung

143

1. ... Familien ... Minderung ... ... Alter . . .. Tod

2. Deutsche Rentenversicherung

3. ... Arbeitnehmer ... ... freiwillig ...

4. ...Hälfte... allein ... Zuschüsse ... VI ...

5. - der Bundestag

6. ... Brutto... ... 5.200 ...

7. ... Rente ... ... Aufgaben ...

8. ... Erwerbs ... ... Beratung ...

9. ... Erwerbsminderungs... ...Hinterbliebenenrente

10. Fünf Jahre

11. ... 63. ... 60. ... flexibel ... 3,6 ...

12. ... Beitrags... ... Durchschnitts... ... aller ...

13. ... angepasst ... verzögert

14. ... private ... ... staatlich ... ... Arbeitnehmer ..

6. Arbeitslosenversicherung

147

1.1. ... Arbeits- und Ausbildungsverhältnisse

  1.2. ... der Arbeitslosigkeit

2. ... Beschäftigung ... ... Bevölkerung ... ... Bundesagentur für Arbeit ...

3. ...geringfügige ...Auszubildenden ...65 ...Hausfrauen

4.a) - die Hälfte   b) ... Brutto...

5.1. Beschäftigung ... Mobilitäts.. .2. selbstständigen Tätigkeit .3. ausbildung .4. Weiterbildung .5. behinderter Menschen ...

6. ... persönlich ... beantragen ... Wohnsitz ..

7. - ab dem 3. Juli

8. ... Vermittlung ... ... 12 ... ... zumutbare ..

9.1. ... Vermögens... 9.2. ... ständig..

10. ... die Arbeitsagentur um Bestätigung ersuchen

11. Er hat Anspruch auf ALG.

12. ... Zusammenfassung... ... Verbesserung ...

13. ... Sozialversicherungsausweis ... illegalen ...

14. Ja, die Minderung ist mit 16,7 % zumutbar

148 15. ...gesperrt... ...12... ...12...

16. ... beitrags... ... Alter ... ... 36 ...   ... sechs ...

17.1. ... sechs ... Arbeitslosen... 17.2. ... Kranken...

18. - die Bundesagentur für Arbeit

19.1. ... Verdienstes .2. ... ein Kind ... .3. Steuer...

20. ... 50 ...   ... erreichbaren Tariflohns

21. ... 60 ...   ... 67 ...

22. ... Grundsicherung ...

23. ...bedürftig ... ... Bedarfs...   ... Vermögen ...

24. ... Steuer....   ... sechs ...   ... Voraus ...

25. ... einen Antrag stellt

26. ... Agentur für Arbeit... Arbeitsgemeinschaften ...

Arbeits- und Sozialgerichtsbarkeit

1. ... nur dem Gesetz unterworfen

152 2. ... Berufs...   ... ehrenamtliche ...

3. ... 25. ... ... Arbeitnehmer ...   ... Arbeitgeber ...

4. - dieselben Befugnisse (wie ein Berufsrichter)

5. - der Staat

6. ... ersten ... zweiten ... Bundesarbeitsgericht ...

7. ... zwei ... ... Landes... ... zwei ... zwei ...

8.1. ...sind niedriger.   8.2. ... werden nicht
erhoben.   8.3. ... nicht erstattet

9.1.. ... Arbeitnehmern ... Arbeitgebern ....2. ... Tarifvertrags... .3. ... Betriebsrat ... .4. ... Arbeits

10.1. ... Arbeiter ...   ... Angestellte ...
10.2. ... Berufsausbildung ...   10.3. ... Heim...

11. ... Beklagten

12. ... gütlichen ...   ... Güte...

13. ... Schieds ...   ... Auszubildender ...

153   ... Ausbildenden ...   ... Kammer

14. Schriftlich oder mündlich

15. ... Fachanwalt ... ... Beistand ... ... muss ...

16. ... Bundessozial ...   ... fehlerhaften ...

17. ... drei ... ... Arbeitnehmer ...revision ... gleiche ...

18. ... drei ...   ... Sozial...   ... förderung ...

19. ... Kassel   ... 1953

20. ... Renten... ... Kranken...   ... Pflege ...
... Entschädigung ...   ... Transfer...

21. - ein Widerspruchsverfahren

22. ... Widerspruch einlegen

23. ... Beteiligten ...   ... Amts ...
rechtliches ...   ... Akteneinsicht ...

24. ... Arbeitslosen...   ... Renten...   ...
Zusammenhang ...

Gründung einer Unternehmung

1. ... wohl überlegt und sorgfältig geplant sind

157 2. ... Konzept ...   ... Ziel...

3. ... Kunden... ...kosten ...   ...anbindung ...
... behördlichen ...

4. ... behördlichen Auflagen ... Standortkosten ...

... Kompromiss.

5. ... selbstständig ... persönliche ... fachliche ...

6. ... Meisterbrief ... Eintrag in die Handwerksrolle

7. ... ohne Meisterbrief ...

8. ... die Meisterprüfung ... Gesellen ...
... sechs Jahre Berufspraxis ...

9. ... Techniker ...   ...Ingenieure ...   ... gleich...

10.1. - die Kammern   10.2. - das Bundesministerium für Wirtschaft und Arbeit sowie zuständige
Stellen in den Bundesländern

11. ... Rechtsanwälte ... Notare ... Steuer...
... Buchaltung ... Finanz... planungen ...

12. - beim zuständigen Gewerbeamt

13. - ein Personalausweis (Pass)

14. ... Finanzamt ... Berufsgenossenschaft ...
... Krankenkassen ... Versorgungs...
... Betriebsgenehmigungen

15. ... Förderprogramme ... staatlicher Seite ...
... vor ...   ... langfristigen Kapital...

16.1. Eigenkapitalhilfe... .2. Existenzgründungs...

17.1. ermäßigte Zinssätze   17.2. tligungsfreie ...
17.3. ... Sicherheiten

18. ... Geber ... Nehmer ... Marke ... Marketing ...
... Gebiets...

19. ... Markt... Kalkulations... Werbung ...
... Fortbildung ... enge ... geringe

20. ... GbR ... BGB ... geringen ... einzelnen
Gesellschaftern ... gemeinschaftliche ...
... gemeinschaftlich ... Gesamt...

21. ... Computer-Laden ...

22. ... Leasing ... Miet... erwerben ... Fahrzeuge ...

23. ...raten ... Eigen... Wartungs..
... neueste Technik ...

Abschließende Hinweise zu den Lösungen:

Sinngemäß richtig gegebene Antworten sind – abwei-
chend von den obigen Lösungen – ausdrücklich als
richtig zu bewerten. Das gilt nicht für Fachbegriffe.

Da das erste Durcharbeiten ohnehin in enger Anleh-
nung an den vorgegebenen Text erfolgt, wird dieser
Bewertungsgesichtspunkt besonders für das wieder-
holte Durcharbeiten des Stoffes Bedeutung erlangen.

Die Nutzung des Lösungsteils sollte diszipliniert erfolgen. Es empfiehlt sich, erst **nach** dem Durcharbeiten
eines Kapitels im Lösungsteil nachzuschlagen, mag
der Wissensdrang auch noch so groß sein. Haben Sie
deshalb ruhig „Mut zur Lücke".

Beim Einsatz dieses Prüfungsbuches im Unterricht
oder bei der betrieblichen Unterweisung entscheidet
der Lehrer/Ausbilder, ob und wie der Lösungsteil eingesetzt wird. Jedenfalls hat sich ein Erarbeiten des Stoffes „von den Lösungen her" mit Blick auf den begehr-
ten Prüfungserfolg als weniger effektiv erwiesen.

158

Musterprüfung

1 Wer stellt nach dem Berufsbildungsgesetz fest, welcher Betrieb ausbilden darf?

① Die Kammer (Industrie- und Handelskammer, Handwerkskammer, …)
② Der Deutsche Gewerkschaftsbund
③ Der Arbeitgeberverband
④ Das Arbeitsamt
⑤ Die Berufsgenossenschaft

2 Was ist in einer Ausbildungsordnung enthalten?

① Angaben über die Höhe der Ausbildungsvergütung
② Planungshilfen in Bezug auf die Urlaubsdauer der Auszubildenden
③ Richtlinien für die Anpassung des Berufsschulunterrichts an den betrieblichen Ausbildungsplan
④ Bestimmungen über die Dauer der überbetrieblichen Ausbildung
⑤ Bestimmungen über Kenntnisse, Fertigkeiten und Fähigkeiten, die während der Ausbildung zu vermitteln sind

3 Welche der folgenden Behauptungen über Industriebetriebe sind richtig?

① Industriebetriebe brauchen in der Regel keine Werbung zu betreiben.
② Industriebetriebe fertigen meist in Einzelfertigung.
③ In Industriebetrieben ist der Einfluss der Gewerkschaft gering.
④ Der Kapitalbedarf von Industriebetrieben ist groß.
⑤ In Industriebetrieben spielen stets die Lohnkosten die entscheidende Rolle.

4 Was wird durch Rationalisierung der Fertigung meist erreicht?

Eine Verringerung

① der Produktivität
② des Kapitaleinsatzes
③ der nervlichen Beanspruchung der Arbeitnehmer
④ der Schichtarbeit
⑤ des Anteils der Lohnkosten an den Produktionskosten

5 Was ist die wesentlichste Voraussetzung für die Rentabilität einer Unternehmung?

① die Steigerung des Umsatzes
② die Steigerung der Produktivität
③ das Erwirtschaften eines Gewinns
④ die Vergrößerung der Belegschaft
⑤ eine ständige Rationalisierung der Fertigung und der Verwaltung

6 Welche Aussage über den Zusammenhang von Produktivität, Wirtschaftlichkeit und Rentabilität ist richtig?

① Ein Betrieb mit geringer Produktivität kann trotzdem eine hohe Rentabilität aufweisen.
② Ein Betrieb mit hoher Produktivität arbeitet stets auch rentabel.
③ In einem Betrieb mit hoher Produktivität ist immer auch die Wirtschaftlichkeit groß.
④ In einem wirtschaftlich gut arbeitenden Betrieb ist die Rentabilität meist gering.
⑤ Die Ursache für einen unwirtschaftlich arbeitenden Betrieb ist immer eine geringe Produktivität.

7 Wie ist die Haftung bei der Kommanditgesellschaft geregelt?

① Der Kommanditist ist Vollhafter, der Komplementär Teilhafter.
② Der Kommanditist und der Komplementär sind Vollhafter.
③ Der Komplementär und der Kommanditist sind Teilhafter.
④ Der Komplementär ist Vollhafter, der Kommanditist haftet nicht.
⑤ Der Komplementär ist Vollhafter, der Kommanditist ist Teilhafter.

8 Für welche Unternehmensform gilt für die Gesellschafter der Grundsatz „gleiche Rechte, gleiche Pflichten"?

Für die

① Aktiengesellschaft
② offene Handelsgesellschaft
③ Kommanditgesellschaft
④ Gesellschaft mit beschränkter Haftung
⑤ Genossenschaft

9 Welche Aufgabe hat unter anderem der Aufsichtsrat einer Aktiengesellschaft?

① Er ernennt den Vorstand und kontrolliert ihn.
② Er führt die Geschäfte der Unternehmung.
③ Er beruft die Hauptversammlung der Aktionäre ein.
④ Er verhandelt mit dem Betriebsrat über soziale Maßnahmen in der Unternehmung.
⑤ Er schließt mit dem Betriebsrat Betriebsvereinbarungen ab.

10 Welche Aussage über die Interessenverbände der Arbeitgeber und der Arbeitnehmer ist richtig?

① Sie unterstehen der Aufsicht des Bundeswirtschaftsministeriums.
② Sie werden weitgehend durch Mittel aus dem Bundeshaushalt finanziert.
③ Sie müssen über ihre finanziellen Mittel öffentlich Rechenschaft ablegen.
④ Sie können bei der Vorbereitung von Gesetzen durch Stellungnahmen und Vorschläge mitwirken.
⑤ Sie sind in ihren Aussagen und in ihrem Handeln dem ganzen Volk gegenüber verantwortlich.

11 Ein Unternehmen ist Mitglied im Arbeitgeberverband. Welche Verpflichtung ergibt sich unter anderem daraus?

① Lohnabrechnungen müssen beim Verband geprüft werden.
② Das Unternehmen darf höchstens Tariflöhne zahlen.
③ Das Unternehmen muss mindestens Tariflöhne zahlen.
④ Das Unternehmen nimmt direkt an Tarifverhandlungen teil.
⑤ Das Unternehmen darf sich nicht an Aussperrungen beteiligen.

12 Welche Unterlagen müssen Sie in jedem Fall bei Antritt einer neuen Stelle dem Arbeitgeber vorlegen?

① Schulzeugnis
② Personalausweis
③ Reisepass
④ Lohnsteuerkarte
⑤ Geburtsschein

13 Ein Arbeitnehmer erkrankt während seines Urlaubs. Welche Aussage ist richtig?

① Die Tage der Arbeitsunfähigkeit werden zur Hälfte auf den Jahresurlaub angerechnet.

② Die Tage der Arbeitsunfähigkeit werden voll auf den Jahresurlaub angerechnet.

③ Werden die Tage der Arbeitsunfähigkeit ärztlich nachgewiesen, so erfolgt keine Anrechnung auf den Jahresurlaub.

④ Die Arbeitsunfähigkeit wird nur dann angerechnet, wenn die Erkrankung in Deutschland auftrat.

⑤ Die Tage der Arbeitsunfähigkeit werden nur bei Krankenhausaufenthalt nicht angerechnet.

14 Eine fristlose Kündigung kann ausgesprochen werden:

① bei gelegentlichen Verspätungen

② bei Diebstahl unter Arbeitskollegen

③ wenn man sich beim Meister beschwert

④ wenn die Mittagspause einmal überzogen wird

⑤ wenn man längere Zeit krank ist

15 Tarifautonomie bedeutet:

① Mitbestimmung im Betrieb

② Recht der Tarifpartner, in eigener Verantwortung und unabhängig vom Staat Arbeitsbedingungen zu regeln

③ Selbstständigkeit der Arbeitsagenturen

④ wirtschaftliche Gleichberechtigung von Mann und Frau

⑤ eine Handelsbeschränkung

16 Welche Leistungen gewähren die Gewerkschaften ihren Mitgliedern **nicht**?

① Unterstützungsleistungen bei Streiks

② Rechtsschutz bei Streitigkeiten aus dem Arbeitsverhältnis

③ finanzielle Unterstützung bei Betriebsunfällen

④ Bildungsmaßnahmen für Jugendliche

⑤ Vertretung vor dem Arbeitsgericht

17 Welche Interessenorganisation gehört dem Deutschen Gewerkschaftsbund (DGB) an?

① Deutscher Beamtenbund

② Vereinigte Dienstleistungsgewerkschaft

③ Deutsche Angestelltengewerkschaft

④ Bundeswehrverband

⑤ Verband der Lehrer an beruflichen Schulen

18 Was versteht man im Tarifrecht unter „Friedenspflicht"?

① Ein gutes Betriebsklima

② Kein Arbeitskampf gegen den geltenden Tarifvertrag

③ Anerkennung der Rechte des Arbeitnehmers

④ Kündigungsschutz für Betriebsratsmitglieder

⑤ Zusammenarbeit zwischen Arbeitgebern und Arbeitnehmern

19 In welchem der folgenden Fälle spricht man von einem wilden Streik?

① Die Tarifverhandlungen werden von der Gewerkschaft als gescheitert erklärt.

② Die Arbeitgeber lehnen das 13. Monatsgehalt ganz entschieden ab.

③ Die Geschäftsleitung verweigert die vom Betriebsrat geforderte Teuerungszulage; darauf hin wird die Arbeit spontan niedergelegt.

④ Handgemenge zwischen Arbeitswilligen und Streikposten.

⑤ Wer nicht zur Arbeit erscheint, wird entlassen.

20 Welches Recht hat unter anderem der Betriebsrat?

Er

① wählt die Jugendvertretung.

② beschließt die Stilllegung des Betriebes.

③ kann Mitarbeiter des Betriebes entlassen.

④ wählt den Aufsichtsrat.

⑤ erzwingt bezüglich der Betriebsordnung eine Neuverhandlung mit dem Arbeitgeber.

21 Welche Arbeitnehmer sind berechtigt, bei der Wahl des Betriebsrates teilzunehmen?

① Alle

② Arbeitnehmer deutschen Arbeitnehmer

③ Arbeitnehmer, die mindestens ein Jahr im Betrieb sind

④ Arbeitnehmer mit abgeschlossener Berufsausbildung

⑤ Arbeitnehmer, die das 18. Lebensjahr vollendet haben

22 Wie lange dauert die regelmäßige Amtszeit des Betriebsrates?

① 1 Jahr

② 2 Jahre

③ 3 Jahre

④ 4 Jahre

⑤ 5 Jahre

23 In welchem Gesetz ist die betriebliche Mitbestimmung der Arbeitnehmer geregelt?

Im

① Sozialgesetzbuch

② Grundgesetz

③ Betriebsverfassungsgesetz

④ Tarifvertragsgesetz

⑤ Bürgerlichen Gesetzbuch

24 Was gehört unter anderem zu den Voraussetzungen für die Wählbarkeit in den Betriebsrat?

① Mitgliedschaft in einer Gewerkschaft

② mindestens sechs Monate Betriebszugehörigkeit

③ mindestens 16 Jahre alt

④ mindestens ein Jahr im Betrieb

⑤ deutsche Staatsangehörigkeit

25 Prinzip der Sozialversicherung ist das so genannte Solidaritätsprinzip. Was meint dieser Grundsatz?

① Jeder muss sich zusätzlich selbst versichern.
② Die Versicherten finanzieren gemeinsam Risiken, unabhängig von der eigenen Inanspruchnahme.
③ Arbeitgeber und Arbeitnehmer teilen sich die Beitragsleistungen.
④ Die Beiträge für die Sozialversicherung sind für alle Versicherten gleich hoch.
⑤ Eigennutz geht vor Gemeinnutz.

26 Träger der gesetzlichen Unfallversicherung ist

① die Bundesanstalt für Arbeit.
② das Bundesministerium für Wirtschaft und Arbeit.
③ die Krankenkasse.
④ die Berufsgenossenschaft.
⑤ die Personalserviceagentur.

27 Welche Leistung erbringt die gesetzliche Rentenversicherung **nicht**?

① Zahlung einer Rente wegen verminderter Erwerbsfähigkeit
② Kur zur Sicherung der Erwerbsfähigkeit
③ Beihilfezahlungen, wenn noch kein Anspruch auf Leistungen aus der Unfallversicherung besteht
④ Hinterbliebenenrente
⑤ Altersruhegeld bei Erreichen der gesetzlichen Altersgrenze

28 Wonach richtet sich die Beitragshöhe bei der Kranken- und Pflegeversicherung?

Nach dem

① Nettoverdienst des Arbeitnehmers
② Bruttoverdienst des Arbeitnehmers
③ Lebensalter des Arbeitnehmers
④ Nettoverdienst und dem Lebensalter
⑤ Bruttoverdienst und dem Lebensalter

29 Welches Gericht ist für Streitigkeiten aus dem Arbeitsvertrag zuständig?

① Landesgericht
② Amtsgericht
③ Arbeitsgericht
④ Jugendgericht
⑤ Bundesgerichtshof

30 Wonach richtet sich die Höhe des Arbeitslosengeldes?

① nach den insgesamt entrichteten Beiträgen
② nach den insgesamt entrichteten Beiträgen und nach dem Lebensalter
③ nach dem vorherigen versicherungspflichtigen Arbeitsentgelt, dem Vorhandensein eines Kindes und der zu berücksichtigenden Steuerklasse
④ nach dem Lebensalter und nach der Anzahl der Familienangehörigen
⑤ nach der Anzahl der Beitragsjahre

Auszug aus dem Betriebsverfassungsgesetz

§ 102 Mitbestimmung bei Kündigungen

(1) Der Betriebsrat ist vor jeder Kündigung zu hören. Der Arbeitgeber hat ihm die Gründe für die Kündigung mitzuteilen. Eine ohne Anhörung des Betriebsrats ausgesprochene Kündigung ist unwirksam.

(3) Der Betriebsrat kann [...] der ordentlichen Kündigung widersprechen, wenn

1. der Arbeitgeber bei der Auswahl des zu kündigenden Arbeitnehmers soziale Gesichtspunkte nicht oder nicht ausreichend berücksichtigt hat, ...

2. ...

3. der zu kündigende Arbeitnehmer an einem anderen Arbeitsplatz im selben Betrieb oder in einem anderen Betrieb des Unternehmens weiterbeschäftigt werden kann, ...

Auszüge aus dem Bundesurlaubsgesetz

§ 1 (Urlaubsanspruch) Jeder Arbeitnehmer hat in jedem Kalenderjahr Anspruch auf bezahlten Erholungsurlaub.

§ 3 (Dauer des Urlaubs) (1) Der Urlaub beträgt jährlich mindestens 24 Werktage.

(2) Als Werktage gelten alle Kalendertage, die nicht Sonn- oder gesetzliche Feiertage sind.

§ 4 (Wartezeit) Der volle Urlaubsanspruch wird erstmalig nach sechsmonatigem Bestehen des Arbeitsverhältnisses erworben.

Auszüge aus dem Kündigungsschutzgesetz

§ 1 Sozial ungerechtfertigte Kündigungen

(1) Die Kündigung des Arbeitsverhältnisses gegenüber einem Arbeitnehmer, dessen Arbeitsverhältnis in demselben Betrieb oder Unternehmen ohne Unterbrechung länger als sechs Monate bestanden hat, ist rechtsunwirksam, wenn sie sozial ungerechtfertigt ist.

§ 23 Geltungsbereich

(1) [ ] Die Vorschriften [...] gelten [...] nicht für Betriebe und Verwaltungen, in denen in der Regel fünf oder weniger Arbeitnehmer [...] beschäftigt werden.

Anmerkung: Für neu eingestellte Arbeitnehmer erhöht sich die Grenze seit dem 01. 01. 2004 auf zehn oder weniger Arbeitnehmer.

171

Aufgabe 1-30: Jede Aufgabe hat nur eine Lösung!

	1	2	3	4	5	6	7	8	9	10	11	12	13	14	15	16	17	18	19	20	21	22	23	24	25	26	27	28	29	30
1	○	○	○	○	○	○	○	○	○	○	○	○	○	○	○	○	○	○	○	○	○	○	○	○	○	○	○	○	○	○
2	○	○	○	○	○	○	○	○	○	○	○	○	○	○	○	○	○	○	○	○	○	○	○	○	○	○	○	○	○	○
3	○	○	○	○	○	○	○	○	○	○	○	○	○	○	○	○	○	○	○	○	○	○	○	○	○	○	○	○	○	○
4	○	○	○	○	○	○	○	○	○	○	○	○	○	○	○	○	○	○	○	○	○	○	○	○	○	○	○	○	○	○
5	○	○	○	○	○	○	○	○	○	○	○	○	○	○	○	○	○	○	○	○	○	○	○	○	○	○	○	○	○	○

U1. In der Bundesrepublik Deutschland wird hauptsächlich nach dem dualen Ausbildungssystem ausgebildet.
   a) Welche Aufgaben fallen danach dem Ausbildungsbetrieb und der Berufsschule zu?
   b) Nennen Sie einen Vorteil des dualen Systems.

....

....

....

....

U2. In der Wirtschaftspolitik wird hin und wieder diskutiert, ob öffentliche Unternehmen privatisiert werden sollten, da ihre Dienste zum Teil von privaten Unternehmen billiger angeboten werden können.
   a) Nennen Sie zwei unterschiedliche Ziele privater und öffentlicher Unternehmen?
   b) Erklären Sie am Beispiel der Deutschen Post AG, warum der Verbraucher sowohl ein Interesse an privaten als auch an öffentlichen Anbietern haben kann.

....

....

....

....

U3. In einem Großbetrieb kündigt die Geschäftsleitung einem Mitarbeiter fristgerecht ohne den Betriebsrat zu informieren. Überprüfen Sie mit Hilfe der Auszüge aus dem Betriebsverfassungsgesetz auf Seite 171, ob diese Maßnahme – so wie getroffen – wirksam ist (Begründung) und nennen Sie einen triftigen Grund für einen möglichen Widerspruch des Betriebsrats.

....

....

....

....

U4. Manfred Schroers hat vor seinen Jahresurlaub von - wie er meint - fünf Wochen (25 Arbeitstage) anzutreten, nachdem er gut vier Monate im neuen Betrieb beschäftigt ist. Vorsorglich fragt er seine Kollegin Martina Baur. Die meint, das ginge erst nach einem dreiviertel Jahr. Überprüfen Sie diese Schilderung und stellen Sie anhand der Auszüge aus dem Bundesurlaubsgesetz auf Seite 171 nicht Zutreffendes richtig.

....

....

....

....

U5. Bert Roloff (30), kinderlos, verdient monatlich 2.275,- Euro. Neben Lohn- und Kirchensteuer werden auch Sozialversicherungsbeiträge erhoben. Für welche Zweige der Sozialversicherung muss Herr Roloff Beiträge zahlen und für welchen Zweig muss er einen erhöhten Beitrag entrichten?

....

....

....

U6. Vom grundsätzlichen Verbot der Kinderarbeit gibt es gemäß der Kinderarbeitsschutzverordnung Ausnahmen. Nenne zwei solcher Tätigkeiten und die Bereiche, in denen die Beschäftigung von Kindern ab 13 und vollzeitschulpflichtiger Jugendlicher erlaubt ist.

....

....

....

1 In welchem Gesetzeswerk wird die Freiheit der Berufswahl garantiert?

Im

A Berufsbildungsgesetz
B Jugendarbeitsschutzgesetz
C Grundgesetz
D Sozialgesetzbuch

2 Welche Eigenschaft charakterisiert wirtschaftliche Güter?

A Sie sind im Überfluss vorhanden.
B Sie sind knapp.
C Man muss sie nicht herstellen.
D Der Staat bestimmt über ihren Verkauf.

3 Welches Unternehmen kann seinen Standort frei bestimmen?

A eine Schiffswerft
B ein Steinbruch
C ein Wasserkraftwerk
D eine Geschäftsbank

4 Was ist eine Aktie?

A die Gewinnbeteiligung an einer Aktiengesellschaft
B der Anteil am Gesamtumsatz eines Unternehmens
C der Anteil am Grundkapital einer Aktiengesellschaft
D das Sparguthaben bei einer Aktiengesellschaft

5 Wer zahlt bei Arbeitslosigkeit das Arbeitslosengeld?

A die Arbeitsagentur
B das Sozialamt
C das Finanzamt
D die Krankenkasse

6 Wer überwacht die gesetzlichen Arbeitsschutzbestimmungen **nicht**?

Die

A Berufsgenossenschaften
B Arbeitsschutzämter
C Kammern
D Gewerbeaufsichtsämter

7 Welche gesetzliche Sozialversicherung leistet bei berufsbedingter Hauterkrankung?

Die

A Rentenversicherung
B Krankenversicherung
C Unfallversicherung
D Arbeitslosenversicherung

8 Bis zu welchem Alter ist man laut Jugendarbeitsschutzgesetz noch Kind?

Bis zum

A 13. Geburtstag
B 14. Geburtstag
C 15. Geburtstag
D 16. Geburtstag.

9 Welche Ruhezeit schreibt das Jugendarbeitsschutzgesetz vor?

A 10 Stunden
B 11 Stunden
C 12 Stunden
D 13 Stunden.

10 Wonach richtet sich der Urlaubsanspruch eines jugendlichen Arbeitnehmers?

Nach dem

A Jugendarbeitsschutzgesetz
B Manteltarifvertrag
C Bundesurlaubsgesetz
D Berufsbildungsgesetz

11 Wer schließt Tarifverträge ab?

A das Sozialministerium mit den Gewerkschaften
B das Arbeitsministerium mit den Sozialpartnern
C die Handwerkskammer und die Innungen
D die Vertreter von Arbeitnehmern und Arbeitgebern

12 In welchem Fall ist das Arbeitsgericht zuständig?

A Ein arbeitsloser Vater zahlt keinen Kindesunterhalt.
B Der Betrieb ist mit dem was die Berufsschule vermittelt nicht einverstanden.
C Eine Kündigungsschutzklage wird eingereicht.
D Ein Arbeitnehmer klagt auf höheres Arbeitslosengeld II.

13 Wann kann ein Arbeitnehmer fristlos entlassen werden?

Bei

A Arbeitsmangel
B beharrlicher Arbeitsverweigerung
C Tod des Arbeitgebers
D Verkauf des Betriebes

14 Was vermag die Jugendarbeitslosigkeit in besonderem Maße zu mindern?

Die

A Erhöhung der Ausbildungsvergütung
B Schaffung einer qualifizierten Grundausbildung
C Heraufsetzung des Rentenalters
D Herabsetzung der Prüfungsanforderungen

15 Wie lange hat ein Geselle im Falle unverschuldeter Arbeitsunfähigkeit Anspruch auf Lohnfortzahlung?

A 6 Wochen
B 12 Wochen
C 8 Wochen
D 3 Wochen

16 In welchem Fall handelt es sich um eine Leistung des Arbeitgebers, die gesetzlich vorgeschrieben ist?

A Übernahme der Fahrtkosten zur Arbeitsstelle
B Abführen der Sozialversicherungsbeiträge
C Bereitstellung von allgemeiner Arbeitskleidung
D Kostenübernahme für Betriebsausflüge

17 Wer finanziert die gesetzliche Unfallversicherung?

A der Unternehmer
B der Arbeitnehmer
C Arbeitnehmer und Arbeitgeber
D die Krankenversicherung

18 Wer zahlt die Beiträge zur gesetzlichen Rentenversicherung?

A der Arbeitgeber
B der Arbeitnehmer
C je zur Hälfte der Arbeitnehmer und der Arbeitgeber
D je zur Hälfte der Staat und der Arbeitgeber

19 Wann kann man in einer Unternehmung einen Betriebsrat einrichten oder einen Betriebsobmann wählen?

A wenn die Gewerkschaft zustimmt
B bei mindestens 10 stimmberechtigten Arbeitnehmern
C bei mindestens fünf Arbeitnehmern, die mindestens 18 Jahre alt sind
D bei mindestens 15 Arbeitnehmern

20 Welches Gericht ist bei der Anfechtung einer Abmahnung durch den Arbeitgeber zuständig?

Das

A Sozialgericht
B Landgericht
C Amtsgericht
D Arbeitsgericht

21 Welcher Verband vertritt die Interessen der Arbeitnehmer?

A der Zentralverband des deutschen Handwerks
B die Gewerkschaft
C der Bundesverband der deutschen Industrie
D der Arbeitgeberverband

22 Welches Ziel eines Betriebsgründers verspricht wenig Erfolg?

A den unternehmerischen Tatendrang befriedigen
B mehr andere für sich arbeiten lassen
C nde eigene Unternehmensidee verwirklichen
D mehr berufliche Selbstverantwortung anstreben

23 Was charakterisiert den Handwerksbetrieb in der Regel **nicht**?

A Die Kunden sind meist in der Nähe des Betriebsstandortes.
B Die Lohnkosten spielen die größte Rolle.
C Die Auftragsfertigung überwiegt.
D Es wird zumeist auf Lager gefertigt.

24 Wie definiert man den Begriff „Markt" richtig?

A Auf dem Beschaffungsmarkt erwirbt der Betrieb Personal, Maschinen und Material.
B Seine Produkte bietet der Betrieb auf dem Absatzmarkt an.
C Markt ist der Ort, an dem Haushalte nach Sachgütern nachfragen.
D Markt ist der Ort des regelmäßigen Zusammentreffens von Angebot und Nachfrage.

25 Welche Abkürzung stellt eine reine Personengesellschaft dar?

A KG
B AG
C GmbH & Co KG
D GmbH

26 Was versteht man unter „Bruttolohn"?

A Arbeitsentgelt des Arbeitnehmers vor Abzug der gesetzlichen Abgaben
B der Lohn, der dem Arbeitnehmer ausbezahlt wird
C die Entlohnung nach geleisteter Arbeit
D der Lohn, der von der Gewerkschaft ausgehandelt wird

27 Wer ist für die Gesetzgebung im Schulbereich zuständig?

A die Bundesländer
B das Bundesministerium für Bildung und Wissenschaft
C der Bundestag
D der Bundesrat

28 Zu welchem Zweck werden im Regelfall Betriebe gegründet?

Zur
A Produktion von Gütern
B Schaffung von Arbeitsplätzen
C Erzielung von Gewinn
D Steigerung des Bruttosozialprodukts

29 Welches Gesetz regelt die Beschäftigung von Kindern und Jugendlichen?

A das Arbeitszeitgesetz (ArbZG)
B das Berufsbildungsgesetz (BBiG)
C das Gesetz zum Schutz der arbeitenden Jugend (JArbSchG)
D die Kinderarbeitsschutzverordnung (KindArbSchV).

30 Welches „Arbeitspapier" muss der Arbeitnehmer dem Arbeitgeber bei Arbeitsantritt aushändigen?

A das Abschlusszeugnis der Berufsschule
B die Lohnsteuerkarte
C das Facharbeiterzeugnis
D den Steuerbescheid vom Finanzamt

31 Wer ist nach dem Berufsbildungsgesetz der Interessenvertreter der Auszubildenden?

Der
A Ausbildungsberater bei der Kammer
B Lehrlingswart bei der Innung
C Berufsberater bei der Arbeitsagentur
D Vertrauensobmann bei der Gewerkschaft

32 Was gewährt die Arbeitslosenversicherung unter anderem?

A Schlechtwettergeld
B Mutterschaftsgeld
C Verletztenrente
D Sterbegeld

33 Für wen gilt das Arbeitsplatzschutzgesetz?

Für
A Arbeitnehmer, die eine Haftstrafe zu verbüßen haben
B Arbeitnehmer, die im Ausland Montagearbeiten zu verrichten haben
C Wehrpflichtige und Zivildienstleistende
D Arbeitnehmer nach dreijähriger Zugehörigkeit zum Betrieb

34 Wann ist eine fristlose Kündigung von Arbeitgeberseite zulässig?

Bei
A Diebstahl
B Eheschließung
C Schwangerschaftseintritt
D Konkurs des Betriebes

35 Welche Unternehmen sind Dienstleistungsunternehmen?

A Auto- und Flugzeugfabrik
B Möbel- und Schuhfabrik
C Bahn und Post
D Brothersteller und Bierbrauer

36 Was bedeutet die Abkürzung „KG"?

A Konsumgenossenschaft
B Kommanditgesellschaft
C Komplementärgesellschaft
D Kleinaktionärgesellschaft

37 Was versteht man bei den Tarifpartnern unter „Friedenspflicht?"

A das friedliche Regeln der Tarife
B die friedliche Auseinandersetzung im Schlichtungsverfahren
C Während des Streiks darf nicht ausgesperrt werden.
D Während der Laufzeit des Tarifvertrages darf nicht gestreikt oder ausgesperrt werden.

38 Welche Aussage zu beruflicher Fortbildung ist richtig?

A Sie wird vor allem in Berufskollegs durchgeführt.
B Sie erfordert mindestens einen mittleren Bildungsabschluss.
C Sie wird auch nach ausreichender Berufserfahrung (6 Jahre) staatlich gefördert.
D Sie wird nur nach erfolgreichem Abschluss einer Berufsausbildung gefördert.

39 In einer modernen Volkswirtschaft stellt niemand mehr alle Güter, die er benötigt, selbst her, sondern lässt das auch andere für ihn tun. Wie bezeichnet man das?

Als
A Rationalisierung
B Spezialisierung
C Arbeitsteilung
D Technisierung

40 Welche Firma ist ein Einzelunternehmen?

A Schroeder GmbH
B Heinrich Müller Metallbau
C Krämer, Niemeier und Hasse OHG
D Bayer AG

Aufgabe 1-40: Jede Aufgabe hat nut eine Lösung!

	1	2	3	4	5	6	7	8	9	10	11	12	13	14	15	16	17	18	19	20
A	○	○	○	○	○	○	○	○	○	○	○	○	○	○	○	○	○	○	○	○
B	○	○	○	○	○	○	○	○	○	○	○	○	○	○	○	○	○	○	○	○
C	○	○	○	○	○	○	○	○	○	○	○	○	○	○	○	○	○	○	○	○
D	○	○	○	○	○	○	○	○	○	○	○	○	○	○	○	○	○	○	○	○

	21	22	23	24	25	26	27	28	29	30	31	32	33	34	35	36	37	38	39	40
A	○	○	○	○	○	○	○	○	○	○	○	○	○	○	○	○	○	○	○	○
B	○	○	○	○	○	○	○	○	○	○	○	○	○	○	○	○	○	○	○	○
C	○	○	○	○	○	○	○	○	○	○	○	○	○	○	○	○	○	○	○	○
D	○	○	○	○	○	○	○	○	○	○	○	○	○	○	○	○	○	○	○	○

41 In der Fassung des Berufsbildungsgesetzes vom 1. April 2005 beträgt die Probezeit maximal vier Monate. Nenne zwei Gründe, weshalb man in Berufsausbildungsverträgen eine solche Probezeit vereinbart?

....

....

....

....

....

42 Ein (zu) starker allgemeiner Kündigungsschutz hält Arbeitgeber unter Umständen davon ab, neue Mitarbeiter einzustellen. Nenne anhand des Auszuges aus dem Kündigungsschutzgesetz auf Seite 171 zwei Voraussetzungen, unter denen der allgemeine Kündigungsschutz bei Neueinstellungen gilt.

....

....

....

....

43 Helmut Müller – bisher Auszubildender – hat nun seine Ausbildung erfolgreich beendet und schließt mit seinem Arbeitgeber einen mündlichen Arbeitsvertrag ab.
a) Ist dieser Arbeitsvertrag gültig? Begründen Sie.
b) Nennen Sie zwei Pflichten, die sich aus einem Arbeitsvertrag für den Arbeitnehmer ergeben.

....

....

....

....

....

44 Der Betriebsrat ist die gewählte Vertretung der Arbeitnehmer eines Betriebes.
a) Nennen Sie zwei allgemeine Aufgaben des Betriebsrates.
b) Welche Arbeitnehmer sind berechtigt, den Betriebsrat zu wählen?

....

....

....

....

....

Industrielle Berufe

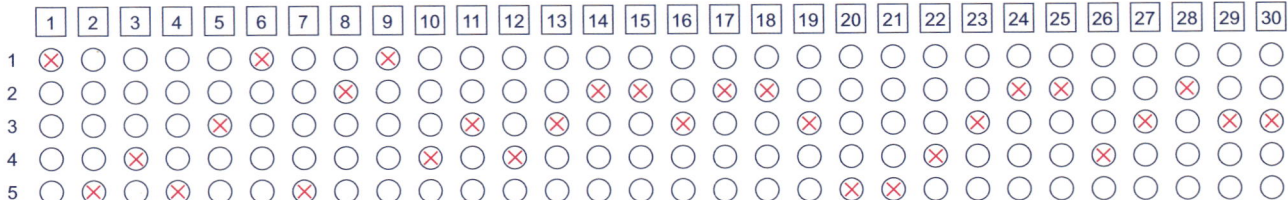

U1.
a) Der Ausbildungsbetrieb vermittelt Fachpraxis, die Berufsschule Fachtheorie und Allgemeinbildung.

b) Praxis (Betrieb) und Theorie (Schule) sind partnerschaftlich aufeinander bezogen und ergänzen sich. (Im Vergleich zur schulischen Ausbildung wird Berufserfahrung möglich, es erfolgt eine soziale Eingliederung in die Arbeitswelt und es ergibt sich eine Kostenersparnis für Staat und Steuerzahler.)

U2.
a) Private Unternehmen arbeiten gewinnorientiert, öffentliche streben Kostendeckung an.

b) Private (Paket-)Dienste bieten Preisvorteile, die Post erbringt ihre Leistungen flächendeckend. (Private Dienste befriedigen die Bedürfnisse des Einzelnen, die Post die Bedürfnisse der Gemeinschaft.)

U3. Der Betriebsrat muss vor jeder Kündigung gehört werden, andernfalls ist sie unwirksam.

Der Betriebsrat kann einer Kündigung widersprechen, wenn soziale Gesichtspunkte unberücksichtigt blieben (wenn der Arbeitnehmer an einem anderen Platz weiterbeschäftigt werden kann).

U4. Der gesetzliche Jahresurlaub beträgt 24 Werktage (nicht Arbeitstage, das entspricht vier Wochen) und er kann erst nach sechsmonatigem Bestehen des Arbeitsverhältnisses (sechsmonatiger Betriebszugehörigkeit) genommen werden.

U5. Private Haushalte: Botengänge und Einkäufe (Babysitting, Nachhilfeunterricht), im Bereich von Kultur (Sport und Unterhaltung) Handreichungen (Hilfeleistungen in der Landwirtschaft, gesellschaftlich anerkannt: Zeitungsaustragen)

U6. für Kranken und Pflegeversicherung, Rentenversicherung und Arbeitslosenversicherung; erhöhter Beitrag für die Pflegeversicherung (weil kinderlos und über 23 Jahre alt).

Zur Bewertung

Die gebundenen Aufgaben (Ankreuzaufgaben) sind mit je 2 Punkten zu bewerten, die ungebundenen (schriftlich zu beantwortenden U-Aufgaben) mit je 10 Punkten.

Von den sechs ungebundenen Aufgaben dürfen in der Regel während der Bearbeitung zwei gestrichen werden, wobei die genauen Anweisungen bei der Abschlussprüfung vor Ort zu beachten sind, auch hinsichtlich der Streichung von gebundenen (Ankreuz-) Aufgaben.

Für die Notenzuweisung soll der IHK-Schlüssel Anwendung finden. Note **1**: 92 bis 100 Punkte. Note **2**: 81 bis 92 Punkte. Note **3**: 67 bis 81 Punkte. Note **4**: 50 bis 67 Punkte. Note **5**: 30 bis 50 Punkte. Note **6**: 0 bis 30 Punkte.

Bewertungsbeispiel: Richtig angekreuzt: 26 Aufgaben (52 P). Schriftlich richtig beantwortet: drei (von vier) Aufgaben (zwei gestrichen) (30 P). Ergibt die Note **2** (82 P).

Bitte hierzu auch die Hinweise auf Seite 168 beachten.

Handwerkliche Berufe

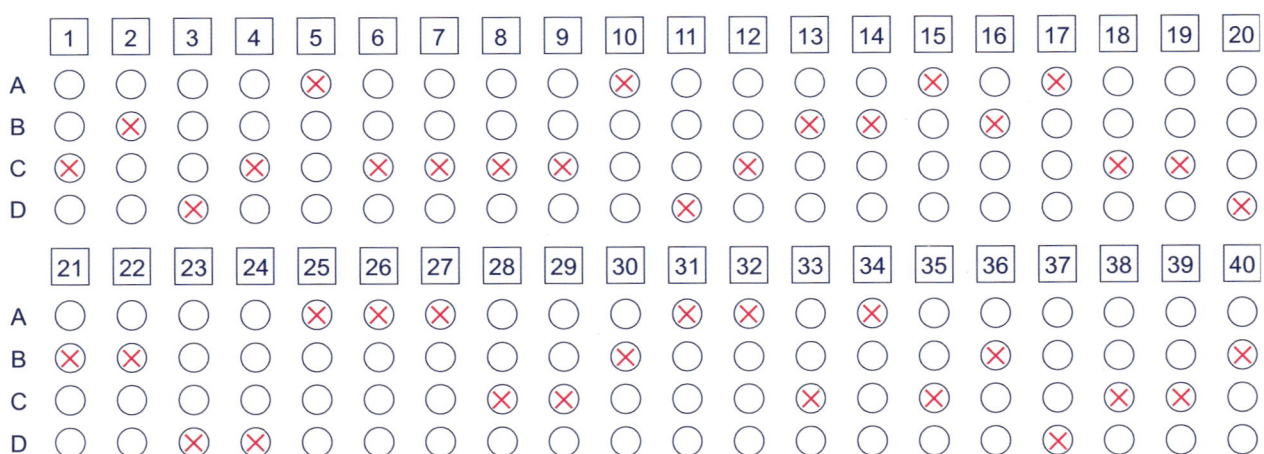

U1. Die Vertragspartner sollen sich kennen lernen und feststellen, ob die mit dem Vertrag verbundenen Bedingungen und Erwartungen (hinsichtlich Sache und Person) hinreichend erfüllt und zufrieden gestellt werden. (Ob der jeweilige andere "etwas taugt", nicht eher ein anderer Beruf der "richtige" ist).

U2. Gilt für Arbeitnehmer mit mindestens 6 Monaten Betriebszugehörigkeit und für Unternehmen mit mehr als zehn Arbeitnehmern im Betrieb.

U3.
a) Ein mündlich abgeschlossener Arbeitsvertrag ist gültig. Die schriftliche Form ist nach einem Monat vorgeschrieben. (Auch wenn der Arbeitnehmer dann nichts Schriftliches erhält, wird der Vertrag trotzdem nicht ungültig.)

b) die vereinbarte Arbeitsleistung erbringen, Sorgfaltspflicht (Treuepflicht).

U4.
a) Er beantragt beim Arbeitgeber Maßnahmen, die dem Betrieb und den Arbeitnehmern dienen. Er arbeitet mit der Jugend- und Auszubildendenvertretung zusammen. (Er achtet darauf, dass Tarifverträge, Arbeitsschutzgesetze, UVV ... eingehalten werden.)

b) Alle Arbeitnehmer, die mindestens 18 Jahre alt sind.

Zur Bewertung : Ankreuzaufgaben je 1,5 Punkte ungebundene Aufgaben je 10 Punkte. Bewertungsbeispiel: Richtig angekreuzt: 34 Aufgaben (51 P). Schriftlich richtig beantwortet: drei Aufgaben (30 P). Ergibt die Note **2** (81 P) bei Anwendung des IHK-Schlüssels.